지구를 살린 위대한 판결

: 시대의 전환을 이끌어낸 역사적인 기후 소송이 펼쳐진다!

리처드 J. 라자루스 지음
김승진 옮김

지구를
살린 위대한
판결

메디치

서문

2007년 4월 2일 아침, '매사추세츠주 대 미국 환경보호청Massachusetts v. United States Environmental Protection Agency' 사건[이하 '매사추세츠 대 환경보호청' 사건, 또는 매사추세츠 사건]의 연방 대법원 판결이 나왔다. 이 소송은 대법원 심리 역사상 가장 중요한 환경법 사건이라고 해도 과언이 아니었다. 여기에 걸려 있는 것은 실로 막대했다. 우리 시대의 가장 절박한 전 지구적 환경 문제, 즉 기후 변화에 [적극적인 정책으로] 대응할 수 있는 권한과 책임이 미국 정부에 법적으로 부여되어 있는가? 이를 다투는 소송이었던 것이다.

　　이날의 기념비적인 순간까지 이어진 일련의 사건을 거슬러 올라가면, 모든 일은 한 사람에 의해 시작되었다. 1999년, 어느 영세한 환경 단체 변호사이던 조 멘델슨Joe Mendelson은 빌 클린턴Bill Clinton 행정부가 임기 내내 기후 사안에서 아무런 행보도 보이지 않는 것을 참다 못해 뭐라도 해야겠다고 결심했다. 그때는 주류 환경 단체가 다들 그를 말리려고 했기 때문에 멘델슨은 혼자서 행동을 개시해야 했다. 하지만 몇 년 뒤 이 사건이 대법원에 올라갔을 무렵에는 수십 명의 변호사가 멘델슨과 함께하고 있었다. 이들 자칭 '이산화탄소 전사들The Carbon Dioxide Warriors'은 어떤 환경 운동가도 해본 적이 없는 일을 시도한 참이었다. 기후 소송을 대법원에 올리는 것, 그리고 대법원에서 미국 대통령(이제는 조지 W. 부시George W. Bush가 대통령이었다)을 이기는 것. 그 결과가 이제 아홉 명의 대법관 손에 달려 있었다.

　　'진정인'[원고에 해당], 즉 매사추세츠주가 이끄는 주 정부, 지방 정부, 환경 단체 들의 손을 들어주는 판결이 나온다면, 기후 변화를 일으킨 책임은 그 어느 나라보다 크면서도 유의미한 대응에는 그토록 인색했던 미국이 드디어 전 지구적 재앙을 초래할지도 모르는 이 막대한 위협에 대응하기 위해 연방 정부 차원에서 행동에 나서게 될 것이었다. 그러나 진정인 측이 패한다면, 적극적인 기후 정책을 펴도록 연방 정부를 강제할 목적으로 미국 각지에서 진행 중이거나 준비 중이던 환경 소송 전체가 위축되거나 아예 무산될지도 몰랐다. 사려 깊은 환경 운동가들이 이 사건을 대법원에 올리는 데 강력히 반대했던 이유도 여기에 있었다. 그들은 대법원에서 그냥 지는 것도 아니고 대대적으로 지게 될 가능성을 우려했고, 이는 충분히 근거 있는 우려였다.

이 책은 '매사추세츠 대 환경보호청' 사건의 막전 막후를 담고 있다. 이것은 너무나 일어날 법하지 않으면서도 희망과 영감을 주는 이야기다. 법적인 수단으로 기후 변화에 대응하는 것이 왜 그렇게 어려운지를 여실히 보여주면서도 오늘날 연방 대법원 소송이 가질 수 있는 유의미한 면모들 역시 상세히 보여주기 때문이다. 또한 이것은 역사적인 판결에까지 도달하게 해준 행운의 연쇄와 놀라운 인물들에 대한 기록이며, 연방 대법원이라는 공간을 들여다보면서 환경 소송이 법관과 변론인 모두에게 제기하는 특유의 난점들을 살펴볼 수 있게 해주는 창문이다.

차례

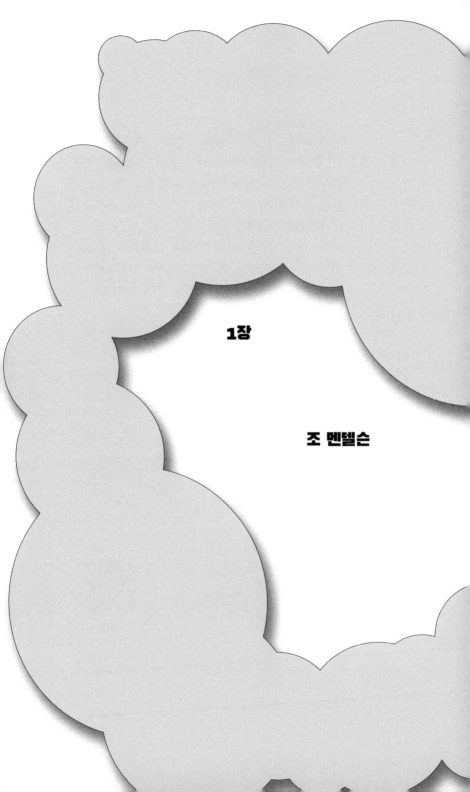

1장

조 멘델슨

1999년 10월 20일, 조 멘델슨은 책상 서랍을 열었다. 1년도 더 전에
써서 넣어두었던 수백 쪽 분량의 청원서가 그 안에 있었다. 그때
이후로 멘델슨은 이 청원을 낼 것인가 말 것인가를 두고 내내
고민했다. 그날은 워싱턴*의 전형적인 가을날이었다. 10월 말의
여느 날처럼, 10도가 조금 넘는 기온에 하늘은 대체로 맑았고
가끔씩 가벼운 빗방울이 흩뿌렸다. 하지만 그날은 '여느 날'이
아니었다. 그날은 조 멘델슨이 마침내 행동에 나서는 쪽으로
결심을 굳힌 날이었다.

　멘델슨은 국제기술평가센터International Center for Technology
Assessment, ICTA라는, 이름은 거창하지만 대다수 사람들은 들어본
적도 없을 영세한 환경 단체의 공익 변호사였다. 30대 초반에
두 아이의 아버지였지만, 앳된 외모여서 나이보다 10년은 젊어
보였다. 최근까지 그의 사무실은 캐피톨힐의 어느 골목에 위치한
작은 다세대 주택의 방 한 칸이었다. 창밖으로는 길 건너편의 주류
판매점이 보였다. 이 공간을 '사무실'이라고 부르는 것도 너무
거창한 표현이었을 것이다. 가령 그는 파일 캐비닛을 벽장 안에
두어야 했다. 시 당국의 주택감독관 눈에 [이곳을 사무실로 쓰는
것이] 적합해 보일 리가 없었다.

　결국 주택감독관이 주거용 건물에 사무실을 두는 것이
합법인지를 문제 삼는 바람에 몇 주 전에 멘델슨과 동료 네 명은
근처 허름한 건물의 더 좁은 공간으로 사무실을 옮겨야 했다.
10월 말의 그날 서랍을 열면서, 멘델슨은 전국 단위의 유명하고

탄탄한 환경 단체들에 비해 그가 일하는 곳이 지위로 보나 물리적
자원으로 보나 모든 것이 턱없이 부족하다는 사실을 절감했다.
하지만 대형 환경 단체들과 달리 관료제의 제약이 없다는 장점이
있었고, 멘델슨은 이 점 또한 잘 알고 있었다. 그는 어떤 사안에
대해 법적 행동을 개시할지 말지를 대개 자율적으로 결정할 수
있었다. 그리고 지금, 멘델슨은 명백히 개시할 필요가 있다고 결론
내린 참이었다. 하지만 그 행동이 가져올 결과가 무엇일지는 전혀
명백하지 않았다.

환경 공익 변호사 1세대는 1970년대와 1980년대에
가시적이고 즉각적인 피해를 일으키는 종류의 산업공해에 초점을
맞춰 활동했다. 하지만 1988년에 로스쿨에 입학한 멘델슨은 덜
가시적이고 더 복잡하며 대재앙을 초래할지도 모르는, 당시 용어로
'지구온난화'라 불리던 현상에 대해 경고가 나오기 시작하던
무렵에 변호사가 되었다. 그가 로스쿨에 입학하기 한두 달 전인
1988년 6월에 미 항공우주국NASA의 과학자 제임스 E. 핸슨James
E. Hansen이 의회에 출석해 '온실 효과' 때문에 지구가 더워지고
있다고 증언했다. 그는 온실 효과란 인간 활동으로 생성된 몇몇
기체로 인해 상층 대기가 태양에서 들어온 열을 흡수해 붙잡아두게
되는 현상을 일컫는다고 설명했다. 핸슨은 과학자다운 차분하고
정제된 언어로 이야기했지만 내용 자체가 워낙 불길하고 극적인
중요성을 담고 있어서《뉴욕타임스New York Times》는 핸슨과 동료
과학자가 제시한 그래프와 함께 그의 의회 진술을 1면에 실었다.
그래프는 지난 100년 중 가장 더웠던 네 번의 해가 모두 1980년대에
있었음을 보여주고 있었다. 핸슨이 말했다. "여기에 있는 것이 온실
효과입니다."

◇   어제는 지나갔어요
1992년 11월 대선에서 테네시주 출신의 연방 상원의원 앨 고어Al
Gore가 부통령이 되었을 때, 환경 운동가들은 환호할 만한 이유가
있었다. 고어는 기후 변화에 대한 "바로 그 책"으로 불리는《위기의
지구Earth in the Balance》의 저자로, 그 책에서 환경 재앙을 막기 위해

급진적인, 아니면 적어도 매우 야심찬 '글로벌 마셜 플랜Global Marshall Plan'을 제안한 바 있었다.[3] 고어는 문제의 절박성을 전혀 에두르지 않고 설명했고 정부의 대대적인 노력이 당장 필요하다는 점도 직설적으로 언급했다. 그는 "대담하고 분명한 행동을 취해야 한다"며, "환경을 구하는 것"은 "문명사회를 조직하는 가장 핵심적인 원칙"이 되어야 한다고 역설했다. 또한 그는 미국이, 아니 사실은 전 세계가 "절대적인 재앙"의 가능성을 시사할 정도로 "급속히 악화일로인 환경 상태"에 직면해 있기 때문에 "안주"는 우리의 선택지에 더 이상 존재하지 않는 사치라고 경고했다.[4]

그뿐 아니라 환경 운동가들은 빌 클린턴이 고어를 러닝메이트로 선택한 것이 환경 사안에 대해 고어가 선언했던 대담한 야망에도 '불구하고'가 아니라 바로 그 야망 '때문'이었다는 점을 잘 알고 있었다. 고어의 책이 대선 승리 가능성을 높여줄 것이라는 기대가 클린턴이 고어를 선택한 주요 이유 중 하나였다. 본인도 잘 알고 있었듯이, 환경 측면에서 보자면 아칸소 주지사 시절 클린턴이 한 일은 청정한 것과는 거리가 멀었다. 사실, 거리가 먼 정도가 아니라 암담했다. 오죽했으면 저명한 환경 단체 시에라클럽Sierra Club의 전국 본부가 클린턴 지지 선언을 하자 시에라클럽 아칸소 지부 설립 인사들이 이에 반발해 사임하는 일이 벌어지기도 했다.[5]

클린턴이 주지사이던 시절에 아칸소주는 독성 폐기물이 매립되어 있는 '슈퍼펀드Superfund' 지역[b] 들에서 독성 폐기물을 소각했고, 아칸소주의 막강한 축산업계(돼지 및 가금류)가 유발하는 어마어마한 수질오염을 막지 못했으며, 숲의 개벌을 막지 않겠다고 밝혔고, 독성 화학물질인 다이옥신에 대해 환경보호청이 권고하는 수질 기준보다 100배나 약한 기준을 제시했다.[6] 클린턴은

---

[b] 통제 불가능한 수준으로 방치된 대규모 유해 폐기물 부지를 제염除染, 관리하기 위한 자금을 할당하기 위해 제정된 '종합 환경 대응 보상 책임법The Comprehensive Environmental Response, Compensation, and Liability Act, CERCLA, 일명 슈퍼펀드 법'의 대상 지역을 일컫는다.

자랑스럽게 스스로를 "일자리" 대선후보라고 불렀고 이것은
그의 유명한 선거 슬로건 "문제는 경제야, 이 멍청아It's the economy,
stupid"에서 매우 중요한 부분이었다. 또한 클린턴은 자신이 전국
선거에서 이길 수 있는 "새로운 민주당원"이라고 선언하면서, 지난
세 번의 선거에서 공화당에 패한(로널드 레이건Ronald Reagan에게
두 번, 조지 H. W. 부시George H. W. Bush에게 한 번) 더 좌파 성향의
민주당 후보들과 선을 그었다.

　　하지만 클린턴은 "새로운 민주당원"이라는 [중도적, 혹은
중도우파적] 위치 때문에 민주당 내 진보 진영에서 입지를 잃을지
모른다는 점도 잘 알고 있었다. 대선에서 승리하려면 이들의
지지와 투표가 꼭 필요했다. 고어가 부통령 후보로 고려된 것은
바로 이런 맥락에서였다. 클린턴은 남부 출신에 중도 성향의
아칸소 주지사였던 자신에게 당연히 경계의 눈초리를 보내고
있는 민주당 내 진보 세력의 지지를 얻는 데 고어가 도움이 되기를
바랐다. 고어를 부통령 후보로 지명한 데 대해 상대당 부통령 후보
댄 퀘일Dan Quayle 이 조롱 섞인 비난을 퍼붓자(퀘일은 고어가
《위기의 지구》에서 기후 변화를 막기 위해 대담하고 대대적인
법적, 정책적 변화가 필요하다고 촉구한 것이 "이상한" 주장이며
"현실과 동떨어져" 있고 "상식에 전혀 맞지 않는다"고 혹평했다),
정치평론가들은 클린턴의 선택이 신의 한 수로 판명 날지 악수로
판명 날지를 두고 둘로 갈렸다.

　　《위기의 지구》가 출간되기 전에 고어의 정치적 미래는
매우 불투명했다. 1988년 대선 주자로 나선 것이 형편없는
결과를 냈기 때문이다(민주당 내 경선에서 상당히 일찍
탈락했다). 당선 가능성이 없다는 것은 그도 잘 알고 있었다.
그는 겨우 40세였고 상원의원 임기를 시작한 지 3년밖에 안 된

───────

　　　인디애나주 출신으로 연방 상원의원을 지냈고 1988년 대선에서 조지 H. W.
　　부시 대통령의 부통령으로 당선되었다. 1992년 부시 대통령의 재선 때도
　　부통령 후보로 나섰으나 패했다.

상태였다. 그리고 [공화당인] 레이건 집권기 8년이 지난 시점에
민주당의 대선후보군은 상대적으로 연장자인 지도층 인사들로
바글바글했다. 1988년에 대선 주자로 나섰을 때 고어의 목표는
이번 레이스를 통해 인지도를 쌓고 입지를 다져서 다음 선거나
그다음 선거에서 승부를 걸어본다는 것이었다.

　　하지만 이 전략은 역풍을 맞았다. 그렇게 젊은 나이에
스스로를 대통령 감으로 내세운 것은 정치에 대한 오만으로 보였고
성숙함과 진지함이 부족한 사람이라는 인상을 주었다. 그래서
1988년 대선 레이스를 통해 전도유망한 미래의 후보라는 이미지를
각인시키기는커녕 실패한 후보라는 이미지만 굳히고 말았다. 그는
자신이 남부에서 승리할 수 있는 민주당 후보라고 주장했는데
남부 몇몇 주의 당내 경선에서 민권운동가 제시 잭슨Jesse Jackson에게
패하는 바람에 그 주장이 무색해졌고, 북동부에서마저 그리
선방하지 못했다. 뉴욕주에서 겨우 10퍼센트를 득표하고서 고어는
경선을 포기했다. 초라한 결과에 의기소침해진 데다 더는 백악관에
들어갈 만한 주요 후보군 중 한 명으로 여겨지지도 않게 되면서,
1992년 대선에서는 대통령 후보로 나서기를 아예 포기했다.[10]

　　그 대신 정치적 만회를 위해《위기의 지구》를 집필했고,
이것은 효과가 있었다. 1992년에 이 책은 거의 1년 내내
〈뉴욕타임스〉 베스트셀러 목록에 올라 있었고, 고어의 정치
경력에 재시동을 걸어주었다. 또한 이 책의 어조가 민주당 내
좌파 진영의 견해와 매우 비슷했기 때문에, 클린턴은 '역시 남부
주 출신에 클린턴만큼 젊고 무게감 없는 사람'을 부통령 후보로
지명해선 안 된다고 적극 만류했던 참모들의 반대를 누르고
고어를 지명할 수 있었다. 클린턴-고어 팀은 아예 젊음을 전면에
내세우며 세대교체를 약속했다. 클린턴-고어 선거 본부의 공식
주제가인 플리트우드 맥Fleetwood Mac의 〈멈추지 마Don't Stop〉, 특히
후렴구인 "어제는 지나갔어요, 어제는 지나갔어요"가 이런 전략을
잘 드러내주고 있었다.

　　1992년 11월 클린턴-고어의 대선 승리는 고어를 대통령의
파트너로 만든 데서만 그치지 않았다. 이 선거는 그를 2000년

대선의 유력 주자로 부상시켰다. 하지만 아이러니하게도, 대통령이
되겠다는 그 동일한 야심이 그가 부통령으로 재직한 8년 동안
기후 대응에 몸을 사리게 만들었다. 책에서 제안했던 대담한
행동은 고사하고 말이다. 마치 예언처럼,《위기의 지구》에서
고어는 스스로의 한계에 대해 이렇게 언급했다. "나는 정치적
여론을 가늠하고 눈치를 보면서 지극히 조심스러운 행보를 취하는
나 자신의 성향에 대해 참을성이 없어졌다." 이어서 그는, 기후
문제는 행동에 나서도록 밀어붙이기에 충분할 만큼 강한 설득력과
타당성이 있으므로 이번에는 다를 것이라고 약속했다. "환경을
온전한 상태로 보전하는 것은 정치판에서 인기와 관심과 표를
얻기 위해 사용되는 또 하나의 이슈거리가 아니다. 더 강력하고
효과적인 해법을 제시하고 그것을 실행하기 위해 강단 있게
싸워나감으로써 더 많은 정치적 위험을 감수하고 훨씬 더 많은
정치적 비판을 감내해야 할 때가 왔다. 사실 그래야 할 때는 꽤
오래전부터 와 있었다."[11]

　　그러나 부통령 임기 중에 몇 가지 중요한 환경 정책을 적극
밀어붙이기는 했어도 기후 변화에 대해서는 아니었다. 본인이
"모든 문제 중 가장 절박한 문제"라고 말했던 사안인데도 말이다.
오히려 기후 사안에서는 여러 중요한 측면에서 자신이 설파했던
입장과 정반대되는 행보를 보였다. "정치적 위험"을 기꺼이
감수하려 하기는커녕[12] 2000년 대선 승리 가능성을 높이기 위해
기후 문제를 되도록이면 부각하지 않으려 했다.

　　2000년 대선을 위해 기후 사안에서 강한 입장을 무르기로
한 고어의 방침은 이미 1992년 가을 민주당 전당대회 때부터도
명확했다. 그때 고어는《위기의 지구》에서 제시한 강경한
견해가 정치적으로 불리하게 작용할 수 있음을 직감했다.
심지어 자신의 선거운동 본부장마저 그 책이 공식적인 정책
제안이라기보다는 "함께 고려하고 숙고해보아야 할 아이디어들을
일별한 것"이었다고 말함으로써 고어가 책에서 설파한 내용과
거리를 두게 하려고 노력했다.[13] 부통령이 된 뒤에도 고어는
행정부 내에서 기후 관련 규제를 적극적으로 주장하는 역할을

맡지 않으려 했다. 정치적 반대가 거센 사안이었기 때문이다.
공정하게 말하자면, 고어가 클린턴을 설득해 기후 문제에 대해
자신과 동일하게 강한 우려와 입장을 가지고 있었던 의원
시절의 보좌진을 환경 분야의 주요 공직에 임명하도록 한 것은
사실이다. 환경보호청장 캐롤 브라우너Carol Browner, 백악관
환경질위원회Council on Environmental Quality 위원장 케이티 맥긴티Katie
McGinty 등이 그런 경우다. 하지만 의회에서 공화당 의원들이, 또
클린턴 행정부 내에서 기후 변화 회의론자들이 반대할 경우에
고어와 그의 팀은 맞서기보다 밀리는 쪽을 택했다.

멘델슨 등 환경 운동가들은 이를 맹렬히 비판했다. 1997년
12월 무렵이면, 고어는 5년 전 선거 때 그를 지지했던 환경
운동가들에게 맹비난을 받고 있었다. 환경 운동가들이 보기에
온실가스 배출 저감에 대한 미국의 입장은 부시 행정부 시절과
달라진 것이 없었다. 균형을 잡아보려던 고어의 노력은 1997년
12월 일본 교토에서 유엔 기후 협상이 열리기 직전에 미국
대표팀을 이끌던 국무부의 두 당국자(팀 워스Tim Wirth 차관과
에일린 클로센Eileen Claussen 차관보)가 갑자기 팀을 떠나면서 한층
더 꼬였다. 보도에 따르면, 그들은 클린턴만이 아니라 고어에게도
크게 좌절해 사임한 것이었다.[14]

마지막 순간에 클린턴은 미국 대표자로 고어를 교토에 급히
파견했다. 그런데 고어가 교토에서 발표한 미국의 입장은 예전에
그가 책에서 반드시 필요하다고 주장했던 대담하고 적극적인
조치를 촉구하는 것과 거리가 멀었다. 정반대로 그는 [더 높은
수준의 배출 저감 목표치에] 찬물을 끼얹으러 간 것이었다.
미국으로 가지고 돌아왔을 때 정치적으로 소화하기 어려울 만큼
엄격한 배출 저감 합의안에 동의하지 말아 달라고 다른 나라들을
설득하는 것이 그가 맡은 임무였던 것이다. EU가 제시한 안이
고어가 미국을 대표해 지지한 안보다 훨씬 더 높은 수준의 배출
저감 목표치를 담고 있었다.[15]

고어는 두 개의 주요 유권자 집단 사이에 끼어 옴짝달싹 못
하는 상황에 처해 있었다. 한쪽에는 더 단기적인 경제 문제를

우려하는 노동계가 있었다. 2000년 선거에서 고어는 이들의 지지가
꼭 필요했다. 다른 한쪽에는 민주당 내 진보 진영의 환경 운동
세력이 있었다. 이들의 지지는 민주당 내 경선 과정에서 막대한
비중의 영향력을 행사할 것이 틀림없었다. 고어는 특히 노동계가
강한 기후 규제에 명시적으로 반대하고 있다는 사실이 몹시 신경
쓰였다. 전미탄광노조United Mine Workers는 교토 기후 협정이 현재
논의되는 대로 체결되면 미국에서 무려 160만 개의 일자리가
사라질 것이라고 (과장되게) 분석한 연구에 자금을 지원한 바
있었다. 대통령이 되고 싶은 고어로서는 노동계를 적으로 돌리게
되는 상황을 감당할 수 없었다.[16]

　　미국 협상단의 집요한 주장 때문에 결국 다른 나라들도
전반적으로 개별 국가의 배출 저감량을 완화하는 데
동의했다. 교토의정서Kyoto Protocol 합의의 여파 속에서,
〈워싱턴포스트Washington Post〉는 고어를 공개적으로 지지하고자
했던 환경 운동가 모두가 뒤통수를 맞았다고 언급했다.
〈워싱턴포스트〉는 환경 운동가들이 "강한 실망과 큰 배신감"을
느끼고 있으며, 이제 이들은 "고어가 원했던 것은 자신의 정치적
기반을 잃지 않을 수준의 합의였지 전 지구적으로 기후를 보호하기
위한 합의는 아니었다고 생각하게 되었다"고 보도했다.[17]

　　고어의 정치적인 우려가 괜한 것은 아니었다. 저감 목표치를
완화한 합의안마저 의회에서 맹렬한 반대를 불러일으킨 것이다.
교토에서 최종 협상이 마무리되기 전에 미국 상원은 95 대
0으로 '버드–헤이글 결의안Byrd-Hagel Resolution'을 통과시켰다.
웨스트버지니아주 출신 민주당 상원의원 로버트 버드Robert
Byrd와 네브래스카주 출신 공화당 상원의원 척 헤이글Chuck Hagel의
이름을 딴 것으로, 중국, 브라질, 멕시코, 인도, 한국에도 의무적인
온실가스 배출 저감 목표치가 구체적으로 부과되지 않는 한 미국은
어떤 협정에도 서명하지 말아야 한다는 내용의 결의안이었다. 당시
교토에서 진행 중이던 협상에서는 이들 나라에 의무 목표치를
부과하지 않고 있었다.[18]

　　한편, 고어가 책을 출간한 1992년부터 대통령에 재도전한

2000년 사이에 기후는 그대로 머물러 있지 않았다. 온실가스 배출을 유의미하게 제한할 수 있는 조치가 없는 상태에서, 1990년대의 경제 호황은 지구 대기에 어느 때보다도 많은 온실가스를 뿜어냈다. 대기 중 온실가스 농도는 1990년 354ppm에서 2000년 370ppm으로 증가했다. 과학계에서 환경이 생태적 지속가능성을 유지할 수 있는 최대 한계치라고 본 350ppm을 훌쩍 뛰어넘은 것이다.[19]

또한 대기 중 온실가스가 이렇게 증가하면 어떤 끔찍한 결과들이 초래될 수 있는지에 대해서도 점점 더 많은 과학적 근거가 점점 더 분명한 결론을 가리키고 있었다. 처음으로 과학자들은 기후 변화의 영향이 지역적으로 어떤 편차를 보일지 예측할 수 있게 되었는데, 일부 지역에서는 막대한 강우가, 일부 지역에서는 극심한 가뭄이 발생할 것이라는 결과가 나왔다. 또한 과학자들은 북극 빙하의 두께가 계속해서 줄고 있는 것, 막대한 산호초 군락이 영구적으로 사라지고 있는 것, 현재의 동식물종이 생존할 수 있는 장소가 재앙적인 수준으로 줄어들 수 있다는 것에 대해서도 상세한 과학적 증거를 제시할 수 있었다. 또한 기후 변화와 그것의 재앙적인 결과가 단지 자연 요인에 의한 변동이 아니라 인간 활동이 유발한 온실가스 증가에 기인한다는 것 역시 점점 더 많은 과학적 증거가 분명히 말해주고 있었다.[20]

◇ 청정 대기의 여왕

기후 변화의 심각한 위협을 경고하는 과학적 증거가 점점 많아지는 상황에서, 환경 운동가들(멘델슨도 포함해서)은 클린턴이 임명한 환경보호청장 캐롤 브라우너에게 기대를 걸었다. 고어의 보좌진 출신인 브라우너는 1993년 1월 36세의 나이로 최연소 환경보호청장이자 두 번째 여성 환경보호청장이 되었다. 뛰어난 패션 감각과 짧은 밤색 머리, 간결하고 분명한 태도로《보그Vogue》를 장식하며 등장한 브라우너는 환경보호청에 새롭고 젊은 에너지를 불러왔다. 브라우너는 매력적이고 카리스마 있었으며 환경 보호 조치들을 밀어붙이는 수완도 뛰어났다.[21]

브라우너는 굽힐 줄 몰랐고 끈질겼다. 환경보호청이 손
놓고 있는 통에 오래도록 잠자고 있던 청정수질법의 수질 기준
프로그램을 되살렸고, 청정대기법 집행강제조치enforcement
action들을 미국 전역에서 발동해 오염을 많이 일으키는 낡은
공장들이 수십 년 동안 (환경보호청의 묵인이나 비호 아래) 여러
허점과 구멍을 이용해 정화 장치의 교체나 업그레이드를 피해온
데 대해서도 칼을 들었다. 1996년에는 의회가 정당 간 당파정치로
거의 마비 상태이던 와중에도 두 개의 중요한 환경 법안(식품 품질
보호법Food Quality Protection Act과 안전 음용수법Safe Drinking Water Act
재승인안)을 통과시켜냈다.[22]

　　브라우너는 수질과 대기질 개선이라는 목표를 위해서라면
대통령, 대통령의 경제팀, 의회 내 회의론자 등에게 맞서는 것도
주저하지 않았다. 브라우너는 내부 게임에 능한 싸움꾼으로 잘
알려져 있었고 반대자들보다 한 수씩 앞서가며 일을 진행시키는
자질이 뛰어났다. 환경보호청장으로 재직하면서 브라우너는
미국의 대기질 기준(및 그에 따르는 의무적인 규제)을 상당히
강화하는 데 성공했다. 〈뉴욕타임스〉의 표현을 빌리면 "관료제의
놀라운 기교"를 십분 발휘해서, 브라우너는 백악관, 그중에서도
경제팀의 반대를 누르고 유해한 농도의 오존과 대기 중 미립자를
저감하기 위해 강화된 새 배출 규칙을 발표했다. 브라우너가
도입한 새 대기질 기준은 〈뉴욕타임스〉와 〈워싱턴포스트〉에
1면 기사로 실렸다. 〈뉴욕타임스〉는 반으로 접혔을 때의 윗면, 즉
가장 잘 보이는 자리에 브라우너의 사진을 실었고, 〈타임〉은 기사
제목에서 브라우너를 "청정 대기의 여왕"이라고 칭했다.[23]

　　브라우너는 승리의 세리머니에 시간을 낭비하지 않고
결승점까지 내처 전력 질주했다. 환경보호청을 떠나기 얼마 전에
브라우너는 업계의 반대를 누르고 최초로 석탄 화력발전소에서
배출되는 수은을 엄격하게 규제할 수 있는 법적 기초를
마련했다.[24] 클린턴 행정부의 임기가 끝나는 2001년 1월 20일
정오에 브라우너는 환경보호청장으로 만 8년 근속을 사흘
남겨두고 있었다. 이제 44세가 된 브라우너는 환경보호청 최연소

청장에 이어 최장수 청장이라는 기록도 갖게 되었다.

　　재직 기간 내내 브라우너는 의회에서 맹렬한 반대에
부딪쳤다. 1994년 중간선거 때 공화당의 선거 공약('미국과의
계약Contract with America'에서 제시된 공약들)은 온통 브라우너와
환경보호청을 비판하는 데 집중되어 있었다. '미국과의 계약'의
상당 부분이 환경보호청을 직접 거론하며 비판하는 내용이었다.
'미국과의 계약'에 지지 서명을 한 공화당 의원들은 환경보호청의
과도한 규제가 경제 성장과 번영을 저해하고 사유재산권을
침해한다고 주장했다.

　　그해 11월 공화당이 하원 다수당이 되자, 새 하원의장
뉴트 깅리치Newt Gingrich는 브라우너의 환경보호청을 공공의
적 1호로 삼겠다는 신호를 더없이 분명히 드러냈다. 깅리치는
곧바로 환경보호청을 조준해 막대한 예산 삭감을 밀어붙였고,
깅리치와 보조를 맞추는 새 상임위 위원장들은 의회의 대정부
감독청문회oversight hearing 때마다 브라우너를 출석시켜서
전국적으로 방송되는 가운데 브라우너와 환경보호청에 목청 높여
비난을 퍼부었다.[25]

　　의회에서 브라우너의 가장 큰 적은 하원 다수당 원내 부총무
톰 딜레이Tom DeLay였다. 그는 환경보호청이 너무 싫어서 의원이
된 사람이라고 해도 과언이 아니었다. 대학에서 생물학을 전공한
딜레이는 1970년에 졸업을 하고 곧바로 농약 회사에 들어갔다.
나중에는 자신의 회사를 소유하게 되는데, 그곳에서 "박멸자"라는
별명을 얻었다. 딜레이는 사업 수익에 악영향을 미치는
환경보호청의 농약 규제에 맹렬히 반대했다. 1984년에 텍사스주
남서부 지역구에서 연방 하원의원으로 당선되자마자 딜레이는
환경보호청에 대한 가장 큰 (그리고 가장 목소리도 큰) 비판자로서

　　중간선거를 6주 앞두고 공화당 의원들과 의원 후보들이 공화당이 다수당이
　　되면 다음 회기 의회에서 꼭 관철하겠다며 극우 의제들을 내걸고 벌인 운동.
　　선거에서는 공화당이 승리했지만 균형 예산을 헌법으로 강제하는 안 등 지나친
　　극우 의제들은 입법에 실패했다.

전국적인 입지를 굳혔다.[26]

　　환경보호청에 대한 맹렬한 비난은 그가 다수당 원내
부총무까지 의회에서 서열이 계속 올라가는 도중에도 전혀
수그러들지 않았다. 클린턴의 두 번째 임기 때 딜레이가 하원에서
클린턴 탄핵을 주도하면서 백악관과 딜레이 사이의 정치적
입장 차이는 수 광년만큼 벌어졌지만, 관련된 연방 법률이 없는
상태에서도 연방 정부가 온실가스 배출을 규제할 권한을 가질 수
있느냐에 대해서는 둘의 의견이 일치했다. 딜레이는 이런 종류의
규제는 어떤 것이건 맹렬히 반대했고, 백악관은 2000년 대선으로
가는 길에서 기후 문제로 의회와 싸움을 일으키지 않기 위해 그런
종류의 규제가 근시일 내에 나올 가능성은 없다고 열심히 딜레이를
안심시켰다.[27]

　　그런데 1998년 3월 11일에 캐롤 브라우너가 딜레이와 자신의
상사[대통령] 둘 다의 허를 찔렀다. 의회에 출석한 브라우너가
환경보호청이 온실가스를 규제할 수 있는 법적 권한을 "이미
가지고 있다"는, 실로 역사적인 입장을 선언한 것이다. 이것은 전혀
예고되지 않았던 질문에 대한 답변이었고 백악관과의 사전 조율도
전혀 없었던 발언이었다. 그날은 예산 소위원회가 환경보호청의
차기 회계연도 예산을 심의하는 날이었다. 딜레이가 이 소위원회
소속이긴 했지만 주목받을 만한 일이 벌어질 자리는 아니었다.
회의가 열린 장소도 질의하는 의원과 답변하는 증인이 매우 가까이
앉아야 할 만큼 좁은 곳이었다. 훗날 브라우너는 "사람들이 켜켜이
겹쳐 앉아 있는 것처럼 보였다"고 회상했다.[28]

　　딜레이는 막무가내로 적대적인 질문을 퍼부었고, 브라우너도
물러서지 않고 딜레이의 비아냥을 비아냥으로 맞받아쳤다. 둘의
싸움은 워싱턴 정치 게임에서 고전적인 '고양이와 쥐' 싸움과
비슷해 보였다. 다만 좀 복잡한 것은 딜레이와 브라우너 둘 다
자신이 고양이고 상대방이 쥐라고 생각했다는 점이었다. 이틀
내내 딜레이는 이 예산 소위원회를 브라우너를 찍어 누르는
자리로 활용했다. 그는 상원에서 강력하게 거부한 바 있는
교토의정서를 브라우너가 몰래 적용하려 든다고 계속 비난했다.

또한 브라우너가 기후 변화와 관련해 진행하려는 일이 위헌이라고
맹비난했다. 명백한 비아냥조로, 딜레이는 브라우너에게 혹시
"기후 재앙으로부터 세계를 구하는 일이 헌법상의 가책 때문에
방해를 받게 둔다면 도덕적으로 무책임한 짓"이라고 생각하는
건 아니냐고 물었다. 이에 브라우너는 "지금 제가 헌법을 지킬
것인지를 의심하시는 것이냐"고 응수했고, 딜레이는 미니 책자
형태의 헌법 책을 브라우너 쪽으로 집어던졌다.[29]

둘째 날, 딜레이는 회심의 카드(라고 그가 생각한 것)를
날렸다. 그는 언론에 유출된 환경보호청의 내부 메모를 흔들어
보였다. 직위가 중간쯤 되는 환경보호청 대기환경부의 한 '정무적
지명 공직자political appointee'가 작성자로 되어 있는 그 메모에는
청정대기법에 의거해 환경보호청이 온실가스 규제 권한을 이미
가지고 있다고 쓰여 있었다. 메모의 각 페이지 하단에는 "아직
결정된 바 없음. 인용하지 말 것"이라는 주의 문구가 쓰여 있었고,
환경보호청의 법무팀도, 브라우너도, 또 청장실의 누구도 이
메모에 대해 검토는 고사하고 들어본 바도 없었다. 하지만 어쨌든
메모가 언론에 유출되자 보수 진영에서 비난의 불길이 활활
타올랐고, 이들은 메모에 담긴 내용과 환경보호청 둘 다를 맹렬히
공격했다. 딜레이에게 이 메모는 그가 오래도록 찾고 있던 스모킹
건이었다. 브라우너가 이끄는 환경보호청이 의회의 결의안을
무시하고 교토의정서를 몰래 실행하려 한다는 그의 의혹을
뒷받침하기에 더없이 완벽한 증거였기 때문이다.[30]

브라우너는 언론에 보도되기 전까지 메모의 존재를 알지
못했으며 환경보호청의 누가 이것을 작성했는지도 모른다고
말했다. 그런데 환경보호청 직원들, 특히 법무팀 변호사들을 깜짝
놀라게 하면서, 브라우너는 메모에 담긴 결론, 즉 온실가스가

대통령, 부통령, 혹은 해당 기관장이 지명한 공직자로, 정권에 따라 정무적
목적을 염두에 두고 지명하는 공직자를 일컫는다. 해당 기관을 자신의 장기적
직장으로 삼아 근무하는 '장기 경력 공직자career employee'와 대비되는 말이다.
이하 이 책에서는 전자를 '지명 공직자'로, 후자를 '경력 공직자'로 표기했다.

청정대기법이 규정하고 있는 "대기오염물질"에 해당하므로
환경보호청이 온실가스 규제 권한을 이미 가지고 있다는 결론은
부인하지 않았다. 아니, 오히려 두 팔 벌려 기꺼이 인정했다.[31]

이날 공방에서 가장 의미심장한 부분은 딜레이의 마지막
공격에 브라우너가 보인 반응이었다. 브라우너의 발언에 발끈한
딜레이는 브라우너에게 그 입장을 뒷받침하는 "법적 의견서"를
공식적으로 제출하라고 요구했다. 그러자 브라우너는 방금 폭탄
발언을 한 사람치고는 너무나 대수롭지 않게 간단히 한마디로
대답했다. "그러지요."[32]

통상 백악관은 정부 기관의 장이 의회에서 진술할 때 사전
조율을 통해 발언 내용을 승인한다. 이날 나온 질문에 대해서도
그렇게 했더라면 백악관은 브라우너가 '환경보호청이 법적으로
이미 온실가스 규제 권한을 가지고 있다'는 말을 하도록 절대
승인하지 않았을 것이다. 또한 환경보호청이 그러한 취지에서
[온실가스 저감을 위한] 규제나 지침을 실제로 발동하는 것도
절대 승인하지 않았을 것이다. 하지만 어쨌거나 (사전 조율이
없었던 상태에서) 브라우너가 의회에서 그렇게 발언을 했고 그
발언에 대해 의원이 "법적 의견서"를 제출하라고 공식적으로
요구했으므로, 이제 환경보호청은 반드시 답변을 해야 하는
상황이 되었다. 일반적인 경우였다면 설령 환경보호청이
그러한[온실가스 규제 권한을 이미 가지고 있다는] 법적 입장을
표명하고 싶었더라도 관료제의 장벽에 가로막혀 저지되었을
것이다. 가령 사전에 백악관의 승인을 받지 못했을 것이다. 그런데
지금은 그러한 관료제의 장벽이 모두 치워진 셈이 되었다.

브라우너의 진술로 백악관은 불시에 일격을 맞았다. 불시에
놀라기는 환경보호청 직원들도 마찬가지였다. 환경보호청은
"세상에, 대단해! 하지만 우리가 그것을 뒷받침할 수 있을까?"
하는 분위기였다.[33] 브라우너의 발언이 나오자마자 환경보호청
법무팀은 바로 일에 착수해 브라우너의 발언을 법률적으로
뒷받침하는 공식 문서를 작성했다. 브라우너는 이것을 의회에
제출했고, 이 문서는 의회 공식 기록의 일부가 되었다.[34]

예정에 없던 발언으로 환경보호청장에게 기습을 당한 백악관과 행정부의 일부 인사들은 매우 언짢았다. 아니, 언짢은 정도가 아니었다. 그들은 브라우너가 공화당 의원들(그리고 강력한 석탄업계가 있는 주들의 민주당 의원들)과 산업계에 '환경보호청이 청정대기법에 의거해 온실가스 배출을 제한하는 조치는 어느 것도 취하지 않을 것'이라고 확약하도록 강력히 요구했다.[35] 브라우너는 압력에 못 이겨 의회에 그러한 취지의 정치적인 약속을 했다.[36] 하지만 워싱턴의 누추하고 비좁은 사무실에서 조 멘델슨은 그럴 생각이 없었다.

2장

평지풍파를 일으키다

기후 변화의 위협에 대한 과학적 증거가 더 명백해지고 더
암울해지면서, 멘델슨은 클린턴 행정부가 미국에서 가장 중요한
두 개의 온실가스 배출원인 자동차와 석탄 화력발전소를
규제하지 않는 것에 점점 더 울화가 치밀었다. 지구는 환경 재앙과
정면충돌하는 경로를 달리고 있었고, 이 문제를 일으킨 데는
책임이 없는 세계의 가장 취약하고 가난한 사람들이 기아, 가뭄,
해수면 상승, 파괴적인 (그리고 점점 더 강도가 심해지는) 폭풍,
저지대 섬과 해안 지역의 상실 등으로 최전선에서 피해를 보게 될
가능성이 컸다.[1]

　　대응을 미루는 것의 비용이 크게 증가하리라는 사실 또한
점점 더 명백해지고 있었다. 기왕이면 빨리 행동에 나서야 인간의
생명을 (그리고 아마도 전체 동식물의 생명 역시) 조금이라도
더 구할 수 있고, 수조 달러까지도 달할 수 있는 재산 손실도
조금이나마 더 막을 수 있을 터였다. 또 행동을 미적댈수록 대기
중에 축적된 온실가스가 더 많아져서 미래에 온실가스 농도를
줄이기도 더 어려워질 것이었다. 미국에서는 뉴욕, 보스턴,
샌프란시스코, 마이애미를 필두로 주요 해안 도시 상당
부분이 가라앉고 뉴올리언스, 찰스턴, 노폭, 갤버스턴, 서배너,
애틀랜틱시티 등으로까지 피해 지역이 불가역적으로 확대될 수도
있었다.[2]

　　멘델슨은 그를 비롯한 환경 운동가들이 1992년 선거에서
열렬히 지지했던 고어가 유의미한 행동을 취하지 않은 것이 특히
실망스러웠다. 물론 클린턴이 지명한 공직자들은 기후 변화에 대해
우려하는 목소리를 냈고 에너지부는 연방 차원의 에너지 설비
효율성 기준을 내놓는 중요한 조치를 취했다. 이는 전기 수요를
상당히 줄일 수 있을 것으로 예상되었다. 하지만 자동차와 석탄
화력발전소에서 배출되는 온실가스를 규제하지 않는 데는 변명의

여지가 있을 수 없었다.[3]

어떻게 보면 기후 문제를 무시했다는 점에서 클린턴
행정부의 잘못이 조지 H. W. 부시 행정부보다 크면 컸지 결코
덜하지 않았다. 클린턴 행정부는 기후 변화가 심각하다는 것을
알고 있었고, (1998년에 의회에서 환경보호청장 브라우너가
그렇게 진술함으로써) 정부가 그에 대해 조치를 취할 수 있는 법적
권한을 이미 가지고 있다고도 인정했다. 그런데 브라우너마저 그
권한을 실제로 행사하지는 않으려고 했다. 의회의 힘 있는 공화당
의원들을 화나게 할까 봐, 혹은 기후와 관련해 논쟁거리가 될
만한 일을 벌였다가 고어의 2000년 대선 전망을 망칠까 봐, 클린턴
행정부는 미국 내에서 배출되는 온실가스를 규제하지 않으려
했다.[4]

멘델슨은 환경보호청이 행동에 나서지 않으면서 노상
되풀이하는 변명에 진력이 났다. 기후 변화 같은 심각한 문제에
대해 정부가 손에 들고 있는 규제 권한조차 정치적 용기가 없어서
사용하지 못한다면 다 무슨 소용이란 말인가.[5]

◇   싱크대 전략

멘델슨은 어떻게 하면 사회 변화에 실질적으로 일조하는
변호사가 될 수 있을지 배우게 되기를 기대하며 로스쿨에
진학했다. 조지워싱턴 대학 로스쿨 1년차를 마친 여름에는
그린피스Greenpeace에서 활동했고 1991년에 졸업을 하고서는
저명한 환경 운동가 제레미 리프킨Jeremy Rifkin 밑에서 일했다.
당시에 리프킨은 유전자 조작 생명체의 위험성과 관련된 활동을
펴고 있었다. 멘델슨은 1995년까지 리프킨과 일하다가 동료였던
앤드류 킴브렐Andrew Kimbrell의 권유로 국제기술평가센터에서
일하게 되었다. 이곳은 킴브렐이 6개월 전에 만든 신생
단체로, 바로 얼마 전에 의회가 기술평가국Office of Technology
Assessment을 없애면서 생긴 공백을 메운다는 취지에서 설립되었다.
기술평가국은 20세기 말의 중요한 기술 사안들에 대해 의회에
객관적인 분석과 평가를 제공하던 곳이었다. 따라서 기술평가국의

공백을 메우겠다는 취지로 설립된 국제기술평가센터의
임무(기술이 사회에 미치는 영향을 빠짐없이 분석해 대중에게
알리는 것)는 지극히 광범위했다. 그리고 조 멘델슨을 포함해
이곳에서 일하는 몇 안 되는 직원들은 그 임무를 어떻게 구체적인
활동으로 구현해낼지를 결정할 때 상당히 큰 재량권을 가지고
있었다.

국제기술평가센터는 매우 '소박한' 예산으로 일해야
했다. 자연자원보호위원회Natural Resources Defense Council,
환경보호기금Environmental Defense Fund, 시에라클럽 법률기금Sierra
Club Legal Defense Fund(현재는 어스저스티스Earthjustice) 같은 전국
단위의 유명 환경 단체들과는 사뭇 다른, 전형적으로 초라하고
영세한 단체였다. 유명 환경 단체들은 직원이 수백 명이고 변호사,
경제학자, 과학자 등 유수의 대학에서 석박사 학위를 받은 전문
인력이 포진해 있으며 연간 예산도 수억 달러나 되었지만,
국제기술평가센터의 자금은 동그라미 개수가 몇 개나 차이 나게
적었고 단체의 존재 자체가 멘델슨과 킴브렐의 오랜 친구이자 기후
변화 문제에 관심이 많은 한 인물의 너그러움에 전적으로 의지하고
있다 해도 과언이 아니었다. 그 후원자는 더 청정하고 온실가스를
더 적게 내뿜는 자동차 기술에 관심이 많았다.

1998년경이면 멘델슨은 로스쿨을 졸업한 지도 7년이 지나
있었고 빨리 유의미한 일을 해서 입지를 다지고 싶어 조바심도
나고 있었다. 그는 클린턴 행정부에 실망한 것 못지않게 클린턴
행정부의 환경보호청이 기후 변화에 미온적으로 대응하는 것에
문제를 제기하려는 의지가 없어 보이는 대형 환경 단체들에도
실망했다. 대형 환경 단체들은 멘델슨에게 괜히 평지풍파를
일으키지 말라고 했다. 일단 차기 대선에서 고어가 승리하게 하고
그다음에 고어 행정부가 적극적인 환경 정책을 펴게끔 하는 편이
더 현명한 전략이라는 것이었다.

하지만 대형 환경 단체들은 멘델슨의 상사가
아니었다. 멘델슨은 출근할 때마다 이 사실을 되뇌었다.
자연자원보호위원회나 시에라클럽에서 일하는 수백 명의 직원과

달리 멘델슨은 다섯 명뿐인 직원 중 한 명이었다. 풀타임이 아닌
사람도 있었고 다들 한 달씩 겨우 봉급을 받으면서 (때로는
그나마도 못 받으면서) 일했지만, 예산이 매우 적은 단체에서
일하는 것에는 한 가지 장점이 있었다. 각자가 자율적으로 의사
결정을 내리고 행동할 수 있다는 점이었다.[9]

　　9월 말에 멘델슨은 대형 환경 단체들의 입장을
무시하고서라도 클린턴 행정부의 미온적인 행보에 문제제기를
해야겠다고 생각하기 시작했다. 그는 환경보호청이 청정대기법에
의거해 이미 가지고 있는 권한을 사용해 신규 자동차에서
배출되는 온실가스를 규제해 달라고 요구하는 공식 청원서의
초안을 혼자서 작성했다. 자동차와 트럭은 화력발전소와 더불어
미국에서 배출되는 온실가스의 큰 비중을 차지하고 있었고,
당시 미국의 배출량은 다른 나라의 자동차와 트럭에서 배출되는
양을 훨씬 능가하고 있었다.[10] 또한 당시에 멘델슨이 일하던
국제기술평가센터가 자동차 배기가스 문제는 다루고 있었지만
화력발전소와 관련된 일은 하지 않고 있었기 때문에, 둘 중에서도
자동차가 자연스럽게 멘델슨의 타깃이 되었다.[11]

　　멘델슨은 사무실에서는 물론이고 퇴근 후 집에서도
밤늦게까지 청원서를 작성했다. 두 살배기 딸 애나가 잠자리에
들기 전에 이야기책을 읽어주고 나서 다시 청원서를 손에 들었다.
애나는 생후 2개월 된 아기 여동생 퀸시와 방을 함께 쓰고 있었다.
멘델슨은 아이들이 자는 동안 분홍색 페인트로 벽을 새로 칠한
방의 흔들의자에 앉아 희미한 불빛 아래서 청원서를 다듬고 또
다듬었다. 멘델슨은 최근까지 쓰던 단풍나무 재질의 요람을 동생
퀸시에게 물려주고 더 큰 아기용 침대에서 자고 있는 애나를
내려다보았다. 바닥에서 겨우 몇 센티미터 높이인 침대에서 곤히
잠들어 있는 애나의 밤색 머리카락이 증조할머니가 만들어주신
'래기디 앤' 헝겊 인형에 흘러내려와 있었고 쌔근쌔근 숨을 쉴
때마다 담요가 오르락내리락했다. 두 딸이 조용히 잠들어 있는
모습은 그가 미래를 지키는 일에 그렇게까지 마음을 써야 하는
이유를 가장 직접적으로 상기시켜주는 상징이었다.[12]

청원서를 작성하면서 멘델슨은 자신이 구성하고 있는
논변이 매우 명쾌하며 그대로라면 성공할 것이 틀림없다고
점차 확신하게 되었다. 멘델슨의 청원은 청정대기법 제202조를
근거로 삼고 있었다. 청정대기법은 리처드 닉슨Richard Nixon 대통령
시절인 1970년에 통과된 연방 법률로, 이 법의 제202조에 따르면
환경보호청은 "……신규 자동차에서 배출되는 물질 중…… 공중의
건강과 복지를 위협할 가능성이 있다고 합리적으로 예상되는
대기오염에 원인이 되거나 기여한다고 환경보호청이 판단한
모든 대기오염물질의 배출을" 규제해야 한다.[13] 이 조항을 근거로
하려면 세 가지 쟁점에 관해서 논변을 전개해야 했는데, 그는 세
논변 모두 논파되는 것이 본질적으로 불가능할 만큼 탄탄하다고
생각했다.

첫째, 자동차 배기가스에서 막대하게 배출되는 온실가스인
이산화탄소가 청정대기법상의 "대기오염물질"에 해당한다는 점을
입증해야 했는데, 멘델슨은 이 점은 논쟁의 여지없이 확실하다고
생각했다. 청정대기법에서 "대기오염물질"을 대기 중으로
배출되는 모든 화합물(자동차에서 나오는 이산화탄소는 대기
중으로 배출되는 화합물이다)이라고 규정하고 있을 뿐 아니라,
환경보호청장 캐롤 브라우너가 의회에 출석해 이산화탄소가
청정대기법이 규정한 "대기오염물질"에 해당한다고 이미
공식적으로 인정한 바 있었기 때문이다.[14]

둘째, 신규 자동차에서 배출되는 이산화탄소가 기후 변화에
"원인이 되거나 기여하는" 요인인지를 밝혀야 하는데, 전적으로
법률에 대한 문제였던 첫 번째 쟁점과 달리 이것은 전적으로
사실 관계에 대한 문제였다. 자동차 배기가스는 기후 변화에 어떤
영향을 미치는가? 멘델슨은 환경보호청 자체가 발표한 과학적
판단을 인용할 수는 없었지만(환경보호청은 의도적으로 이에
대해 판단하는 것을 회피해오고 있었다), 그렇다고 이 쟁점에
대한 확신이 결코 덜하지는 않았다. 자동차와 트럭은 미국에서
가장 큰 이산화탄소 배출원에 속했다. 그리고 유엔의 '기후 변화에
관한 국가 간 패널Intergovernmental Panel on Climate Change'에서 발간한

최근 보고서들(명백히 과학계의 합의를 반영한 보고서들이다)에
따르면 다량의 이산화탄소 배출이 대기 중 온실가스 농도가
지속적으로 높은 수준을 보이는 데 기여하고 있었고, 이것이 기후
변화의 원인이었다.[16]

　세 번째 쟁점이 가장 까다로웠지만 멘델슨은 이에 대해서도
그가 구성한 논변이 다른 쟁점에 관한 논변들보다 결코 약하지
않다고 생각했다. 그는 청정대기법 제202조에 명시된 대로
기후 변화가 "공중의 건강과 복지를 위협할 가능성이 있다고
합리적으로 예상된다"는 점을 밝혀야 했는데, 이것 역시 입증하기
어렵지 않아 보였다. 유엔의 많은 과학자가 이에 대해 의심의
여지없는 연구 결과를 수없이 내놓은 터였다. 해수면 상승, 기온
상승, 담수 부족, 감염병 확산, 이 모든 것이 기후 변화가 유발하는
결과임이 연구를 통해 밝혀졌고 이러한 현상은 명백하게 공중의
건강과 복지를 위협하는 요인이었다.[17] 멘델슨은 기후 변화가
실제로 발생하고 있으며 그것이 해로운 영향을 초래하리라는
것이 '절대적으로 확실하다'고 입증할 필요까지는 없었다. 중대한
리스크에 선제적인 조치를 취할 수 있도록 의회가 의도적으로
청정대기법 조항들을 '예방적precautionary' 언어로 작성했기
때문이다. 위해가 발생할 것이 100퍼센트 확실하지는 않더라도
위해의 '가능성'이 합리적으로 '예상'되는 경우라면 연방 정부
기관은 그와 관련된 물질을 규제할 의무가 있었다.[18]

　멘델슨은 환경보호청이 신규 자동차와 트럭의 이산화탄소
배출을 규제할 의무를 가진다는 그의 논변을 청정대기법 조항들이
매우 잘 뒷받침해준다고 생각했다. 하지만 그는 만만치 않은
소위 '절차상의procedural 문제'가 있다는 사실 또한 잘 알고 있었다.
환경보호청이 신규 자동차와 트럭에서 배출되는 온실가스를
규제해야 한다는 논변은 명료하고 분명했지만, 누군가가
환경보호청에 그러한 규제를 해 달라고 공식적으로 청원할 권리가
있는지, 그리고 환경보호청이 청원 내용을 받아들이기를 거부할
경우 그에 맞서 법원에 소송을 제기할 권리가 있는지는 그다지
명백하지 않았다.

　　환경 관련 연방 법률들이 대개 그렇듯이, 청정대기법에는
"누구나"[어떤 물질이] 공중의 건강과 복지를 위협한다는 점을
제시해서 그 물질에 대해 규제나 그 밖의 필요한 조치를 취해
달라고 환경보호청에 청원할 권리가 있음을 명시하고 있는 조항이
아주 많다. 또 대개 이러한 조항들은 피청원 기관이 일정 기간
안에 청원에 반드시 답해야 하며 기간 내에 답변을 하지 않거나
청원 사항을 거부할 경우 청원인이 법원에 소송을 제기해 '사법적
심사judicial review' 절차를 추구할 수 있다고도 명시하고 있다.[19]
그런데 하필 청정대기법 중 신규 자동차 관련 조항(멘델슨이
청원의 근거로 삼으려고 하는 제202조)에는 그러한 내용이
명시되어 있지 않았다. 누군가가 환경보호청에 신규 자동차의
배기가스를 규제해 달라고 청원할 수 있는지에 대해서도,
환경보호청이 규제를 발동하려면 꼭 수행해야 하는 '위험성
판단'을 반드시 특정한 기간 내에 해야 하는지에 대해서도, 또
그러한 '위험성 판단'을 수행하라고 누군가가 환경보호청에 청원을
낼 수 있는지에 대해서도, 제202조는 언급하고 있지 않았다.

　　요컨대, 멘델슨은 신규 자동차의 온실가스 배출을 규제할
것인지 아닌지 결정을 내리라고 환경보호청에 요구할 수 있는 법적
권리가 자신에게 명백히 부여되어 있다고 확신할 수 있는 상황이
아니었다. 그래서 그는 '싱크대' 전략을 쓰기로 했다. 따로따로 보면
모두 모호한 점이 있어서 멘델슨에게 청원 자격이 있다는 법적
근거로 딱 맞아 떨어지지는 않더라도, 어쨌든 갖다 붙여볼 만한
법적 근거들을 모조리 언급하기로 한 것이다. 멘델슨의 진정서는
무려 '수정헌법 1조'에 나오는 "정부에 청원할 수 있는 권리"를
언급했고, 이어서 연방 법률들을 방대하게 끌어와 의도적으로
두루뭉술하게 일반론적으로 언급했다.[20] 그중 어떤 것도 그가
청원을 제기하는 것이 법적으로 타당하다는 점을 명쾌하게
말해주고 있지는 않았다. 가령 멘델슨이 수정헌법 1조와 관련해
끌어다 붙여볼 수 있는 것이라곤, 대법원이 1875년 판결에서
"[시민의 청원권은] 공화주의 형태의 정부라는 개념에 논리적으로
함의되어 있는 것이고 그러한 정부에 근본적인 것"임을

인정했다고 각주에 언급하는 것 정도였다.[21] 또한 그는 피청원
기관이 청원에 반드시 답변해야 한다고 명백히 규정하고 있는 법률
조항을 근거로 댈 수도 없었다. "신속하게, 그리고 180일 이내에"
답변해야 한다는 데 대해서는 물론이고 말이다(청원서에서
멘델슨은 환경보호청이 그래야 할 의무가 있다는 명확한 법적
근거를 제시하지는 못한 채로, "신속하게, 그리고 180일 이내에"
답변해 달라고 요구했다).[22] 환경보호청이 이 청원에 마땅히
답해야 한다는 훈계조의 (그러나 법률적 근거를 제시하지는 못한)
촉구를 제외하면, 멘델슨의 전략은 허세 가득한 엄포로 보일 수도
있었다.

　　10월 중순에 멘델슨은 초안을 완성했다. 자, 이제 어떻게
할 것인가? 청원서는 35쪽이었고 140개의 각주가 달려 있었다.
이에 더해, 자동차에서 배출되는 온실가스가 공중의 건강에 해를
끼친다는 주장을 뒷받침할 증거로 기후 변화에 대한 과학적
사실들을 언급한 수백 쪽 분량의 정부 보고서들이 부록으로
첨부되어 있었다. 이 청원을 제출해야 하는가? 제출할 경우 그와
그의 단체는 어떠한 반격에 직면하게 될 것인가?

　　멘델슨은 제출은 하되 지금 당장 하지는 않기로 하고
청원서를 서랍에 넣어두었다. 클린턴 임기 말까지 기다렸다가 이
문제가 "차기 대통령 앞에 놓인 핵심 사안"이 되게 만들자는 것이
그의 계획이었다. 그는 당연히 차기 대통령은 앨 고어일 것이라고
생각했다.[23]

방아쇠를 당기다

1999년 10월 20일 수요일, 2000년 대선 투표일을 두어 주 앞두고
멘델슨은 행동에 나설 때가 되었다고 생각했다. 1년 전에 그가
청원서 초안을 서랍에 넣어둔 이래로 기후 관련 소식은 점점
더 나빠지기만 했다. 12월에 세계기상기구World Meteorological
Organization는 1990년대가 심지어 1980년대보다 더 더웠다고
발표했다. 가장 더웠던 열 해 중 일곱 해가 1990년 이후에 있었다.[24]
설상가상으로 환경보호청 법무팀은 2주 전에 의회에서 온실가스

규제 권한을 행사하지 않겠다고 공화당 의원들에게 약속함으로써
또 한 번 물러섰다.[25] 환경보호청이 적극적인 행동을 꺼리고
클린턴 행정부가 계속해서 얼버무리는 것을 멘델슨은 더 이상
참을 수 없었다. 그는 자신의 청원서가 차기 행정부 앞에 떡하니
기다리고 있게 만들고 싶었다.

멘델슨의 계획은 다른 환경 운동가들의 지지를 받지 못했다.
전국 단위의 환경 단체들은 그가 청원을 제기하는 것에 대부분
반대했고, 그것도 강하게 반대했다. 멘델슨의 법률적, 정책적
논변에 대해 반대한 것은 아니었다. 그들의 반대는, 이러한 청원은
정치적 역공을 받게 돼 득보다 실이 훨씬 클 것이라는 우려에서
나온, 전략적인 측면에서의 반대였다.

그들에 따르면, 기후를 진지하게 우려하는 환경주의자라면
선거를 앞두고 기후 변화 문제를 눈에 띄게 제기해서 클린턴
행정부와 척을 지지 말아야 했다. 논란거리를 만들지 말고 때를
기다리면서 2000년 대선에서 앨 고어의 승리 가능성을 높이는 것이
더 나은 전략이었다. 일단 선거에서 이기면, 이제는 대통령으로서
고어가 오랫동안 약속했던 바대로 기후 문제에 효과적으로
대처해나갈 수 있을 것이었다. 부통령 시절의 행보가 실망스러웠던
것은 사실이지만, 그래도 고어는 공화당에서 나올 만한 후보들에
비하면 기후 문제에 적극적으로 나설 가능성이 훨씬 큰 후보였다.
그러므로 그때까지는 환경 운동 진영이 기후 문제에 목소리를
높여서 괜한 분란을 일으키지 말아야 했다.

이런 식의 논의에서 아웃사이더가 되는 데 익숙한 멘델슨은
굴하지 않았다. 그는 그의 단체가 하려는 일이 정책 변화를 위한
운동advocacy이지 묵인acquiescing이 아니라고 생각했다. 멘델슨이
생각하는 자신의 사명은 한계를 뛰어넘는 것이었고, 여기에는
환경보호청이 온실가스 규제 권한을 행사하도록 압력을 넣는 일도
포함되었다.[26]

멘델슨은 방아쇠를 당길 시간이 왔다고 생각했다. 그는
시한폭탄을 켜서 환경보호청이 기후 문제를 다루게끔 강제하기
위한 소송에 돌입할 수 있는 시한을 설정하고 싶었다. 그래서 10월

20일 수요일에 서랍에서 청원서를 꺼내 서명 페이지에 서명을 하고 날짜가 있는 페이지에 도장을 찍었다.[27]

그는 사무실에서 환경보호청까지 3킬로미터 남짓을 걸어갔다. 청원서를 직접 가지고 가서 제출할 참이었다. 상쾌하게 쌀쌀한, 전형적인 늦가을의 맑은 날이었다. 그는 청원서의 사본 한 부를 백악관의 고어 부통령에게도 우편으로 보냈다. 훗날 멘델슨은 그저 "평범한 날"이었다고 회상했다. 그것이 전혀 평범한 청원서가 아니라는 생각에 직접 들고 제출하러 갔지만 말이다.[28] 환경보호청 직원에게 청원서를 건넸을 때, 멘델슨은 이제까지 아무도 하지 않은 일을 한 것이었다. 미국이 대기에 매년 수조 킬로그램의 온실가스를 보태는 일을 멈추도록 정부 기관을 강제하기 위해 소송으로 가는 길을 닦기 시작한 것이다. 딸들에게 남겨줄 세상이 어떤 세상이어야 하는지에 대한 생각과 전 지구적인 환경 재앙을 피하고 싶다는 열망 모두 그를 움직이게 만든 커다란 요인이었다.

멘델슨의 청원서가 환경보호청 복도를 굽이굽이 지나 서신국Correspondence Office 재니 풀Janie Poole의 사무실에 도달하기까지 2주가 넘게 걸렸다. 창문 없는 희끄무레한 벽의 단조로워 보이는 사무실에는 밝은 흰색의 파티션들이 있었고 천장에는 기다란 형광등들이 매달려 있었으며 금속제 갈백색 파일 캐비닛들이 들어서 있었다. 이곳에서 예닐곱 명의 문서 담당 직원이 날마다 우편으로 도착하는 수백 개의 문서를 각각 가야 할 곳으로 보내기 위해 분류하고 처리했다. 잔뼈 굵은 서류 직원인 풀이 멘델슨의 청원서를 집어든 시각은 11월 5일 오후 1시 35분이었다. 풀은 청원서의 표지에 자신의 이름을 적고 '수신되었음'을 표시하는 도장을 찍어서 법무팀으로 가는 금속 수레의 금속 바구니에 넣었다.[29]

환경보호청 청사 건물은 대공황의 여파 속에 지어졌으며, 수십 년 전에는 체신부Post Office Department가 사용했다. 금속 수레가 재니 풀의 책상에서 법무팀 사무실까지 가는 길에는 공공사업 진흥국Work Progress Administration[뉴딜 정책에 따라 설립된 공공사업 계획기관]의 발주로 제작된 화려한 색상의 벽화가 단조로운

사무실 및 복도와 대조를 이루고 있었다. 이 벽화는 알프레도
디 조르조 크리미Alfredo Di Giorgio Crimi의 작품으로, "1930년대에
미국에서 점점 퍼져가는 교외와 원거리 지방의 수요에 부응하기
위해" 우편 노동자들이 "새로운 교통기술과 교통양식"을 사용하는
모습이 고대 프레스코 기법으로 표현되어 있었다. 우울해 보이는
얼굴의 우편배달부가 편지를 (결코 덜 우울해 보이지 않는)
어린 소녀에게 건네는 모습 주위로 다양한 교통수단이 그려져
있었다. 기차, 말이 끄는 수레, 자전거, 손수레……. 거의 70년 뒤에
멘델슨의 청원서를 나르고 있는 환경보호청 서신국의 수레와 매우
비슷하게 생긴 금속 수레도 있었다.

      그때는 몰랐지만 환경보호청 법무팀 사무실은 이 청원서가
앞으로 거치게 될 수많은 곳 중 첫 번째일 뿐이었다. 재니 풀이
접수하고 도장을 찍고 7년 뒤에 멘델슨의 청원서는 미국 연방
대법원에 도달하게 된다. 하지만 그것은 기나긴 길을 거친 다음의
이야기였고, 그 쌀쌀하고 맑던 가을날 그의 청원서에 사람들의
이목이 집중되리라고 예상할 만한 이유는 거의 없었다.

3장

똥

그렇게 해서 1999년 가을에 조 멘델슨의 청원이 환경보호청에
툭 떨어졌다. 상원에서 탄핵안이 부결된 지 8개월이 지났는데도
대통령 탄핵 시도의 상흔이 워싱턴 곳곳에 여전히 선명했다.
그리고 텍사스 주지사 조지 W. 부시와 현직 부통령 앨 고어가
각각 공화당과 민주당에서 유력 주자로 나선 가운데 이듬해 있을
선거가 이미 정치, 행정의 작동에 영향을 미치고 있었다. 당시
환경보호청의 한 지명 공직자는 이렇게 말했다. "우리에게 무엇을
바라는 겁니까? 이러한 정치적 상황에서는 이 청원을 승인할 수
없습니다."[1]

환경보호청의 누구도 청원자가 듣도 보도 못한 변방의
환경 단체 사람이라는 데 놀라지 않았다. 한 내부자의 표현을
빌리면, "빅 보이", 즉 대형 환경 단체들은 "이런 일을 하지 않을
것"이라고 다들 생각하고 있었다.[2] 대형 환경 단체 사람들은 이
시점에 환경보호청에 대고 기후 대응에 나서라고 촉구하는 것이
"실수"임을 잘 알고 있을 테니 말이다.[3]

그래서 환경보호청은 클린턴의 임기가 남아 있는 동안
멘델슨의 청원을 무시하기로 했다. 환경보호청의 한 지명 공직자는
"말하자면 뭉개고 있었다"고 표현했다.[4] 멘델슨은 아무런 답변도
받지 못했다. 환경보호청의 경력 공직자와 (클린턴이 지명한) 지명
공직자 모두 고어가 대통령이 될 때까지 기다리는 것이 상책이라고
생각했다.

그런데 2000년 대선 결과로 환경보호청이 발칵 뒤집혔다.
고어가 떨어진 것도 떨어진 것이지만, [재검표 등으로 인해]
선거 결과가 최종 확정되기까지 한 달이나 걸린 것이다. 그래서
새 대통령이 오기 전에 클린턴 행정부에는 시간이 두어 주밖에
남아 있지 않게 되었다. 환경보호청은 캐롤 브라우너의 재직
기간이 끝나기 전에 규제 조치들을 진행하기 위해 최후의 한

시간까지 폭풍처럼 몰아쳤다. 가장 긴요한 일은 가동 중인 화력발전소에서 배출되는 수은에 대한 환경보호청의 '위험성 판단'을 연방공보Federal Register에 공식 게재하는 것이었다(위험성이 판단되면 규제가 발동된다). 이에 대한 규제가 도입되면 대기 중 미립자도 함께 감소시킬 수 있어서, 예방이 가능한데도 발생하는 사망, 심장마비, 천식, 그리고 호흡기 질환으로 인한 입원을 매년 수천 건이나 막을 수 있고, 호흡기 질환으로 인한 노동자의 결근 시간도 연간 수십만 시간이나 줄일 수 있을 터였다.[5]

환경보호청은 고별 선물로 멘델슨의 청원도 처리하기로 했다. 2001년 1월 12일, 자그마치 14개월이나 뭉갠 뒤에 환경보호청 부청장 로버트 퍼시아세프Robert Perciasepe가 이 청원에 공식적인 답변을 내라고 지시하는 공지에 서명했다. 일반적으로 환경보호청의 조치와 연방공보 출판 사이에는 시차가 있기 때문에 이 공지는 2001년 1월 23일에야 연방공보에 게재되었는데, 이때는 조지 W. 부시가 취임하고 며칠이 지난 뒤였다. 클린턴이 지명한 (따라서 이제는 환경보호청을 떠나는) 한 지명 공직자는 연방공보에 그 공지가 게시된 것을 두고 "차기 행정부 문 앞에 똥을 남겨놓고 가는 것"이라고 표현했다.[6]

◇   부시의 약속
부시 대통령의 임기가 시작되고 매우 초기에 환경 운동가들은 새 정부에 대해 조심스럽게 낙관할 만한 이유가 있었다. 적어도 레이건 시절이 되돌아올지도 모른다는 두려움은 괜한 것이었다고 생각할 만한 이유라도 있었다(레이건은 대통령이 되자마자 환경보호청의 규제를 대대적으로 철회하겠다고 약속했고 환경보호청을 "기꺼이 무릎 꿇리고자 하는" 사람을 환경보호청장으로 임명하려고 했다).[7]

뭐니 뭐니 해도 부시는 선거 때 온실가스 배출을 규제해 기후 변화 완화에 나서겠다는 대담한 공약을 낸 바 있었다. 이전의 어떤 대통령이나 대통령 후보도 한 적이 없는 약속이었다. 투표일을 한 달 앞둔 10월에 그는 대대적인 대기오염 규제를 입법화하겠다고

약속했다. 여기에는 미국의 화력발전소에서 나오는 이산화탄소에
대한 "의무적인 감축 목표"도 포함되어 있었다. 적을 왼쪽에서 치고
들어간 이 기습 공격이 실패하지 않도록, 부시는 자신이 공약으로
내세운 공격적인 규제를 "자발적인 프로그램에 불과한" 고어의
훨씬 더 약한 공약과 대비시켰다.[8]

　　당선 이후에도 부시는 공약에 부합하는 행동을 하는 듯이
보였다. 그는 행정부 요직에 기후 변화 규제를 공개적으로 적극
지지해온 인사들을 포진시켰다. 폴 오닐Paul O'Neill 재무장관,
콜린 파월Colin Powell 국무장관, 콘돌리자 라이스Condoleezza Rice
국가안보보좌관 등이 그런 사람들에 속했다. 행정 부처의 장이라고
다 비중이 동등한 건 아닌데, 재무부와 국무부는 미국에서 가장
중요하고 힘 있는 두 부처다.

　　셋 중 오닐 장관이 가장 적극적으로 기후 사안을 언급했다.
1998년에 한 연설에서 그는 기후 변화가 야기하는 위협을 핵으로
인한 절멸의 위협에 비견하면서 지구온난화가 "문명에 대한
실재하는 위협"이라고 언급했다.[9] 재무장관직 수락과 관련해
대통령 당선자인 부시와 이야기를 나누는 자리에서 오닐은
부시에게 자신이 "전 지구적인 기후 변화 문제에 매우 진지하게
관심을 가지고 있다"고 말했다.[10] 또한 상원에서 인준된 뒤
재무부와 대통령이 만나는 첫 회의에서 오닐 장관은 자랑스럽게
1998년 연설문의 사본을 "재무부 쪽 모든 자리에" 두도록 했다.[11]

　　국무부의 파월 장관은 장관이 되고 아흐레 뒤에 기후 과학에
대한 공식 브리핑을 지시했다. 그 브리핑에서 파월은 "기후 변화는
실제로 일어나고 있는 일"이며 "인간이 유발한 기후 변화의
첫 결과가 곧 드러날 것이고" 이어 더 심각하고 중대한 영향이
"불가피하게" 닥칠 것이라는 과학계의 결론을 보고받았다.[12]

　　부시가 환경보호청장으로 임명한 뉴저지 주지사
크리스틴 토드 휘트먼Christine Todd Whitman도 기후 문제에 대해
강력하고 적극적인 입장을 가지고 있었다. 휘트먼은 연방
정부가 화력발전소의 온실가스 배출 규제를 포함해 공격적인
조치를 취할 필요가 있다고 생각했다.[13] 기후 문제는 휘트먼이

환경보호청장직을 수락한 이유였다고 해도 과언이 아니었다. 그는
부시의 선거 공약에 석탄 화력발전소에서 배출되는 이산화탄소를
규제하겠다는 내용이 포함된 것에 크게 고무되어 있었다.[14]

휘트먼이 청장에 취임한 2001년 1월 31일에 환경보호청은
재무부나 국무부 같은 "진짜 내각"만큼의 중량감은 없었을지
모르지만 휘트먼 자체가 엄청나게 중요한 인물이었다. 휘트먼은
공화당의 떠오르는 스타로서 대선 재목으로 여겨졌다.[15] 딕
체니Dick Cheney에게 밀리긴 했지만 부시의 (그리고 1996년에는
로버트 돌Robert Dole의)[16] 러닝메이트 부통령 후보로도 유력하게
거론된 바 있었다.[17]

뉴저지 주지사 시절 휘트먼은 친기업적이라는 평판을 가지고
있었지만 기후 문제 대응을 포함해 환경보호에 진지하게 관심이
있다는 평판도 가지고 있었다.[18] 휘트먼은 일찍이 1994년부터
기후 문제를 강조했고, 뉴저지주는 1999년에 '지속가능성을 위한
온실가스 감축 행동계획Sustainability Greenhouse Gas Action Plan'도
선포했다.[19] 1년 뒤에는 뉴저지주에서 배출되는 온실가스를
감축하기 위한 계획이 도입되었다.[20] 대통령 당선자 부시는
휘트먼의 환경보호청장 지명을 발표하는 자리에서 환경과 관련한
휘트먼의 업적을 칭송하면서 "나와 휘트먼은 견해가 같다"고
강조했다.[21] 환경보호청장이 된 뒤에 휘트먼은 기후 변화를 자신의
대표 사안으로 삼겠다는 점을 명백히 했고, 오닐, 파월, 콘돌리자
라이스 등 기꺼이 힘을 실어줄 동지들이 행정부 요직에 포진해
있었다.

환경보호청장이 된 휘트먼은 시간을 낭비하지 않고 기후
문제를 핵심 사안으로 전면에 내세웠다. 2월 26일, 청장이 되고
한 달도 안 되어서 CNN에 출연해 부시의 공약을 다시 언급했다.
그는 "부시 대통령이 선거 기간 중에 오염물질 통합관리전략multi-
pollutant strategy을 신뢰한다는 점을 분명히 밝혔으며 여기에는
이산화탄소도 포함된다"고 말했다.[22] 또한 백악관 비서실장 앤디
카드Andy Card와 길게 논의한 뒤에 국제무대에서도 적극적인
규제 입장을 밝히는 것에 대해 백악관의 승인을 받아냈다(고

휘트먼은 생각했다).[23] 3월 3일에 이탈리아 트리에스테에서 열린
'G8 환경장관회의 기후 변화 실무 세션G8 Environmental Ministerial
Meeting Working Session on Climate Change'에서 휘트먼은 부시 대통령이
화력발전소의 이산화탄소 배출에 대한 의무 저감 목표치를
수립하겠다고 공약한 것을 다시 한 번 언급하면서, 화력발전소가
"미국에서 그러한 배출의 가장 큰 원천"이라고 강조했다. 나아가
휘트먼은 "부시 행정부는 전 지구적인 기후 변화를 우리가 직면한
가장 큰 환경적 어려움이라고 보고 있다"고 분명히 말했다.[24]

　　휘트먼이 미처 몰랐던 사실은 그가 해외에 있는 동안
워싱턴에서 기후 문제에 대한 정치 지형이 극적으로 달라지고
있었다는 점이었다. 휘트먼이 출장 전에 그토록 공들여 받아냈던
백악관의 승인은 알고 보니 무의미한 것이었다.

◇　정강이를 걷어차이다

휘트먼이 트리에스테에서 돌아오고 불과 일주일 뒤인 3월 13일에
대통령은 공식적으로 공약을 철회하고 환경보호청이 이산화탄소
배출을 규제하는 일은 없을 것이라고 발표했다. 그뿐 아니라
환경보호청이 이산화탄소를 규제할 수 있는 법적 권한을 가지고
있지 않다고 선언했다.[25] 환경보호청의 업무에 매우 중대한 영향을
미치는 내용인데도 휘트먼과는 단 한 차례도 상의하지 않았다.[26]
훗날 오닐 장관이 회상한 대로, 취임한 지 6주밖에 되지 않았지만
"휘트먼의 경력은 끝난 것이나 마찬가지였다."[27]

　　휘트먼은 2년 더 자리를 지키긴 했지만 대체로 유령 같은
존재로 있었다. 대통령은 휘트먼과 냉정히 거리를 두었고 휘트먼의
지위와 영향력도 산산이 부서졌다. 환경보호청장으로 있는 동안
휘트먼이 몇 가지 중요한 일을 하긴 했다. 제너럴일렉트릭이
허드슨강에서 PCB[폴리염화비페닐]를 제거하는 데 비용을
대도록 명령했고 비도로형 디젤 차량의 오염물질 배출을 현저히
줄이기 위한 계획도 마련했다. 하지만 기후 문제를 포함해
그 밖의 주요 사안에서는 추진력을 얻지 못했다. 2003년 7월
환경보호청장직에서 물러난 휘트먼은 전국 단위 정치판에 다시

돌아오지 못했고, 2005년에《그것은 나의 정당이기도 하다: 공화당의 심장과 미국의 미래를 위한 전투*It's My Party, Too: The Battle for the Heart of the GOP and the Future of America*》를 출간한 것을 끝으로 정계에서 잊힌 신세가 되었다. 이 책에서 휘트먼은 공화당이 점점 더 심하게 보수화되어가고 있고 부시–체니 행정부가 부당하게 분열을 초래하고 있다고 맹비난했다.

무슨 일이 벌어진 것일까? 답은 간단하다. (이후의 많은 사람들처럼) 휘트먼이 딕 체니 부통령에게 "정강이를 걷어차인" 것이다. 체니의 전기작가는 이것을 "깔끔한 살해"였다고 표현하면서 "휘트먼이 바보처럼 보이게 되었다"고 설명했다.[28] 휘트먼은 체니의 첫 희생자였지만 마지막 희생자는 아니었다. 백악관에 있는 동안 체니는 내부 게임에서 자신이 미는 정치적 입장이나 정책이 승리하게 만드는 데 매우 뛰어난 수완을 발휘했다. 대통령을 포함해 누구도 그에게 필적할 수 없었다. 체니는 곧 "낚시꾼Angler"이라는 별명을 갖게 되었다.[29]

취임 직후에 체니는 '국가 에너지정책 개발그룹National Energy Policy Development Group'을 맡겠다고 자청했고 부시 대통령은 이를 승인했다. 이 조직은 "체니 에너지 태스크포스"라고도 불린다. "민간 영역이, 그리고 필요하고 적절하다면 주 정부와 지방 정부가 미래를 위해 비용 면에서 감당 가능하고 환경적으로 건전한 에너지를 안정적으로 생산 및 분배하도록 돕기 위한 국가 에너지 정책을 개발"한다는 것이 겉으로 천명된 목표였다.[30] 겉으로 명시되지는 않았지만 분명한 전제는, 클린턴 시절의 환경보호청이 청정대기법을 화력발전소에 적용하는 등 환경 법제를 과도하게 적용함으로써 미국의 에너지 산업을 약화시켰다는 것이었다.

그래서 체니는 휘트먼이 2월 26일에 CNN에서 언급한 내용을 가벼이 넘기지 않았다. 그때 휘트먼은 화력발전소의 이산화탄소 배출을 규제하겠다는 대통령의 공약을 강하게 밀고 나가려는 것처럼 보였다. 체니에게 그날 휘트먼의 발언은 명백한 경고 사격이었고 그의 태스크포스가 하려는 일에 대한 도전이었다. 대선에서 부시–체니 팀을 지지했던 에너지 업계 사람들도 그

못지않게 휘트먼의 발언이 거슬렸다.

　휘트먼이 CNN에 출연하고 3일 뒤 유틸리티 분야
로비스트이자 공화당의 오랜 전략가로 훗날 미시시피 주지사가
되는 할리 바버Haley Barbour가 체니에게 대통령을 구워삶는 데 쓸
수 있는 정치적 탄약을 쥐어주었다. 바버는 명백하고 모호하지
않은 용어로 이렇게 적었다. "진실의 순간이 오고 있습니다……
관건은 부시–체니 행정부에서도 클린턴–고어 행정부에서처럼
환경 정책이 에너지 정책보다 우위를 차지하게 할 것인가입니다."
바버는 "클린턴–고어"의 접근을 "환경 극단주의"라고 칭하면서
그 때문에 "에너지 공급량이 줄고 에너지 가격은 올라갔다"고
주장했다.³¹ 그는 특히 자신이 "이번 행정부가 이산화탄소를
대기오염물질로 간주해 과세나 규제, 혹은 둘 다를 적용하는
정책을 펼 것인지 예의주시하고 있다"며, 그가 원하는 답을 명확히
암시했다. 답은 당연히 "아니오"여야 했다.³²

　일반적으로 행정부가 이산화탄소 규제 등 기후 변화에 대해
공식적인 정책을 개발하는 데는 몇 개월이 걸린다. 그리고 행정부
각 부처의 모든 관련자가 관여하는 지난한 과정에서 체니와
바버가 생각하는 정답이 꼭 도출되리라는 보장은 없었다. 그렇게
되려면 선거 공약을 명시적으로 깨는 부담을 져야 했을뿐더러,
환경보호청장 휘트먼 말고도 부시 행정부 각료 중에는 기후 문제에
대해 '규제적 접근'을 강하게 지지하는 사람이 적지 않았다.

　이런 상황에서 체니는 매우 뛰어난 전술을 구사했다. 그는
기후 규제에 대한 적대감으로 뭉친 네 명의 저명한 상원의원이
대통령에게 공식 서한을 보내도록 뒤에서 주선했다. 그들은
노스캐롤라이나의 제시 헬름스Jesse Helms, 네브래스카의 척 헤이글,
캔자스의 팻 로버츠Pat Roberts, 아이다호의 래리 크레이그Larry
Craig였다. 서신에서 이들은 "기후 변화에 대한 이번 행정부의
입장, 특히…… 이산화탄소를 청정대기법에 의거해 규제하는
것과 관련한 입장을 명백히 밝혀 달라"고 요구했다. 또 휘트먼이
CNN에서 발언한 내용을 명시적으로 언급하면서, 자신들은 그에
대해 크게 반대하는 입장임을 한 치의 모호함도 없이 분명히

드러냈다.

상원의원 4인방의 서신은 휘트먼이 트리에스테 출장을 마치고 미국에 도착하던 순간에 백악관에 도착했다. 오닐과 휘트먼은 타이밍이나 문구 등 이 서신의 모든 면이 체니의 작품이라는 것을 한눈에 알 수 있었다. 그가 뒤에서 꼭두각시 줄을 잡고 있는 사람이었다.

휘트먼은 즉시 백악관 비서실장에게 전화를 걸어 대통령 면담을 요청했다. 가장 빠르게 잡힌 면담 시간은 3월 13일 오전 10시였다. 하지만 휘트먼이 대통령 집무실에 도착했을 무렵에는 이미 게임이 끝나 있었다. 휘트먼이 이야기를 시작하기도 전에 대통령이 말을 끊고서 "크리스티, 나는 이미 결정을 내렸어요"라고 말했다. 상원의원들의 서신에 대한 대통령의 답변 서신에 이미 서명을 했다는 것이었다. 대통령 집무실을 나오면서 휘트먼은 체니가 코트를 입고 비서의 책상에서 대통령이 갓 서명한 답변 서신을 집어 들면서 "서신, 다 된 건가?"라고 말하는 것을 보았다. 체니는 서신을 의사당에 가지고 가려는 참이었다.

그날 조금 더 이른 시각, 콘돌리자 라이스는 곧 벌어질 일을 직감하고서 콜린 파월에게 연락을 했고 둘은 즉시 백악관으로 가서 대통령이 답변 서신을 보내지 못하게 막아야 한다는 데 의견이 일치했다. 하지만 파월이 보안검색대에 도착하기도 전에 체니의 검은 리무진이 오토바이를 탄 경찰과 경호원들의 호위를 받으며 백악관을 출발했다. 나중에 라이스는 파월에게 "그들이 다른 이들은 안중에도 없이 작당을 해서 거기에 서명을 해버렸다"고 말했다.

불같이 화가 난 휘트먼은 재무장관 오닐에게 전화를 걸었다. 오닐도 휘트먼의 좌절에 깊이 공감했다. "방금 우리는 아무런 마땅한 사유도 없이 환경을 내어주고 말았습니다." 이 사건에 대해 훗날 휘트먼은 "솔직히 말해, 그들을 제외한 세상의 모든 이가 마음 깊이 중요성을 느끼고 있는 사안에 대해 그들이 가운뎃손가락을 들어 보인 것과 마찬가지였다"고 회상했다.

휘트먼도, 오닐도, 라이스도, 파월도, 이 사안과 관련된 그들의

모든 직원과 보좌진도, 대통령이 답변 서신을 쓰기 전에 의견을
구하는 연락을 받지 못했다. 아니, 이들 중 누구도 서신의 초안조차
보지 못했다. 휘트먼은 이 모든 일을 처음부터 끝까지 기획한
사람이 체니라고 확신했다.[39] 하지만 누가 기획을 했든 화살은
이미 떠났고, 대통령이 답변 서신을 보냄으로써 화력발전소의
이산화탄소 배출을 규제하겠다고 했던 대선 공약은 공식적으로
철회되었다.

　　그런데 체니가 주도면밀하게 기획한 대통령의 서신은 공화당
상원의원들이 제기한 정책상의 질문에 대한 답을 훨씬 넘어서는
내용을 담고 있었다. 즉 질문을 보낸 상원의원들이 요청하지 않은
내용까지 추가로 담겨 있었다. 부시의 답변 서신은 설령 대통령이
'정책적인' 고려에서 규제를 원한다고 해도 애초에 청정대기법이
환경보호청에 이산화탄소를 규제할 권한 자체를 부여하지
않았다는 '법률적인' 해석까지 내리고 있었다. 환경보호청과도
법무부와도 상의하지 않은 채로, 대통령의 서신은 이산화탄소가
"청정대기법상의 '대기오염물질'이 아니다"라고 해석함으로써
대통령의 권한으로 연방 법률에 대해 법률적 판단을 내린 셈이
되었다.[40]

　　이 한 단계를 더 밟음으로써, 대통령은 [정책 영역과 법률
영역 사이의] 공식적인 경계를 넘었다. 단지 정책의 문제로서
지금은 환경보호청이 온실가스를 규제하지 말아야 한다고
말한 것이 아니라 법률적인 문제로서 환경보호청이 온실가스를
규제할 법적 권한 자체를 가지고 있지 않다고 말한 것이다.
대통령은 행정부 수반으로서 의회가 입법한 연방 법률에 해석을
제시할 권한이 있다. 그리고 부시 대통령은 상원의원들에게 보낸
답변 서신에서 바로 그러한 법률적 해석을 내렸다. 대통령은
헌법과 법률이 대통령에게 부여한 권한을 행사할지 말지,
행사한다면 언제 어떻게 행사할지를 결정하는 데서 광범위한
재량권을 갖는다. 하지만 거의 두 세기 전인 1803년에 연방
대법원이 '마버리 대 매디슨Marbury v. Madison' 사건의 기념비적인
판결에서 명확하게 판시한 바 있듯이, "법이 무엇을 말하고

있는가를 이야기할 수 있는 영역, 그리고 그것을 이야기해야
할 의무가 있는 영역은 단연코 사법부다."[41] 따라서 대통령인
부시가 환경보호청이 법적으로 온실가스를 규제할 권한을 가지고
있는가에 대해 첫 번째 법적 해석을 내리는 곳은 될 수 있어도,
최종적인 해석을 내릴 수 있는 곳은 대법원이었다.

　이렇게 해서 '매사추세츠 대 환경보호청' 사건으로 이어지는
길이 열렸다. 할리 바버의 말처럼 "진실의 순간"이 정말로 오고
있었다.[42]

4장

스텝이 꼬여버린
환경보호청

부시 대통령의 서신은 멘델슨의 청원에 대한 입장이 무엇이어야
하는지 환경보호청에 지시를 내린 것이나 다름없었다. 대통령의
서신으로 이산화탄소를 포함한 온실가스가 청정대기법상의
대기오염물질이 아니게 되었기 때문이다. 따라서 환경보호청이
취해야 할 입장은 분명했다. 온실가스 배출을 [청정대기법에
의거해] 규제할 수 없는 것이다. 대통령이 이러한 법률적 결론을
내리기 전에 환경보호청의 당국자나 변호사 누구와도 상의한
바는 없었지만, 환경보호청장도, 환경보호청의 어느 공직자도,
환경보호청의 법무팀도, 대통령의 공식 입장과 상충하는 입장을
취할 수 있는 권한은 없었다. 대통령의 판단을 받아들이거나
사직을 하거나 둘 중 하나였다. 2003년 7월에 휘트먼이 사직한
뒤 청장 권한대행을 맡은 마리안 호린코Marianne Horinko는 훗날
이렇게 회상했다. "휘트먼이 이 싸움에서 이길 수 없었다면 나도
마찬가지였을 겁니다……. 나는 딕 체니에게 대적하려고 시도해볼
생각이 없었습니다."[1]
       그러나 멘델슨의 청원을 구체적으로 어떻게 처리할 것인가에
대해서는 아직 질문이 남아 있었다. 클린턴 행정부 시절 막판에
그랬듯이 계속 뭉개고 있어야 하는가? 아니면 대통령이 입장을
밝혔으니 멘델슨의 청원을 거부한다는 답변을 공식적으로
내놓아야 하는가? 애초에 어느 연방 법률도 멘델슨이 이러한
청원을 할 자격을 갖는다고 명시하지 않았고 심지어 이러한
청원이 제기될 가능성을 언급하지도 않았으므로, 어느 법률도
환경보호청이 이러한 청원에 언제까지 대응해야 한다는 시한을
규정하고 있지 않았다. 그래서 클린턴 행정부는 멘델슨이
청원서에서 환경보호청이 180일 안에 답변해야 한다고 주장한
것을 (따지자면 근거 없는 주장이었으므로) 무시했고, 부시
행정부도 얼마든지 그렇게 할 수 있었다.

아이러니하게도, 멘델슨의 청원을 거부한다는 공식
답변을 내자고 한 사람들은 기후 규제를 가장 심하게 반대하던,
환경보호청의 (부시가 지명한) 지명 공직자들이었다. 대통령이
서신에서 밝힌 입장을 환경보호청의 공식 입장으로 아예 못 박는
데에 멘델슨의 청원을 유리하게 활용할 수 있겠다는 것이 이들의
계산이었다. 이러한 정치적 계산이 없었다면 멘델슨의 청원은
흐지부지 사라졌을 것이다. 그리고 몇 년 뒤 대법원에서 이들의
정치적 계산은 크나큰 오산이었음이 판명 나게 된다.

◇　아무것도 하지 말자
부시 대통령이 상원의원들에게 답변 서신을 보낸 뒤, 환경보호청
법무팀은 행군 명령이 떨어졌음을 깨달았다. '환경보호청이
온실가스 규제 권한을 가지는가'에 대한 환경보호청의 모든 공식
문서는 이제 대통령이 서신에서 밝힌 입장과 일치해야 했고,
그 입장은 온실가스가 청정대기법이 규정한 대기오염물질이
아니라는 것이었다. 이 결론은 그들로서는 변경할 수 없게 주어진
것이었다. 하지만 환경보호청 법무팀은 소송이 제기되어 법원에서
타당성을 다툴 경우 이 해석이 법적으로 맹공격을 받을 수 있다는
사실 역시 잘 알고 있었다. 따라서 설득력 있는 법적 논변을 구성해
그 해석을 뒷받침할 필요가 있었다. 행정부 공직자인 변호사들과
달리 사법부의 판사들은 '대통령이 그렇게 말했으니 그렇게
인정하자'는 식으로 결론을 내리지는 않을 것이기 때문이다.
　　환경보호청 변호사들은 대통령의 해석을 뒷받침할 법적
논변을 구성하기 위해 커다란 장애물 하나를 먼저 치워야 했다.
클린턴 행정부 시절에 환경보호청이 의회 진술과 의회에 제출한
의견서를 통해 법무팀 명의로 두 번이나 밝혔던 정반대의 해석을
뒤집어야 했던 것이다. 이전 두 번의 환경보호청 공식 의견은
온실가스가 청정대기법상의 대기오염물질에 해당한다는
것이었다.[2]
　　정부 기관이 입장을 번복하는 경우는 생각보다 드물지 않고,
반드시 부적절한 일인 것도 아니다. 1984년에 대법원은 '쉐브론

대 자연자원보호위원회Chevron v. National Resources Defense Council, Inc.'
사건의 판결(어느 경우에 법원이 행정부에서 내린 법률 해석을
존중해야 하는가와 관련해 매우 중요한 판결이었다)에서 어느
법률에 대해 어느 기관이 내린 해석은 몇 년 전 다른 정권 하에서
동일한 기관이 동일한 법률에 대해 내렸던 해석과 충분히 다를
수 있다며 새로운 해석을 인정했다. 대법원은 정부 기관이 이전의
결론을 폐기하고 새로운 결론에 도달하는 것이 꼭 내재적으로
불합리한 일은 아니라고 밝혔다. 새로운 행정부가 자신이 집행해야
하는 연방 법률들에 대해 해석을 내릴 때, 경합하는 여러 가지 정책
선호 사이에서 과거와는 다른 균형점을 찾기로 하는 데는 합당한
이유가 있을 수 있다는 것이었다. 대법원은 그런 측면에서 선거와
정치가 중요하게 고려될 수 있다고 설명했다.[3]

　　그렇더라도 정부 기관이 입장을 번복하면 의심의 눈초리를
받게 된다. 정부 기관이 합당하게 입장을 바꿀 수 있다고 해서
입장을 바꿀 때마다 합당하다는 이야기는 아니며, 번복이 반드시
부당한 게 아니라고 해서 반드시 정당하다는 이야기도 아니다.
적어도 왜 지금의 입장이 지금은 맞고 그때는 틀렸는지, 혹은
그때도 틀리지 않았다면 상황의 어떤 변화 때문에 그때의 해석과
지금의 해석 중 후자가 더 타당성을 갖게 되었는지 설득력
있게 설명해야 한다. 부시 행정부의 환경보호청은, 법무팀이
청정대기법 조항에 대한 상세한 법적 분석을 통해 이산화탄소가
대기오염물질에 해당한다고 두 번이나 결론 내렸고 그 후에 해당
법률 문구 자체는 달라지지 않았는데 지금 결론을 바꾸는 것이 왜
그 법률에 대한 더 타당한 해석이 되는지를 설득력 있게 설명해야
했다. 여기에 법적 논거를 마련하는 것이 가능할까? 가능하다.
하지만 설득력이 있을까? 꼭 그렇지는 않다. 대통령의 행동을
뒷받침할 매우 '좋은' 법률 자문이 필요했다.

　　가장 좋은 법률 자문은 대개 주요 결정이 내려지기 전에
이뤄지는 법이다. 있을지 모를 법률적 문제들을 미리 확인하고
해소함으로써 문제가 제기될 가능성을 최소화하는 것이다. 그런데
체니는 휘트먼, 라이스, 파월, 오닐이 대통령의 답변 서신 발송을

무산시킬까 봐 너무 서두른 나머지 이 과정을 건너뛰고 말았다.
휘트먼을 건너뛰고 성급하게 결정하도록 대통령을 몰아붙인
바람에 환경보호청의 전문 변호사들에게 검토 받을 기회를
놓치고 만 것이다. 체니가 법률 자문을 요청했더라면 환경보호청
변호사들은 체니(와 백악관)에게 대통령이 서신에서 답변해야
하는 법률적 질문(이산화탄소가 대기오염물질에 해당하는가?)이
이분법적인 질문이 아니라는 사실을 잘 설명했을 것이다. 현재의
서신은 그것이 단순히 '그렇다'와 '아니다'로 답해지는 문제인
것처럼 작성되어 있었다. 하지만 체니가 원하는 정책을 관철하기
위해 필요로 한 '법률적' 답변은 그것보다 정교하고 세심한
것이어야 했다. 즉 '때로는 그렇고 때로는 아니다' 식의 답이어야지,
부시가 서신에서 말한 것처럼 무작정 '아니다'는 아니어야 했다.

　　물론 부시 행정부는, **규제** 목적으로는 온실가스를
(환경보호청이 규제 권한을 갖는) "대기오염물질"로 간주하고
싶지 않았다. 하지만 부시 대통령은 다른 법안들에서 연구
목적으로는 이산화탄소를 계속해서 "대기오염물질"로
간주하고자 한다는 점을 분명히 드러낸 바 있었다. 환경보호청이
"대기오염물질"에 대한 연구 목적의 예산을 계속 승인받아서
온실가스가 공중의 건강과 복지에 미치는 영향을 조사하고 민간
부문이 자발적인 감축 방안을 개발하는 데 도움을 줄 수 있게
한다는 것이었다.⁴ 그런데 대통령의 답변 서신은 이와 같은 법률적
복잡함을 고려하지 않은 채 작성되어 있었다.

　　따라서 서신에서 단순히 이산화탄소가 대기오염물질이
아니라고 잘라 말한 것은 환경보호청이 기후 변화에 대해 "연구"를
할 수 있는 권한까지 없앨 위험이 있었다. 부시 행정부가 기후
변화에 대한 "연구"는 지지할 뿐 아니라, 환경보호청이 온실가스
배출에 의무적인 규제를 도입할 것인가와 관련해 합당한 결정을
내릴 수 있으려면 사전에 그러한 연구가 반드시 있어야 한다고
주장해왔는데도 말이다. 온실가스가 "대기오염물질"이 아니어서
환경보호청이 기후 변화를 "연구"할 권한까지 갖지 못하게 된다면
위와 같은 부시 행정부의 논리는 앞뒤가 맞지 않게 된다.

　　그러므로 환경보호청은 현실적으로 다음과 같은 문제를
해결해야 했다. 부시 대통령이 서신에서 말한 내용을 부시
행정부의 실제 기후 정책과 어떻게 부합시킬 것인가? 처음에
환경보호청은 어려운 문제에 봉착했지만 해결해야 할 데드라인이
명확하지 않을 때 대개의 조직이 선택하는, 그리고 늘 효과가 있는
것으로 판명되었던 방법을 쓰려고 했다. 즉 아무것도 하지 않기로
했다. 그래서 환경보호청은 멘델슨의 청원을 계속 뭉개면서 아무런
공식 반응도 내놓지 않았다.

　　법무팀을 비롯한 환경보호청의 많은 경력 공직자가 '아무것도
하지 말자'는 접근법을 조용히 지지한 데는 그럴 만한 전략적인
이유가 있었다. 당연하게도 환경보호청의 경력 공직자 대부분은
환경보호청의 사명이 환경을 보호하는 것이라고 믿고 있었다.
그들이 환경 변호사, 환경 과학자, 환경 공학자, 환경 경제학자가
되어 정부 기관에서 일하기로 마음먹은 이유가 바로 그것
아니겠는가. 그들은 환경보호가 매우 중요하며 환경보호청 및 유관
기관이 여기에 유의미하게 기여할 역량이 있다고 믿었다. 국가가
처한 심각한 환경 병폐를 다루기 위해 환경보호청이 가진 권한을
행사하려는 열의가 없는 사람이 환경보호청 공직자가 되기로
했다면, 그가 이상한 사람일 터였다.

　　또한 그들에게는 환경보호청이 법적인 권한을 '가지고
있다'는 개념이 '가지고 있지 않다'는 개념보다 훨씬 매력적이었다.
자신이 깊이 우려하는 문제에 경력을 바치기로 한 사람치고
자신에게 그 문제를 유의미하게 다룰 권한이 없다는 결론을 환영할
사람이 누가 있겠는가. 대통령이 상원의원들에게 답변 서신을
보낸 직후에 멘델슨의 청원을 어떻게 처리할지 결정해야 했던
환경보호청 공직자들로서는 더더욱 그랬다. 환경보호청의 경력
공직자들은 말 그대로 자신의 직업 경력을 이곳에서 장기적으로
쌓아가는 공직자들이므로, 이들 중 많은 사람이 지금 뒤집어야
하는 과거의 법적 의견서를 작성한 사람들이기도 했다.

　　그러므로 환경보호청의 경력 공직자들이 멘델슨의 청원에
아예 답변하지 않고 뭉개는 편을 선호했다는 것은 이상한

일이 아니다. 청원에 답변을 한다는 것은 환경보호청이 공식
입장을 내야 한다는 말이었다. 현재로서 대통령은 입장을 냈고,
환경보호청은 아직 내지 않았다. 전에 환경보호청이 공식 입장을
냈을 때, 그 입장은 현 대통령의 입장과 반대로 환경보호청이
온실가스를 규제할 법적 권한을 가지고 있다는 것이었다.
환경보호청이 왜 굳이 지금 공식적인 행동을 취해서 대통령의
결론을 받아들이고 자신이 과거에 내린 해석을 번복해야 하는가?
환경보호청의 경력 공직자들은 다른 변수가 없다면 조용히 다음
대선까지 기다리는 게 낫다는 결론을 내릴 수밖에 없었다. 기후
규제를 지지하는 사람이 대통령이 될지도 모르지 않는가.

무척 커다란 도움

그러나 환경보호청의 경력 공직자들과 달리 환경보호청이
멘델슨의 청원에 공식 답변을 내길 바라는 두 부류의 사람들이
있었다. 그런데 서로 정반대되는 이유에서였다. 첫 번째 집단은
환경보호청의 지명 공직자 중 휘트먼 청장 및 환경보호청 법무팀과
달리 체니 부통령과 동일한 견해를 가지고 있는 강경파들이었다.
즉 이들은 클린턴 행정부 시절에 환경보호청이 규제 권한을
과도하게 사용했다고 생각하는 사람들이었다. 두 번째 집단은
환경보호청 외부의 환경 운동가 중 멘델슨처럼 생각하는 사람들로,
민주당 정권과 공화당 정권 모두 온실가스를 유의미하게 규제하는
일을 내내 미루기만 하는 것에 진력나 있는 사람들이었다. 또한
이들은 "때를 기다려야 한다"는 말에도 그만큼이나 진력나 있었기
때문에 법원이 개입하게 만들고 싶었다. 그런데 이 건을 법원으로
가지고 가려면 일단 환경보호청의 공식 답변이 있어야 했다.
　　첫 번째 집단을 이끄는 사람은 제프리 홈스테드Jeffrey
Holmstead로, 부시 대통령이 환경보호청 대기 및 방사능 담당
부청장보로 지명한 사람이었다. 당시 41세로, 갈색 머리에 체격이
운동선수 못지않았고 환경보호청에 지명직으로 오기 전까지
학문적으로나 개인적으로나 직업적으로나 매우 성공적인 이력을
보유하고 있었다. 유타주에서 태어나 콜로라도주 볼더에서

자랐으며 대학 졸업 전에 모르몬교 선교단으로 아르헨티나에서
2년 동안 선교 활동을 했다. 브링엄 영 대학에 다니던 시절
합창단의 베이스 파트에서 활동하기도 했으며, 1984년에 대학을
수석으로 졸업했다. 로스쿨에 입학한 뒤에는 새로 생긴 보수주의
단체 '연방주의자협회Federalist Society'에서 활동했고 학업 성적도
여전히 뛰어났다. 1987년에 로스쿨을 졸업하고서는 치열한 경쟁을
뚫고 연방 D.C.항소법원 더글러스 긴즈버그Douglas Ginsburg 판사의
로클럭을 지냈다.[6]

　　홈스테드는 워싱턴의 로펌에서 잠시 일한 뒤 1989년 9월
조지 H. W. 부시의 백악관 법무팀에 합류했다. 처음에는 보조
법무관이었고 1년 뒤 부법무관으로 승진했다.[7] 그는 주로
환경 사안을 담당하면서 1990년에 조지 H. W. 부시 행정부가
청정대기법 수정안을 통과시키는 데 크게 일조했다. 1993년 1월에
백악관을 떠나 저명한 로펌인 '레이탐 앤 왓킨스Latham & Watkins'의
워싱턴 사무소에 들어갔고, 그곳에서 청정대기법 사안들과 관련해
전기 유틸리티 업계 등 산업계를 대변했다.[8] 10년 전 로스쿨에
입학했을 때는 기업법 전문가가 되고 싶었고 "환경법이라는 게
있는 줄도 몰랐다." 하지만 조지 H. W. 부시 행정부의 임기가
끝났을 무렵에는 환경법 사안에 경력을 바치기로 결심하고
있었다.[9]

　　홈스테드는 2001년에 환경보호청 대기 및 방사능 담당
부청장보로 지명된 뒤 의회의 인사청문회에서 휘트먼 청장과
긴밀히 협력해가며 일하기를 "매우 열렬히" 바라고 있다고 몹시
적절하게 발언했다.[10] 하지만 내부자들은 홈스테드가 부청장보가
된 것이 휘트먼의 뜻이 아니라 백악관, 그리고 클린턴 시절에
환경보호청이 청정대기법을 과도하게 적용했다고 생각해 그것을
줄이고 싶어 하는 산업계의 뜻임을 잘 알고 있었다. 휘트먼이
부청장으로 밀었던 린다 피셔Linda Fisher가 홈스테드를 대기
담당보다는 수질 담당이 되게 함으로써 옆으로 제쳐두려 했을
때, 백악관은 피셔가 부청장을 맡는 데는 동의하되 홈스테드가
대기국을 담당해야 한다는 조건을 걸었다. 2001년 3월에 기후

사안과 관련해 체니가 휘트먼의 정강이를 걷어차려 했을 당시,
휘트먼과 달리 홈스테드는 자신의 백악관 끈을 통해 대통령이 답변
서신에서 온실가스에 대해서는 청정대기법이 어떤 규제 권한도
부여하고 있지 않다고 언급하리라는 것을 미리 알고 있었다.[11]

　　홈스테드는 환경보호청의 경력 공직자들과 이해관계가
매우 달랐다. 그는 환경보호청 법무팀이 이전에 내렸던 해석을
번복하게 하고 환경보호청의 권한을 더 협소하게 규정한 새로운
해석을 공고히 못 박고 싶었다. 경력 공직자들이 이전의 해석을
그대로 두고 싶어 했다면, 홈스테드는 그것을 없애고 싶어 했을 뿐
아니라 나중에 되살아나지도 못하게 '확실히' 없애고 싶어 했다.
그의 표현대로 그는 "이 문제를 영구히 종결"하고 싶었다.[12] 그리고
그렇게 할 수 있는 수단이 바로 눈앞에 있었으니, 멘델슨의 청원에
공식적으로 거부 답변을 내면 될 것이었다.

　　한편 멘델슨도 홈스테드와는 목적이 전혀 다르긴 했지만
환경보호청이 공식적인 답변을 내주기를 원했다. 그는
환경보호청이 그의 청원에 답변한다면 당연히 청원을 거부한다는
내용이 되리라는 것을 잘 알고 있었다. 그것은 상관없었다.
그의 목적은 이 문제를 법원으로 가져가는 것이었기 때문이다.
환경보호청이 기후 문제와 관련해 아무런 일도 하지 않을 게
확실했으므로, 멘델슨은 환경 운동 진영이 기대를 걸어보기에 가장
좋은 곳은 법원이라고 생각했다. 그리고 환경보호청이 그의 청원에
공식적으로 거부 결정을 내려준다면 그런 결정이 없는 경우보다
소송을 걸기가 더 쉬울 터였다(즉 공식 결정에 항의하는 소송을
거는 것이 아무 공식 결정을 내리지 않는 것에 항의하는 소송을
거는 것보다 더 쉬울 터였다). 이런 목적에서, 2002년 1월 10일에
멘델슨은 6월 1일까지 답이 없으면 소송 절차를 밟겠다고 통보하는
서신을 환경보호청에 보냈다.[13]

　　멘델슨의 최후통첩이 완전히 허풍은 아니었지만 강제력이
없는 것도 사실이었다. 이론적으로 원고는 연방 정부 기관이 어떤
행동을 "불법적으로 막고 있거나 불합리하게 지연하고 있는"
경우 연방 행정절차법에 의거해 소송을 제기할 수 있다.[14] 하지만

이러저러한 정부 기관이 이러저러한 종류의 일에 대해 이러저러한
기간 내에 행동을 해야 한다고 법률에 구체적이고 명백하게 명시된
경우가 아닌 한, 연방 법원은 정부 기관에 그러한 행동을 하라고
명령 내리는 것을 매우 꺼리는 경향이 있다.

여기에는 충분히 그럴 만한 이유가 있다. 법원은 정부
기관이 다뤄야 하는 일이 정부 기관이 가진 자원과 역량을 늘
초과할 수밖에 없다는 점을 잘 인식하고 있으며, 따라서 제한된
자원을 어떻게 배분할 것이냐는 해당 정부 기관이 가장 잘
판단할 수 있다고 믿는 편이다. 단지 어떤 시민이 정부 기관에서
자신의 관심사를 다른 사안보다 먼저 다뤄주기를 바라고 소송을
걸었다는 이유만으로 법원이 그 사람의 뜻을 받아들여 해당 정부
기관에 대고 자원 배분의 우선순위에 대해 내렸던 이전의 결정을
번복하라고 명령할 만한 상황은 많지 않다. 그래서 '불합리한
지연'을 근거로 들어 정부 기관을 상대로 소송을 걸었을 때 원고가
원하는 결과가 나오는 경우는 극히 드물다. 대개의 경우, 기껏해야
법원은 해당 정부 기관이 '우리는 다른 중요한 일로 바쁘다'는
설명을 원고에게 명시적으로 제공하라는 판결 정도를 내릴 뿐이다.

멘델슨이 최후통첩을 보낸 지 거의 1년이 지나도록
환경보호청은 반응이 없었다. 이제 멘델슨은 그다음의 커다란
단계에 돌입할지 여부를 결정해야 했다. 환경보호청이 행동을
'부당하게 지연'하고 있다는 점을 이유로 들어 법원에 소송을
제기할 것인가 말 것인가? 환경보호청의 답변을 기다리던 2년 동안
멘델슨은 주로 식품 안전문제, 특히 유전자 조작 생물과 관련된
사안을 다루었다. 이제 그는 개인적으로나 업무적으로나 기후
사안에 대해 환경보호청을 압박하는 일로 돌아올 준비가 되어
있었다.

하지만 소송을 끌고 가기에는 재정이 너무 부족했다.
이제까지 했던 일들에 대해서는 에너지재단Energy Foundation이
약간의 자금을 지원해주었지만, 소송 자체를 진행하기에는
충분하지 않았다. 소송에는 돈이 더 많이 들 텐데, 다른 환경
운동가들이 그가 청원을 내는 데 반대했다는 점을 생각할 때

멘델슨이 필요한 자금을 확보할 수 있으리라고 확신하기는 매우
어려운 상황이었다. 오히려 그 반대일 가능성이 컸다. 소송을
진행하면 멘델슨의 단체는 재정적으로 더 어려운 상황에 처하게 될
것이 틀림없었다.[15]

　　멘델슨이 청원에 공식적으로 답변하라고 환경보호청을
압박할 계획임을 알게 된 대형 환경 단체 활동가들은 멘델슨을
포기시키려고 매우 노력했다. 심지어 그때까지 멘델슨의 일을
지지했던 후원자도 자금 지원을 중단했다. 다른 환경 단체들이
멘델슨을 돈으로 압박하기로 하고 그 후원자에게 연락해 불만을
제기했을 가능성이 크다. 가뜩이나 간당간당한 예산밖에 없던
멘델슨의 단체가 그 후원자를 잃은 것은 막대한 타격이었다.
그리고 저명한 단체들의 저명한 환경 변호사들이 줄기차게 전화를
해서 "그러지 말라"고 그를 뜯어말렸다.[16]

　　이 논쟁의 핵심은 기후 변화와 관련해 부시 행정부와 어디서
어떻게 싸우는 것이 가장 효과적일 것인가에 대한 견해 차이였다.
자연자원보호위원회 등 전국 단위의 대형 환경 단체들은 온실가스
배출을 규제하고자 하는 캘리포니아주를 위해 연방 항소법원
중 서부 지역에 위치한 곳에서 법적 대응을 하는 것이 가장
효과적이리라고 생각했다.

　　그러한 소송에서 이미 그들은 핵심 역할을 하고 있었고
논변 구성에 영향을 미치기에도 더 좋은 위치에 있었으며, [다른
곳보다는] 캘리포니아주에 위치한 연방 항소법원 판사들이
그들에게 유리한 판결을 내려줄 가능성이 더 크다고 생각했다.
시에라클럽의 저명한 기후 변호사인 데이비드 북바인더[David]
[Bookbinder]는 멘델슨이 자신의 뜻을 밀어붙이려는 것에 대해
시에라클럽 사람들이 맹렬히 반대하는 모습을 똑똑히 지켜보았다.
"세상에, 그들은 아주 열 받아서 멘델슨의 아이디어에 길길이
뛰었어요." 북바인더는 멘델슨에게 쏟아진 압력이 "믿을 수 없을
정도"였다고 회상했다.[17]

　　하지만 북바인더는 자신이 속한 단체 사람들과의 맹약을
깨고 뒤에서 은밀히 멘델슨에게 절실히 필요했을 도움을

제공했다. 북바인더는 한두 해 전에 멘델슨을 만난 적이 있었고
멘델슨에 대해서도, 그가 제기한 청원에 대해서도, 매우 좋은
인상을 받은 바 있었다. 북바인더는 자신의 상관인 시에라클럽
대표 칼 포프Carl Pope에게 시에라클럽 차원에서 멘델슨의 소송을
지지하자고 의견을 냈지만 포프는 거절했다("아니, 우리는 안
할 거야"). 그래서 북바인더는 매우 효과적인 우회로를 뚫었다.
"만약 멘델슨이 독자적으로 이 일을 진행한다면 그 이후에
우리[시에라클럽]가 거기에 결합하는 형태로" 멘델슨을
지원한다는 방안에 포프의 동의를 얻어낸 것이다. 북바인더는
즉시 멘델슨에게 전화해 "독자적으로라도 이 일을 진행하겠다"고
말하라고 했다. 일단 그가 그렇게 말하면 "우리[시에라클럽]가
거기에 결합할 수 있다"는 것이었다. 멘델슨은 재빨리
그렇게 말했고("우리는 독자적으로라도 이 일을 진행할
겁니다"), 북바인더는 "좋아요, 합시다"라고 대답했다. 그리고
환경보호청에서 "그 빌어먹을 답변"을 받아내자고 했다.[18]

　　멘델슨이 소송 수순을 밟는 것을 멈추게 하기 위한 마지막
시도가 한 번 더 있었다. 멘델슨이 소송을 제기하기로 되어
있던 날의 전날 밤 11시에 환경보호청의 고위 경력 공직자이며
기후 규제를 위해 휘트먼 청장과 긴밀히 함께 일했다는 사람이
멘델슨에게 전화를 걸어왔다(그는 멘델슨의 계획에 대해
자연자원보호위원회에서 귀띔을 받은 것 같았다). 그가 비공개를
전제로 한 이야기는 멘델슨이 내내 들어온 이야기와 같았다.
"그러지 말라"는 것이었다. 그는 멘델슨이 하려는 일이 "D.C.에서
일이 돌아가는 방식"이 아니라고 했다. 또한 그는 멘델슨이
제기하려는 소송이 환경보호청 안에서 기후 문제에 조치를 취해야
한다고 믿는 사람들의 힘을 약화시키게 될 것이라고 말했다.[19]

　　어쨌거나 다음 날 멘델슨은 소송을 제기했다.[20] 멘델슨의
딸들은 이제 아기가 아니고 어린이였다. 큰딸 애나는 1학년이었고
퀸시는 곧 어린이집에 가게 될 터였다. 기후 시계는 계속 돌아가고
있었고, 더 기다리는 것은 이제 끝이었다. 3년 전에 그가 만든 길을
계속 가겠다는 그의 결정은 그의 단체와 가족에게 지지를 받고

있었다. 멘델슨은 "D.C.에서 일이 돌아가는 방식"을 존중하는
데 관심이 없었다. 그가 원하는 것은 무언가 다른 방식으로라도
좌우간 "일이 되게 만드는" 것이었다. 2002년 12월 5일, 멘델슨은
그가 제기한 청원에 환경보호청이 답을 하도록 법원이 강제해
달라고 요구하는 소장을 연방 D.C.항소법원에 제출했다. 이번에는
시에라클럽이 그의 편에 합류했다. 시에라클럽, 그리고 늘
자랑스럽게 독자 행동을 하곤 하는 도발적인 환경 단체 그린피스
외에 다른 주요 환경 단체들은 결합하지 않았다.[21]

　　곧 환경보호청 법무팀이 멘델슨에게 연락을 해왔다. 그들은
합의를 원했다. 그리고 양측은 비교적 쉽게 의견의 일치를 보았다.
멘델슨도, 홈스테드 등 환경보호청의 지명 공직자들도, 원하는
것이 같았기 때문이다. 즉 양측 모두 환경보호청이 멘델슨의
청원에 공식적으로 답변하기를 원했다. 환경보호청은 몇 달 안에
공식 답변을 내겠다고 했다. 그러면 그때 멘델슨은 "환경보호청이
청원에 답을 하도록 법원이 강제해 달라"고 제기한 소송은
철회하고, 환경보호청이 내놓은 공식 결정에 대해 법원에 새롭게
소송을 제기할 수 있을 터였다.[22]

　　그리고 실제로 그렇게 되었다. 환경보호청 내부에서
경력 공직자인 변호사들과 부시 정권에서 새로 지명된 지명
공직자들 사이에 몇 개월간 실랑이가 있은 뒤, 2003년 8월 28일에
환경보호청은 두 문서를 발표했다. 하나는 로버트 패브리컨트Robert
Fabricant 환경보호청 법무관이 작성한 것으로, 환경보호청의
조나단 캐넌Jonathan Cannon 법무관이 전에 작성한 '이산화탄소 등
온실가스의 청정대기법상 지위에 관한 의견'을 '공식 철회'하는
문서였다.[23] 다른 하나는 멘델슨의 청원 내용을 거부한다는
환경보호청의 공식 결정이었다.[24]

　　대통령의 서신이 (그리고 그 서신을 기획한 사람들이) 간
길을 정확히 따라서, 환경보호청의 지명 공직자들은 클린턴
행정부가 문 앞에 놓아둔 똥을 밟은 체니 부통령의 행보에
동참했다. 몇 년 뒤에 멘델슨의 소송에 합류한 한 환경 변호사가
회상했듯이, 환경보호청이 "멘델슨의 청원을 공식 거부해준 것은

우리에게 무척 커다란 도움을 준 것이나 마찬가지"였다.[25]

◇   제프가 비열한 짓을 완료했음

환경보호청 법무팀의 새 의견서를 자세히 읽어보면 2001년
3월에 대통령이 공화당 상원의원들에게 보낸 서신의 내용을
온전히 반영하지는 않았음을 알 수 있다. 대통령의 서신은
이산화탄소가 대기오염물질이 아니라는, 대담하면서도 근거
없는 주장을 담고 있었다.[26] 반면 패브리컨트가 작성한 의견서는
훨씬 정교했다. 법률 전문가들과 상의하지 않고 서신을 작성한
백악관과 달리 패브리컨트가 의견서를 작성할 때는 환경보호청의
변호사들이 관여한 게 틀림없었다. 훗날 홈스테드는 자신이
"이른바 패브리컨트 메모"(홈스테드의 표현이다)를 "구성하는
데 꽤 많이 관여했다"고 인정했다. 패브리컨트가 "휘트먼 사람인
데다" 홈스테드 본인과 달리 "청정대기법 변호사가 아니었기"
때문이라는 것이었다.[27]

　　누가 작성했든 간에 패브리컨트의 의견서는 환경보호청
법무팀이 "(청정대기법은) 전 지구적인 기후와 관련된 목적의
규제 권한을 환경보호청에 부여하지 않으며" "그에 따라
이산화탄소 및 기타(온실가스)는 (청정대기법) 규제 조항들의
적용을 받는 '대기오염물질'로 간주될 수 없다고 결정했다"고
밝히고 있었다.[28] 달리 말하면, 패브리컨트의 의견서는 의무적인
감축치를 부과하는 등 기후 대응을 위한 규제 목적으로 쓰이지
않는 한, 다른 목적으로는 온실가스가 여전히 "대기오염물질"로
간주될 수 있다고 조용히 인정하고 있었다. 따라서 환경보호청은,
가령 산업계의 자발적인 온실가스 감축 노력을 촉진하기 위한
정부 프로그램들을 지원할 목적과 연구 목적으로는 온실가스를
대기오염물질로 간주할 수 있었다. 다만, 오염원(가령 자동차나
화력발전소)에 직접적으로 감축을 강제하기 위한 규제 목적으로는
온실가스를 대기오염물질로 간주할 수 없었다.

　　또한 패브리컨트의 의견서는 "전 지구적인 기후와
관련된 목적"이 아닌 한 환경보호청이 온실가스이면서

대기오염물질이기도 한 물질들을 청정대기법으로 규제할 수 있는
길도 열어놓았다.[29] 이것은 매우 중요하고 꼭 필요한 양보였다.
환경보호청이 이미 오래전부터 그렇게 해오고 있었기 때문이다.
예를 들어, 메탄은 강력한 온실가스이면서 심각한 호흡기 질환을
유발하는 물질이기도 하다. 오랫동안 환경보호청은 청정대기법에
의거해 메탄 배출을 규제할 권한이 있다고 간주해왔고 실제로
규제하고 있었다. 하지만 메탄을 흡입하는 사람들의 건강에 미칠
악영향을 근거로 한 규제였지 "기후 목적"의 규제는 아니었다.[30]
즉 패브리컨트의 의견서는 (공식적으로 인정한 것은 아니었지만)
환경보호청이 기후 맥락 이외의 목적에서는 메탄 등에 대한 규제
권한을 계속 가질 수 있도록 세심하게 신경 쓴 것이었다.

　　이렇게 세세한 세부 사항이 뭐 그리 중요하냐고 생각할
수도 있을 것이다. 어쨌거나 핵심은 온실가스를 청정대기법으로
규제할 수 없다고 밝힌 대통령의 서신이고, 패브리컨트의 의견서도
그와 동일하지 않은가? 하지만 패브리컨트의 의견서에 담긴
세부 사항들은 매우 중요하다. 이런저런 양보들을 해야만 했다는
사실이 대통령의 입장을 뒷받침할 법적 논거가 매우 취약하다는
점을 드러냈기 때문이다. 동일한 화합물이 청정대기법상의 어떤
목적에서는 대기오염물질이고 어떤 목적에서는 대기오염물질이
아니라는 희한한 공리를 만들어야만 대통령의 입장이 법적으로
뒷받침된다는 점이 분명히 드러나게 된 것이다.[31] 이산화탄소는
규제 목적에서는 대기오염물질이 아니지만 연구 목적에서는
대기오염물질이다. 마찬가지로, [동일한 법이] 어떤 목적으로는
메탄을 규제할 수 있지만 어떤 목적으로는 규제할 수 없다.

　　추상적인 정책 수준의 문제로 보면 가능한 공리였다.
환경보호청이 (그리고 그 연장선에서 대통령이) 처한 문제는
관련 '법률'의 문구에 이것을 명백하게 뒷받침하는 내용이 없다는
것이었다. 위와 같은 공리는 청정대기법이 "대기오염물질"에 대해
단 하나의 정의를 제시하고 있다는 사실과 합치되기 어려웠다.
그리고 그 하나의 정의는 "대기 중으로 배출되는" "모든 화합물"이
대기오염물질의 범주에 속할 수 있다고 명시하고 있고,[32] 그렇다면

여기에는 이산화탄소, 메탄, 그 밖의 온실가스들이 모두 포함될
터였다. 요컨대, 백악관과 달리 환경보호청 변호사들은 자신들의
논거에 커다란 문제가 있음을 알고 있었다.

　　패브리컨트의 의견서와 같은 날 발표된 환경보호청의 두 번째
문서는 멘델슨의 청원 내용을 공식 거부하는 문서였다. 여기서도
핵심 내용은 명확했다. 즉 대통령의 2001년 3월 서신 내용과
동일했다. 하지만 글의 구조와 사용된 문구를 살펴보면 대통령의
법률적 입장이 매우 취약하다는 사실을 환경보호청 변호사들이 잘
알고 있었다는 것을 알 수 있다.

　　첫째, 이상하게도 환경보호청장이 이 문서에 서명하지
않았다. 휘트먼이 서명하지 않은 데는 명백한 이유가 있었다. 몇 주
전에 사임했기 때문이다.[33] 휘트먼이 대통령의 서신과 그 서신에
담긴 법률적 입장에 반대했던 점을 생각해보면, 멘델슨의 청원을
공식 거부한다는 결정이 내려진 타이밍이 그의 사임 직후였다는
것이 우연만은 아니었을 것이다. 그런데, 청장의 서명은 그렇다
쳐도 일반적으로 청장이 공석일 때 대신 서명을 하는 청장
권한대행 마리안 호린코도 그 문서에 서명하지 않았다.[34]

　　이 문서에는 '대기 및 방사능 담당 부청장보' 자격으로
홈스테드가 서명했다. 청장 앞으로 제기된 청원을 거부하는
문서에 직위가 더 낮은 지명 공직자가 서명하는 것이 이례적인
일이긴 하지만, 멘델슨의 청원을 거부하는 문서에 명기된 이름이
홈스테드라는 데는 걸맞은 면도 있었다. 지명 공직자 중에서도
유독 홈스테드가 환경보호청이 청정대기법에 의거해 온실가스를
규제할 권한을 갖고 있지 않다는 입장을 강력하게 밀고 있었기
때문이다.[35] 홈스테드는 거부 결정문 자체를 작성하는 데도
깊숙히 관여했는데, 이 역시 이례적인 일이었다. 관례상으로는
환경보호청 법무팀 변호사들(경력 공직자, 지명 공직자 모두)이 그
작업을 하는데, 이 경우에는 홈스테드가 결정문 작성 작업 전반을
이끌었다.

　　환경보호청은 멘델슨의 청원을 거부하는 법적 논변을
이번에 공식 발표한 입장(환경보호청이 온실가스 규제 권한을

가지고 있지 않다는 입장)에만 의존하지 않았다. 환경보호청은
'백업' 논변으로 안전망을 하나 더 깔았다. 좋은 변호사라면
당연히 그렇게 하라고 조언했을 것이다. 물론 첫 번째 논변이 아주
강력하다면 그냥 그것으로 가면 된다. 하지만 그 논변이 법정에서
논파당할 가능성이 크다면 플랜 B가 필요하다. '달걀을 한 바구니에
담지 않는' 분산 투자전략의 변호사 버전이라고도 볼 수 있다.

　　환경보호청의 청원 거부 결정문을 보면 작성자들이 자신의
첫 번째 논변에 대해 매우 우려하고 있었음을 알 수 있다. 그들의
첫 번째 논변은 대통령의 (그리고 체니의) 서신을 뒷받침하는
것이었는데, 법정에서 다투게 되면 이 논변은 질 공산이 컸다.
그래서 이 문서를 작성한 사람들은 이 입장, 즉 환경보호청은 기후
변화 대응을 목적으로 온실가스를 규제할 권한을 갖지 않는다는
입장을 뒷받침하는 데 사용한 지면(약 4,500 단어)만큼을 플랜 B를
설명하는 데 할애했다(약 4,300 단어).

　　그렇다면 그 플랜 B는 무엇인가? 간단히 말해 플랜 B 논변의
내용은 '당신은 내가 지금 그 행동을 취하도록 강제할 수 없다'였다.
더 정확히 말하면, 설령 환경보호청이 기후 목적으로 온실가스를
규제할 법적 권한을 갖고 있다 하더라도 규제를 반드시 지금
발동해야 할 "강제적인 의무"가 있는 것은 아니며,[36] 지금으로서
환경보호청은 기후 목적으로 온실가스를 규제하는 것이 "현
시점에서는 적절하지 않다고 보고 있다"는 것이었다.[37]

　　플랜 B는 주 논변이 아니라 예비 논변으로 제시되었지만
단순히 구색 맞추기에 불과한 것이 아니었다. 사실 두 논변
중 이쪽이 훨씬 더 강한(법적으로 더 잘 뒷받침될 수 있는)
논변이었다. 청정대기법은 신규 자동차에서 배출되는 온실가스가
공중의 건강과 복지에 위협이 되는지에 대한 '위험성 판단'을
환경보호청이 언제 내려야 하는지에 대해서는 시한을 명시하고
있지 않다. 이것은 1998년에 멘델슨이 청원서 초안을 쓰기
시작했을 때도 멘델슨의 논변에서 취약점이었다. 당시에 멘델슨도
그 점을 알고 있었고, 지금 환경보호청 변호사들도 알고 있었다.[38]
정책적 원칙이 아니라 '법 조항의 기술적인 세부 사항'에 토대를

둔 것으로 보여서 정치 담론의 장에서는 그리 좋게 들리지 않을
주장('당신은 내가 지금 그 행동을 취하도록 강제할 수 없다'가
전형적으로 이런 종류의 주장이다)도 법률적으로는 이기는 논변이
될 수 있었다.

　환경보호청의 백업 논변은 꽤 명쾌했다. 청정대기법은 신규
자동차에서 배출되는 대기오염물질이 공중의 건강과 복지를
위협한다고 환경보호청이 "판단"을 내렸을 때만 규제할 의무가
있다고 규정하고 있는데 환경보호청장은 아직 그 판단을 내리지
않았다. 또한 청정대기법은 특정한 시한 안에 "환경보호청장이
반드시 위험성을 판단해야 한다"고 강제하고 있지 않다. 즉
청정대기법은 '환경보호청장 재량'인 '위험성 판단'이 언제
내려져야 하는지에 대해 '특정한 시한'을 부여하고 있지 않다.
따라서 설령 온실가스가 청정대기법상 대기오염물질 범주에
해당한다 하더라도 신규 자동차의 온실가스가 위험을 유발하는지,
그리고 그 위험이 규제 발동의 법적 요건인 "공중의 건강과
복지를 위협"하는 수준인지에 대한 판단을 언제 내리는 것이 가장
적합한지 결정하는 것은 여전히 환경보호청장의 재량이었다.
그리고 이 건의 경우, 환경보호청의 결정은 지금은 적합한 시점이
아니라는 것이었다.[39]

　환경보호청은 멘델슨의 청원을 거부하면서, 지금은
아직 적합한 시점이 아니라는 데 대한 근거를 빨랫감 목록
적듯 이것저것 길게 적었다. 우선, 신규 자동차에서 배출되는
이산화탄소를 규제하는 것이 "합리적"인지 의문을 제기하면서,
"미래의 기후 변화에 영향을 미칠지 모르는 요인들에 대한 우리의
지식에는 아직 불확실성이 많은 상태"라고 언급했다. 또 신규
자동차에 적용될 온실가스 배출 규제는 이미 교통부가 에너지
절약을 위해 공표한 자동차 '연료 경제성 기준'과 겹칠 가능성이
있다고 주장했다. 자동차에서 나오는 온실가스를 줄이는 가장
좋은 방법 역시 연료 경제성 기준을 설정하는 것일 터이므로,
환경보호청이 자동차의 온실가스 배출을 규제하면 두 개의 정부
기관(환경보호청과 교통부)이 동일한 것을 규제하게 된다는

지적이었다. 마지막으로, 다른 나라들도 그렇게 하겠다고 동의하기
전에 미국만 혼자 신규 자동차의 온실가스 배출을 규제하게 되면
진행 중인 기후 협상에서 다른 나라들이 자국의 온실가스 배출을
줄이도록 유도하기 위해 사용할 수 있는 협상 카드 하나를 없애는
격이 될 수도 있다고 언급했다.[40]

　요컨대, 멘델슨이 청원서에서 지금이야말로 환경보호청이
신규 자동차에서 배출되는 온실가스가 공중의 건강과 복지를
위협하는지 결정해야 할 때라고 (적어도 환경보호청이 그러한
결정을 내리도록 법적으로 강제해야 할 때라고) 주장하기 위해
싱크대 전략을 구사했듯이, 환경보호청은 지금은 그러기에 적합한
때가 아니라고 주장하기 위해 그들 나름의 싱크대 전략을 구사하고
있었다. 환경보호청은 멘델슨의 청원을 확실히 거부할 수 있는
근거를 대지는 못했다. 가령, 자동차에서 나오는 온실가스가
공중의 건강과 복지를 위협한다고 결론 내릴 수 있는 과학적
증거가 부족하다고는 전혀 주장하지 않았다. 그보다, 지금은
'위험성 판단'을 내리기에 적절한 때가 아니라는 점에 대해서만
장황한 이유를 제시했다. 멘델슨의 청원을 거부하는 환경보호청의
문서는 "상기의 고려 사항들[a]에 비추어, 환경보호청은 설령 규제
권한이 있다 하더라도 [현재로서는] 온실가스 배출을 규제해
달라는 청원인의 요구를 거부한다"고 결론 내렸다.[41]

　변호사의 고전적인 수 쓰기였다. 진짜 질문(자동차에서
배출되는 온실가스가 공중의 건강과 복지를 위협하는가)은
피해가면서 그 질문에 답하지 않는 이유만 줄줄이 제시한 것이다.
그것도 그 이유 중 어느 것이 가장 중요하거나 가장 결정적인지는
말하지 못한 채, 그중에 하나라도 얻어걸리기를 바라면서 말이다.
이 문서를 작성했을 당시에는 이것이 환경보호청 변호사들

---

[a]　복수 형태인 것에 주목할 필요가 있다. 16장 244~247쪽을 참고하라.

입장에서 매우 합리적인 전략이었다. 하지만 3년 뒤 대법원
구두변론에서 이 전략이 모두에게 먹히는 전략은 아니었음이
드러나게 된다.

홈스테드는 8월 29일 오후 1시 49분에 멘델슨의 청원을
거부하는 문서에 서명했다. 환경보호청 법무팀 변호사 로버트
패브리컨트가 환경보호청 법무팀의 과거 입장을 공식적으로
번복한 직후였다.[42] 패브리컨트는 처음에는 새로운 입장을 내는
것에 반대했다. 환경보호청 법무관으로서 환경보호청의 권한을
없애는 쪽으로 해석을 내리는 것은 자신의 일이 아니어야 한다고
생각했기 때문이다. 하지만 홈스테드 등이 압력을 넣었다.[43]
패브리컨트는 2주 전에 조용히 사직서를 제출했고, 멘델슨의
청원이 거부되고 일주일도 안 되어서 환경보호청을 떠났다.
뉴저지주에서 변호사 일을 한다는 것 말고는 별다른 계획도 없는
채로였다. 그는 몇몇 로펌에서 일하다가 뉴저지주에서 오염된
흙으로 건축 자재를 제조한 어느 기업의 자문 변호사가 되었다.[44]
그의 상관(전 환경보호청장 휘트먼)처럼 그도 그 이후로 전국
무대에서는 잊힌 신세가 되었다.

멘델슨의 청원이 공식 거부되었다는 것이 분명해지자
법무팀의 한 경력 공직자는 곧바로 동료 경력 공직자들에게
이메일을 보냈다. "제프[홈스테드]가 비열한 짓을 완료했음."[45]
그는 오후에 법무팀과 대기 및 방사능국 직원 모두에게 두 번째
이메일을 보냈다. "서명되었고 봉인되었고 전달되었음. 다음
정거장은 D.C.항소법원."[46]

모두가 알고 있었다. 시범적인 교전과 의례적인 행위는
끝났다. 1999년 10월에 멘델슨이 환경보호청에 청원을 낸 때로부터
37개월이 지났다. 드디어 소송을 개시할 준비가 되었다.

5장

이산화탄소 전사들

환경 공익 변호사로 일한다는 것은 힘들고 외로운 일일 수 있다. 1999년에 사무실을 나서서 청원서를 제출하러 환경보호청까지 걸어갔을 때 조 멘델슨은 혼자였다. 어느 주 정부의 법무부도 그를 지지해주지 않았다. 도발적이라는 평판을 늘 즐기는 그린피스를 제외하면 미국의 강력한 환경 단체들도 동참하기를 거부했고 일부는 그를 뜯어말리려고 했다.

　　하지만 2003년 8월 말에 멘델슨은 더 이상 혼자가 아니었다. 부시 행정부의 환경보호청이 그의 청원을 공식적으로 거부할 것이 분명해지자 한때는 돈키호테 짓처럼 황당해 보였던 그의 계획이 예전에 그를 말리려 했던 사람들도 포함해 전국 각지에 있는 수많은 변호사의 관심을 끌게 되었다. 시에라클럽은 2002년 말에 멘델슨에게 합류함으로써 주류 환경 단체들과 행동을 달리한 첫 단체였다. 그리고 2003년 여름이 끝날 무렵이면 마지못한 지지라도 받으면 다행이던 일이 폭포 같은 지지를 받는 일이 되어 있었다. 멘델슨에게 이메일과 전화가 쇄도했다. 환경 단체들과 매사추세츠주, 뉴욕주, 코네티컷주를 필두로 한 여러 주 정부 변호사들이 앞다퉈 그의 관심을 끌려고 했다. 모두가 이 소송에 참여하고 싶어 했다. 이제 멘델슨은 미국의 가장 저명한 환경 변호사들, 그리고 경제적으로나 정치적으로 강력한 주 정부들의 법무부와 함께 수많은 콘퍼런스 콜과 회의를 진행하고 있었다.

　　기후 변화 정책 분야에서 부시 행정부와 건설적으로 함께 일해보려던 계획은 대통령이 공약을 철회하고 환경보호청장 휘트먼을 옆으로 제쳐놓은 후 모두 버려졌다. 모든 환경 단체가 지금은 소송을 해야 할 때이며 환경보호청이 멘델슨의 청원에 공식 거부 결정을 내린 것이 소송에 돌입하기에 매우 좋은 계기라는 데 의견을 같이했다. 기후 과학자들이 내놓는 보고서들이 점점 더 명확히 보여주고 있듯이, 행동을 더 지연하기에는 기후 변화가 제기하는 위협이 너무 막대했다.

그들은 스스로를 "이산화탄소 전사들"이라고 불렀다 (이산화탄소는 온실가스 중 배출량이 가장 많은 기체다).[2] 그들은 멘델슨의 청원을 거부한 환경보호청의 결정을 뒤집는다는 공동의 목표가 있었고 그렇게 하려면 협력해야 한다는 것을 잘 알고 있었다. 수적으로 강세를 유지하기 위해서도 그렇지만, 각자 독자적으로 소송을 벌였다가 일관되지 않거나 상충하는 논변이 제출되어 의도치 않게 공동의 목표를 훼손하게 되는 사태를 막기 위해서도 그랬다. 하지만 곧 모두가 분명히 깨닫게 되듯이, 직업적 야망과 강한 자아, 그리고 나름의 아이디어와 굳은 의지를 가지고 서로 경쟁하는 변호사들 사이에서 협업을 일구는 것은 전혀 쉬운 일이 아니었다.

◊   다섯 명

이제는 규모가 커진 소송 준비팀이 2003년 9월 3일에 멘델슨과 첫 회의를 가졌다. 환경보호청이 그의 청원을 거부하는 결정을 발표한 이후이긴 했지만 아직 공식적으로 연방공보에는 실리지 않은 상태였다(행정 부처들은 제안 사항이나 최종 결정 사항 등 알릴 것이 있을 때 그것을 연방공보에 게재하며, 연방공보는 매일 발간된다). 많은 사람이 모이기에는 멘델슨의 사무실이 너무 비좁아서 시에라클럽 건물에서 회의를 하기로 했다. 대법원에서 몇 블록 떨어진 곳에 있는 근사한 3층짜리 벽돌 건물이었다. 직접 와서 참가한 사람 외에도 전국 각지에서 25명이 넘는 정부 및 비정부 기구 변호사가 콘퍼런스 콜을 통해 참가했다.

이 팀은 10월 중순까지 일곱 차례 더 회의와 콘퍼런스 콜을 했다. 이런저런 단체들, 주 정부들, 지방 정부들이 새로 합류하기도 하고 참여를 번복하기도 하면서 참가자 수는 계속 달라졌다. 같은 날에 언론과 법원에서 잘 짜인 공격을 동시에 개시할 수 있도록 (즉 보도자료와 소장이 같은 날 나갈 수 있도록), 그리고 법에서 요구하는 대로 연방공보에 게재된 후 30일에서 60일 사이에 소송이 무사히 개시될 수 있도록, 참가자들은 일정, 실행 계획, 절차상의

장애물, 환경보호청의 청원 거부 논변을 논파할 수 있는 논거 등에 대해 면밀히 논의했다.[3]

리더 하나가 전체를 이끌고 가는 식은 아니었지만 곧 다섯 변호사가 비중 있는 지도부 역할을 하기 시작했다. 물론 그중 한 명은 멘델슨이었다. 환경보호청을 상대로 소송을 거는 일이 가능해지도록 만든 최초의 청원서를 작성한 사람이니 말이다. 나머지 네 명은 주 정부의 변호사거나 전국 단위의 대형 환경 단체 변호사였다. 인구통계학적 특성이나 경력 등의 측면에서는 서로 큰 차이가 없었다. 모두 백인 남성이고, 멘델슨을 제외한 모두가 학부나 로스쿨을 아이비리그 대학에서 나온 사람들이었다.

◊　데이비드 도니거

다섯 명 중 자연자원보호위원회의 데이비드 도니거David Doniger가 단연 두드러졌다. 그는 모든 전략 논의와 의사 결정에서 눈에 띄는 역할을 했다. 키 크고 마른 체형에 둥근 눈썹과 회색 수염을 기른 50대 초반의 변호사 도니거는 환경 변호사들 사이에서 최고의 청정대기법 전문가로 통했다. 뉴욕시의 부유한 교외에 있는 라이카운티 학교를 졸업한 후 예일 대학에 진학했고, 원래는 도시 계획을 전공했다가 로스쿨로 방향을 돌려 환경법 전문가가 되었다.[4]

그에게 도시 계획 분야는 매가리 없어 보였고 "이루 말할 수 없이 지루"했다. 그런데 1970년대 초에 도시 계획 석사 과정을 밟던 중 얼마 전에 청정대기법이 통과되었다는 사실을 알게 되었다. 그는 이 법이 도시의 대기질을 향상시키는 데 중요한 수단이 될 수 있겠다고 생각했다. 버클리 대학 로스쿨에서 법을 공부하면서부터는 청정대기법이 도니거의 주된 관심사가 되었다. 물론 당시에는 환경법 수업이 없었기 때문에 그는 많은 것을 스스로 알아가야 했다. 2년차가 끝난 여름에 자연자원보호위원회에서 대기오염 사안들과 관련한 일을 했고 로스쿨을 졸업하고 1년 뒤인 1978년에 이 단체에 상근직으로 합류했다.[5]

25년 뒤인 2003년 가을에 도니거는 자연자원보호위원회에서 기후 정책 분야를 이끌고 있었고 대기오염 문제와 관련해서도 열정적으로 일하고 있었다. 하지만 그의 초점은 대기오염물질 중에서도 특정한 분야에 꽂혀 있었는데, 바로 기후 변화를 일으키는 온실가스였다. 그는 환경보호청의 전성기였던 클린턴 행정부 시절 8년간을 제외하고는 줄곧 자연자원보호위원회에서 일했다. 그 8년 동안에는 환경보호청의 청정대기 프로그램 변호사로, 기후 변화 정책 국장으로, 그리고 교토의정서 체결을 위해 열렸던 국제 기후 협상의 미국 대표단으로 활동했다.

청정대기법과 기후 변화에 대한 도니거의 깊고 넓은 전문성은 널리 인정받고 있었고, 그런 만큼 그는 자신감도 넘쳤다. 환경보호청에서 일한 기간도 포함해서 수십 년간 워싱턴에서 잔뼈가 굵은 도니거는 자신의 전략적 판단력과 강력한 논변을 구성하는 능력에 대해 굉장한 확신을 가지고 있었다. 또한 자신에게 동의하지 않는 사람들에게 맞서는 것도, 관료제의 장애물을 넘기 위해 은밀히 연합을 구성하는 술수를 쓰는 것도 주저하지 않았다. 도니거는 일이 되게 하는 데 필요한 것이 무엇인지에 따라 "좋게 좋게" 일하기도 했고 아니기도 했고, 포용적이기도 했고 아니기도 했으며, 매우 존경받기도 했고 아니기도 했다. 도니거는 "환경 정책은 나약한 사람에게 적합한 분야가 아니"라고 생각했다. "단지 논변을 잘 제시한다고 해서 이길 수 있는 것이 아닙니다. 당신은 설득해낼 수 있어야 하고 그것을 밀고 나갈 수 있어야 합니다." 도니거와 긴밀히 함께 일하는 것은 매우 힘든 일일 수 있었다. 정부, 규제 대상인 업계, 같은 편인 환경 단체들 모두에서 많은 이가 아마 그렇게 말할 것이다. 그렇더라도 그의 진지함, 영민함, 그리고 일이 되게 만드는 능력을 의심하는 사람은 없었고, 그의 견해는 그럴 만하게도 매우 존중받았다.

클린턴 시절의 환경보호청이 청정대기법에 의거해 온실가스를 규제할 권리를 이미 가지고 있다는 공식 의견을 낼 수 있었던 것 역시 그가 기획한 작품이라고 보는 사람들도 있다. 클린턴 시절의 환경보호청에서 일하던 때에, 캐롤 브라우너 청장도 몰랐던 그 문제의 내부 메모를 작성한 사람이 바로 도니거였다.
앞에서 보았다시피 그 메모가 유출되어 전국 신문에 실리면서
톰 딜레이 하원의원이 예산 소위원회에서 브라우너를 다그쳤고
브라우너의 폭탄 발언에 이어 환경보호청이 공식 의견서를
내게 되었다.[7] 당시 브라우너의 동료들은 도니거가 기후 문제에
대한 환경보호청의 미온적인 태도에 실망해서 딜레이를 자극해
이슈를 띄우려고 일부러 언론에 메모를 흘린 게 아닌가 의심했다.[8]
그것이 사실이라면, 도니거의 계획은 하극상인 측면도 있지만
매우 효과적인 것이기도 했다. 사실이든 아니든, 이러한 추측이
나왔다는 것 자체가 도니거가 관료제 내부의 싸움에서 굉장히 수완
있는 사람임을 말해준다. 그리고 이번 소송에서 그는 그 수완을
십분 발휘할 참이었다.

◊ ___짐 밀키___

짐 밀키Jim milkey는 매사추세츠주 법무부의 변호사로, 그 역시
이 소송의 핵심 인물이었다. 그는 부시 행정부를 상대로 세간의
이목을 집중시킬 만한 기후 소송을 제기할 기회를 계속 노리고
있던 차에 멘델슨의 소송에 대해 알게 되었고 여기에 합류했다.

키 크고 팔다리가 긴 마른 체형에 활달한 40대 후반의 남성인
밀키는 도니거와 마찬가지로 머리카락이 세기 시작했고 경력
전체를 환경법에 바쳤으며 굉장한 자신감을 내뿜는 사람이었다.
하지만 도니거와 달리 밀키는 주 정부에서만 일했다. 하버드
대학 학부와 로스쿨을 우수한 성적으로 졸업했고 MIT에서 도시
계획 석사 학위도 받았다. 1983년에 로스쿨을 졸업했을 때 그는
돈을 많이 벌 수 있는 로펌에 취직할 수 있었을 것이고 그의 많은
동급생처럼 주 정부보다 보수도 많이 주고 통상 하버드 졸업생에게
더 어울린다고 여겨지는 '엘리트' 일자리인 연방 정부로 갈 수도
있었을 것이다.[9]

하지만 밀키는 주 정부에서 일하기로 했다. 그리고
고향인 코네티컷으로 돌아가기보다 [하버드 대학이 있는]
매사추세츠주에 남기로 했다. 그는 매사추세츠주 법관의 로클럭을

지냈고 곧바로 매사추세츠주 법무부에 합류해 줄곧 그곳에서
일했다. 환경보호청이 멘델슨의 청원을 거부한 2003년 8월 말
무렵에 밀키는 매사추세츠주 법무부에서 거의 20년을 근무한
상태였고 환경법 분과장으로 승진해 있었다. 그는 거의 20년간
이곳에서 일해온 것을 자랑스러워했지만 변화를 만들 수 있는
새로운 기회가 점점 더 생기지 않는 것 같아 조바심이 나고
있었다.[10]

멘델슨의 청원을 거부한 환경보호청의 결정에 맞서 벌어진
이 소송이야말로 바로 그런 기회였다. 그리고 밀키가 여기에
관여하게 된 것은 단순한 우연이 아니었다. 그는 멘델슨과도
도니거와도 아는 사이가 아니었다. 그는 시에라클럽 변호사 한
명으로부터 이 사건 이야기를 듣고 자청해서 합류했다. 몇 년
전에 밀키는 안식년을 얻어 아내인 보스턴 대학 정치학과 교수
케이티 조 마틴Cathie Jo Martin과 함께 1년간 덴마크에 머문 적이
있다. 덴마크에서의 경험은 미국에 돌아가면 엄격한 온실가스
규제를 밀어붙이는 활동을 통해 족적을 남기기로 결심하는 계기가
되었다.[11]

밀키가 덴마크에 도착하고 얼마 지나지 않은 2000년
가을에 북유럽에는 전례 없이 거대한 폭풍과 홍수가 닥쳤다.[12]
일부 지역은 1766년에 관측이 시작된 이래 가을 최대 강우량을
기록하기도 했다. 또 시속 100마일[약 160킬로미터]의 태풍급
바람이 불고 엄청난 홍수도 밀려들어서 피해가 막심했다. 정부
지도자들과 대중은 폭풍의 맹렬한 강도와 지속성을 기후 변화와
곧바로 연결해 생각했고, 이는 이후에 과학자들의 연구로도
확인되었다.[13] 많은 이가 미국을 비난했다. 세계 어느 나라보다도
온실가스 배출에 책임이 큰 나라이기 때문이다. 미국 인구는 전
세계 인구의 4퍼센트밖에 안 되지만, 미국이 전 세계 온실가스
배출량에서 차지하는 비중은 24퍼센트에 달했다.[14]

몇 개월 뒤인 3월에 미국 대통령으로 당선된 조지 W. 부시가
공약을 뒤집고 온실가스를 규제하지 않겠다고 하자 덴마크와
유럽 전역에서 대대적인 비난이 일었다. 유럽의 한 신문 사설은

절망과 분노를 다음과 같이 표현했다. "트레이드마크인
카우보이 부츠는 은연중에 진실을 말하고 있었다. 돈을 지구
환경보다 우선시하겠다는, 그리고 교토의정서를 내버리겠다는
조지 '더비야 ' 부시의 결정에 전 세계 환경 운동가와 정부는
격분했다."[15] 부시의 공약 철회가 미국에서는 기껏해야 구석의
작은 기사로 보도되던 때에 유럽에서는 이것이 1면 기사였다.
밀키는 미래를 생각해보았다. 밀키가 북유럽에 체류하던 마지막
달인 6월에 부시가 덴마크의 이웃나라 스웨덴을 방문했는데, 2만
5,000명의 시위대가 몰려들었다. 많은 이가 부시를 가리켜 "유독한
텍사스인Toxic Texan"이라고 쓴 플래카드를 들고 있었다. 시위가
점점 격화되면서, 시위대는 돌과 병을 던지고 경찰차를 부수었으며
부시가 연설을 하고 있는 건물에 쳐들어가겠다고 위협하기도
했다.[16]

　　2001년 7월에 미국으로 돌아와서 매사추세츠주 법무부에
복귀한 밀키는 법률 지형과 현황을 조사한 뒤 환경보호청이
청정대기법에 의거해 온실가스를 대기오염물질로 규제하도록
강제하는 소송을 준비해야겠다고 마음먹었다. 매사추세츠주
독자적으로 환경보호청을 상대로 소송을 걸기 위해 준비
작업을 하던 중, 멘델슨의 청원이 환경보호청에 계류 중이며 곧
환경보호청이 공식적으로 거부 결정을 내릴 예정임을 알게 되었다.
그는 멘델슨의 청원이 환경보호청에서 거부된 것에 맞서 소송을
거는 데 합류하기로 했고 멘델슨에게 연락을 취해 매사추세츠주의
합류 의사를 밝혔다.

　　밀키는 기후 소송에서 주변적인 행위자가 될 생각이 전혀
없었다. 그는 주 정부를 대표하는 역할을 캘리포니아, 코네티컷,
뉴욕, 로드아일랜드가 아닌 매사추세츠가 맡게 만들고 싶었다.

　　W를 부시의 출신 주인 텍사스 방언 발음대로 표기한 것.

그런데 당시 다른 주의 법무장관들 모두 면면이 화려했다.
캘리포니아주는 빌 로키어Bill Lockyer, 코네티컷주는 리처드
블루먼솔Richard Blumenthal(현재 상원의원이다), 뉴욕주는 엘리엇
스피처Elliot Spitzer(나중에 주지사가 된다), 로드아일랜드주는
쉘든 화이트하우스Sheldon Whitehouse(현재 상원의원이다)가
법무장관이었다. 전국적인 조명을 받고 싶어 하는 진보
성향의 야심 있는 정치인에게 기후 소송은 정치적으로 굉장히
매력적이었다.

　이들보다 매사추세츠주가 더 전면에 등장하게 만들기 위해
밀키는 복수의 주 정부가 연방 정부를 상대로 소송을 걸 경우
더 먼저 소송을 건 쪽이 리더 역할을 맡는다는, 모든 주가 알고
있는 암묵적인 규칙을 조용히 활용하기로 했다. 환경보호청이
멘델슨의 청원을 최종적으로 거부하기 몇 주 전에 밀키는 상관인
매사추세츠주 법무장관 톰 라일리Tom Reilly에게 환경보호청의 청원
거부 결정이 곧 나오면 그에 대해 소송을 걸어도 좋다는 승인을
받았다. 당시 매사추세츠 주지사는 밋 롬니Mitt Romney였는데,
라일리는 민주당, 롬니는 공화당이었다. 하지만 법무장관은
전적으로 독립적인 행위자였고, 따라서 롬니는 이 소송을 결정하는
데 아무 역할을 하지 않았다.

　청정대기법에 따르면 환경보호청이 연방공보에 청원 거부
결정을 게재한 지 30일이 지나기 전에는 소송을 걸 수 없다. 밀키는
참을성 있게 기다렸다. 그리고 환경보호청이 멘델슨의 청원을
거부하고 하루 뒤에(환경보호청이 연방공보에 공식적으로
게재하기 열흘 전이었고, 아직 다른 어떤 주도 행동에 나서기
전이었다) 선수를 쳐서 이 소송에 관심을 가지고 있을 법한
다른 주들에 매사추세츠주의 소송 의사를 알렸다. 이렇게 해서,
얼마나 많은 다른 주가 환경보호청을 상대로 기후 소송을 걸든
간에 매사추세츠주(와 밀키)가 리더 역할을 맡게 되었다.[17] 가령
캘리포니아주는 이 소송에서 줄곧 큰 역할을 했고(캘리포니아주
법무부의 마크 멜닉Marc Melnick과 니콜라스 스턴Nicholas Stern은
소송 전반에 걸쳐 팀에서 중요한 역할을 했다) 환경 전문 변호사도

매사추세츠주보다 더 많았지만, 리더 자리를 밀키에게 양보했다.
멘델슨도 밀키의 합류를 환영했다. 강력한 주가 결합한다면
전략적으로 유리할 것이 틀림없었다.

◇   하워드 폭스와 데이비드 북바인더

멘델슨, 도니거, 밀키 외에 전국 단위 환경 단체에서 일하는 변호사
두 명이 소송팀 전반의 일을 조율하는 데 중요한 역할을 했다.
어스저스티스의 하워드 폭스Howard Fox와 시에라클럽의 데이비드
북바인더였다. 예일 대학 학부와 뉴욕 대학 로스쿨을 졸업한
폭스는 헌신적인 환경 운동가였다. 10대이던 1970년 4월에 내셔널
몰에서 열린 첫 '지구의 날' 행사에 참가했고 1980년대 초부터
어스저스티스와 그곳의 전신인 시에라클럽 법률기금에서 일했다.
40대 후반이 된 지금은 벗어지기 시작한 머리가 키 크고 마른
체구와 각진 얼굴을 더욱 강조하고 있었고, 짙은 턱수염 때문에
2000년대보다는 1970년대에 더 어울려 보였다. 도니거처럼 그도
청정대기법 전문가로 잘 알려져 있었으며 서면 작성과 구두변론
모두에 능했다(스포츠 댄스도 수준급이었다). 하지만 [공격적인]
도니거와 달리 폭스의 날카로운 지적 역량은 늘 부드럽고 상냥하고
겸손하고 예의 바른 말투로 표현되었다.

시에라클럽의 북바인더는 팀 전체를 아우르는 역할을 했다.
도니거, 밀키, 폭스보다 나이도 열 살쯤 어리고 키도 10센티미터쯤
작은 땅딸막한 체구의 북바인더는 짙은 턱수염을 짧게 깎고
있었다. 그는 자연스럽게 환경 단체 쪽과 주 정부 쪽을 연결하는
다리가 되었다. 프린스턴 대학을 우수한 성적으로 졸업하고 시카고
대학 로스쿨을 나왔으며 밀키가 있는 매사추세츠주 법무부에서
환경 관련 일을 처음 시작했다. 그전에는 월스트리트의 로펌에서
일했는데 상사로부터 그만두는 게 어떻겠냐는 말을 들었다.
북바인더 본인도 나중에 인정했듯이 "그쪽 일", 즉 돈을 위해
벌어지는 소송에서 거대 기업을 대리하는 일에 "관심이 없었기
때문"이다. 북바인더는 매사추세츠주 법무부에서 일하다가 몇몇
환경 단체를 거친 뒤 시에라클럽에 들어왔다. 시에라클럽에서는

기후 소송을 담당했고 도니거가 있는 자연자원보호위원회 등 다른 단체들과 종종 긴밀히 협력했다. 따라서 그는 도니거, 밀키 모두와 개인적으로나 업무적으로나 상당히 가까운 사이였다.[18]

북바인더는 멘델슨과도 가까웠다. 주요 환경 단체들이 멘델슨의 소송을 막으려고 했던 2002년 12월에 북바인더는 혼자서 멘델슨을 지원했다. 그는 멘델슨에게 좋은 인상을 받았고 멘델슨이 진행하려는 사건이 전망 있다고 생각했다. 시에라클럽의 대표는 원래 멘델슨의 소송에 합류하는 것을 강하게 반대했는데 북바인더의 설득으로 다른 단체들보다 먼저 멘델슨에게 합류하기로 결정했다. 시에라클럽의 공개적, 비공개적 지지 덕분에 그 당시에 멘델슨은 후원금을 다 잃는 사태를 막을 수 있었다.[19] 밀키에게 이 일에 대해 알려주어서 매사추세츠주가 합류하게 한 시에라클럽 변호사도 북바인더다. 이렇듯 북바인더는 기후 정책을 진전시키기 위해 뒤에서 조용히 일하면서 이리저리 교차하는 비밀스러운 나리들을 만드는 데 능했다.

다섯 명의 핵심 멤버 중 밀키는 처음부터 매사추세츠주를 필두로 한 주 정부들이 이 소송의 공개적인 얼굴이 되기를 원했다. 여기에는 현실적인 이유도 있었다. 판사들이 환경 단체보다는 주 정부가 대중을 대변하기에 더 적합한 주체라고 생각한다는 점이었다. 주 정부는 그 주의 시민과 유권자를 대표하지만 비정부 기구는 아무리 '공익'을 대표한다 해도 대중에 의해 선출된 사람들이 아니기 때문이다. 그래서 밀키는 주 정부, 그중에서도 매사추세츠주가 원고 측을 대표하는 이름이 되어야 한다고 주장했다. 물론 개인적인 이유도 있었다. 밀키는 누군가의 부차적인 위치에 서고 싶지 않았다. 그는 자신이 환경보호청에 맞서 소송을 제기하는 원고들을 대표해서 공식 기록에 올라가는 '수임 변호사counsel of record'가 되길 원했다.

더 조화로운 세계였다면 자연자원보호위원회의 도니거와 매사추세츠주의 밀키는 매끄럽게 함께 일할 수 있었을 것이고, 북바인더가 환경 단체 쪽과 주 정부 쪽 사이에 다리를 놓는 것 또한 가능할 뿐 아니라 매우 생산적인 일일 수도 있었을 것이다.

두드러진 두 인물(도니거와 밀키)은 공통점도 많았다. 둘 다
북동부 출신에 나이도 얼추 같고 비슷한 엘리트 경로를 밟았으며,
심지어 둘 다 도시 계획 석사 학위도 있었다. 더 중요하게는 둘
다 환경보호청이 기후 문제를 다루게 하겠다는 목표에 헌신하고
있었다.

　　하지만 정치적 적이 의외로 동지가 될 수 있듯이 동지가
되리라 여겨졌던 사람이 적이 되기도 한다. 매우 뛰어난
역량이 매우 완고한 자존심과 결합하는 경우가 많은 미국 수도
워싱턴에서는 더욱 그렇다. 도니거와 밀키 사이에서 바로 그런
일이 일어난 듯하다. 약 2년 뒤 그들이 (그들 공동의 사명에
대법원이 손을 들어주도록 설득하기 위해) 대법원까지 이
소송을 함께 끌고 갔을 무렵이면 그들의 직업적, 개인적 관계는
이미 오래전부터 회복 불가능한 수준에 도달해 있었다. 대법원
구두변론을 하는 날, 그들은 서로 말을 하지 않는 사이였고 그
이후로도 말을 섞지 않았다.

6장

다수의 약점

2003년 10월 23일, 약 30곳의 당사자가 환경보호청이 청정대기법에
의거해 신규 자동차의 온실가스 배출을 규제해 달라는 조
멘델슨의 청원을 거부한 것에 맞서 미국 연방 D.C.항소법원에
진정을 제기했다. 진정인에는 12개 주 정부(매사추세츠,
캘리포니아, 코네티컷, 일리노이, 메인, 뉴저지, 미네소타,
오리건, 뉴욕, 로드아일랜드, 버몬트, 워싱턴), 아메리칸사모아,
마리아나제도, 볼티모어, 뉴욕(시), 워싱턴 D.C., 그리고 멘델슨이
속한 국제기술평가센터를 비롯해 시에라클럽, 환경보호기금,
어스저스티스, 자연자원보호위원회, 뉴잉글랜드 자연보호법재단
등의 환경 단체들이 포함되어 있었다.

　　시에라클럽의 데이비드 북바인더는 진정서들을 전부 들고
D.C.항소법원 서기 사무실에 가서 직접 제출했다. 진정인들 모두
진정인 측 대표는 주 정부가 맡는 것이 합당하다는 데 동의했고 주
정부들 모두 주 정부의 대표는 매사추세츠주가 되어야 한다는 데
동의했으므로, 북바인더는 매사추세츠주의 진정서를 가장 먼저
제출했다. 따라서 D.C.항소법원 서기는 이 사건의 공식 이름을
'매사추세츠주 대 미국 환경보호청' 사건이라고 기록했다.

　　진정인들이 약 100곳이나 되는 연방 1심 법원federal district
court들에 소송을 제기하지 않고 모두 D.C.항소법원에 진정서를
제출한 것은 그들의 선택이 아니었다. 대개의 경우, 연방 정부를
상대로 제기하는 소송은 먼저 연방 1심 법원으로 가고 패소한 쪽이
항소를 할 경우에만 연방 항소법원으로 간다. 여러 연방 1심 법원
중 어느 지역에 있는 연방 1심 법원에 소를 제기할지는 원고가
자신에게 가장 편하고 유리한 곳으로 고를 수 있는데, 원고가
주장하는 피해가 발생한 지역의 1심 법원이나 피고의 불법적
행위가 발생한 지역의 1심 법원으로 가는 것이 일반적이다.

　　그런데 청정대기법을 근거로 제기되는 소송은 이와 다르다.

의회는 환경보호청이 청정대기법에 의거해 취한 몇몇 행위(또는
부작위)에 이의를 제기하는 소송은 모두 워싱턴 D.C.에 소재한
연방 법원으로 와야 하고, 그것도 1심 법원을 거치지 않고
곧바로 항소법원(이곳이 'D.C.항소법원'이다)으로 와야 한다고
규정했다. 이 경우 D.C.항소법원에 제출된 서류는 '소장complaint'이
아니라 '진정서petition'라고 불린다. '매사추세츠 대 환경보호청'
사건에서 환경보호청을 상대로 이의를 제기한 매사추세츠
측이 '원고plaintiff'가 아니라 '진정인petitioner'으로 불리는 이유가
여기에 있다. 같은 이유에서 상대방(이 경우에는 환경보호청)은
'피고defendant'가 아니라 '피진정인respondent'으로 불린다.

　　의회가 특정한 유형의 사건들은 1심 법원을 건너뛰고 모두
D.C.항소법원에서 판결하도록 규정한 데는 두 가지 이유가 있다.
첫째, 특정한 연방 정부 기관, 가령 환경보호청 같은 기관의 행위가
합법적인가 아닌가는 "그 기관이 의사 결정을 내린 시점에 확보
가능했던 사실과 논리에 의거해서 그 당시에 합당하게 결정을
내렸는가"만을 기준으로 판단해야 한다. 의회는 1심 법원 판사들이
막대한 시간을 들여 저마다의 판결 이력을 만드는 것이나 어느
시점에 정부 기관이 내렸던 판단에 사후적으로 의문을 제기하는
것을 원치 않았다. 둘째, 전국에 걸쳐 영향을 미치는 정부 기관의
행위(가령 환경보호청이 청정대기법에 의거해 취한 행위 또는
부작위)에 대한 합법성 판단을 하나의 항소법원이 모두 담당하게
하면 이 법원은 이러한 유형의 사건에서 제기되는 행정법 사안에
전문성을 가질 수 있게 될 터였다.

　　이러한 사건(가령 멘델슨의 청원을 거부한 환경보호청의
결정에 이의를 제기한 이번 사건)은 수십 명에서 때로는 수백
명에 이르는 변호사가 관여하므로, D.C.항소법원은 독특한 절차를
별도로 규정하고 있다. 일반적으로는 모든 당사자가 각자 '서면'(왜
법원이 그들에게 유리한 결정을 내려주어야 하는지에 대한 논변을
문서로 작성한 것)을 제출하지만 D.C.항소법원은 진정인 측과
피진정인 측이 제출할 수 있는 서면의 개수와 분량을 엄격하게
제한한다.

수천 쪽 분량의 논변이 (그것도 대체로 중복되는 논변이)
담긴 서면들을 읽지 않아도 되므로 D.C.항소법원 판사에게는 몹시
은혜로운 규정이지만, 진정인 측과 피진정인 측 변호사들에게는
악몽과도 같은 규정이다. 진정인 측이든 피진정인 측이든, 아무리
같은 편 변호사들이 상당히 많은 부분에 대해 서로 동의하고 있다
해도 여전히 그들 각자는 저마다 상이한 우선순위를 가진 상이한
고객을 대리한다(그리고 상이한 고객에게 보수를 받는다). 또
어떤 논변이 가장 강력하고 효과적일지를 두고 변호사들의 의견은
종종 크게 엇갈린다. 진정인 측 모두를(적어도 대부분을), 혹은
피진정인 측 모두를(적어도 대부분을) 대변할 통합 서면을 일관성
있게 작성하기란 엄청나게 어려운 일이다. 하지만 D.C.항소법원
규정이 그러하므로 도리가 없다.

　이 규정대로 D.C.항소법원은 '매사추세츠 대 환경보호청'
사건의 서면 제출 일정을 제시했다. 진정인 측은 진정 요지를 밝힌
서면 하나를 1만 8,000 단어 이내의 분량(약 72쪽)으로 2004년 6월
22일까지 제출해야 했다. 그러고 나면 피진정인인 환경보호청이
진정인이 제기한 논변에 대응하는 서면을 역시 1만 8,000 단어
이내의 분량으로 2004년 10월 12일까지 제출해야 했다.

　이 사건의 당사자는 진정인들과 환경보호청만이 아니었다.
환경보호청 편에 결합한 피진정인에는 몇몇 주 정부와 산업계 대표
들도 있었다. 법원은 이들 두 부류의 피진정인도 10월 12일까지
각각 4,375 단어(17쪽 정도)를 넘지 않는 범위에서 서면을
제출하도록 허용했다. 마지막으로, 진정인은 2004년 12월 17일까지
하나의 최종 '답변 서면'을 제출할 수 있었다. 진정인이 피진정인
모두의 논변을 보고 난 다음에 그에 답할 수 있는 기회를 주는
것이다.

　서면을 준비하면서, 진정인들은 전략적인 선택을 한 가지
단행했다. 여러 개의 서면을 제출할 수 없다는 규정이 있긴 하지만,
그래도 법원이 진정인에게 두 개까지는 별도 서면을 제출하도록
허용해줄 가능성이 컸다. 전체 분량을 절반으로 나눠 주 정부
대표가 하나, 환경 단체 대표가 하나를 작성할 수 있게 해주는

것이다. 하지만 진정인들은 그렇게 하지 않고 하나의 통합 서면을
작성하는 것이 더 효과가 크리라고 판단했다. 이들은 진정인
모두가 진정을 제기한 목적이 같으므로 통합 서면에 어떤 내용이
들어가야 하는지에 대해 합의에 도달하는 것이 그리 어렵지
않으리라고 가정했다. 또한 환경 단체들로서는 통합 서면을 하나로
작성하게 되면 주 정부들이 개진할 논변의 내용에 환경 단체들이
관여할 수 있는 여지도 생길 터였다(물론 이는 양날의 칼이어서,
환경 단체들의 독립된 목소리가 드러나지 못할 수도 있다는
의미이기도 했다).

　　아무튼, 어떻게 해서든 논변을 조율해야만 하는 상황에서
진정인들은 통합 서면을 10개 이내의 절로 나누고 각 절의 초고
작성을 지원할 변호사들을 10명 이내로 배치해 업무를 분담했다.[3]
초고와 수정고는 수십 명에 달하는 진정인 측 변호사 전원에게
회람시켜 의견과 추가적인 수정 제안을 받았다. 이 과정이
제출일인 6월 22일까지 계속되었다.

　　순조롭게 협업이 이뤄져서 서면 내용에 대해 쉽게 합의에
도달할 수 있으리라 믿었던 기대는 금방 깨졌다. 서면을 작성하는
과정에서 드러난 분열은 종종 재앙적인 지경으로까지 치달았고,
(6월 22일로 마감이 정해진 상황에서) 양질의 공동 서면을
작성하는 데 크게 장애가 되었다. 초고와 수정고 들은 저마다의
아이디어, 저마다의 우선순위, 저마다의 글쓰기 스타일을 가지고
있는 수십 명의 변호사들 사이에서 검토를 거쳐야 했다. 그
과정에서 점점 더 합의를 향해가기는커녕 점점 더 첨예하게 견해가
갈렸고, 점차 양보와 타협이 이뤄지기는커녕 더욱더 자기 주장을
고집했다.

　　처음 몇 차례의 회람에서는 예의 바른 의견 불일치로 보이던
것이 갈수록 더 날카롭고 신랄한 언어가 동원되는 비판이 되었고
때로는 개인 감정을 건드리는 경우로까지 치달았다. 어떤 이들은
회람된 원고에 대해 겸손하고 절제된 수정 제안을 보내오기보다
최초 작성자의 글을 아예 무시하고 자신이 통째로 해당 절을 새로
작성해 회람시키기도 했다. 그리고 모든 변호사에게 투명하게

이메일을 보내는 게 아니라 일부 사람들끼리만 은밀히 소통하는 경우도 생겼다.

주된 대립은 주 정부와 환경 단체 사이에서 벌어졌고, 더 직접적으로는 밀키와 도니거 사이에서 벌어졌다. 분쟁을 조율할 수 있는 공식적인 위계질서가 없는 상황에서, 6월의 제출 마감일이 다가오는데도 소통, 신뢰, 존중은 점점 더 심각하게 깨졌다.

서면의 여러 절 중에서도 특히 두 곳이 문제였다. 하나는 온실가스가 대기오염물질로 간주될 수 있는가에 대한 논변이었고(이 부분은 밀키가 초고 집필을 맡았다), 다른 하나는 신규 자동차에서 배출되는 온실가스가 공중의 건강과 복지를 위협하는지에 대한 판단을 지금 내리지 않기로 한 결정에서 환경보호청이 추가로 오류를 저질렀다는 논변이었다(이 부분은 폭스가 초고 집필을 맡았다). 아이러니하게도, 이 두 절은 거의 정반대되는 이유로 문제에 봉착했다. 밀키가 맡은 부분은 가져다 쓸 수 있는 논변들이 너무 탄탄해서, 폭스가 맡은 부분은 가져다 쓸 수 있는 논변들이 너무 약해서 문제였다.

◊ 이산화탄소가 대기오염물질인가에 대한 논변

짐 밀키가 맡은 부분은 왜 온실가스가 대기오염물질로 간주되어야 하는가였다. 문제는 핵심 주장이 너무 탄탄해서 그 주장을 개진할 방법이 너무 많다는 데 있었다. 5년 전에 멘델슨이 환경보호청에 냈던 청원서에서도 알 수 있었듯이 이 논변의 핵심은 반박이 거의 불가능했다. 청정대기법은 "대기 중으로" 배출되는 화합물이면 어떤 것이라도 대기오염물질의 범주에 해당될 수 있다고 했고, 이는 주변 대기로 배출되는 것을 모두 포함한다는 뜻이므로 온실가스는 여기에 쉽게 들어맞는다. 이산화탄소(온실가스 중 배출량이 가장 많다), 메탄, 산화질소, 그리고 더 복잡한 화합물인 플루오린 화합물 모두 기후 변화를 가져오는 온실 효과를 일으키며 모두 대기 중으로 배출된다. 여기에는 논란의 여지가 없다. 남아 있는 유일한 법적 쟁점은 청정대기법이 명백한 문구로 규정하고 있는 "대기오염물질"의 단순한 의미와 상충하는

방식으로 대기오염물질의 의미를 재해석할 권한이 환경보호청에
있는가였다.

1984년에 연방 대법원은 '쉐브론 대 자연자원보호위원회'
사건의 판결에서(지난 40년 동안 가장 영향력 있고 가장 많이
인용된 대법원 판결 중 하나로 꼽을 수 있을 것이다) 연방 정부
기관이 업무와 관련된(즉 그 기관이 집행해야 하는) 연방
법률의 문구를 합당하게 해석했는지 여부를 법원에서 판단할
때 어떤 기준에 의거해야 하는지에 대한 규칙을 확립했다.
쉐브론 판결에 따르면, 정부 기관이 법률 문구를 재해석할
재량권을 가진다고 법원이 인정할 수 있는 경우는 그 법률
문구가 모호할 때뿐이다. 법률 문구의 언어가 모호하지 않고
단순명료한 의미를 가지는 경우, 정부 기관이 그 단순명료한
의미와 상충하는 해석을 내렸다면 법원은 이를 인정하지 말아야
한다. 따라서 밀키는 "쉐브론 판결에 의거할 때, 환경보호청이
온실가스가 대기오염물질이 아니라고 해석한 것을 법원이
확실하게 불인정해야 한다"는 강력한 논변을 개진할 수
있었다. 환경보호청의 해석이 청정대기법이 규정하고 있는
대기오염물질의 단순명료한 의미와 다르기 때문이다.

멘델슨의 청원을 거부하는 문서에서 환경보호청은 대법원이
쉐브론 판결에서 제시한 규칙에도 불구하고 D.C.항소법원이
환경보호청의 해석(온실가스가 대기오염물질이 아니라는
해석)을 인정해주어야 하는 주변적인 이유들을 대거 제시했다.
대부분은 의회가 1970년에 청정대기법을 통과시켰을 당시
기후 변화를 염두에 두었다고 볼 이유가 거의 없으며, 따라서 이
법이 규정한 "대기오염물질"도 기후 변화와 관련된 물질들까지
포함하지는 않았으리라는 데 초점을 맞추고 있었다. 의회가
청정대기법을 통과시킬 당시에 명시적으로 기후 사안을 숙의한
상태에서 대기오염물질을 규정한 게 아니라면, 그리고 그렇게
하기 전까지는, 문구상으로 폭넓게 규정되어 있다 하더라도
"대기오염물질"에 온실가스는 포함되지 않는 것으로 보아야
한다는 주장이었다. 법률 문구 자체가 의미하는 범위가 넓다는

점 자체만으로는 이 쟁점에 대한 답을 내리기에 충분치 않다는
것이었다.

3년 전 '식품의약국 대 브라운 앤 윌리엄슨 토바코
코퍼레이션U.S. Food and Drug Administration v. Brown & Williamson Tobacco
Corp.' 사건에 대해 대법원이 내린 판결이 없었더라면 환경보호청의
주장은 통할 리가 없는 주장으로 보였을 것이다. 그런데 '브라운
앤 윌리엄슨' 사건에서 대법원은 식품의약법에 명시된 "약물"의
정의가 해당 문구의 단순명료한 의미로 볼 때 담배를 포함하기에
충분할 만큼 범위가 넓은데도 식품의약국(보건복지부 산하 정부
기관이다)이 식품의약법에 의거해 담배를 규제할 권한이 없다고
판결했다. 대법원은 담배를 약물로서 규제하는 것의 막대한
사회적, 정치적 결과를 고려할 때, 의회가 입법 당시에 그러한
결과를 의도했다는 증거가 없다면 의회가 이 법으로 식품의약국에
담배 규제 권한을 부여했다고 해석할 수 없다고 밝혔다.[6]

매사추세츠 진정인 측은 담배를 약물로 규제하는 것과
온실가스를 대기오염물질로 규제하는 것 사이에는 차이가 있다고
주장할 만한 강력한 논변들을 가지고 있었다. 하지만 그중 어떤
논변을 구사해야 그 차이를 가장 잘 드러낼 수 있는지에 대해서는
의견이 갈렸다. 가능한 여러 논변들, 혹은 가능하지 않은 여러
논변들을 두고 의견이 일치하지 않았고, 어떤 순서로 제기할지,
어떤 프레임으로 작성할지에 대해서도 이견이 많았다.

밀키는 제출일까지 석 달 반도 더 남은 3월 초에 일찌감치
초고를 팀 전체에 회람시켰다.[7] 하지만 몇 주 뒤에 진정인들은 많은
면에서 합의와 거리가 더 멀어진 듯했다. 많은 동료 변호사가 낸
크고 작은 수정 제안과 의견 들이 밀키에게 봇물처럼 쏟아졌다.
어떤 이는 글쓰기 스타일의 변화를 요구했고 어떤 이는 특정한
논변을 완전히 버려야 한다고 주장했다. 또 많은 의견이 서로
상충했다. 밀키가 모두를 만족시킬 수 있는 수정안을 작성하기란
불가능했다.[8]

수정안을 정확히 언제까지 완성하겠다는 이야기가
밀키에게서 나오지 않고 있는 상황에서, 5월 중순경에 몇몇

변호사들이 우려를 나타내기 시작했다. 전체 서면이 6월 말까지
마무리되어야 하므로 5주밖에 시간이 없었다. 캘리포니아주
법무부의 한 변호사는 5월 12일에 밀키에게 이메일을 보내서
"어떻게 되고 있습니까?"라고 물은 뒤, 의도적으로 절제된
표현은 썼으되 우려가 커지고 있는 팀 내 분위기를 내비치면서
이렇게 덧붙였다. "우리가 일정을 못 맞추고 있는 게 아닌가 좀
우려스럽네요."[9]

　　5월 24일 드디어 밀키가 수정안을 이메일로 돌렸다.[10] 초고
때처럼 제각각의 (그리고 많은 부분 서로 상충하는) 반응들이
쏟아졌다. 그런데 여러 비판 중에서도 특히 한 명의 목소리가
두드러졌다. 도니거의 목소리였다. 도니거는 밀키의 원고를
수정했다기보다 중요한 논변들을 자신이 완전히 '새로 쓴' 버전을
팀에 회람시켰다.[11] 특히 도니거는 환경보호청이 서면에서 제기할
법한 이쪽 논변의 취약점에 대해 밀키가 충분히 언급하지 않았으며
이는 실수라고 지적했다. 도니거가 말한 취약점은 대법원이
'브라운 앤 윌리엄슨' 사건의 판결에서 담배가 식품의약국의
규제 대상이 될 수 없다고 판시했다면 온실가스도 환경보호청의
청정대기법상 규제 대상이 될 수 없다고 판단될지 모른다는
것이었다.

　　도니거는 첫 서면에서 황소의 뿔을 잡고 가장 힘든 논변에
대해 처음부터 완전하게 언급해두는 편이 공격의 빌미를 남겨두는
것보다 훨씬 낫다고 생각했다. 하지만 도니거의 접근 방식을
또 다른 변호사가 반박했다. 이 변호사는 이제는 두 개가 된
초안[밀키의 초안과 도니거의 초안]을 검토한 뒤, 도니거가 제안한
논변은 "나를 걷어차주세요"라고 등에 써 붙이고 다니는 격이라고
비판했다.[12]

　　6월 초 무렵이면 밀키가 맡은 부분의 작성을 질서 있게
진전시켜보자는 제안은 다 깨져 있었다. 원래는 밀키가 먼저
작성하면 그것을 토대로 수정하기로 되어 있었지만, 도니거는
그 약속을 어기고 계속 자신이 쓴 버전을 돌렸다. 밀키가 자신의
논변과 도니거의 논변을 통합해 다시 한 번 수정안을 써보았지만

도니거는 그마저도 퇴짜를 놓았다. 6월 9일 새벽 1시에 도니거는
북바인더에게 자신의 버전을 전체 팀에 공유해 달라고 요청하면서
매우 강한 어조로 이렇게 언급했다. "그것[밀키의 글]은 수정으로
해결될 일이 아닙니다. 문제는 [밀키의] 답변들이 근본적으로
설득력이 없고 더 안 좋게는 되레 환경보호청에 도움이 되어서
전체적으로 우리 측에 피해를 입히고 있다는 겁니다."[12]

　　마감이 8일밖에 남지 않았는데 갈등은 완화될 기미가
보이지 않았다. 6월 14일에 밀키는 진정인 측 변호사 전원에게
또 한 번 수정안을 보냈다. 밀키가 그 수정안을 첨부해 보내면서
쓴 이메일에는 깊은 좌절감이 잘 드러나 있었다. 그는 자신이
받아들일 수 없다고 이미 답변한 수정 제안들이 계속해서 다시
제기되는 것에 불만을 토로했다. 또한 자신이 "핵심적으로
강조해야 할 지점"이라고 생각한 부분을 도니거가 "쓸데없다"고
묘사한 데 대해서 강하게 비판했다. 도니거가 거듭 제안한 또 다른
부분에 대해서도 밀키는 "근거가 될 만한 것의 엄밀성을 잘 알
수 없어서" 처음에 그것을 받아들이지 않았고, 도니거가 동일한
제안을 다시 했을 때는 "확실하게 [문제점을] 아는 상태에서
그것을 거부했던 것"이라고 언급했다.[14]

　　밀키는 화가 났다. 그는 도니거가 복병처럼 자신의 작업을
계속해서 공격하고 있다고 생각했다. 특히 화가 나는 것은
도니거가 밀키의 안을 수정하기보다 자신이 작성한 별도의 글을
계속 회람시키고 있다는 점이었다. 한편 도니거는 도니거대로,
밀키의 논변에 허점이 많아서 자신으로서는 그러지 않을 수 없다고
생각했다. 도니거는 자신이 보기에 기준 미달이라고 여겨지는
것에는 결코 동의할 수 없었다.[15]

　　마감일인 6월 22일이 다가오면서 밀키는 항복하기로 했다.
도니거에게 동의해서도 아니었고, 도니거의 깡패 짓(이라고
밀키가 생각한 것)에 화가 덜 나서도 아니었다. 어떻게 해서든
논변을 마무리하는 것이 얼마나 중요한지 알기 때문에 양보했을
뿐이었다.[16] 시간이 너무 촉박했고 논변을 뒷받침하기 위해
주석과 부록에 들어간 근거 자료(판례, 법조항, 환경보호청의

규제 조항, 학술 논문 등) 수백 건이 정확하고 실수 없이 기재되어
있는지 교정·교열도 꼼꼼히 보아야 했다. 판사들은 아주 깐깐하다.
서면에서 오타든, 문법 실수든, 뒷받침하는 법적 문서의 인용
실수든, 또 그 밖의 어떤 실수라도 발견되면 신빙성과 설득력이 뚝
떨어질 터였다.

　도니거는 수정 과정에서 심하게 밀어붙인 것에 대해 아무런
후회도 없었다. 그가 주 정부와 환경 단체가 각각 별도의 서면을
작성하지 말고 하나의 통합 서면을 작성하자고 주장했던 이유는
이 지극히 중요한 사건에서 자신 이외의 다른 사람이 가장 좋은
서면을 쓸 수 있으리라고 믿지 않았기 때문이다. 애초부터 그는
하나의 통합 서면이 좋을 것 같다고 주장했는데, 그것이 "더
효과적"이고 "정교한 세부 사항들에 대해 합의에 도달하는 데" 더
나을 것이라는 이유를 댔지만[17] 사실은 자신이 "더 많은 통제력을
갖기 위해서"였다. 그가 보기에 기준 미달이라고 여겨지는 논변에
"퇴짜를 놓을 기회"를 갖는 것도 포함해서 말이다.[18]

　외부인의 눈에는 도니거의 접근과 밀키의 접근이 그리
차이가 없거나 있다 해도 그다지 중요하지 않아 보일 수 있다.
어느 논변이든 문구를 작성하는 데는 굉장히 다양한 방법이
있을 수 있다. 어떤 단어를 써야 더 명료하고 설득력이 있을지,
상대방의 서면 내용을 짐작해볼 때 우리 논변에 있을지도 모르는
약점을 어떻게 커버할지 등 아주 많은 것에 대해 선택을 해야 하기
때문이다. 대개의 경우 작성 당시에 느낀 것보다 그러한 선택에
실제로 걸려 있는 것이 훨씬 적긴 하다. 그리고 진정인들 사이에서
선의로 발생하는 불가피한 불일치는 감정이 다소 상하더라도 결국
해결되고 그러한 감정은 서면이 제출되고 며칠이 지나면 사라진다.
하지만 매사추세츠 사건에서는 서면 작성 과정에 참여한 변호사
수가 일단 너무 많았고 핵심 행위자들의 성격이 매우 경쟁적이었던
데다 기후 사안 자체가 너무나 중대했기 때문에 내부 분쟁의
강도가 전혀 낮아지지 않았다. 여기에서 생긴 상처는 점점 더
심하게 곪아갔다.

◇　　환경보호청의 백업 논변에 대한 반론

밀키가 온실가스가 명백히 대기오염물질이라는, 쉬운 논변이어야
마땅할 논변을 가지고 씨름하는 동안, 어스저스티스의 하워드
폭스는 환경보호청의 백업 논변, 즉 온실가스가 법이 정하고
있는 대기오염물질이라 해도 환경보호청은 멘델슨의 청원을
합법적으로 거부할 수 있다는 주장을 가지고 씨름했다. 폭스는
모두에게 굉장히 존경받았고 누구와도 척을 지지 않는 사람이었다.
하지만 여기서도 진정인들은 (밀키의 경우보다 개인 간 감정
싸움은 훨씬 적었지만) 어떻게 해야 논변을 가장 잘 구성할 수
있을지를 두고 첨예하게 대립했다.

　　폭스는 효과적인 반박 논거를 제시하기 위해 [정확히 '무엇을
반박해야 할지'를 정하는] 곤란한 문턱 하나를 먼저 넘어야
했다. 멘델슨의 청원을 거부하는 환경보호청 결정문은 매우
모호하게 쓰여 있어서 환경보호청이 제시하고자 하는 근거가
정확히 무엇인지 짚기가 어려웠고, 따라서 대응하기도 어려웠다.
환경보호청의 거부 결정문에 담긴 백업 논변은 두 가지 방식으로
읽힐 수 있었다. 1) 환경보호청은 온실가스 배출이 공중의 건강과
복지를 위협하지 않는다고 결론 내렸다. 2) 환경보호청은 온실가스
배출이 공중의 건강과 복지를 위협하는지에 대해 지금 시점에
판단을 내리지 않을 권리가 있다.

　　환경보호청의 지명 공직자들은 전자를 의미하는 쪽으로
문구가 작성되기를 원했다. 그래야 기후 규제의 가능성을 더
확실하게 닫아버릴 수 있기 때문이다. 하지만 환경보호청의 경력
공직자들은 후자를 선호했다. 환경보호청이 향후에 규제를 개시할
수 있는 여지를 남겨주기 때문이다. 이것은 누가 정권을 잡고
있는가와 상관없이 경력 공직자들이 더 선호하는 해석이었다.
멘델슨의 청원을 거부하는 환경보호청 결정문은, 지명 공직자들과
경력 공직자들의 입장을 다 반영해서 타협을 하는 바람에
애매모호하게 작성되어 있었다.

　　환경보호청이 단순히 온실가스가 공중의 건강과 복지를
위협하지 않는다고 주장했다면 폭스는 환경보호청이 불법적으로

행동했다는 논변을 더 잘 개진할 수 있었을 것이다. 2003년이면
이미 기후 과학자들은 그러한 결론을 반박할 수 있는 증거를
엄청나게 많이 가지고 있었다. 하지만 환경보호청이 지금 시점에는
위험성 판단을 내리지 않기로 결정할 재량권이 있다고 주장했다면
폭스는 훨씬 더 어려운 반박 논변을 작성해야 했다. 정부 기관이
무언가에 대한 결정을 '언제' 내려야 하는가에 대해서는 법원이
대개 많은 재량을 허용해왔기 때문이다.

폭스는 갈림길에 처했다. 환경보호청이 온실가스가 공중의
건강과 후생을 위협하지 않는다고 판단해 멘델슨의 청원을
거부했다고 간주하고 그에 대한 반박 논변을 구성할 것인가?
그렇다면 논파하기는 더 쉬울 터였다. 아니면 두 번째 방식으로도
해석될 수 있다는 점을 인정하고 이를 반박하는 데 훨씬 더 많은
지면을 할애할 것인가? 이 논변은 구성하기가 더 어려울 터였다.
하지만 만약 첫 번째를 선택했는데 환경보호청이 피진정인
서면에서 두 번째 해석을 본격적으로 제시하면, 진정인들은
최종 답변 서면의 매우 제한된 지면에서밖에 이 문제를 언급할
수 없게 된다. 진정인들은 어느 쪽이 더 나은지를 두고 첨예하게
견해가 갈렸다. 환경보호청이 주장하는 진짜 논거가 무엇인가,
환경보호청의 결정문이 모호하게 작성되었다는 점을 활용해야
하는가(가령 환경보호청 논변의 취약한 점에만 집중하는 식으로),
환경보호청의 주장을 두 번째 방식으로 해석해서 그에 대응하는
서면을 작성할 경우(즉 더 어려운 논변을 구성할 경우) 그것을
가장 잘 구사할 수 있는 방법은 무엇인가 등 온갖 문제에서 의견이
갈렸다.[19]

폭스는 3월 16일에 초고를 회람시켰다.[20] 이 초고는
환경보호청이 온실가스가 공중의 건강과 복지를 위협하지
않는다고 판단했다고 전제하고 환경보호청의 그러한 판단이 기후
과학에 의해 반박된다는 점을 들어 그것을 강력하게 논파하는
방식으로 구성되어 있었다. 두 번째 해석, 즉 단지 환경보호청이
온실가스의 위험성 판단을 지금 내리지 않기로 결정했을 뿐이라는
해석에는 그다지 초점을 맞추지 않았다.

이에 대해 몇몇 변호사가 예의 바르지만 날카롭고 직접적으로 부정적인 반응을 보였다.[21] 캘리포니아주 법무부의 두 변호사가 특히 회의적이었다. 한 명은 폭스의 초안이 잘못된 목표물을 조준하고 있다고 보았다. "환경보호청이 [위험성에 대해] 자신은 아직 어느 쪽으로도 판단을 내리지 않았으며 지금으로서는 판단을 내릴 필요가 없다고 주장"하고 있는 것이 명백한데 [즉 두 번째 해석이 맞는데] 폭스의 서면이 여기에 초점을 맞추고 있지 않다는 지적이었다.[22] 또 다른 변호사는 폭스의 초안이 "좋은 출발"이긴 하지만, (환경보호청이 두 번째 방식의 주장을 한다고 볼 수 있는 측면이 있으므로) 진정인 입장에서 가장 어려운 쟁점, 즉 환경보호청이 온실가스에 대한 위험성 판단을 왜 반드시 지금 내려야 하는지에 지면을 더 할애해야 한다고 제안했다.[23]

한편 팀 내의 또 다른 몇몇 변호사들은 폭스의 접근을 지지했다.[24] 공방이 계속되는 와중에, 폭스의 초안에 비판적인 한 변호사는 다른 사람들이 그가 "약을 하고 있는 게 틀림없다"고 생각한다고 농담하기도 했다.[25] 내부 논쟁은 몇 개월이나 지속되었고 5월 중순까지도 해결될 기미가 보이지 않았다. 그래서 (밀키의 표현을 빌리면) "생생한 이메일 의견 교환에서 드러난 다양하고 상이한 여러 가지 관점들"에 대해 논의하기 위해 공식적인 콘퍼런스 콜이 잡혔다.[26]

밀키는 진정인 측 통합 서면의 가장 마지막 부분이 될 이 쟁점에 대해 또 다른 방식의 논변을 제안했다. "환경보호청이 온실가스를 규제하지 않기로 결정한 이유를 논하면서 그 부분의 제목을 '상이한 정책적 접근'이라고 붙인 것"을 이쪽에 유리하게 활용할 수 있으리라는 것이었다. "이러니저러니 해도 환경보호청은 청정대기법이 명백히 밝히고 있는 정책적 선택에 동의하지 않고 있을 뿐"이라는 점을 강조하자는 것이었다. 밀키는 환경보호청이 인정될 수 없는 근거(의회가 정한 것과 상이한 "정책적 선택")에 의거해서 현 시점에 위험성 판단을 내리지 않기로 결정했으므로 이 결정은 부당한 행위라는 논변을 구성할 수 있으리라고 보았다. 환경보호청이 스스로 판단한 정책적 선택

때문에 의회가 정한 정책적 선택을 거부하는 것은 합법일 수
없다는 것이었다.[27]

　　마감일이 다가오면서, 5월 말에 한 변호사가 진정으로 탁월한
외부 전문가에게 초안을 검토해 달라고 개인적으로 조용히
요청했다. 전직 D.C.항소법원장이었던 패트리샤 월드Patricia
Wald였다. 한두 해 전에 판사직에서 물러난 월드는 D.C.항소법원
재직 시절의 성과로 법조계에서 거인으로 여겨지고 있었고, 얼마
전까지 동료였던 D.C.항소법원 판사들에게 진정인들이 논변을
가장 잘 제시할 수 있는 방법을 조언하기에 제격인 사람이었다.
월드는 이 소송에 참여하고 있는 절친한 지인인 한 변호사를
개인적으로 돕는 차원에서 전적으로 자원봉사로, 그리고 [자신이
검토했다는 것에 대해] 비밀을 유지하는 조건으로 초안을
검토해주기로 했다. 월드가 이 소송에 관여했다는 사실은 이제까지
알려진 적이 없으며, 팀 내에서도 극소수만 알고 있었다.[28]

　　패트리샤 월드 판사는 정신이 번쩍 드는 조언을 했다. 대체로
월드 판사는 두 번째 해석에 대한 진정인 측 논변이 취약하다고
본 사람들의 의견에 동의했다. 월드 판사는 환경보호청의
결정(위험성 판단을 지금은 하지 않기로 한 결정)이 왜 "불합리한"
결정인지에 대한 이유가 설득력 있게 개진되기 어렵다며 이것이
"가장 힘든 논변"이 될 것이라고 단도직입적으로 말했다. 이
문제점을 지적하고 진정인 측이 이기기에는 대단히 큰 어려움이
놓여 있다는 점을 강하게 시사한 뒤, 월드는 그가 할 수 있는 최선의
마무리로 글을 맺었다. "행운을 빕니다!"[29]

　　하지만 최종적으로 제출된 서면은 제기된 비판들을 반영하고
있지 않았다. 최종고는 몇몇 사람이 환경보호청의 논변 중 더
강력한 논변이라고 지적한 부분을 집중적으로 논박하기보다
멘델슨의 청원을 거부한 환경보호청 결정문이 모호하다는
점을 활용해 그쪽의 강한 논변과 약한 논변을 뒤섞는 방식으로
작성되었다. 상대의 약한 논변이 강한 논변에 물을 타주기를
바라면서 말이다.

　　가장 어려운 쟁점을 직접 다루지 않고 에둘러 가는 것은

위험한 수다. 상대측 변호사가 아주 무능하거나 판사가 제대로
준비되어 있지 않은 경우가 아니라면, 피하고 싶은 일은 늘
되돌아오기 마련이다. 이후에 구두변론에서 상대측 변호사가
그들의 가장 강한 논변을 내세울 것이고, 그들이 아니더라도
판사가 그렇게 할 것이기 때문이다. 가장 어려운 쟁점을 그렇게
두 번째 라운드에 가서야 반박한다면, 그 반박이 효과적으로
이루어질 리 만무하다. 첫 서면에서 솔직하지 않았다는 점에서
판사들의 신뢰를 잃게 될 터라 그렇기도 하고, 판사가 어쨌든
구두변론에서 그 쟁점을 제기할 텐데 어떤 논변을 처음으로
다루기에는 구두변론이 매우 불리한 장이어서 그렇기도 하다.
구두변론에서는 무엇을 질문할 것인지부터 답변에 시간을 얼마나
할애할 것인지까지 모든 것을 판사가 통제하기 때문이다.

　　진정인들은 D.C.항소법원 판사들이 환경보호청의 더 강력한
논변을 찾아내지 못하리라는 데 도박을 건 셈이었다. 하지만 월드
판사가 경고했듯이 그런 일이 일어날 가능성은 희박했다. 그리고
역시 그런 일은 일어나지 않았다.

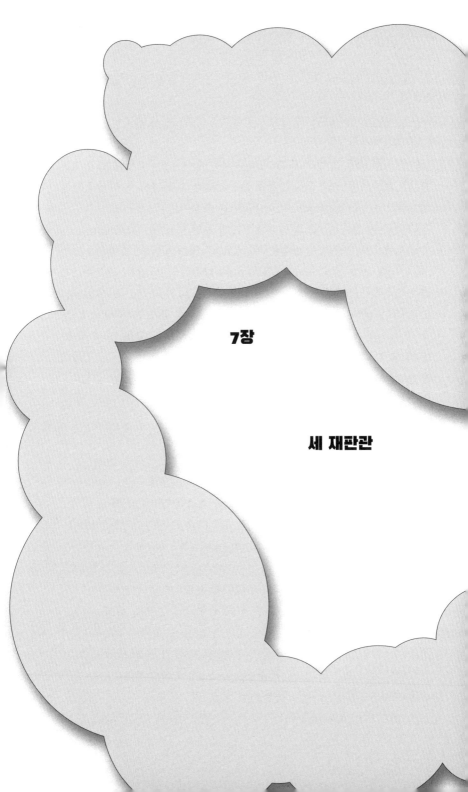

7장

세 재판관

2005년 4월 9일 짐 밀키가 D.C.항소법원에서 '매사추세츠 대
환경보호청' 사건의 구두변론을 하기 위해 자리에서 일어났을
때 31호 법정은 사람들로 가득했다. 변호사 버전의 '블랙
프라이데이'를 맞은 쇼핑몰 같았다. 하지만 이곳에 바글거리는
사람들은 신나 하는 아이들을 데리고 온 캐주얼한 옷차림의
바겐세일 쇼핑객이 아니라 회색이나 감색 양복을 입은 근엄한
변호사들이었다. 법원 직원들은 소송 당사자 좌석만도 60석이나
준비해야 했다. 30석은 매사추세츠 진정인 측, 30석은 환경보호청
측 변호사들을 위한 자리였다. 서면 작성에 참여했고 법정에 오고
싶어 했던 양측 변호사 중 일부만 참석한 것인데도 그랬다. 그래서
일반 방청객 자리는 별로 없었고, 방청객들은 뒤쪽 벽 앞에 서
있어야 했다. 그러고도 자리가 모자라서 많은 방청객이 다른 호실
법정에서 음성 중계로 변론을 들었다.

　　법정에 넘치도록 들어찬 변호사와 방청객 대부분이
매사추세츠 사건을 방청하러 온 것이긴 했지만, 그날 아침 E.
바렛 프레티먼 법원 건물(펜실베이니아가街의 백악관과 의사당
중간 지점쯤에 있다) 31호 법정에서 진행된 사건 중 가장 세간의
관심이 쏠린 것은 이 사건이 아니라 바로 앞 시간에 구두변론이
잡혀 있었던 '프로 미식축구 대 수전 하르요Pro Football v. Suzan Harjo'
사건이었다. '레드스킨스'가 미국 원주민을 비하하는 표현이라는
이유로 미국 특허청이 전미 미식축구연맹의 '워싱턴 레드스킨스'
상표권을 취소한 처분과 관련된 사건이었다. 그날의 빅뉴스는
레드스킨스의 운명이었지 기후 변화의 위협에 직면한 지구의
운명이 아니었다. 미국 대중이 기후 변화의 현실을 절감하기
시작한 것은 몇 개월이 더 지난 9월 초, 허리케인 카트리나가
뉴올리언스를 강타하고 나서였다.

　　레드스킨스 사건의 담당 판사 세 명이 매사추세츠 사건의

담당 판사이기도 했다. 모두 매우 뛰어나고 경험과 연륜이 많았다.
그리고 모두 똑같은 검정 판사복을 입고 있었다. 사법 정의를
실행하는 업무에 임할 때 중립성을 지키겠다는 판사들 공통의
의지를 나타내는 복장이었다. 또한 D.C.항소법원은 만장일치율이
높다는 평판을 가지고 있는데, 이곳 판사들은 이를 자랑스럽게
생각했다. 그렇더라도 판사들은 경험과 견해가 각기 다르기
마련이고, 따라서 때로는 동일한 사건에 대해 매우 다른 결론에
이르기도 한다. 매사추세츠 사건이 바로 그런 경우였다.

기술적으로 말하자면 D.C.항소법원은 13개 연방 항소법원
중 하나지만, 가장 권위 있는 항소법원으로 여겨진다. 수도인
워싱턴에 있다는 점에서도 그렇고, 의회와 대통령의 권한을 둘러싼
굵직한 사건들이 많이 올라오는 곳이라는 점에서도 그렇다. 또
판사들에게 D.C.항소법원은 대법관이 되는 디딤돌로 여겨지기도
한다. 매사추세츠 사건의 구두변론이 진행되던 당시 대법관
중 네 명(존 G. 로버츠 주니어John G. Roberts Jr. 대법원장, 안토닌
스칼리아Antonin Scalia 대법관, 클래런스 토머스Clarence Thomas 대법관,
루스 베이더 긴즈버그Ruth Bader Ginsburg 대법관)이 D.C.항소법원
판사 출신이었다.

2003년 10월 매사추세츠 진정인들이 D.C.항소법원에 진정을
제기했을 때, 이곳에는 일반판사 아홉 명과 은퇴한 원로판사senior
judge(원로판사도 법정에서 사건을 듣고 판결을 내릴 수 있다)
두 명이 있었다.² 하지만 사건마다 일반판사와 원로판사 전원이
판결에 참여하는 것은 아니다. 각 사건에는 무작위로 판사 세 명이
배정되며, 이들 세 판사가 D.C.항소법원 전체를 대신해 해당 사건의
서면을 읽고, 구두변론을 듣고, 판결문을 쓴다(모든 항소법원이
마찬가지다). 매우 드문 경우에만 판사 전원이 참여하는
전원재판부en banc에서 심리가 이뤄진다.

D.C.항소법원은 구두변론일을 공지하기 전까지 소송
당사자들에게 어떤 판사가 배정되었는지 알려주지 않는다.
구두변론일이 공지되는 시점은 서면이 제출되기 전일 수도
있고 후일 수도 있다. 매사추세츠 사건의 경우, 소송 당사자들은

2004년 5월 24일에 담당 판사가 누구인지 알 수 있었는데, 진정인
측의 최초 서면 제출일보다 한두 주 먼저였다. 이날 담당 판사의
이름과 함께 구두변론일도 공지되었는데 구두변론일은 거의 1년
뒤인 2005년 4월 8일로 잡혀 있었다(연방 항소법원 중 어떤 곳은
구두변론 당일 아침까지 소송 당사자들에게 담당 판사가 누구인지
알려주지 않는다).

　　변호사들은 담당 판사가 누구로 정해지든 재판 결과가
같으리라는 환상 같은 것은 가지고 있지 않다. 판사에 따라 결과는
크게 차이 날 수 있다. 물론 D.C.항소법원 판사 모두 뛰어난
판사지만 그 안에서도 기질과 역량의 차이가 있고 이데올로기적
차이도 있다.

　　대다수 소송에서는 이데올로기적 차이가 판사의 판결에
영향을 주지 않는다. 관련 법률의 명확성, 판례에 대한 존중, 사법적
판단의 중립성 원칙 등으로 인해 대체로 판사들은 동일한 결론에
도달한다. 그래서 D.C.항소법원에서는 '반대의견'이 나오는 경우가
거의 없다. 각기 정치적 견해가 매우 상이한 대통령들이 지명한
판사들인데도 말이다. 하지만 담당 판사에 따라 결과가 크게
달라질 수 있는 사건도 있다. 적용할 수 있는 법률이 덜 분명하거나,
그 사건에서 제기된 쟁점에 대한 결론이 판사가 판사의 역할을
무엇으로 보는지에 영향 받을 수 있는 종류일 경우에는 더욱
그렇다.

　　어떤 판사는 헌법과 법률의 문구 자체가 그것의 의미를
해석하는 데 최선의, 심지어는 유일한 지침이 되어야 한다고
생각한다. 반면, 어떤 판사는 기저의 의도를 드러내는 다른
지표들을 함께 살펴보고자 한다. 또 어떤 판사는 행정부, 의회의
위원회, 주 정부와 지방 정부 등 사법부가 아닌 영역에서 내린 사실
관계 판단이나 정책 판단을 다른 판사들보다 더 많이 존중한다.
이러한 사법적 관점의 차이는 판결에 영향을 미칠 수 있다.

　　매사추세츠 사건의 당사자들(양측 모두)은 어떤 판사가
배정되느냐가 재판 결과에 큰 차이를 가져올 수 있다는 점을 잘
알고 있었다. 일단 이 사건은 정치적 측면이 강했다. 민주당 성향의

주 정부들이 공화당 대통령의 굵직한 행동에 이의를 제기하며
헤드라인을 장식한 사건이었으니 말이다. 또한 진정인들은
자신들이 사법부에 요구하는 것(현행보다 더 엄격한 환경
규제가 필요한지에 대해 행정부가 이미 내린 판단을 사법부에서
사후적으로 문제 삼아 달라고 요구하는 것)이 보수 성향의
판사들에게는 그들이 단호히 반대하는 '사법 적극주의judicial
activism'로 비칠 수 있다는 점도 잘 알고 있었다.

그래서 담당 판사가 데이비드 센텔David Sentelle, 레이먼드
랜돌프Raymond Randolph, 데이비드 테이틀David Tatel이라는 소식을
들었을 때 환경보호청은 안심했고 진정인들은 우려했다. 센텔과
랜돌프는 공화당 대통령이 지명한 판사였고(각각 로널드 레이건과
조지 H. W. 부시), 테이틀은 민주당 대통령이 지명한 판사였다(빌
클린턴). 하지만 어느 대통령이 지명했는지로 판사의 성향을
판단하는 것은 지나친 단순화이고, 그 판사의 판결을 예측하는
변수로 삼기에는 오도의 소지가 있다. 매사추세츠 진정인 측과
환경보호청 측이 보인 반응은 판사들의 경력과 D.C.항소법원에서
그들이 과거에 내린 판결들에 기초한 것이었다. 세 판사는
모두 60세 근처였고 이번 사건이 항소법원에서 맡은 첫 사건이
아니었다. 센텔과 랜돌프는 각각 1987년과 1990년부터, 테이틀은
1994년부터 항소법원에 재직했다. 즉 세 판사가 어떤 사람인지에
대해서는 알려진 정보가 아주 많았다.

◊　데이비드 센텔 판사와 레이먼드 랜돌프 판사
D.C.항소법원에서 함께 일해온 오랜 세월 동안 센텔 판사와
랜돌프 판사는 연방 정부 기관이 적절하다고 판단한 것보다 더
엄격하게 기업을 규제하도록 강제해 달라고 법원에 요구하는
환경주의자들의 소송에 회의적인 입장을 가지고 있었다. 그들은
'보수주의적인' 판사가 된다는 것이 '사법 적극주의'를 배격한다는
것을 의미하던 시절에 판사가 되었다. 레이건과 조지 H. W. 부시도
대선 선거 운동 중에 사법 적극주의에 비판적인 입장을 보였다.
그들은 사법부가 제한적이어야 한다고 믿었고, 이는 사법부 이외의

다른 정부 기관이 내린 판단을 사법부가 사후적으로 문제 삼는
것을 삼간다는 의미였다.

센텔은 노스캐롤라이나주 캔톤에서 태어나고 자랐다.
그곳은 인구가 4,000명 정도 되는 마을이었다. 아버지는 공장
노동자였다. 노스캐롤라이나 대학 학부와 로스쿨을 나왔으며 대학
시절부터도 '젊은 공화당원Young Republicans'과 보수 단체인 '자유를
위한 젊은 미국인들Young Americans for Freedom'의 회장을 맡는 등 정치
활동에 활발히 참여했다. 그는 지역의 연방 검사와 주 법원 판사,
민간 변호사 등으로 일하다가 1984년에 공화당 전당대회에서
부대의원alternate delegate이 되었고, 이듬해 레이건 대통령에 의해
노스캐롤라이나 연방 법원 판사로 지명되었다.[6] 그리고 2년 뒤에
다시 레이건의 지명으로 D.C.항소법원에 부임했다.

센텔은 매우 까다롭지만 말솜씨가 수려하고 매력적인 판사로
잘 알려져 있었다. 남부 사투리에 큰 목소리, 숱 많은 머리카락을
가진 그는 카우보이 모자와 부츠 차림을 즐기고 픽업트럭을 몰고
다녔다. 그는 정치적 입장을 막론하고 동료들이 두루 좋아하는
사람이었고, 설령 자신의 생각과 다르다고 해도 판례를 잘
고수한다는 평판을 가지고 있었다.[7] 빌 클린턴 대통령의 성추문
수사에 케네스 스타Kenneth Starr를 특별검사로 지명하는 데에
관여했던 것을 제외하면(스타 검사 지명 당시 센텔이 공화당과
가깝다는 점이 논란이 되었다), 그다지 전국적으로 화제에 오르는
인물은 아니었다.[8]

랜돌프도 센텔과 마찬가지로 보수적인 정치 견해를
가지고 있었고 농촌에서 자랐으며(그의 경우에는 뉴저지주의
농촌이었다) 부모가 그리 부유하지 않았다.[9] 하지만 랜돌프와
센텔은 매우 다른 유형의 사람이었다. 외모, 태도, 자기표현 등 여러
면에서 그들은 대조적이었다. 센텔은 키가 크고 풍채가 좋으며
미식축구 선수 같은 체격인 반면, 랜돌프는 키가 작고 땅딸막하며
레슬링 선수 같은 체형이었다(실제로 대학 시절 레슬링
팀에서 활동하기도 했다). 또 센텔은 공립학교와 공립대학을
다녔지만 랜돌프는 사립대학(드렉셀 대학)과 사립대학

로스쿨(펜실베이니아 대학)을 나왔다.[10] 센텔이 매력적이고
흡입력 있는 타입이라서 동료들에게 인기가 좋았다면 랜돌프는
드세고 진지하며 때로는 불쾌하다는 인상까지 주는 사람이었다.

랜돌프는 대학에서 처음에 경영학을 공부했는데, 몇몇
인터뷰에서 밝힌 바에 따르면 경영학을 "절대적으로 싫어하게"
되어 "3개월 뒤에 그만두었다." 무엇을 하고 싶은지 잘 모르는
채로 그다음에는 공학을 공부했지만 "공학자들이 제너럴모터스
공장에서 무엇을 하고 있는지 보고 나서" 곧 "그런 일을 하면서는
행복하지 않을 것 같다"는 결론에 도달했다. 그다음에는
경제학으로 옮겨갔다가 펠릭스 프랭크푸터Felix Frankfurter 대법관
전기를 읽고 로스쿨에 가기로 결심했다. 그는 그의 집안에서 법을
공부한 첫 번째 사람이었다.[11]

그의 가족은 오랜 민주당 지지자였지만 랜돌프는 로스쿨에
다니던 시절에 정치 견해가 보수 성향으로 기울었다. 얼 워런Earl
Warren 대법원장 시절에 내려진 여러 진보적인 판결을 보고
그것에 동의하지 않아서 그렇게 된 면이 컸다. 랜돌프는 로스쿨을
졸업하고 주로 워싱턴에서 민간 변호사로 일하다가 연방
항소법원에 오게 되었다.[12]

랜돌프는 경력 초기에 법무부 송무차관실에서 두 차례 짧게
일한 적이 있었다. 그때 그는 미국 정부를 대리해 대법원에서
구두변론을 했다. 두 번째로 송무차관실에서 일했을 때는 로버트
보크Robert Bork 송무차관의 차관보였다.[13] 예일 대학 로스쿨 교수인
보크는, "헌법을 기초한 '건국의 아버지'들이 그 당시에 이해했던
바대로의 해석"을 고수하지 않고 판사석에서 사실상의 입법
활동을 하려 하는 "사법 적극주의 판사들"을 맹비난함으로써 법적
보수주의의 영웅이 되었다. 이는 로널드 레이건 대통령이 그를
대법관으로 지명하고, 민주당이 우세하던 상원에서 그 지명에
반대하는 일련의 사건으로 이어졌다.[14] 그때 랜돌프가 보크의
대법관 지명을 눈에 띄게 지지했는데, 이것이 몇 년 뒤 조지 H.
W. 부시 대통령이 그를 D.C.항소법원 판사로 지명하는 데 영향을
미쳤을 것이다(한편, 보크도 D.C.항소법원 판사를 지냈다).

항소법원 판사가 된 이후 랜돌프는 줄곧 보수주의적인 판사였다.
하지만 이목을 집중시키는 재판에서 판결문을 쓴 적은 별로
없었고, 따라서 그리 자주 언론을 타지도 않았다.

◇　　데이비드 테이틀 판사

테이틀 판사는 매사추세츠 진정인 측 변호사들이 가장 원했던
판사다. 1994년에 D.C.항소법원에 오기 직전에는 워싱턴의 큰
로펌에서 일했지만, 그 이전 경력의 상당 부분을 사회정의를
위한 일에 바친 사람이었다.[15] 워싱턴 출신이고 시카고 대학을
졸업했으며 매우 저명한 민권 변호사였다. 그는 1970년대와
1980년대, 그리고 1990년대에도 미국 전역에서 공립학교의
탈분리 정책을 지원하기 위해 일했다.[16] 또한 그는 '법 앞에서의
민권을 위한 변호사 위원회Lawyers' Committee for Civil Rights Under Law'
시카고 지부의 창립 회장이었고 나중에는 워싱턴 본부의 회장도
지냈다. 또 '법률 서비스 코퍼레이션Legal Services Corporation'의 첫
법률 고문이었고, 지미 카터 행정부 시절에는 보건교육복지부의
민권국을 이끌기도 했다.[17] 테이틀의 사무실에는 민권 운동의
상징인 서굿 마셜Thurgood Marshall 대법관과 함께 찍은 사진이 잘
보이게 걸려 있었다.

　　D.C.항소법원에 부임한 뒤 곧바로 테이틀은 뛰어나고
열정적인 판사로 명성을 날렸다. 유연하고 운동선수 못지않은
체격을 가진 그는 마라톤에도 여러 번 나갔고 스키(설상스키와
수상스키 모두)도 잘 타고 등산도 잘하고 윈드서핑도 즐겼다.
일주일에 사흘은 근무 시작 전에 수영을 했다.[18] 센텔과
마찬가지로 테이틀도 사람들이 두루 좋아했고 널리 존경을 받았다.
정치 성향은 몇 광년이나 떨어져 있었지만 둘은 서로를 매우
존중했고 함께 일하는 동안 직업적으로도 개인적으로도 매우
가까운 사이가 되었다.[19]

　　2000년 대선을 얼마 앞두고, 앨 고어가 승리하면 테이틀이
대법관으로 지명될 가능성이 크다는 예측이 파다하게 돌았다.[20]
그러나 부시가 선거에서 이기고 2004년에도 재선되자 테이틀이

대법원으로 가는 길은 닫혀버렸다. 현대 들어 대통령들이
대법관으로 60세가 넘지 않은 인물을 지명하고자 하는 경향이
있었는데 2008년이면 테이틀은 66세가 되기 때문이었다.

판사로서 테이틀은 환경법 문제에 관심이 많았고
환경주의자들이 정부를 상대로 제기하는 소송을 인정하는
편이었다. 또 민권 운동 경력이 있는 만큼, 국가의 법이 공정하고
완전하게 집행되게끔 하는 데 법원이 중요한 역할을 한다고
생각하는 편이었다. 민권법과 관련해 활동한 경험을 통해,
테이틀은 사법적 견제가 없으면 정부 기관도, 민간 부문도, 법이
요구하는 바를 엄격하게 따르지 않는 경향이 있다는 것을 잘 알고
있었다.[21]

환경 운동가들은 환경법과 관련된 면에서도 그런 경향이
있다는 것을 테이틀이 잘 인지하고 있으리라 생각했고, 정부가
환경법을 제대로 집행하고 강제하지 못할 경우에 지침을 줄
수 있도록 사법적 검토가 필요하다는 데에 테이틀이 동의하고
있으리라 기대했다. 테이틀이 과거 판결에서 환경 진영의 손을
무조건 들어준 것은 아니었지만(그는 법적 논변을 엄밀하게
분석하기로 유명했다), 이 사건에서 진정인들은 자신의 논변이
강력하다고 확신했기 때문에 테이틀이 그들의 손을 들어줄
가능성이 있다고 믿었다.

하지만 우호적일 가능성이 있는 판사가 세 명 중 한
명뿐이라면 '다수'가 될 수 없었다. 세 판사가 누구인지 알게 된 뒤,
매사추세츠 진정인들은 승리할 가능성이 작아졌다고 생각했다.
그것도 상당히.

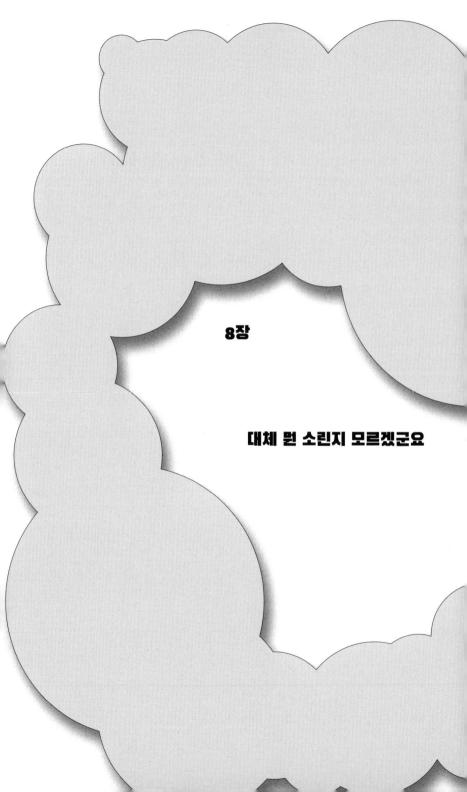

8장

대체 뭔 소린지 모르겠군요

구두변론에서 D.C.항소법원은 진정인과 피진정인 양측에
각각 20분을 할당했고, 진정인 측(조 멘델슨의 청원을 거부한
환경보호청의 결정에 이의를 제기한 약 30곳의 당사자들)이
먼저였다. 진정인 측에서는 밀키와 폭스 두 사람이 구두변론을
맡기로 했다. 먼저 밀키가 14분 동안 그가 대표 집필한 부분,
즉 환경보호청은 온실가스가 청정대기법상 대기오염물질이
아니라고 불법적으로 판단했으며 따라서 멘델슨의 청원을 거부한
환경보호청의 결정은 부당하다는 논변을 개진하고, 남은 6분
동안 폭스가 이 처분이 환경보호청이 제시한 백업 논변(설령
온실가스가 대기오염물질이라고 해도 적어도 지금은 자동차의
온실가스를 규제하지 않기로 합당하게 결정할 수 있다는 주장)에
의거해도 정당화되지 않는다는 논변을 개진할 예정이었다.

　　그런데 이 계획에는 치명적인 문제가 있었다. 구두변론의
가장 중요한 규칙에 위배되는 계획이었기 때문이다. 어느
법정에서든 구두변론 중인 변호사는 단 한 가지 일만 해야 한다.
바로 판사의 질문에 답하는 일이다. 어떤 질문을 할지, 어떤 순서로
할지, 각 쟁점에 시간을 얼마나 할애할지 등은 모두 판사가 정한다.
변호사는 판사가 던지는 질문들 중에서 골라서 답할 수 없고,
끔찍한 결과를 감수하지 않는 한 질문에 답하지 않겠다고 할 수도
없다. 하나의 질문에 답변하는 데 얼마나 시간을 쓸지도 결정할 수
없다. 그래서 구두변론에 나서는 변호사는 판사가 질문할 가능성이
있는 어떤 쟁점에 대해서도, 그리고 그 질문이 어느 시점에
들어오더라도(그 판사나 다른 판사가 갑자기 말을 자르고 들어와
다른 질문을 던질 가능성이 크므로) 극히 짧은 시간 안에 유려하게
답변할 수 있도록 철저히 준비되어 있어야 한다.

　　이날 곧 명백히 드러나게 되듯이, 진정인 측이 구두변론을
둘로 나눠 하기로 한 계획은 판사의 질문에 대응할 수 있는 역량을

크게 훼손한 실수였다. 유일하게 위안 삼아볼 구석은 상대측인
환경보호청 변론인이 구두변론을 더 크게 망쳤다는 점이었다.
2005년 4월 8일은 구두변론을 하기에 일진이 좋은 날이 아니었다.

◇   시간 낭비

구두변론을 시작한 지 몇 초도 지나지 않아서 밀키는 그들의
전략적 실수가 초래한 심각한 결과에 맞닥뜨렸다. 진정인 측은
온실가스가 대기오염물질인지를 논하는 데 14분을 쓰고 싶었을지
모르지만 세 판사는 아니었다. 사실 판사들은 이 쟁점에는 아예
관심이 없었고 폭스가 논의하기로 되어 있는 쟁점에만 관심이
있었다. 그런데 그 쟁점에 대해 밀키는 준비되어 있지 않았고
그것과 관련해 그가 나름대로 대답해도 좋다고 수십 명의 동료
변호사에게 권한을 위임받지도 못한 상태였다.

그래서 밀키가 발언을 시작하자마자 센텔 판사가 끊고
들어와 환경보호청의 '백업 논변'에 대해 설명하라고 했을 때
(설령 환경보호청이 온실가스를 규제할 권한을 가지고 있다고
하더라도 "꼭 지금 그렇게 해야 한다고 강제된 것은 아니다"라는
주장), 밀키는 "그것에 대해서는" 동료 변호사인 폭스가 "잠시 후에
이야기할 것"이라고 매우 취약한 답변을 할 수밖에 없었다.[2] 이어
랜돌프 판사의 질문에도 밀키가 "그 문제는" 폭스가 "잠시 후에
이야기할 것"이라고 대답하자 센텔은 눈에 띄게 화가 나 보였다.[3]

남부의 매력적이고 호쾌한 이미지는 사라지고 없었다.
센텔은 밀키가 "잠시 후에 동료 변호사가 말할 것"이라며 어려운
질문을 계속 회피하고 있다고 지적했다. 밀키가 답변할 준비가
되어 있던 쟁점에는 어느 판사도 관심이 없었기 때문에 밀키의
14분(주어진 총 시간의 무려 3분의 2)은 대체로 시간 낭비나
마찬가지였다. 설상가상으로 진정인들은 판사들을 우호적으로
만들기는커녕 냉랭해지게 만들고 말았다. 일단 그런 일이 벌어지고
나면 이를 극복할 수 있는 변호사는 없고, 밀키도 마찬가지였다.
당시에는 너무나 몰입해 있어서 자신의 논변이 얼마나 형편없는지
인식하지 못했지만 말이다.

　　뒤이어 폭스가 앞으로 나섰다. 밀키는 대체로 매사추세츠주
대법원에서만 구두변론을 해보았고 D.C.항소법원에서는 해본
적이 없었지만, 폭스는 D.C.항소법원 판사들을 잘 알고 있었다.
또한 그는 청정대기법 전문가라는 평판을 가지고 있었고 명료한
발언 스타일도 높이 평가받고 있었으며 매우 존경받는 사람이기도
했다. 폭스는 D.C.항소법원에서 청정대기법 사건 열 건의
구두변론을 한 적이 있는데 그중 여러 건의 담당 판사가 지금과
같았다. 판사들은 그의 변론을 기대하고 있었다.[4] 하지만 밀키처럼
폭스도 그날은 실력을 발휘하지 못했다.

　　그는 진정인 측이 제출한 서면 자체의 논리적 취약점 때문에
고전했다. 환경보호청이 멘델슨의 청원을 거부하는 결정문에서
근거를 모호하게 밝힌 점을 활용하려던 전략도 효과가 없었다.
진정인 측은 환경보호청 논변의 강한 부분과 약한 부분을 분리해
대응하지 않고 뒤섞어서 서면을 작성했는데,[5] 이는 현명하지 않은
전략이었다. 연방 항소법원 판사들은 매우 영민한 법조인들이고,
당연히 환경보호청의 논변 중 강한 부분이 어디인지를 스스로
충분히 파악할 수 있었다. 그런데 진정인의 서면에서 그 부분에
대한 직접적이고 명백한 반박을 발견하지 못한 판사들은
구두변론에서 처음에는 밀키에게, 그다음엔 폭스에게 그 부분을
반복해서 질문했다. 하지만 애초에 서면을 작성할 때 효과적인
답변을 구성하지 못했던 터라, 폭스는 불리하게 작용할 수 있는
어려운 질문들이 연타로 쏟아지는 것에 준비가 되어 있지 않은
상태로 즉석에서 대답해야 했고, 따라서 가장 좋은 답변을 제시할
수 없었다.

　　센텔은 조금도 시간을 지체하지 않고 밀키에게서 제대로 답을
듣지 못한 질문을 폭스에게 던졌다. 폭스가 연단에 서자마자 센텔
판사는 환경보호청이 온실가스를 '반드시' 규제해야 할 '의무'가
있다는 진정인의 주장을 법률에 명시된 문구와 어떻게 부합시킬
것인지 물었다. 법률에는 환경보호청이 온실가스가 공중의 건강과
복지를 위협한다고 먼저 "판단"을 내린 후에만 규제할 의무가
있다고 명시되어 있다. 따라서 환경보호청이 아직 그 "판단"에

도달하지 않았다면, 진정인들은 어떤 근거로 환경보호청이
온실가스를 규제해야 할 의무가 법적으로 이미 발동되어 있는
상태라고 주장할 수 있는가?

　　이 질문에 대한 진정인 측의 입장을 폭스는 명료하게 설명할
수 없었고 그의 발언은 중간중간 계속 제지를 받았다. 더구나
주어진 시간이 애초에 너무 짧았으므로 무언가를 명료하게
설명할 수 있는 기회 자체가 거의 없었다. 폭스는 센텔의 질문에
답을 하기보다, 즉 왜 환경보호청이 온실가스를 '반드시' 규제해야
할 의무를 가지고 있는지 명료하게 설명하기보다, '지금 우리는
환경보호청이 온실가스를 규제하도록 명령해 달라고 법원에
요구하고 있는 게 아니다'라고 말함으로써 그 문제를 회피해보려고
했다. 하지만 이어서 환경보호청이 청정대기법상의 "위험"이라는
단어를 잘못 해석했다고 덧붙이는 바람에, 진정인 측이 사실
[법원을 통해] 환경보호청에 규제 의무를 강제로 지우길 원한다는
잘못된 인상을 심어주고 말았다. 어쨌든 폭스도 센텔의 질문에
답변하지 못했고, 더 안 좋게도 그의 답변 자체에 상충하는
부분들이 있었다.[6]

　　폭스의 변론이 끝났을 때 확실한 것이 하나 있었다면, 센텔과
랜돌프 모두 폭스의 논변을 이해하지 못했다는 사실이었다.
폭스처럼 능란한 구두변론인도 애초에 서면 자체가 취약한 논리로
작성되었다는 데서 오는 불리함을 극복하지는 못했다.

◇　　사법의 톱날
폭스가 자리에 앉자 법무부의 '환경 및 자연자원 분과' 담당
차관보 제프리 보서트 클락Jeffrey Bossert Clark이 환경보호청을
대리해 구두변론에 나섰다. 법무부는 송무 분야에서 전문성이
높기로 명성이 자자하다. 그래서 환경보호청 같은 연방 정부
기관이 소송에 걸리면 스스로 변론을 하지 않고 [즉 환경보호청
변호사들이 변론을 맡지 않고] 법무부 변호사들이 변론을 맡는다.
소송 전에는 환경보호청이 스스로 내린 결정[법적 의견서나 청원
거부 결정문 작성 등도 포함해서]에 대해 책임을 지지만 일단

사건이 법원으로 넘어가면 환경보호청은 고객이 되고 법무부가
법정 대리인이 되어 소송에 대한 모든 최종적인 의사 결정을
책임진다. 논변을 어떤 방식으로 구성할 것인지도 법무부가
정한다.

　클락이 구두변론을 맡았다는 것은 세 판사에게 명백한
메시지를 보내고 있는 셈이었다. 이는 부시 행정부가 이 소송을
정치적 중요성이 큰 사건으로 여겨서 매우 관심을 기울이고 있다는
뜻이었다. 클락이 이 사건에 구두변론인으로 나서게 된 것은 그가
송무 전문가여서도, D.C.항소법원에서 구두변론을 해본 경험이
많아서도 아니었고, 법무부의 '환경 및 자연자원 분과'에서 일하는
500명가량의 경력 공직자 변호사 가운데 있는 대여섯 명의 지명
공직자 변호사이기 때문이었다.

　하버드 대학과 조지타운 대학 로스쿨을 졸업한 클락은 당시
38세로 비교적 젊은 변호사였고 정치적으로 전도유망한 경로를
가고 있었다. 조지타운 로스쿨을 우수한 성적으로 졸업하고 저명한
연방 항소법원 판사의 로클럭을 거쳐 시카고의 유명 법무법인
'커크랜드 앤 엘리스Kirkland & Ellis'의 워싱턴 사무소에서 일했다. 이
법무법인은 환경법 관련 사안에 정통한 곳이었고 공격적인 소송
스타일로 유명했다. 그는 5년간 그곳에서 일한 뒤 2001년 초에 부시
행정부의 법무부 환경 분과에 지명 공직자 자리가 나자 그리로
옮겨갔다.

　하지만 연방 항소법원(D.C.항소법원도 포함해서)에서 수십
건, 때로는 수백 건의 사건을 변론해본 법무부 환경 분과의 경력
공직자 변호사들과 달리, 클락은 구두변론 경험이 없었다. 직전
5년간 대형 민간 로펌에서 일했는데, 그런 로펌들에서는 가장
경험이 많은 변호사들이 구두변론을 맡는 경향이 있기 때문이다.
그때까지 클락은 D.C.항소법원에서 구두변론을 해본 적이
민간 변호사 시절이던 6년 전에 딱 한 번밖에 없었고 그나마도
메디케이드 사기에 관한 작은 사건이었다. 모든 이가 클락이
지금 D.C.항소법원에서 구두변론을 하는 것은 그의 변론 능력이
입증되어서가 아니라 그의 정치적 견해 때문이라는 사실을 알고

있었다.

한편 클락의 관점에서 보면, 법무부에서 경험이 더 풍부한
변호사가 아니라 자신이 환경보호청을 대리해 구두변론을 맡는
것이 전적으로 적절했다. 어쨌거나 그의 정치적 견해가 법무부
서면[피진정인인 환경보호청 측 서면]의 논변을 구성하는
데 주된 역할을 하지 않았는가. 환경보호청의 경력 공직자
변호사들은 환경보호청이 주장할 수 있는 더 강한 논변이
서면에서 강조되길 바랐다. 이 논변은 환경보호청이 향후에
기후 위기를 막기 위해 규제 정책을 펴기로 다시 결정할 수 있는
여지를 남겨두는 논변이기도 했다. "청정대기법 조항의 명백한
의미에 따르면 환경보호청은 온실가스를 규제할 권한이 없다"고
딱 잘라 주장하기보다, 1984년 '쉐브론 대 자연자원보호위원회'
사건의 대법원 판결에 기대어[8] "멘델슨의 청원을 거부할 때
환경보호청이 내린 법률 해석이 파기되지 않고 유지되어야 하는
이유는 관련 법률의 문구가 모호하기 때문이며 환경보호청의
해석이 법률의 문구가 가지는 의미에 꼭 부합하는 것은 아니더라도
적어도 합리적인 해석이기는 하다"고 주장하자는 것이 그들의
의견이었다. 이렇게 관련 법률의 문구가 모호하다는 점을 근거로
들어 환경보호청의 현재 법 해석이 타당하다고 주장하면 향후에
환경보호청이 또 다른 합리적인 해석(아마도 온실가스가
대기오염물질이어서 규제해야 한다는 해석)을 내릴 수 있는
여지를 남기게 될 터였다.[9] 법률 문구가 불명료하다면 '합리적인
해석'이 여럿 존재할 수 있기 때문이다.

하지만 법률 문구가 불명료하기 때문에 법원이 환경보호청의
해석을 존중해야 한다는 논변은, 클락이 환경보호청 경력 공직자
변호사들의 맹렬한 반대를 누르고 D.C.항소법원에 제출한 서면의
각주에만 달려 있었다.[10] 이 서면에 제시된 주요 논변은 담배 규제
관련 사건인 '브라운 앤 윌리엄슨' 사건의 대법원 판결에 의거해
"청정대기법 조항의 문구에 대해 내릴 수 있는 유일하게 타당한
해석은 환경보호청의 권한에 온실가스 규제는 포함되지 않는다는
것"이라는 주장을 펴고 있었다.[11]

클락은 '브라운 앤 윌리엄슨' 사건에서 식품의약국이 담배를
규제할 권한을 갖지 않는다고 결론났듯이, 의회가 1970년에
청정대기법을 통과시킬 당시 기후 규제까지 염두에 두었다는
증거가 없는 한 청정대기법이 환경보호청에 이렇게 강력하고
대대적인 온실가스 규제 권한을 주었다고는 해석할 수 없다고
주장했다. 부시 행정부와 지명공직자들은, 청원 거부는 적법했다고
인정받되 향후에 환경보호청이 온실가스를 규제할 수 있는 여지는
열어두는 [즉 작게 이기는] 판결로 귀결되지 않기를 바랐다. [규제
권한 자체가 없다고 주장하기 위해] 클락의 지휘 아래 작성된
서면에는 총 38쪽 안에 '브라운 앤 윌리엄슨'이 무려 22번이나
언급되어 있었다.[12] 일반적으로 법무부는 [브라운 앤 윌리엄슨
사건처럼] 행정부의 권한을 확대하려 했던 정부 기관이 패소한
판례를 이렇게 열정적으로 인용하지 않는다.

멘델슨의 청원을 거부하는 결정문 작성을 지휘하고 그 문서에
서명했던 환경보호청의 지명 공직자 제프리 홈스테드는 클락의
전략을 마치 자신의 것인 양 전폭적으로 지지했다. 홈스테드가
멘델슨의 청원을 뭉개지 말고 공식 답변을 내자고 주장했던
"유일한 이유"가 "이 기회에 이 쟁점 자체를 아예 닫아걸어서"
향후에도 환경보호청이 청정대기법으로 온실가스를 규제하지
못하게 차단하려는 것이었기 때문이다.[13]

클락이 피진정인 측 서면을 작성하는 데 주된 역할을 하긴
했지만, 구두변론에 직접 나선 것은 실수였다. 그가 서면에서
환경보호청의 더 강한 논변(법리적으로 방어하기에 더 쉬운
논변)보다 더 어려운 논변을 선택했기 때문에, 법정에서
구두변론을 하는 변호사는 판사들이 던지는 어려운 질문들을
다뤄본 경험이 더 풍부한 변호사여야 했다.

사실 환경보호청의 지명 공직자들도 포함해 많은 이가
구두변론에는 더 경험 많은 법무부의 경력 공직자 변호사가 나서는
것이 좋겠다고 제안했다. 클락이 나서면 "많은 것이 너무 정치적"이
되어서 "정책적, 정치적 문제가 법리적 분석과 뒤섞여버린 나머지"
그들의 논변을 약화시키게 될지 모른다고 우려했기 때문이다.

하지만 클락은 받아들이지 않았다. 클락은 경력 공직자인 변호사가
부시 행정부의 입장을 열정적으로 방어해주리라고 믿지 않았다.[14]
이렇게 해서, 자존심, 자존심이 상한 데 대한 불쾌감, 그리고 과도한
자신감이 결합해 더 현명한 법리 전략을 펼 수 있는 길을 가로막고
말았다.

　　구두변론에서 클락의 경험 부족은 여지없이 드러났고
그 대가는 컸다. 구두변론이 시작되자마자 날아오기 시작한
판사들의 공격적인 질문에 그는 계속해서 제대로 답변하지 못했다.
클락이 '브라운 앤 윌리엄슨' 판결에 기대어 논변을 전개하려고
하자 이내 사법의 톱날이 날아와 그것을 잘라버렸다. 곧바로
센텔 판사가 그의 말을 자른 것이다. 클락은 센텔이 자신에게
우호적일 것이라고 가정했겠지만, 센텔은 '브라운 앤 윌리엄슨'
사건은 본 사건과 관련이 없다고 생각한다는 점을 명확히 밝혔다.
그런데도 클락이 '브라운 앤 윌리엄슨'을 또 언급하자 센텔은 더
없이 분명하게 다음과 같이 지적했다. "브라운 앤 윌리엄슨은 좀
잊으시면 안 되겠습니까? 그것 말고 이 사안에 대해 이야기를
하세요."[15] 클락이 물색없이 또 한 번 '브라운 앤 윌리엄슨'을
언급하면서 "제가 그 금지된 말을 써도 된다면"이라고 농담하듯
덧붙였을 때, 센텔은 어디까지 하나 한번 보자는 듯이 이렇게
말했다.

> 지금 법정[판사들]이 어떤 판례가 본 사건을 판단하는
> 기반이 되기에는 문제가 있다고 생각한다는 사실을
> [변론인이] 파악했다면, [변론에] 그 판례를 사용하고 싶지
> 않을 것 같은데요. 변론을 제가 알고 있는 것과 다른 방식으로
> 하시는지는 모르겠습니다만, 테이틀 판사와 나 모두 그
> 판례가 지금의 이 사건과 크게 관련성이 있는가에 대해
> 명백하게 의구심을 표시하지 않았습니까?[16]

테이틀이 또다시 촉구하고 나서야 클락은 환경보호청이
온실가스를 규제할 권한을 갖지 않는다는 논변을 포기하고 '예비

논변'으로 넘어갔다. 청정대기법이 온실가스가 공중의 건강과
복지를 위협하는지에 대한 "판단을 환경보호청이 이쪽으로든
저쪽으로든 지금 내려야 한다고" 강제하고 있지는 않으므로
멘델슨의 청원을 거부한 환경보호청의 결정이 적법하다는
주장이었다.[17] 그런데 여기서도 클락은 헛발질을 했다.

　　테이틀의 질문에 답하면서 클락은 "환경보호청이
[온실가스의 위험성에 대해] 이쪽으로든 저쪽으로든 꼭 지금
판단을 내려야 할 의무가 [청정대기법에 의해] 발동되어 있지
않다"는 게 아니라고 말한 것이다. 정확히 그것이 환경보호청의
입장이었고, 게다가 이것이 환경보호청이 가진 더 강한
논변이었는데도 말이다.[18] 클락의 답변을 듣고 어리둥절해진
센텔은 곧바로 확인을 위해 방금 클락이 환경보호청의 주장이
아니라고 말한 내용이 환경보호청의 주장 맞지 않느냐고 지적했다.
"나는 당신이 환경보호청은 [온실가스의 위험성] 판단을 반드시
지금 내려야 할 강제적 의무가 없다고 주장하는 줄 알았는데요."[19]
클락 스스로 수렁에 빠뜨린 클락의 논변을 구해내기 위해 센텔이
이렇게 지적하자, 실수를 깨달은 클락은 센텔이 생각한 것이
맞다고 정정했다. 그러자 테이틀은 이렇게 말했다. "이제 나는
대체 뭔 소린지 하나도 모르겠군요!"[20] 아마 다들 그렇게 생각했을
것이다.

　　4월 8일 오전에 구두변론에 나선 변론인들 모두 인상적인
변론을 펴지 못했다. 양측 모두에게 이날의 구두변론은
재앙이었다.

9장

긴 반대의견

D.C.항소법원에서 매사추세츠 사건의 구두변론이 있은 지 5주
뒤에 법무부의 제프리 클락은 부시 행정부의 '기후 변화의 과학
및 기술 관련 부처 간 실무그룹 회의'에서 기후 변화 소송에 대한
브리핑을 했다. 매사추세츠 사건은 클락이 이날 언급한 '진행 중인
사건' 다섯 개 중 하나였다.[1]

　　클락은 매사추세츠 사건이 "가장 중요한 항소법원인
D.C.항소법원 사건 중 가장 중요한 사건"이라고 설명했다. 그는
구두변론을 보고 최종 결과를 판단하는 데는 늘 불확실성이
따르지만 그래도 구두변론으로 미루어볼 때 부시 행정부의 승리가
예상되며 센텔 판사가 결과를 판가름할 관건이 될 것이라고
언급했다. 클락은 구두변론으로 결과를 예단하는 데는 불확실성이
따른다는 것을 전제로, 랜돌프 판사는 "논의된 모든 쟁점에서
환경보호청의 결정에 대한 우리 쪽 변론에 동의하는 것 같았으며"
"보수적이고 '엄격한 해석'을 주창하는 판사"인 센텔 판사도
"자동차와 트럭에서 배출되는 이산화탄소를 규제해 달라는 청원이
합당하게 거부되었다는 데 동의할 것으로 보인다"고 언급했다.
클락은 반면 테이틀 판사는 "모든 쟁점에서 우리 측 변론에
비우호적으로 보인다"고 인정했다.[2]

　　클락의 예상이 크게 빗나가지는 않았지만, 클락을 포함해 그
누구도 2개월 뒤 D.C.항소법원에서 나올 결과가 '사법적 불일치'의
진수를 보여주리라고는 예상하지 못했다. 세 판사가 내린 결론이
제각각 달랐던 것이다.

◇　　3인 3색
구두변론이 끝나면 판사들은 방금 변론이 진행된 사건들에
대해 숙의하고 투표하기 위해 회의를 한다. 판사들의 공통된
목적은 이 숙의 과정에서 가능하면 만장일치에 도달하는 것이다.

하지만 매사추세츠 사건의 경우에는 판사들끼리의 숙의 과정이
구두변론만큼이나 혼란스러웠다. 법원이 이 사건에 어떤 판결을
내려야 하는지를 두고 판사 세 명의 견해가 제각기 달랐기
때문이다.

센텔 판사는 매사추세츠 진정인이 미국 헌법 제3조가 정한
'원고적격standing'을 결여하고 있으므로 D.C.항소법원에 이 사건의
관할권이 없다고 주장했다. 헌법 제3조는 '사건 혹은 분쟁case
or controversy'이 성립하는 소에 대해서만 연방 법원이 심리할 수
있다고 규정하고 있고, 대법원은 그 구절이 원고가 '원고적격'을
갖는 경우에만 연방 법원이 사건을 심리할 수 있다는 의미라고
해석했다. 또한 대법원은 원고적격이 있으려면 피고가 원고에게
"구체적concrete"이고 "임박한imminent" "사실상의 피해injury in fact"를
야기했으며 그 피해가 사법적 결정을 통해 "구제/시정redress"될 수
있는 것임을 원고가 입증해야 한다고 판시했다.

환경 소송을 제기하는 환경 운동가들은 원고적격이 있음을
입증하는 데 어려움을 겪곤 한다. 자신이 직접 입은 피해가
아니라 자연환경이 입은 피해에 대해 소를 제기하는 경우가 많기
때문이다. 게다가 그들이 막고자 하는 환경 피해는 즉각적으로
발생하는 것이라기보다 미래에 벌어질 피해인 경우가 많다.
그래서 "구체적"이고 "임박한" 피해가 있는 것으로 보이기보다는
인과관계가 단지 추측에 기반한 것으로 보이는 경우가 많고,
따라서 법원의 사법적 결정을 통해 그 피해가 "구제/시정"되기도
어려워 보이는 경우가 많다.

센텔 판사는 멘델슨의 청원을 거부한 환경보호청의 결정이
진정인에게 (대법원 판례가 요구하는 기준인) '임박하고 구체적인
피해'를 일으켰음을 진정인 측이 입증하지 못했다고 판단했다.
그는 헌법 제3조의 원고적격을 충족하기에는, 기후 변화의 피해가
수십 년간 전 지구에 걸쳐 이뤄져온 행위로 인해 먼 미래에 벌어질
일이므로 관련성이 너무 희박하다고 보았다. 센텔은 진정인이
원고적격을 결여했으므로 환경보호청이 불법적인 처분을
내렸는지에 대해서는 논할 필요 없이 이 사건을 기각해야 한다고

제안했다.[5]

　센텔이 헌법 제3조의 원고적격 기준을 엄격하게 적용하려
하는 강경파로 잘 알려져 있긴 했지만, 그렇다고 해도 그가
여기에서 원고적격 문제를 들고나온 것은 의외였다. 그때까지는
이 사건에서 진정인의 원고적격에 대해 진지하게 문제를 제기한
사람이 아무도 없었기 때문이다. 환경보호청 측 서면도 지나가는
말 정도로만 이 문제를 언급했을 뿐, 진정인들이 원고적격을
갖추기 위해 피해 요건을 충족해야 한다는 점을 들어가며
반박하지는 않았다. 그런데 구두변론까지 다 끝나고 판사들이
회의를 하는 자리에서 센텔이 이 문제를 본격적으로 제기한
것이다.[6] 환경보호청 측 서면이 이 문제를 주요하게 언급하지 않은
것은 그저 이 문제를 간과해서가 아니었다. 환경보호청 변호사들은
매사추세츠 진정인들이 원고적격을 갖는다고 보았다. 또 대체로
환경보호청 변호사들은 환경법이 더 강력하게 집행되도록 하기
위해 환경 단체들이 '시민 소송citizen suit'을 제기하는 것을 어렵게
만들고 싶어 하지 않았다. 즉 일반적으로 환경보호청은 시민
소송을 지지하는 입장이었다. 환경보호청이 법을 집행하는 데 큰
도움이 되는 경우가 많았기 때문이다.[7]

　센텔 본인도 구두변론 때는 원고적격 문제를 꺼내지 않았다.
랜돌프의 질문에 이어 짧게 한마디를 더한 게 다였다. 랜돌프만
구두변론 중에 원고적격 문제를 거론했는데 그 역시 아주 짧게만
이야기하고 넘어갔다. 환경보호청의 서면처럼 랜돌프도 진정인이
헌법 제3조가 정한 피해 요건을 구체적으로 충족하는지에
대해서는 문제를 제기하지 않았다. 그의 초점은 다른 데 있었다.[8]

　랜돌프는 진정인 측이 패소해야 한다는 결론은 센텔과
같았지만 이유는 완전히 달랐다. 그는 헌법 제3조상의 원고적격
문제도, 온실가스가 청정대기법상 대기오염물질에 해당하는지
여부도 논하지 않았다. 그 대신, 환경보호청의 백업 논변이었던
"환경보호청이 온실가스의 위험성 판단을 아직 내리지 않기로
했으므로" 멘델슨의 청원을 거부할 재량권이 있다는 주장에
주목했다. 랜돌프는 환경보호청이 명백히 그러한 재량권을

갖는다고 보았으므로, 두 개의 더 어려운 쟁점에 대해서는 법원이
논의할 필요가 없다고 판단했다.[9]

테이틀 판사는 두 명 모두와 의견이 달랐다. 그는
진정인 측이 헌법 제3조상의 원고적격을 명백히 갖고 있다고
보았고, 온실가스도 그만큼이나 명백하게 청정대기법 조항이
의미하는 대기오염물질에 해당한다고 보았으며, 환경보호청이
신규 자동차에서 배출되는 온실가스가 공중의 건강과 복지를
위협하는지에 대해 판단하기를 거부한 것이 불법적인
처분이었다고 보았다.

세 판사의 의견이 각기 다르다는 말은 판례가 성립할 수
있는 공식적인 '법정의견opinion of the court'이 만들어지지 못했다는
의미였다. 공식적인 법정의견이 되려면 두 명 이상이 동의하는
'다수의견'이 동일한 근거에 기반해 제시되어야 한다.[*] 매우
드문 경우지만, 이 사건에서 D.C.항소법원이 다수의견이 없는
채로 환경보호청의 결정을 인정하는 최종 판결을 내린다면 그
근거에 대한 의견서 두 개가 별도로 작성될 것이었다. 센텔과
랜돌프가 각각의 의견을 따로 작성하는 것인데, 이 중 어느 것도
법적으로 구속력 있는 판례는 될 수 없었다. 그리고 그들과 상이한
결론[멘델슨의 청원을 거부한 환경보호청의 결정이 부당하다는
결론]에 도달한 테이틀은 두 동료의 결론이 왜 잘못되었는가에
대해 (그가 원할 경우) '반대의견'을 작성할 수 있었다.

◊　길게 만들라
판사 회의의 결과는 매사추세츠 진정인들에게 좋은 소식이
아니었다(물론 몇 달 뒤 공식적으로 결정이 나오기 전에는 아무도
그 결과를 몰랐지만 말이다). 2 대 1로 환경보호청이 이겼다.

판결문은 결과를 의미하는 '주문result'과 그 결과에 도달한 근거를 의미하는
'의견opinion'으로 구성된다. 3인 중 2인이 동일한 결과에 도달했더라도 그
근거가 다른 경우에는 구속력 있는 판례를 구성하는 '법정의견'이 되지 못하고
'상대적 다수의견plurality opinion'이 된다.

이제 남은 일은 다수 판사와 소수 판사가 각자 생각하는 근거를
의견문으로 작성하는 것이었다. 판사 회의 뒤에 자신의 판사실로
돌아오면서, 테이틀 판사는 반대의견을 작성하기로 결정했다.

　　어떤 판사는 자신이 소수일 때 당연히 반대의견을 작성해야
한다고 생각한다. 그가 소수이므로 그가 생각하는 논거는 판결문에
반영되지 않을 것이기 때문이다. 하지만 테이틀은 그렇게 생각하지
않았다. 자신이 소수이고 나머지 두 판사와 결론이 다를 때도
동료들을 존중하는 의미에서 거의 반대의견을 따로 작성하지
않았고 정말로 중요하다는 판단이 들 때만 반대의견을 작성했다.[10]
매사추세츠 사건의 판결이 났을 무렵을 전후한 1998~2009년에
D.C.항소법원에서 반대의견이 별도로 작성된 경우는 3퍼센트도
되지 않았고[11], 테이틀 본인도 D.C.항소법원에 재직한 2년 남짓한
기간 동안 딱 한 번만 반대의견을 작성했다.[12]

　　테이틀은 이 사건에 굉장히 관심이 많았다. 존경받는
물리학자의 아들로, 본인도 미시간 대학에서 물리학과 수학을
전공한(사회 격동기였던 1960년대를 거치면서 '정치적으로 더
관련 있는' 수업들을 듣게 되었지만) 테이틀은 과학과 관련된
사건을 좋아했다.[13] 판사 회의 다음 날 자신의 판사실에서
테이틀은 '오늘의 로클럭'을 불러 다음 단계를 논의했다. 그는 그의
방에서 일하는 네 명의 로클럭(모두 최근에 명문 로스쿨을 졸업한
사람들이었다)이 하루씩 돌아가면서 그날 구두변론이 있었던
모든 사건을 담당하게 했는데, 그 로클럭이 '오늘의 로클럭'이었다.
테이틀은 그날의 로클럭에게 매사추세츠 사건의 반대의견에
들어가야 할 내용의 개요를 알려주었다. 어떤 쟁점을 다룰 것인가,
어떤 결론에 도달할 것인가, 그 결론을 뒷받침하기 위해 어떤
근거들을 강조할 것인가, 기타 등등. 그리고 "길게 만들라"고
지시했다. 이 사건에서 제기된 모든 쟁점을 빠짐없이 다루라는
뜻이었다.[14]

　　또한 테이틀은 의견문이 어떻게 시작되고 어떻게 끝나야
하는지에 대해서도 매우 엄격한 기준을 가지고 있었다. 그는
서두와 마무리가 '[본론의] 프레임 부분' 못지않게 중요하다고

생각했다. 서두에서는 이 사건에서 제기된 법적 쟁점들이
무엇인지, 그리고 두 동료 판사의 의견 중 어느 부분에 그가
동의하지 않는지를 간결하고 명료하게 밝혀야 했다. 마무리에서는
정치적인 뉘앙스를 벗겨내고 자신의 결론이 명확하게 수립된
행정법상의 원칙만 적용해 도달한 결론일 뿐 다른 고려 사항은
영향을 미치지 않았음을 명확히 밝혀야 했다.[15]

테이틀은 로클럭에게 그가 작성하려고 하는 반대의견은
대법관들까지 독자로 상정하고 있다고 말했다. 테이틀은
매사추세츠 진정인들이 대법원에 상고해서 대법관들이 상고 허가
여부를 결정할 경우, 마음을 확실히 정하지 못한 대법관 중 한
명이라도 자신이 작성한 반대의견에 설득되어 상고를 허락하고
나아가 멘델슨의 청원을 거부한 환경보호청의 처분을 뒤집을
수 있게 되기를 바랐다. 대법원에서 이 사건의 상고를 허락할
가능성은 매우 작았지만 테이틀 판사는 이 사건에 걸려 있는
것이 그가 판사 생활을 한 10년 동안 보아온 어느 사건 못지않게
막중하다고 생각했다. 나중에 테이틀은 그의 반대의견에 동참하지
않은 동료들에게 "지구온난화가 '예외적으로 중요한' 문제가
아니라면 '예외적으로 중요한'이라는 말은 아무 의미가 없는 말이
아니냐"고 물었다.[16]

테이틀의 로클럭이 해야 할 일은 의견서의 초고를 작성하는
것이었다. 하지만 (테이틀의 로클럭 모두가 잘 알고 있듯이)
매사추세츠 사건의 초고를 담당한 로클럭은 자신이 쓰는 초고가
최종고가 될 리는 절대로 없다는 사실을 잘 알고 있었다. 테이틀이
직접 세세하게 수정하고 퇴고할 것이기 때문이다. 한 전직
로클럭은, 판사에게 초고를 제출한 다음부터 "일이 재미있어지기
시작한다"고 표현했다.[17]

테이틀 판사는 최종고를 확정하기 전에 사건 하나당 수정안을
보통 20~50번 작성했다. 매사추세츠 사건의 경우에는 의견서
버전이 50개나 되었다. 테이틀은 지구온난화 관련 과학(그는
여기에 관심이 많았다)부터 시작해 내용의 모든 면을 직접 꼼꼼히
살폈다. 그는 전미과학아카데미의 지구온난화 및 기후 변화

관련 논문들을 읽고 또 읽었고, 밤낮 없이 원고를 수정하고 또
수정했다.[18] 로클럭들도 밥 먹듯이 야근을 했고 적어도 하루는
밤을 꼴딱 새웠다. 후반부에 작성된 30여 개의 수정안은 정확한
단어를 선택하는 것과 글에 '색'과 '힘'을 더하는 것이 초점이었다.[19]
테이틀이 D.C.항소법원과 대법원에서까지 "판사들의 판사"로
불리는 것은 허명이 아니었다. 특정 사건에서 그의 결론에
동의하지 않는 사람도 그의 분석적 탁월함을 존경했다.

테이틀은 자신이 판결한 사건이 대법원에서 뒤집히는 것을
정말 싫어했다. 그가 작성하는 모든 의견의 법리는 빈틈없고
정확한 논증으로 분석되어야 했고 권위 있고 믿을 만한 근거
자료로 뒷받침되어야 했다. 또한 그는 자신이 낸 공식 의견서에
오타나 문법적 오류가 있는 것도 무척 싫어했다. 그래서 어떤
실수라도 있을까 봐 로클럭들은 수없이 교정·교열을 보았다.
자신이 모시는 판사를 그런 실수로 실망시키고 싶은 로클럭은
아무도 없었다.[20]

테이틀의 의견서 작성에는 로클럭과 함께 원고를 소리 내어
읽어보는 과정이 꼭 포함되었다. 로클럭들은 테이틀 판사의
기억력에 경탄했다. 그는 모든 단어, 모든 단락을 외우고 있는
것처럼 보였다. 어느 단락이든 처음 몇 단어만 들으면 그 단락의
나머지를 문자 하나 틀리지 않고 읊을 수 있었다. 로클럭 일은
고되었지만 그의 로클럭들은 판사가 그들보다 더 열심히 일한다는
것을 알고 있었다. 그가 가진 장애 때문이 아니라 이 과정의 모든
세세한 면을 좋아했기 때문이다.[21]

로클럭들은 테이틀이 시각장애를 가지고 있다는 사실을
종종 잊곤 했다. 테이틀은 로스쿨을 졸업하고 얼마 뒤에
망막색소변성증이라는 병에 걸려 시력을 잃었다. 시력 상실에 맞춰
개인적인 삶과 직업적인 삶을 재조정해야 했다. 마라톤을 할 때는
함께 달려주는 파트너와 왼팔을 두꺼운 신발 끈으로 묶고 달렸다.
스키를 탈 때도 스키 파트너(주로 그의 자녀 중 한 명)가 바짝
뒤따라오면서 라디오 송신기로 앞에 있는 회전 코스나 장애물을
알려주었다.[22]

늘 그랬듯이 매사추세츠 사건 때도 그는 최근에 대학을
졸업한 사람 중에서 사건 서류들을 소리 내어 읽어줄 낭독사를
고용했다. 낭독사의 가장 중요한 임무는 테이틀의 시간을 낭비하지
않도록 서류를 매우 빠르게 읽는 것이었다. 문서가 점자로
되어 있으면 테이틀은 '프리덤 사이언스 점자 변환기'를 사용해
음성으로 변환했다. 테이틀의 자녀들은 그것을 "아빠의 피셔
프라이스 장난감"이라고 불렀다.[23] 테이틀은 변환기를 3배속으로
작동해 빠르게 들었다. 너무 빨라서 로클럭들은 알아듣기 어려울
정도였다.[24] 테이틀은 기계 목소리가 "스웨덴 아줌마" 같다고 자주
불평했다.[25]

테이틀 판사 앞에서 구두변론을 한 변호사 상당수가 그가
시각장애인인 줄을 알지 못했다. 시각장애가 그의 업무 역량에
전혀 영향을 주지 않았기 때문이다. 작은 보청기를 제외하면(관련
법률이나 규칙을 발췌한 메모를 듣는 데 사용했다) 테이틀이
신체장애를 가지고 있다는 징후는 전혀 겉으로 드러나지 않았다.
테이틀에게 장애가 있다는 것을 아는 변호사들도 사건의 쟁점에
대한 테이틀의 정확한 지식과 어휘 때문에 그 사실을 쉽게 잊었다.
가령 테이틀은 자신이 '본' 문서에 없는 단어였다며 변호사가 잘못
인용한 문구를 짚어내곤 했다.

구두변론이 있은 지 3개월 뒤인 2005년 7월 15일
D.C.항소법원은 '매사추세츠 대 환경보호청' 사건의 판결을
발표했다. 판사 회의 때와 마찬가지로 2 대 1로 환경보호청의
승리였지만 판사 세 명의 의견은 각각 달랐다. 센텔과 랜돌프는
환경보호청이 멘델슨의 청원을 거부한 것이 타당하다고 보았지만
그렇게 결론 내린 이유가 서로 달랐고, 테이틀은 그들의 결론에
반대했다.[26]

랜돌프의 의견서는 총 6쪽이었는데 매사추세츠 진정인들이
헌법 제3조상의 원고적격 요건을 충족한다고 전제했고,
온실가스가 대기오염물질에 해당하느냐는 문제는 논하지
않았다. 그는 [환경보호청의 백업 논변에 초점을 맞춰]
환경보호청이 멘델슨의 청원을 거부한 것은 그러한 청원을 어떻게

다룰지와 관련해 청정대기법이 환경보호청에 부여한 광범위한
재량권을 합당하게 행사한 것에 해당한다고 보았다.[27]

　　센텔의 의견서는 헌법 제3조상의 원고적격 문제만 논하고
있었다. 진정인들이 피해를 입증하지 못했으므로 연방 법원에 소를
제기할 수 없다는 점을 설명하는 데는 2쪽이면 충분했다.[28]

　　이와 달리 테이틀의 반대의견은 20쪽이 넘었고 이 사건에서
제기된 모든 쟁점을 전부 다루고 있었다. 그는 기후 과학에 대해
전미과학아카데미의 보고서들을 인용해가며 상세한 배경 설명을
했다. 그리고 원고적격 문제와 온실가스가 대기오염물질에
해당하는가의 문제 모두 간단하고 명료한 쟁점이며 두 쟁점
모두에서 진정인 측 입장이 더 강하게 뒷받침된다고 밝혔다.

　　"환경보호청 변호사가 '예비 논변'이라고 부른 것"과
관련해서는, 일반적으로 정부 기관은 새로운 규제를 도입해 달라는
청원(멘델슨의 청원처럼)에 대해 지금이 그 규제를 행사하기에
적기라고 판단하기 전까지는 거부할 수 있는 상당한 재량권을
가지며 행정기관의 그러한 판단을 법원이 존중해야 한다고
인정했다. 하지만 이 사건의 경우에는 "환경보호청이 어떤 근거에
기반해 그러한 처분을 내렸는지를 이해하기조차 어렵다"고
지적했다. 테이틀은 환경보호청이 멘델슨의 청원에 거부 처분을
내릴 당시 거부 결정문에서 제시한 근거와 D.C.항소법원에 제출한
서면에서 제시한 근거가 상이한데, 둘 다 설득력이 없으므로
둘 중 어느 것이 환경보호청이 실제로 상정하고 있는 근거인지는
알아볼 필요가 없었다고 언급했다. "환경보호청이 제시한 어떤
근거도 [온실가스] 배출이 공중의 건강과 복지를 위협하는지에
대한 판단을 지금 내리지 않기로 한 정책적 결정에 합당한 근거가
되기 어렵다는 것이 명백하다."[29] 테이틀은 이 핵심 사안을
환경보호청은 언급조차 하지 않았다고 강조했다. 그는 [멘델슨의
청원을 거부한] 환경보호청의 처분은 명백하게 자의적이고
임의적인 것이었으며 따라서 위법한 처분에 해당한다고 결론
내렸다.

◇　　그대로 두자

7월 15일 아침에 D.C.항소법원 서기실은 매사추세츠 사건의
진정인과 피진정인 변호사들에게 법원의 결정을 공지했다.
당연하게도 법무부와 환경보호청 변호사들은 법원의 판결이
환경보호청의 처분을 지지해주는 것이어서 기뻐했다. 진정인 측
변호사들은 결과에 실망했지만 놀라지는 않았다. 그들은 연방
정부 기관이 무언가를 결정하지 않기로 결정한 것을 뒤집어 달라고
법원을 설득해내는 것이 어려운 싸움이리라는 것을 잘 알고
있었다. 센텔과 랜돌프가 담당 판사라는 사실을 안 순간부터, 이
사건에서 '이길 것인가 질 것인가'에 대한 걱정은 '대대적으로 졌을
때 어떤 후폭풍이 올 것인가'에 대한 걱정으로 바뀌어 있었다.

　그래서 의견서를 읽은 매사추세츠 진정인 측 변호사들은
실망하기보다는 안도했다. 지긴 했지만 향후에 기후 소송을
제기할 수 있는 가능성 자체를 제한하는 판례는 형성되지 않았기
때문이다. 사실 D.C.항소법원의 결정은 어떤 판례도 형성하지
못했다. 환경보호청이 승소해야 한다는 결론을 낸 두 판사가 그에
대한 근거에서 의견이 일치하지 않았기 때문이다. 환경보호청의
손을 들어준 판사 두 명은 모든 기후 소송에서 환경 운동가들의
원고적격을 부인하는 판례도, 온실가스가 대기오염물질이
아니라는 판례도 형성하지 않았고, 따라서 매사추세츠 진정인들은
안도의 한숨을 쉴 수 있었다. 그들은 사법적 총탄을 피해갔다.

　그래서 닷새 뒤인 7월 20일에 다음 단계를 논의하기 위해
진정인 측 변호사 상당수가 참여한 가운데 콘퍼런스 콜이 열렸을
때 거의 모두가 더는 이 사건을 밀어붙이지 말자는 데 동의했다.
D.C.항소법원의 동일한 세 판사나 전원재판부에 재심리를 청구할
이유도 없어 보였고, 상고를 해서 대법원으로 가야 할 이유도 없어
보였다. '그대로 두는' 게 가장 좋은 전략일 것 같았다. 이 사건은
여기에서 멈추고, 기후 사안을 더 잘 제기할 수 있을 만한 다른
소송에 집중하자는 것이었다.[30] 환경 단체들은 모두 이 전략을
지지했다. 강력한 주들, 가령 뉴욕주 같은 곳도 이 사건은 접고 더
좋은 소송 기회를 기다리는 편이 최선이라고 생각했다. 어쩌면

그때는 뉴욕주가 소송을 이끌 수도 있을 터였다.

하지만 이산화탄소 전사 중 한 명이 여기에 동의하지 않았다. 매사추세츠주 법무부의 변호사 짐 밀키였다(그리 놀랄 일은 아닐 것이다). 밀키는 여기에서 이 싸움을 포기할 생각이 없었다.

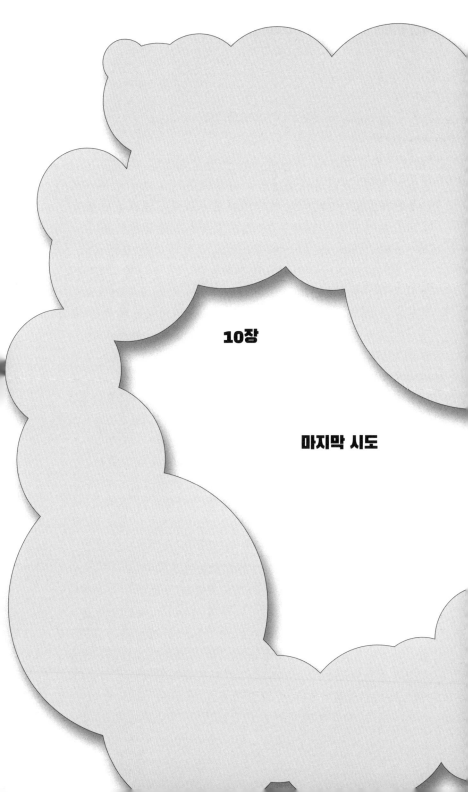

10장

마지막 시도

"환경 운동의 미래가 [위태로워지면] 당신 책임입니다."[1]
자연자원보호위원회의 신망받는 회장 프랜시스 베이네크Frances
Beinecke가 2005년 8월 말에 짐 밀키에게 전화해 냉랭하게 말했다.
밀키가 환경보호청의 손을 들어준 D.C.항소법원에 이의를
제기하려고 하자 베이네크가 말리려고 전화한 것이었다.

　　　전화하기 전에 베이네크는 밀키를 저지하기 위해 밀키의
상사인 매사추세츠주 법무장관 톰 라일리에게도 공식 서신을
보냈는데, 이는 매우 이례적인 일이었다. 톰 라일리에게 보낸
서신에서 베이네크는 이렇게 언급했다. "귀하께 이 사건을 더
이상은 진행하지 말아주시기를 강력히 촉구해야 할 막대한
긴급성을 느껴 이 서신을 씁니다." 베이네크는 서신에서, 그리고
밀키와의 전화 통화에서, 이 사건을 더 밀어붙이면 지구온난화를
막기 위해 그들이 해온 모든 노력을 후퇴시키는 "재앙과도
같은 결과"를 초래할 위험이 있다고 설명했다. 베이네크는
매사추세츠주가 이 소송을 더 진행하지 말아 달라고 강력히
촉구하면서 다음과 같이 끝을 맺었다. "우리는 최선을 다해
시도해보았습니다. 우리는 이기지 못했지만 지지도 않았습니다.
그리고 지금으로서는 이 사건이 더 이상 우리의 가장 좋은 전투가
아닙니다."[2]

　　　베이네크의 개입은 도니거가 이끄는 이산화탄소 전사들과
밀키 사이의 마지막 대치였다. D.C.항소법원 판결 이후 이산화탄소
전사들은 분열되었다. 법원에 이의를 제기한다고 해도 판결을
뒤집을 가능성이 매우 작다는 데는 아무도 이견이 없었다. 괜히 더
밀어붙였다가 오히려 더 안 좋은 결과를 가져올지 모른다는 점에도
이견이 없었다. D.C.항소법원 전원재판부가 재심리를 허락한다고
해도 그 재심리에서 향후에 기후 소송을 진행하는 데 크게 해를
끼칠 수 있는 방식으로 패소할 수도 있었다. 적어도 현재의

판결에서는 환경보호청의 손을 들어준 두 판사가 서로 다른 근거를
제시했기 때문에 다행히 구속력 있는 판례가 형성되지 못했다.
도니거가 작성에 영향을 미친 것이 분명해 보이는 서신에서
베이네크는 이후에 법원에서 심리가 이뤄진다 해도 지금보다 더
유리한 결론이 나올 가능성은 "제로에 가깝다"고 언급했다.[3]

하지만 밀키는 밀어붙이겠다는 결심이 확고했다. "질지도
모른다고 소송을 진전시키기를 두려워한다면 이미 진 것이
아닙니까?" 그는 동료 변호사들에게 이렇게 따졌다. 또한 "우리가
소송을 포기할 경우에 대중들이 받게 될 메시지"에 대해서도
우려했다. "신문에 우리가 포기했다고 나오게 될 것"이라면서
말이다. 그리고 밀키는 매사추세츠주가 이 사건을 밀어붙일지
말지를 결정할 때 진정인들 사이에서 '집합적인 합의에 도달해야
한다'는 점에 더는 구애받을 필요가 없다는 사실도 짚었다. 다른
진정인들이 어떤 결론을 내리든, 매사추세츠주는 독자적으로
행동할 수 있었다. 즉 매사추세츠주 단독으로라도 이 소송을 계속
진행할 수 있었다.[4]

환경 단체들 중에는 계속 밀어붙이는 데 동의한 곳이 하나도
없었고, 주 정부들은 매사추세츠주를 존중하는 차원에서 기껏해야
미온적인 반응을 보일 뿐이었다. 도니거가 가장 강하게 반발했다.
그는 이 사건을 더 진행하게 되면 앞으로 기후 변화에 대해서만이
아니라 어떤 종류의 환경 소송도 연방 법원에 제기할 수 없게 될
불리한 판결이 나올 위험이 있다고 강조했다. 헌법 제3조상의
원고적격 문제로 모든 환경 소송이 기각되거나, '위험성'의 의미가
협소하게 해석되어 환경 오염 피해에 대해 시민 소송을 제기할
권리가 막대하게 제약될 수 있다는 것이었다.[5] 도니거는 밀키가
'다른 진정인들이 어떻게 결정하든 매사추세츠주는 동참할 의사가
있는 사람들과 함께 이 소송을 계속 진행할 것'이라고 암시한 것에
완전히 꼭지가 돌았고, 자신의 상사를 설득해 밀키의 상사에게
강한 어조로 서신을 보내게 하는 초강수를 두었다.

자연자원보호위원회의 도니거가 몹시 강경하게 반대한
데는 그럴 만한 이유가 있었다. "지구의 가장 좋은 변론인"이라는

모토를 가진 자연자원보호위원회는 수십 년 동안 환경 소송을
성공적으로 이끌어 왔고, 기후 사안과 관련해서도 초창기에 법정
싸움을 개척하는 데 막대하게 기여한 곳이었다. '매사추세츠 대
환경보호청' 사건이 워낙 중대한 사건이었기 때문에 도니거는
이 소송의 진행 과정에서 되도록 많은 통제력을 갖기 위해
굉장히 신경을 썼다. 그가 D.C.항소법원에 제출할 서면을 [환경
단체들과 주 정부들이 각각 하나씩 두 개의 서면을 작성하기보다]
하나로 통합해 작성하자고 주장한 것도 그래서였다. 그런데 이제
그는 이 소송에 대한 통제력을 완전히 잃을 수도 있는 상황에
처했다. 자연자원보호위원회가 수행하고 있는 중요한 일들에
재앙적인 결과를 초래할지도 모르는 일을 밀키가 단독으로라도
진행하겠다고 나선 것이다.

　　도니거는 환경 단체들이 연대해 밀키에게 반대하도록
주동했다. 멘델슨도 이번에는 도니거에게 동의했다. 처음에
환경보호청에 청원을 넣는 일을 두고 대형 환경 단체들이 멘델슨을
막으려고 했을 때는 그에 맞서 밀어붙였지만, 지금은 멘델슨도 이
사건을 접을 때라고 동의했다.

　　그러나 매사추세츠주 법무장관 라일리(매사추세츠에서
태어나서 자라고 교육받은 사람이었다)는 자연자원보호위원회의
강력한 촉구에 흔들리지 않았다. 8년간 매사추세츠주
법무장관으로 재직해온 그는 주 법무부에서 일하면서 잔뼈가
굵은 고참 변호사들이 내린 판단에 대해 사후적으로 다른 소리
하는 것을 삼가려 했다. 더구나 자신과 긴밀히 일해본 적도 없고
매사추세츠주에 특별한 연고도 없는 대형 환경 단체들이 그렇게
하라고 요구했을 때는 더욱 그랬다. 그래서 그는 밀키를 말리지
않기로 했고, 매사추세츠주는 D.C.항소법원 전원재판부에 이
사건의 재심리를 청구했다. 소수의 주 정부는 동참했지만 환경
단체는 한 곳도 동참하지 않았다. D.C.항소법원 전원재판부는 4
대 3으로(현직 판사 아홉 명 중 두 명은 참여하지 않았다) 재심리
허가를 거부했다. 예상대로 테이틀 판사는 지구온난화 문제가
명백히 예외적인 중요성을 가지므로 전원재판부의 재심리가

필요하다고 생각해 다수의견에 반대했다[재심리에 찬성했다].[6]
그리고 원래의 담당 판사가 아니었던 판사 중 두 명이 재심리에
찬성했다. 하지만 한 표가 모자라서 재심리는 부결되었다. 이제 이
사건이 갈 수 있는 다음 정거장은 대법원이었다.

◊ 　상고청구

어떤 사건을 대법원에서 심리해 달라고 대법관들을 설득하는 것은
어마어마하게 어려운 일이다. 항소가 제기되면 무조건 심리를 해야
하는 하급법원과 달리, 대법원은 올라온 사건을 심리할지 말지
결정하는 데 무제한에 가까운 재량권을 가지고 있다. 하급법원에서
대법원으로 올라오는 사건은 매년 6,000~8,000건 정도인데 그중
대법원이 심리를 허락하는 것은 65~75건뿐이다.[7]
　　심리가 허가될 가능성이 이렇게 작은 것은 대법관들이
하급법원에서 실수를 했을 리가 거의 없으리라고 생각해서가
아니다. 대법원에 올라온 수천 건 중(적어도 수백 건 중) 상당수가
하급심에서 부정확한 판결이 내려진 경우일 수 있다는 것을
대법관들은 잘 알고 있다. 하지만 대법관들은 하급법원의 실수를
바로잡는 것이 대법원의 핵심 역할은 아니라고 생각한다. 헌법의
기초를 마련한 '건국의 아버지'들이 대법원이라는 기구를 만들었을
때는 대법원의 목적과 대법관들의 책임에 대해 이보다 더 높은
차원을 염두에 두었으리라는 것이다. 즉 대법관들은 그들의
시간과 관심을 국가가 직면한 가장 긴요한 쟁점에 집중하는 것이
헌법이 그들에게 부여한 임무라고 생각한다. 한 대법관은, 의회가
대법원을 가장 빠르게 무력화할 수 있는 방법은 대법원에 올라온
사건들 중 일부만 심리해도 되는 재량권을 박탈해서 대법관들이
사건의 쓰나미에 "묻히게 만드는 것"이라고 말했다.[8]
　　어느 사건에 대법원 심리를 허용할 것인가 아닌가의 기준은
하급법원의 판결이 정확했느냐가 아니라 하급법원이 결정을
내린 법적 쟁점이 대법원이 답해야 할 정도로 커다란 중요성을
갖느냐다. 하급법원이 부정확하게 판결해서 대법원의 심리가
열리는 경우도 있지만 꼭 그런 것은 아니다. 대법원 심리는

대법관들이 하급심 판결이 정확하게 내려졌다고 보는 경우에도
열릴 수 있고, 어떤 쟁점에 대해 하급법원의 판결들이 상충해서
전국적으로 그 문제를 일관성 있게 규율하기 위해 통일된 답이
필요하다고 보는 경우에도 열릴 수 있다.

　　D.C.항소법원 전원재판부가 재심리를 거부하자 곧바로
밀키는 대법원으로 눈을 돌렸다. 그는 대법원에 상고하는 것의
장단점을 따져본 뒤, 상고를 주장하면서 "지는 싸움이지만
잠재적으로 도움이 될 수 있는 싸움을 일으켜서 더 큰 공공
담론을 촉발하는 것에 대해 우리가 우려해야 할 단점"이 무엇인지
모르겠다고 말했다.[9] 다른 주 정부와 환경 단체 들에 의견을 묻기는
했지만, 매사추세츠주가 상고청구서petition for a writ of certiorari를
제출하기로 했다는 것은 거의 기정사실이었다.

　　이번에는 환경 단체들도 매사추세츠주가 D.C.항소법원
전원재판부에 재심리를 청구했을 때와 같은 강경한 반대 전술을
쓰지 않았다. 당시의 일은 이산화탄소 전사들 사이에 깊은 상처를
남겼다. 소송 초기에 존재했던 화합은 이제 거의 부서졌다. 그리고
매사추세츠주가 단독으로라도 이 사건을 밀어붙이겠다는 뜻을
분명히 밝혔으므로, 자연자원보호위원회의 도니거도 계속 반대만
하다가 어차피 진행될 사건에서 통제력을 완전히 상실하는
것보다는 밀키가 상고청구서를 작성하는 것을 도우면서 관여하는
편이 훨씬 낫겠다는 판단이 섰다.[10]

　　도니거를 포함해 상고를 우려한 사람들은 상고청구가
받아들여질 가능성이 어처구니없을 정도로 작다는 것을 잘 알고
있었다. 이 사건이 대법원에서 심리를 허락하는 1퍼센트에 들어갈
가능성은 제로에 가까웠다.

　　대법원에서 소송해본 경험이 거의 없는 밀키도 상고청구가
받아들여질 가능성이 지극히 작다는 것은 잘 알고 있었다. 특히
D.C.항소법원이 매사추세츠 진정인 측의 패소 판결을 내리긴
했지만 그에 대해 권위 있는 법적 근거를 확립하지는 못했다는
점이 문제였다. 환경보호청의 손을 들어준 판사 두 명의 의견이
일치한 것은 '환경보호청 승소'라는 결론뿐이었고, 둘의 근거에는

겹치는 부분이 없었기 때문에 이 사건은 미래의 판결에 구속력을 가지는 판례를 형성하지 못했다. 그래서 밀키는 '연방 법률과 관련된 중요한 쟁점에 대해 하급법원이 내린 결정이 대법원에서 꼭 심리되어야 한다'는 주장을 펴기가 굉장히 곤란했다. 그것은 거짓 주장이 될 터였다.

D.C.항소법원은 이 사건에서 제기된 중요 쟁점 중 어느 것에 대해서도 확실한 결정을 내리지 않은 채 환경보호청의 손을 들어주었다. 센텔 판사만 매사추세츠 진정인들이 원고적격을 결여하고 있다고 언급했다. 랜돌프 판사만 환경보호청이 멘델슨의 청원을 거부할 재량권을 갖는다고 언급했다. 그리고 두 판사 모두 핵심 쟁점인 온실가스가 청정대기법상 대기오염물질에 해당하는지에 대한 문제는 언급하지 않았다. 이러한 상황에서는 대법관들이 심리를 허가하지 않을 게 뻔했다. 대법원 소송 전문가라면 누구든 밀키에게 그렇게 이야기했을 것이다. 대법관들은 하급법원에서 아직 결정이 내려지지 않은 쟁점에 대해 결정을 내리는 것이 대법원의 역할이라고 생각하지 않는다.

어쨌든 밀키는 투지를 다지며 대법원에 심리를 청구하는 상고청구서의 초안을 작성했고 2006년 1월 말에 D.C.항소법원 소송 때 합류했던 진정인 측 변호사 모두에게 초안을 회람시켰다.[11] 좋은 소식. 이 초안을 보고 변호사들이 매우 빠르게 의견 일치에 도달했다. 안 좋은 소식. 그 일치된 의견은 밀키의 초안이 굉장히 별로라는 것이었다.

밀키의 초안은 센텔 판사와 랜돌프 판사가 사법적 책임을 회피했다고 맹비난하는 것으로 시작했다. 이 초안은 센텔을 편향적이라고 지적하면서 그의 결론이 매우 "원칙이 없어서" 헌법의 초안을 쓴 '건국의 아버지'들이 상정한 사법의 독립성이라는 개념이 합당한 개념인가를 의심하게 만들 정도라고 주장했다. 또한 센텔과 랜돌프가 "본질적으로 사법적 심사를 거부한 격"이며 사법적 심사의 "목적을 조롱했다"고도 언급했다.[12] 밀키의 초안이 말하고자 하는 핵심은, 환경보호청이 세 가지 쟁점 중 어느 것에서도 다수표를 받지 못했는데 승소한 것이 부당하다는 주장이었다.

　밀키는 자신의 약점(D.C.항소법원이 연방 법률과 관련한
중요한 질문 중 어느 것에도 명확한 결론을 내리지 않았다는
사실)을 강점으로 바꾸는 전략을 구사하려 했다. 여기에는 적어도
한 가지 장점이 있긴 했다. 약점이 존재하지 않는 척하지 않는다는
것이었다. 하지만 연방 판사를 다른 연방 판사 앞에서 맹비난하는
것은 아무리 좋게 봐도 어리석은 수였다. 유리한 점이 있을지도
모르는 사건을 빠르게 망가뜨리는 수였던 것이다. 한 코멘트는 이
초안이 "D.C.항소법원[판사들]을 공격하고 있는데" 이는 "재앙"을
불러올 전략이라고 지적했다. "대법관들이 이 초안에서 말하는
식으로 랜돌프 판사와 센텔 판사를 완전히 깔아뭉개야만 이 사건의
본안으로 들어갈 수 있다고 생각하게 된다면 이 상고청구서는 볼
것도 없이 기각"이라는 것이었다.[13]

　밀키도 인정하고 물러섰다. 자신이 쓴 초안이 "설득력
있는 법리를 구성하는 데 실패"했을 뿐 아니라 "판사의 행동과
그 기저에 있는 판사의 재량권을 공격한 논변은 실패할 수밖에
없다"고 인정한 것이다. 특히 "우리가 공격하려 하는 판사와 우리가
설득하려 하는 판사가 문자 그대로 친구일 경우에" 말이다.[14]
이어서 밀키는 게임의 판도를 바꾸는 결정을 내렸다. 이번에는
초안 작성을 고집하면서 자신의 뜻을 계속 밀고나가려 하지
않았다. 그 대신, 리사 헤인즐링Lisa Heinzerling에게 도움을 청했다.
헤인즐링은 매사추세츠주 법무부에서 함께 일했던 전 동료로,
지금은 조지타운 대학 로스쿨 교수였다.

　이렇게 해서 원래의 주요 인물 '다섯 명'은 여섯 번째 인물을
맞이하게 되었고, 이번에는 여성이었다. 그리고 이 여성이 이
소송의 판도를 완전히 바꾸게 된다.

◇　미네소타 출신의 권총

리사 헤인즐링은 40대 초반이지만 10년은 젊어 보였고 저명한
환경법 학자로 전국적인 명성을 날리고 있었다. 또한 어느 모로
보나 매우 뛰어나고 성실한 교수이기도 했다. 흠잡을 데 없는

학문적, 직업적 이력에, 위트와 매력적인 미소도 가지고 있었다.
프린스턴 대학을 졸업하고 시카고 대학 로스쿨에서 여성 최초로
《시카고 법 저널》편집장을 지냈으며 로스쿨을 졸업한 뒤에는 연방
대법원에서 윌리엄 J. 브레넌William J. Brennan 대법관의 로클럭으로
일했다.

　　대법관 로클럭은 로스쿨을 갓 졸업한 젊은 법조인들이
가장 선망하는 자리다. 1987년에 로스쿨을 졸업한 약 4만 명
(헤인즐링도 그중 한 명이다) 중 단 36명만 대법관 로클럭이
되었다. 이들은 미국 최고의 로스쿨을 최고의 성적으로 졸업한
사람들이고 많은 이가 훗날 저명한 민간 변호사, 정부 변호사, 명문
법대 교수가 되었다. 현재의 대법관 중 다섯 명도 대법관 로클럭
출신이다.

　　그 세대의 많은 사람처럼 헤인즐링은 1970년 4월 첫 '지구의
날'이 미친 영향을 생생히 기억한다. 그때 헤인즐링은 아홉
살이었다. 미네소타의 농촌에서 자란 헤인즐링은 바깥에서 노는
것을 좋아했다. 헤인즐링 식구들에게 "하루 종일 밖에 한 번도
안 나가고 지내는 것은 범죄나 마찬가지였다." 헤인즐링은 "그런
환경에서 자라면 자연과 자신이 분리된 존재라고 생각하는 법을
배우지 않게 된다"고 언급했다.[15]

　　물론 당시에 학교에서 기후 변화를 가르치지는 않았다.
1970년대 초에 미네소타 농촌에서 사람들이 관심을 갖는 환경
문제는 농약 오염과 선박의 석유 누출이 헤인즐링 가족의 즐거운
놀이터이며 수많은 동식물이 의존하고 있는 아름다운 호수를
훼손하는 것이었다.[16]

　　'기후 변화'라든가 '지구온난화'와 같은 용어는 아직 일반
대중에게 알려지기 수십 년이나 전이었고, 대기 중 온실가스
농도도 비교적 양호한 327ppm 수준이었다. 대기 중 이산화탄소
축적이 미치게 될 영향을 본격적으로 연구하는 사람들은
상대적으로 잘 알려지지 않은 소수의 과학자들이었다.[17]
이산화탄소 농도가 급격히 상승하기 시작하면서 연방 정부에 경고
신호들이 들어왔을 수도 있겠지만, 1980년에 레이건이 당선되면서

그러한 경고들은 들리지 않게 되었다.[18]

　젊은 변호사 시절 헤인즐링은 사회 정의에 대한 굳건한 신념을 가지고 있었다. 헤인즐링의 불 같은 성격과 공격적인 글쓰기 스타일을 보고 브레넌 대법관은 헤인즐링을 "권총"이라고 불렀고, 대법원의 동료 로클럭들은 "100만 달러를 벌 법하지 않은 사람 1순위"로 헤인즐링을 뽑았다. 헤인즐링이 민간 로펌의 막대한 보수나 보너스에는 관심이 없고 공익에 헌신하고자 했기 때문이다. 대법관 로클럭 출신이면 유수의 민간 로펌에서 쉽게 일자리를 구할 수 있었을 텐데도 말이다.[19]

　실제로 브레넌 대법관의 로클럭을 마치고서 헤인즐링은 대법관 로클럭 출신 중 민간 로펌으로 가지 않은 극소수 중 한 명이 되었다. 헤인즐링은 에너지와 소비자 보호 문제 관련 일을 하는 시카고의 공익 단체에 펠로우십을 받아서 갔다. 로펌보다 보수가 60퍼센트나 적었다. 이어서 매사추세츠주 법무부로 자리를 옮겨 밀키와 함께 3년간 환경법 관련 일을 했고, 1993년에 조지타운 대학 로스쿨 교수가 되었다.

　2006년 2월 초에 밀키가 헤인즐링에게 도움을 요청했다. 이는 헤인즐링이 매사추세츠주 법무부를 떠난 뒤 매사추세츠주가 대법원 소송과 관련해 헤인즐링에게 SOS를 친 첫 번째 사례가 아니었다. 7년 전에 매사추세츠주는 청정대기법과 관련한 또 다른 사건이 D.C.항소법원에서 패소한 뒤 상고하기로 했다. 헤인즐링이 브레넌 대법관의 로클럭 출신인 데다 대법원이 어떻게 돌아가는지에 대해 주 법무부 사람들은 잘 모르는 것들까지 속속들이 알고 있었기 때문에, 매사추세츠주는 헤인즐링에게 그 사건의 상고심에서 '수임 변호사'를 맡아 달라고 부탁했다.

　하지만 그때 맡았던 '휘트먼 대 미국트럭업협회Whitman v. American Trucking Associations, Inc.' 사건[20]은 '매사추세츠 대 환경보호청' 사건에 비하면 쉬웠다. 휘트먼 사건에서 매사추세츠주는 클린턴 행정부 쪽에 결합해 있었고 환경보호청도 별도의 상고청구서를 작성했다. 즉 이때는 매사추세츠주가 연방 정부와 같은 편이었고, 대법원은 연방 정부가 '대법관들이 시간과 관심을 들일 만큼

중요한 사건'이라고 주장하면 거의 언제나 심리를 허가한다.[21]
다시 말해, 연방 정부 기관이 상고를 청구하는 경우, 주 정부가
별도로 상고청구서를 쓰든 안 쓰든 대체로 중요하지 않다. 휘트먼
사건에서도 그랬다. 대법관들은 환경보호청이 제출한 상고청구서
내용에 대해서만 심리를 허락했고, 매사추세츠주가 추가로 제출한
상고청구서에 대한 고려는 나중으로 미루었다.[22]

그때와 달리 이번에는 밀키가 혜인즐링에게 이제껏 어떤
변호사도 성공해본 적이 없는 일을 부탁하고 있었다. 2006년이면
환경보호청은 설립된 지 35년이 지나 있었다. 그 오랜 세월 동안
환경 운동가들이 (때로는 주 정부의 지지를 받아서, 때로는
독자적으로) 환경보호청을 상대로 소를 제기했다가 패해서
대법원에 상고를 한 적이 꽤 여러 번 있었다. 그중에 대법원이
상고를 허가한 사건은 몇 건이었을까? 하나도 없었다.

환경보호청이 관여된 사건 이외의 사건까지 통틀어도,
200년이 넘는 대법원의 역사 동안 환경 운동가들이 연방 정부
기관을 상대로 제기한 소송에 대법관들이 심리를 허락한
경우는 한 건밖에 없었다. 1971년, 시에라클럽이 미국 내무부를
상대로 제기한 소송에 대법원 심리가 허가되었다.[23] 하지만
이 승리는 짧게 끝나고 말았다. 시에라클럽이 대법원에서
상고청구를 받아들이게 하는 데까지는 성공했고 이것만 해도
엄청난 위업이었지만, 그렇게 해서 대법원 심리가 이뤄진 결과
시에라클럽은 상고심에서 7 대 2로 패소했다.[24]

혜인즐링이 불가능해 보이는 임무를 해내기까지는 4주
정도밖에 시간이 없었다. 하급법원에서 패소하고 대법원에 심리를
청구하기까지는 원래 90일의 시간이 있지만, 매사추세츠주는
콘퍼런스 콜을 하고 이메일을 주고받고 지금은 버려진 밀키의
초안을 검토하느라 60일을 써버렸다. 혜인즐링이 다른 사람들은
수년이나 관여해온 소송 내용을 파악하고, 추가 조사를 하고,
초안을 새로 작성하고, 초안의 모든 내용에 대해 수많은 변호사
사이에서 이제까지 그토록 도달하기 어려웠던 합의를 이끌어내고,
오류와 실수를 바로잡고, 대법원에 제출하기까지는 시간이 채 한

달도 남아 있지 않았다. 겁이 많은 사람이라면 도저히 할 수 없는
일이었다. 하지만 헤인즐링은 도전적인 일을 그냥 보내는 법이
없는 사람이었다.

　　헤인즐링은 밀키에게도, 그리고 자연자원보호위원회,
어스저스티스, 시에라클럽 등 환경 단체에서도 신뢰와 존중을 받고
있다는 데서 일단 장점이 있었다. 이들 모두 헤인즐링이 타협을
모르는 환경주의자라는 것을 잘 알고 있었다. 헤인즐링의 로스쿨
제자 중 저명한 환경 단체에서 송무 관련 일을 하는 사람도 있었고,
헤인즐링이 출간한 저술들도 헤인즐링이 환경 단체들 못지않게
환경을 지키는 일에 열정을 가지고 있음을 여실히 보여주었다.
헤인즐링이 환경경제학자와 공저로 바로 전해에 출간한《가격을
매길 수 없다: 모든 것의 가격을 알되 어느 것의 가치도 알지 못하는
것에 관하여Priceless: On Knowing the Price of Everything and the Value of Nothing》는
환경 운동가들에게 많은 찬사를 받았다. 이 책은 환경보호를 위한
의무 조치들을 없애는 것을 정당화하려고 오염이 유발하는 생명
손실이나 심각한 질병에 가격표를 붙이려는 사람들에게 거침없이
분노를 표하고 있었다.[25]

　　헤인즐링은 시에라클럽의 북바인더와 절친한 친구이기도
했다. 둘 다 프린스턴 대학 학부와 시카고 대학 로스쿨을 나왔고
대학 시절부터 잘 알고 지내는 사이였다. 헤인즐링은 북바인더가
월가의 로펌을 그만두고 싶어 했을 때 매사추세츠주 법무부의
밀키에게 그를 추천한 사람이기도 하다.

　　2월 16일 헤인즐링이 합류한 지 2주도 되지 않아서, 밀키는
D.C.항소법원 때 합류했던 모두에게 헤인즐링이 쓴 수정본을
돌리고 참여할지 여부를 8일 내에 알려 달라고 했다. 그는
이메일에서 헤인즐링이 "상고청구서 내용의 핵심을 근본적으로
바꾸었다"며 "바뀐 부분 중 일부는 이 사건에 깊이 관여해온 사람
중 몇몇에게 매우 충격적일 수도 있다"고 주의를 주었다. 그러면서
밀키 자신은 새 초안에 전적으로 동의한다고 덧붙였다. 헤인즐링이
바꾼 부분들이 "대법원이 이 사건의 심리를 허가하는 쪽으로 더
관심을 가질 법하게 만들어줄 것"이기 때문이었다(물론 여전히

불확실한 도박이긴 했지만 말이다).[26]

정확히 혜인즐링은 무엇을 했는가?

첫째, 이 사건이 왜 대법원에 올라갈 만큼 중요한지를 대법관들에게 호소할 새로운 방법을 찾아냈다. 혜인즐링은 대법관들이 가장 관심 있어 할 법한 쟁점에 초점을 맞추었다. 그것이 매사추세츠주나 환경 운동가들에게, 또 그 외의 다른 진정인들에게는 가장 중요한 쟁점이 아니라 해도 말이다. 대법원 로클럭 시절 상고청구서를 아주 많이 읽어본 사람으로서, 혜인즐링은 대법관의 관심을 자극하기에 좋은 쟁점이 어떤 종류인지 잘 알고 있었다.

혜인즐링의 상고청구서에서 온실가스가 대기오염물질에 해당하는가(진정인들의 주된 관심사)는 대법관들에게 일용할 양식이나 다름없는 행정법의 고리타분하고 기술적인 문제 뒤로 쏙 들어가 있었다. "의회가 어느 정부 기관에 부여한 권한의 행사를 그 기관이 미루기로 결정할 수 있는 재량권의 범위는 어디까지인가?" 너무 지루하거나 현학적으로 들릴지도 모르지만 이 질문이야말로 행정법과 관련해 막대한 중요성을 가질 수 있는 종류의 질문이었다. 행정부와 법원의 관계에 대한 질문이기 때문이다. 그리고 바로 이것이 대법관들의 심장을 뛰게 만드는 종류의 질문이었다.

반면 온실가스 사안은 대법관들이 잘 알지 못하는 '하나의 특정한 맥락'에 적용되는 '하나의 법률' 안에 있는 '하나의 문구'에 대한 질문에 지나지 않았다. 대법관 중 누구도 대법원을 수단으로 삼아 환경 의제를 진전시킬 기회를 기다리고 있는 열렬한 환경주의자가 아니다(민권 운동과 인종적 소수자 사안과 관련해서는 서굿 마셜 대법관과 윌리엄 브레넌 대법관이, 젠더 불평등 문제와 관련해서는 루스 베이더 긴즈버그 대법관이 그러한 역할을 분명히 염두에 두고 있었지만 말이다). 게다가 D.C.항소법원의 센텔 판사와 랜돌프 판사 모두 온실가스를 언급하지 않았는데, 대법원은 특정 사건의 특정 쟁점을 맨 처음 언급하는 곳이 되려고 하지 않는다.

이를 잘 알고 있는 헤인즐링은 상고청구서에서 쟁점의 순서를 바꿔 행정법 쟁점을 앞에 내세우고 온실가스 쟁점을 두 번째로 밀어냈다. 엄밀히 말하자면 환경보호청이 온실가스를 규제할 권한을 가지는지를 먼저 고려한 **다음에야** (그리고 권한이 있다고 판단되어야만) 환경보호청이 자신에게 있는 권한을 행사하지 않기로 결정할 재량권이 있는지 논할 수 있지만 말이다.[27]

별명에 걸맞게 헤인즐링은 랜돌프의 의견을 강력하고 세세하게 논파했다. 헤인즐링은 그것을 "주된 의견lead opinion"이라고 불렀는데, 이것은 [공식 용어가 아니라] 하급심에서 다수의견이 존재하지 않았다는 문제로부터 사람들의 관심을 돌리기 위해 만든 표현이었다. 헤인즐링은 랜돌프의 의견을 더 일반적으로 적용하면 "행정부 기관들에 막대한 권력이 이전되도록 허용하는 셈이 된다"며 이는 "사실상 행정부 기관들이 자신이 원하지 않는다는 이유만으로 법률이 정한 체계를 무너뜨리게 허용하는 격"이라고 지적했다.[28]

헤인즐링의 상고청구서는 환경 쟁점을 의도적으로 덮어버렸다. '온실가스가 대기오염물질에 해당하는가'는 행정법 쟁점을 길게 설명하고 난 뒤에 별도로, 부차적으로, 간단하게만 제기했다. 그리고 (정부 기관들이 "단순히 자신이 원하지 않는다는 이유만으로 법률 체계를 무너뜨리게 허용하는 격"이 되리라는 경고처럼 다소 과장된 언명으로) 이것은 국가의 운명이 걸린 문제라는 비장한 말로 끝을 맺었다. 밀키가 동료들에게 이 초안을 회람시키고 승인을 요청하면서 주의를 주었듯이 이 상고청구서의 "초점은 대법원이 국가 전반에 주게 될 지침의 측면에서 이 사건이 어떤 중요성을 갖는지를 강조하는 데" 놓여 있었다. 밀키는 환경 단체들이 이를 받아들이기 어려워하리라는 것을 알고 있었다. 그가 언급했듯이 "사실 상고청구서를 보면 이 사건이 지구온난화 관련 사건이라는 것을 알기 어려울 정도"였으니 말이다. 하지만 밀키는 소송에서 이기려면 "환경 사안에서 우리에게 동의할 법하지 않은 보수적인 대법관들의 표도 얻어야 하기 때문에" 이렇게 수정할 필요가 있었다고 설명했다.[29]

　　헤인즐링의 상고청구서를 보면, 헤인즐링이 D.C.항소법원의
테이틀 판사[반대의견을 냈던 판사]를 대법관들이 깊이
존중한다는 점에 기대어 이 사건의 중요성을 강조하고자
했음을 알 수 있다. 당시 대법원의 로클럭 중 3분의 1이 그 이전
해, 즉 D.C.항소법원에서 매사추세츠 사건을 심리하던 시기에
D.C.항소법원 로클럭이었다. 그리고 대법원 로클럭 중 두 명은
테이틀 판사가 D.C.항소법원에서 이 사건의 반대의견을 쓰고
있었을 때 테이틀 판사의 로클럭이었다. 이들은 이 사건에
대해서도, 그리고 테이틀 판사가 반대의견을 별도로 작성하는 것이
얼마나 드문 일인지에 대해서도 잘 알고 있을 터였다.
　　헤인즐링의 상고청구서는 테이틀 판사가 반대의견
(D.C.항소법원 판결에 대한 반대의견과 이후 전원재판부가
재심리를 거부한 것에 대한 반대의견 둘 다)에서 개진한 논리를
온전히 받아들이고 있었다. 테이틀처럼 헤인즐링도 환경보호청이
일반적으로는 규제 청원을 거부할 상당한 재량권을 가진다고
인정했다. 하지만 "테이틀 판사가 지적했듯이 법은 정부 기관들이
법적인 기준과 무관한 이유들에 의거해 그러한 결정을 내리거나
미룰 수 있는 재량권까지는 주지 않았다"고 지적했다. 테이틀을
직접적으로 인용하면서, 헤인즐링은 환경보호청이 "단지 자신이
생각하기에 안 좋은 정책이라는 이유만으로" 규제를 미룰
재량권은 가지고 있지 않다고 주장했다. 의회는 환경보호청에
그렇게까지 큰 재량권을 주지 않았으며, 따라서 환경보호청이
자신이 부여받은 적 없는 재량권을 찬탈해서는 안 된다는
것이었다. 헤인즐링의 상고청구서는 테이틀 판사가 쓴 의견서의
변호사 버전이라고 볼 수 있었다.[30]
　　다른 많은 이와 달리 헤인즐링은 매우 '스타일 있게' 글을
쓰는 사람이었다. 많은 변호사가 법률 문서는 열정을 배제하고
기계적인, 그리고 엄격하게 공식적인 어조로만 써야 한다고
잘못 생각하곤 한다. 하지만 헤인즐링은 이 사건이 뜻은 좋지만
차별성이 없어서 대법원에서 심리가 거부되는 수천 개 사건
중 하나가 아니라 특별한 사건이 되게 하려면 대법관의 관심을

사로잡아야 한다는 것을 잘 알고 있었다. 가장 뛰어난 대법원 소송
변호사들은 수백 쪽의 지루한 문서를 읽는 일에 매여 있어야 하는
대법관과 로클럭 들이 때때로 즐거운 글을 읽는 것을 전혀 꺼리지
않는다는 사실을 잘 안다. 스칼리아 대법관은 저서 《나의 사건으로
만드는 법: 판사를 설득하는 기술*Making Your Case: The Art of Persuading
Judges*》에서 변호사들이 자신의 사건을 "더 생기 있고 생생하게,
따라서 더 기억할 만하게" 만들기 위해 글을 잘 써야 한다고 강하게
조언하기도 했다.[31]

　　헤인즐링은 삼권분립이라든가 재앙적인 기후 변화의 심각성
등과는 거리가 멀어 보이는 문학 작품 비유로 자신만만하게 글을
시작했다. "[허먼] 멜빌의 [단편소설 등장인물] 필경사 바틀비처럼
환경보호청은 청정대기법이 규정한 의무의 완수를 단순히 다음과
같이 말함으로써 거부하기로 결정한 듯하다. '하지 않는 편을
택했으면 합니다만.'[*] 그리고 당황한 바틀비의 상사처럼 하급심
법원은 그 말이면 환경보호청이 임무를 완수하지 않아도 되는
것으로 만들어버렸다."[42]

　　헤인즐링의 상고청구서는 개성과 촌철살인으로 가득했다.
헤인즐링에 따르면 D.C.항소법원의 결정은 "대법원이 앞서 여러
판례들에서 제시한, '단순명료한 법률 조항의 문구 앞에서는
[법원이] 사법적 겸손함을 가져야 한다'는 지침에서 심각하게
이탈했다"고 지적했다. 청정대기법의 문구가 단순명료한
정도가 아니라 "수정같이 투명"했는데도 환경보호청은 "문구의
의미를 살핀다는 개념 자체를 무시"했다는 것이다. 일반적인
상고청구서였다면 대법원에 "법적인 오류"를 바로잡아 달라고
요청했을 것이다. 하지만 헤인즐링의 상고청구서는 "대법원의
심리를 통해 이 사건이 적절한 사법적 관절에 다시 끼워질 수

---

[*] 허먼 멜빌의 소설 《필경사 바틀비》에서 바틀비는 상사가 시키는 일을 "하지
않는 편을 택했으면 합니다만I would prefer not to"이라고 말하면서 모조리
거부해서 상사를 미칠 지경으로 만든다.

있기를 바란다"고 언급했다. 헤인즐링의 문서는 자칫 몹시 지루할
수도 있었을 복잡한 법률 용어('배출기준', '필수기술', '유용수명',
'완전 시스템', '통합장치'와 같은 전문용어도)를 명료하고
접근 가능하며 단순한 표현으로 분석했다. '단순하다', '단순히',
'단순성을 위해'라는 말이 11번이나 등장한 것은 우연이 아니었다.
이 문서는 정밀한 법리 분석도 흥미롭고 명료하며 쉽게 읽히게끔
작성될 수 있다는 것을 증명한 걸작이라 할 만했다.[33]

　　헤인즐링의 상고청구서가 변호사들에게 회람되자 첫
버전을 둘러싸고 일었던 갈등은 빠르게 수그러들었다. 몇 가지
논란이 있긴 했지만 마감일이 너무 임박했으므로 진정인들은
전에 D.C.항소법원 전원재판부에 재심리를 청구했을 때는 산산이
깨졌던 '합의'에 빠르게 도달했다. 상고청구서는 마감일인 3월
2일에 무사히 대법원에 제출되었다. 그리고 처음에 참여했던
진정인들이 이제 모두 다시 결합해 있었다.

　　밀키와 도니거 모두 (각자 따로 의견을 표명한 자리에서)
헤인즐링이 "쟁점의 순서를 바꾼" 것, 즉 행정법 쟁점을 앞세운
것이 "매우 뛰어난" 전략이었다고 언급했다.[34] 팀을 산산조각 낼
정도의 반목이 몇 개월간 있은 뒤, 이 두 주인공은 새로 합류한
이산화탄소 전사 덕분에 드디어 의견이 일치하는 새로운 지점을
발견했다. 헤인즐링은 성공적으로 상고를 청구했고, 그것도 최고의
방식으로 해냈다. 대법원이 심리를 허가할 가능성은 여전히 매우
작았지만 말이다.

11장

하느님, 세상에!

2006년 3월 7일 미국 법무부에 매사추세츠 사건의 상고청구서가
우편으로 도착했다. 법무부는 연방 정부 기관이 관여된 모든
대법원 사건에서 연방 정부 기관을 대리한다. 대법원의 규칙에
따르면 연방 정부 기관은 반대서면을 30일 안에 제출해야 한다.
하지만 정부 기관은 한두 번, 심지어는 세 번까지도 제출 연장을
신청하는 경우가 많고 대개 허용된다. 대법원 소송을 담당하는
법무부 송무차관실의 업무가 워낙 과중하기 때문이다. 이 사건에서
대법원은 세 차례 연장을 허용했고, 그래서 매사추세츠 사건에
대한 연방 정부 측 반대서면은 5월 15일에 제출되었다.

　　당시 법무부 송무차관은 폴 클레멘트Paul Clement였다.
2005년에 38세의 나이로 송무차관에 지명되었을 때 이미 미국에서
가장 뛰어난 대법원 소송 변호사로 명성을 날리고 있었다. 안토닌
스칼리아 대법관처럼 조지타운 대학과 하버드 대학 로스쿨을
졸업했고 스칼리아 대법관의 로클럭을 지냈다. 로스쿨을 우수한
성적으로 졸업했고 변호사로서 독보적으로 뛰어난 실력을 보인
덕분에, 그리고 개인적인 매력과 업무에서 보인 친화력에 힘입어,
클레멘트는 법무부뿐 아니라 연방 정부 기관 전체에서 지명
공직자와 경력 공직자 모두에게 두루 존경을 받았다. 클레멘트가
송무차관이던 시절의 법무부는 일을 잘하기로도 유명했다.
매사추세츠 사건의 상고청구서가 도착했을 때, 이 사건은 여느
사건처럼 상고 기각이 거의 확실해 보였을 것이다. 하지만 이
사건은 계속해서 예상을 뒤엎는 행보를 보이게 된다.

◇　　송무차관실
송무차관실 변호사들보다 대법원 소송에 능숙한 변호사는 없을
것이다. 1870년에 의회에서 관련 법을 통과시키면서 만들어진
송무차관직은 "법에 학식이 있는 사람"이 맡아야 한다고 규정되어

있다.[1] 초창기 송무차관들은 남북전쟁 후 노예의 완전한 해방에
반발하는 사람들에 맞서 민권법이 실제로 적용되게 하는 데 눈부신
공을 세웠다.[2] 오늘날의 송무차관은 대법원 소송에서 정부 측을
대리할 권한을 가지며, 이 권한은 송무차관만이 갖는다.

　　연방 정부 기관도 항소법원에서 지면 대법원에 상고할 수
있지만 송무차관이 동의해야 한다. 대법관이 상고청구된 사건을
심리하지 않기로 할 권한을 갖는 것처럼 송무차관은 어떤 정부
기관이 대법원에 상고하기를 원한다 해도 그것을 거부할 권한을
갖는다. 또한 송무차관은 (해당 정부 기관의 반대를 누르고)
대법원에 연방 정부 기관이 실수를 했다고 밝힐 수도 있다.
하급심에서 연방 정부가 승소한 것이 잘못된 판결이라고 대법원에
주장할 수 있는 것이다. 통상적으로 고객은 변호사가 마음에 들지
않을 때 다른 변호사를 선임하면 되지만 연방 정부 기관은 그럴
수 없다. 다른 변호사를 쓰려면 송무차관이 허락하거나 대통령이
송무차관에게 허락하라고 지시해야 하는데, 그렇게 되기는 매우
어렵다.

　　송무차관실 변호사는 20명가량이며, 그중 네 명은
송무차관보, 16명은 보조 법무관이다. 수는 적지만 대법원 소송에
대해 이들이 보유한 전문성의 깊이는 어마어마하다. 모두 저명한
로스쿨을 졸업하고 송무 변호사로 이름을 날리던 사람들이며, 많은
수가 대법관 로클럭 출신이어서 대법원 내부의 작동과 대법관
개개인의 성향을 꿰고 있다.

　　매사추세츠 사건이 진행되던 당시 가장 최근에 지명된
대법관이었던 존 로버츠와 새무얼 얼리토Samuel Alito는 송무차관실
출신이었다. 로버츠 대법관은 수석차관보였고 얼리토는 보조
법무관이었다. 이후의 몇몇 대법관도 이곳을 거쳐 갔다. 엘레나
케이건Elena Kagan은 송무차관을 지냈고 브렛 캐버노Brett Kavanaugh는
27세이던 1992년에 '브리스토우 펠로우Bristow Fellow'[3] 였다.
또 케이건 이전에 대법관 네 명이 송무차관을 지냈는데 그중
한 명이 서굿 마셜 대법관이다. 또 한 명은 윌리엄 하워드
태프트William Howard Taft 대법관인데 그는 미국 대통령을 지낸

대법관이기도 하다.

　　송무차관실 변호사 중 두 명만 지명 공직자다. 송무차관과
차관보 한 명으로, 대통령이 바뀔 때마다 이들도 바뀔 수 있다.
나머지 사람들은 지명직이 아닌 경력 공직자들이고 많은 수가
대통령이 바뀌더라도 송무차관실에서 오래 재직한다. 수십 년을
이곳에서 일한 사람들도 있다. 송무차관실의 강점은 변호사들이
이곳에서 오래 일하면서 대법원 소송에 대해 축적해놓은 경험과
지식이 굉장히 풍부하다는 데서 나온다.

　　그들의 전문성은 구두변론을 얼마나 잘 하느냐 하고만
관련된 것이 아니다. 아마도 더 중요한 점으로, 송무차관실
변호사들은 정부 기관이 관여된 소송과 정부 기관이 개진한 변론
중 하급심에서는 이겼지만 대법원에 올라가면 패소할 가능성이
있는 것들에 대해 하급심 판결이 그대로 유지되게 하는 데도
능란하다. 다시 말해 정부 기관이 하급심에서 이겨서 상대측이
상고를 했을 경우 송무차관실 변호사들은 대법관들이 그 사건의
상고를 허가하지 않게 하는 데 전문가다. 이들은 정확히 어떤
버튼을 눌러야 할지, 어떤 쟁점을 밀고 어떤 우려를 제기해야
대법관들(그리고 대법관 로클럭들)이 이 사건은 대법원에서
논의할 만큼 중대하지 않다고 설득될지를 아주 잘 안다.

　　대법관의 로클럭들(최근에 로스쿨을 졸업한 사람들이다)은
송무차관실이 '이 사건은 대법원이 상고를 허가하지 말아야
한다'고 잘 주장하면 여기에 크게 영향을 받는다. 대법관
로클럭에게 최악의 악몽은 자신이 모시는 대법관에게 어느
사건의 상고를 허가하자고 제안했는데 막상 심리에 들어가
서면들을 전부 읽고, 구두변론을 듣고, 기타 등등의 일을 다 마친
다음에 보니 그 사건이 사실은 중요치 않은 사건, 즉 대법원

　　로스쿨을 최근에 졸업한 젊은 법조인 중 1년간 송무차관실에서 일하는 사람들.

심리를 허가하지 말았어야 할 사건으로 판명 나는 것이다. 그러면 대법관들은 시간을 낭비했다고 생각하게 되고, 상고를 허가하자는 취지로 보고서를 작성했던 로클럭은 사건의 쟁점과 문제를 제대로 짚어내지 못했다는 부끄러움을 느끼게 된다. 그래서 로클럭 입장에서는 어떤 사건에 상고를 허가하자는 보고서를 쓰기보다 허가하지 말자는 보고서를 쓰는 편이 더 쉽고 안전하다. 송무차관실은 로클럭들이 느끼는 이러한 불안을 활용하는 데 달인이다. 본인들이 대법관 로클럭 시절에 직접 겪어본 일이 아닌가. 그들은 상고청구 절차를 속속들이 알고 있으며 하급심 판결을 처음 보았을 때 여긴 것보다 훨씬 덜 중요해 보이게 만드는 데 도사들이다.

　　일반적으로 송무차관실은 반대서면을 작성할 때 익히 시도되고 검증된 전술들을 사용한다. 어떤 때는 해당 사건의 사실관계가 과도하게 그 사건에만 특정된 것임을 지적하면서, 하급심의 판결이 [지나치게] '고유한 사실 관계들'에 근거하고 있으므로 판례로서 중요성이 떨어진다고 주장한다. 어떤 때는 하급심의 판결에 '절차적인 변칙들과 장애물들'이 있어서, 흥미롭고 중요해 보이는 법적 쟁점을 대법원이 유의미하게 고려하기 어렵게 만들 가능성이 크다고 주장한다. 그 쟁점에 대해 사법적 심사를 하는 용도로 활용하기에는 이 사건이 '질적으로 좋지 못한 매개poor vehicle'이므로 상고를 허가하지 말아야 한다고 주장하는 것이다.[3] 또 어떤 경우에는 하급심의 판결들에 불일치가 있더라도 최근에 그와 '관련된 발달'이 이뤄지고 있는 만큼, 대법원은 법이 어떻게 발달해가는지를 지켜보면서 기다리는 것이 더 현명한 일일 것이라고 주장한다. 요컨대, 송무차관실은 대법관과 대법관 로클럭들에게 미국 정부 기관이 하급심에서 승소한 사건을 뒤집지 않도록 설득할 수 있을 만한 변론 수단에 정통하다.[4]

◊　## 의외의 실수

그런데 어찌 된 일인지 매사추세츠 사건에서는 송무차관실이 송무차관실답지 않은 실수를 했다. 반대서면을 작성할 때

대법관을 설득하는 데 효과가 있다고 잘 알려진 방법들을 십분
활용하지 못했을 뿐 아니라 대법원이 상고를 허가할 가능성이
커지도록(그러니까, 그 반대가 아니라) 만드는 의외의 실수까지
저지른 것이다.

상고청구된 어느 사건에 대법원이 상고를 허가하지 말아야
한다고 주장하는 반대서면은 목적이 하나다. 하급심이 중요한 법적
쟁점에 대해 결론을 내리지 않았으며, 따라서 대법원이 심리해야
할 중요한 법적 쟁점이 제기되어 있지도 않다고 대법관들을
설득하는 것이다. 즉 반대서면의 핵심은 해당 사건이 중요치
않고 지루해 보이게 만드는 데 있다. 반대서면을 잘 쓴다는 말은
흥미로운 형용사와 부사를 모조리 제거하고, 이 사건의 쟁점이
포괄적인 유의미성을 지닌 것처럼 보이게 만드는 '일반화'를 하지
않는다는 것을 의미한다. 상고청구서의 목적이 해당 사건을 (설령
그렇지 않더라도) 중대하고 흥미로워 보이게 만드는 것이라면,
반대서면의 목적은 해당 사건이 중대하지 않고 밋밋해 보이게
만드는 것이다.

송무차관실이 매사추세츠 사건을 중대하지 않아 보이게
만드는 것은 쉬운 일이어야 마땅했다. D.C.항소법원의 판결이
중요한 법적 쟁점 중 어느 것에도 다수의견을 내놓지 못했기
때문이다. 송무차관실이 작성한 반대서면은 시작은 좋았다. 이
서면은, 하급심의 판결에서 [하나의 다수의견이 아닌] 두 개의
의견이 제시되었다는 사실은 이 사건이 대법원에서 심의를
하기에는 "특히나 질적으로 좋지 못한 매개"임을 말해준다고
언급했다. 또한 이 서면은, 이 사건에 사법적 절차의 개시 요건과
관련된 문제가 있다고 지적했다. 진정인들이 원고적격을 주장할
만한 피해를 입증할 수 있느냐가 먼저 해결되어야 한다는
것이었다. 소송이 성립할 수 있는 요건을 통과하지 못하면 사건
본안에 대한 논의에 들어가는 것 자체가 불가능하다. 그런데
바로 이 지점에서, 알 수 없는 이유로 송무차관실은 엄청나게
부주의한 구절을 넣고 말았다. 하급심 판결[환경보호청이 승소한
판결]을 옹호한다는 게, 청정대기법의 해당 조항이 온실가스가

공중의 건강과 복지를 위협하는지에 대한 "판단"을 내릴 권한을
환경보호청에 주고 있는 만큼 "절차적인 면에서나 내용적인
면에서나 그러한 판단을 가장 효과적으로 내릴 수 있는 길이
무엇인지에 대해 환경보호청이 갖고 있는 재량권을 어떤 식으로도
제한하지 않는 것"이 의회의 분명한 의도라고 주장해버린
것이다.

　　상고가 기각되기를 원하는 쪽 변호사가 절대 하지 말아야 할
일을 하나만 꼽으라면, 광범위하고 포괄적인 법적 명제를 근거로
들어 하급심 판결을 옹호하는 것이다. 그렇게 하면 해당 사건이
훨씬 더 중요해 보이게 되기 때문이다. 그런데 송무차관실의
반대서면이 바로 이 실수를 저질렀다. 환경보호청 손을 들어준
하급심 판결을 옹호하기 위해서였지만, 환경보호청이 가진
재량권이 "어떤 식으로도" 제한되지 않는다고 말함으로써 폭넓고
포괄적인 법리를 불러온 셈이 된 것이다.

　　송무차관실의 반대서면을 받아본 매사추세츠 진정인들은
이 행운을 믿을 수가 없었다. 당연히 그들은 반대서면의 실수를
냉큼 움켜잡았다. 진정인 측은 반대서면에 대한 최종 답변서면을
작성하면서 송무차관실의 반대서면에 포함된 한 문장의
실수를 크게 키웠다. 진정인 측의 최종 답변서면은 각 단어 첫
글자를 대문자로 강조한 굵은 글씨로 다음과 같이 시작했다.
"환경보호청이 사실상 제약 없는 재량권을 갖는다는 송무차관실의
주장은 이 사건이 대법원에서 심리되어야 할 필요성을 분명히
말해주고 있습니다."

　　최종 답변서면은 분명한 초점을 가지고 작성되었다.
"환경보호청을 대리하는 송무차관실은 정부 기관이 사법적
심사에서 면제되는 법적 판단의 재량권을 무제한으로 행사할 수

　　인용문 내 강조는 옮긴이가 첨가한 것이다.

있다는, 행정법에 대한 매우 급진적인 견해를 제기하고 있습니다."
이 사건이 단지 하나의 법률에 있는 하나의 조항과 관련된 문제가
아니라 훨씬 폭넓은 중요성을 가진 사건이 되었음을 강조하면서,
진정인 측의 최종 답변서면은 "문자 그대로 수백 개의 연방 법률이
정부 기관에 '판단'을 내릴 재량권을 주고 있으므로, 본 사건에서
정부 측이 제시한 법리는 행정부가 행사할 수 있는 권한[의
범위]과 관련해 포괄적인 파급 효과를 가진다"고 결론 내렸다.

　　대법원이 상고를 허가하리라고 확신할 수는 없었지만,
매사추세츠 진정인들은 송무차관의 '급진적인' 주장에 대법관들이
주목하리라는 데 기대를 걸었다. 하급심에서 주요 쟁점들에 대해
명백한 결론이 나오지 않은 사건이기 때문에 대법원 심리가 허가될
가능성은 여전히 낮았지만, 그래도 그 가능성이 상당히 높아지긴
했다.

◇　　본 상고청구서는……
매사추세츠 진정인들이 최종 답변서면을 제출하자마자 아홉
대법관은 각자의 로클럭들의 도움을 받아 상고 허가 여부를
결정하기 위한 본격적인 검토에 들어갔다. 2006년 무렵이면
대법관들은 로클럭이 종이 서면을 가져올 때까지 기다리지 않았다.
각 대법관실로 곧바로 전송되는 전자문서로 모든 서면을 볼 수
있었기 때문이다.

　　아홉 대법관실 모두가 곧바로 매사추세츠 사건을 검토하기
시작한 것은 아니다. 2006년에 존 폴 스티븐스John Paul Stevens
대법관실을 제외한 여덟 대법관실은 이른바 '보고서 공유제cert
pool'를 운영하고 있었다. 1973년에 워런 버거Warren Burger
대법원장이 도입한 것으로, 한 로클럭이 여덟 대법관실 모두를
대신해 한 사건의 상고 허가 여부를 1차로 검토하고 보고서를
작성해서 나머지 일곱 대법관실에 돌리게 되어 있다. 이렇게
로클럭 인적 자원을 통합함으로써, 여덟 대법관실은 매년
대법원에 들어오는 수천 건의 상고청구서를 하나하나 다 읽어보지
않아도 된다. 각 대법관실은 접수된 상고청구서를 8분의 1씩

나눠서 자신이 맡은 사건을 집중적으로 검토하고 그 결과를 서로
공유한다. 그러면 로클럭은 사건 하나당 보고서를 작성하는 데 더
많은 시간을 할애할 수 있게 된다.[9]

로클럭이 작성하는 공유용 보고서는 한 가지 핵심에만 초점을
맞추어야 한다. 이 사건의 '상고를 허가할 것이냐 말 것이냐.'
로클럭은 공유용 보고서를 쓸 때 어떤 특정한 이념도 상정해서는
안 된다. 보고서를 읽을 사람이 자신의 대법관만이 아니라 다양한
견해를 가진 여러 대법관들이기 때문이다. 또한 보고서는 너무
길면 안 된다. 하나의 사건에 상고를 허가할 것인가 아닌가를 두고
대법관들이 몇 시간이나 들여서 보고서를 읽고 있을 수는 없기
때문이다. 예외적으로 복잡한 사안은 10쪽, 혹은 20쪽이 되기도
하지만 대개 3~5쪽 가량이다.

공유용 보고서에는 그것을 작성한 로클럭의 의견이
들어가지만 각 대법관은 자신의 로클럭이 다시 그것을 검토해
공유용 보고서의 결론에 동의하는지 아닌지 '추가 의견'을 달도록
한다. 그래도 아예 처음부터 보고서를 쓰는 것보다는 작성되어
있는 보고서에 추가 의견을 다는 편이 시간이 덜 걸린다.[10]

스티븐스 대법관실의 로클럭들만 보고서 공유제의 혜택을
누리지 못했다. 스티븐스 대법관실은 여기에 참여하지 않았기
때문이다. 스티븐스 대법관은 다른 이가 먼저 분석한 내용에
의존하기보다 모든 사건을 독립적으로 검토하는 것이 중요하다고
생각했다. 그는 보고서 공유제가 대법원의 상고 허가를 위축시키는
효과를 낸다고 우려했다. 훗날 그가 C-SPAN 방송에서 언급했듯이,
공유용 보고서를 쓰는 로클럭은 "애매하다 싶을 경우" 상고를
허가하지 말자는 쪽으로 결론 내기 쉽다. "공연히 일을 만들었다가
곤란해지는 위험"을 피하고 싶기 때문이다.[11] 스티븐스 대법관은
최근에 대법원이 너무 적은 수의 사건에만 상고를 허가하는
경향을 보이는 것이 보고서 공유제와 관련 있다고 생각했다. 또한
스티븐스는 효율성 측면에서도 공유용 보고서에 의존하기보다
상고청구서를 직접 검토하는 편이 오히려 더 낫다고 보았다.
상고 거부가 명확한 사건에 대해서는 보고서를 쓸 필요가

없기 때문이다.[12]

대법관들은 '평의'가 열리는 날에 상고 허가 여부를 논의한다. 여름 휴가철만 제외하고 매달 몇 차례 '평의' 일정이 잡혀 있으며 대개는 목요일이나 금요일에 열린다. 매번의 평의에서 대법관들은 150~250개 사건의 상고 허가 여부를 논의한다. 두세 시간 정도의 평의 자리에서 150~250개 사건을 모두 검토할 수는 없기 때문에 며칠 전에 대법원장이 '논의 목록'을 작성해 대법관들에게 회람시킨다. 대법원장이 공유용 보고서들을 보고 상고 허가 가능성이 높다고 판단한 사건들의 목록이다. 다른 대법관들은 여기에 추가하고 싶은 사건들을 추가할 수 있다.[13]

평의에서 집중적으로 논의되는 사건은 10~15개 정도다. 매사추세츠 사건의 상고 허가 여부가 논의될 예정이었던 2006년 6월 15일, 각 대법관 앞에는 250개의 사건이 있었고 집중적으로 논의할 것은 노란색으로 표시되어 있었다. 표시가 없는 사건은 논의 없이 기각될 사건이었다.

그런데 그 평의가 열리기 전날 이상한 일이 벌어졌다. 〈워싱턴포스트〉가 "대법원에서의 온난화"라는 제목의 사설을 썼는데, 다음 날 대법관들이 '매사추세츠 대 환경보호청' 사건의 상고 허가 여부를 결정할 예정이라는 사실이 여기에 정확히 언급되어 있었다.[14] 이 사설의 완벽한 타이밍은 이제까지 〈워싱턴포스트〉가 매사추세츠 사건을 비중 있게 보도한 적이 한 번도 없었다는 점에서 더더욱 놀라운 일이었다. 이전 해 7월에 D.C.항소법원이 판결을 했을 때도, 12월에 D.C.항소법원이 전원재판부의 재심리를 거부했을 때도, 다음 해 3월에 대법원에 상고청구서가 제출되었을 때도 〈워싱턴포스트〉에는 관련 기사가 실리지 않았다. 즉 〈워싱턴포스트〉가 이 사건에 대해 속속들이 알고 있다고 볼 만한 징후는 전혀 없었다. 그런데 어찌 된 일인지 〈워싱턴포스트〉 사설팀이 대법관들의 비공개 평의에서 이 사건의 상고 허가 여부가 결정될 날짜를 정확히 알고 있었던 것이다. 공정하게 말하자면, 어떤 사건이 어느 날짜에 평의에 올라가는지는 비밀이 아니다. 공개된 채널을 통해서도 알려면 알 수는 있다.

하지만 대법원의 내부 운영방식을 훤히 꿰고 있는 사람이 아니면
그런 정보를 알아내고 활용하는 것은 매우 어렵고 굉장히 많은
노력이 드는 일이다.

〈워싱턴포스트〉 사설은 타이밍만 절묘한 것이 아니었다.
내용도 몹시 정교했고 대법관들이 상고를 허가하도록 가장 잘
설득할 수 있는 방법에 대해서도 범상치 않은 감각을 보이고
있었다. 이 사설은 D.C.항소법원에서 세 명의 담당 판사가 "세
가지로 의견이 갈렸기 때문에" D.C.항소법원이 환경보호청의 손을
들어준 판결은 "일관된 근거"가 부족하고 따라서 "[판례로서]
사용할 수 없는 것"이 되었다고 인정했다. 하지만 이 사설은
그럼에도 대법관들이 이 사건의 상고를 허가해야 한다고
주장했다.[15]

우선, 사설은 이 사건이 대법원에서 심리되기에 합당한
중대성을 가진다고 주장했다. 매사추세츠 사건이 "한 세대의 환경
소송 중 가장 중요한 사건이 될 수 있다"는 것이었다. 이어서 사설은
이 사건에서 제기된 법적 쟁점들을 면밀히 짚어내고 분석했다.
그리고 지구온난화라는 사안의 중차대함에 비추어 대법관들이
D.C.항소법원의 "혼탁한 결정"을 "그대로 두는 것이 합리적이지
않은" 이유를 설명했다.[16]

사설이 나온 다음 날 대법관들은 매사추세츠 사건의 상고
허가 여부 검토 날짜를 당초 예정된 6월 15일[당일]에서 6월
22일 목요일로 일주일 연기했다. 당시에 이는 매우 이례적인
일이었고 몇몇 대법관이 상고를 허가하고 싶어 하지만 아직은
표가 부족하다는 것을 의미했다. 상고가 허가되려면 네 대법관이
찬성해야 한다. 〈워싱턴포스트〉 사설이 이 사건의 중대성을
강조해준 데 힘입어, 상고 허가를 지지하는 대법관들은 일주일간
시간을 벌고 그사이에 다른 대법관을 설득해 인원 넷을 확보하려
했을 것이다. 그렇다면 〈워싱턴포스트〉는 어떻게 해서 이렇게
시의적절하고 내용도 정확한 사설을 쓸 수 있었을까? 누가 이것을
기획했을까?

사설을 쓴 사람은 벤 위트스Ben Wittes가 분명하다. 그는

당시 〈워싱턴포스트〉의 법조 분야 사설을 담당하고 있었고
D.C.항소법원과 대법원 모두에서 법조 전문가로서 높은 평판을
가지고 있었다. 위트스는 독자들이 관심 있어 할 만한 취잿거리를
찾기 위해 자주 D.C.항소법원 판사들을 만나 진행 중이거나 진행될
사건들에 대해 이야기를 들었다. 그러한 자리 중 하나에서 테이틀
판사가 매사추세츠 사건에 대한 D.C.항소법원의 판결과 현재
대법원에 계류 중인 상고 허가 심사 등을 이야기하면서 이 사건의
중요성을 강조했고, 이야기를 듣고서 위트스는 사설로 쓸 가치가
있다고 판단했을 것이다.[17]

　매사추세츠 진정인들은 그 사설이 나올 줄을 전혀 모르고
있었다. 시에라클럽의 북바인더가 아침에 가장 먼저 사설을
발견하고 곧바로 동료 변호사들에게 이메일을 보냈다. 이메일을
받은 밀키는 2분도 안 되어서 그것을 헤인즐링에게 보냈다.
밀키는 기쁘면서도 어리둥절했다. 기자가 누구에게 이 이야기를
들었을까? 어딘가 가까운 곳에 진정인 측을 몰래 돕는 강력한
친구가 있어서, 결승점을 앞두고 그들이 꼭 필요로 하는 마지막
도움을 주고 있는 게 분명했다. 어쩌면 기적 같은 일이 일어나지
않을까?[18]

　6월 26일 아침, 상고를 허가해 달라고, 혹은 허가하지 말아
달라고 요청하는 문서들의 작성에 관여한 수십 명의 변호사가
전국 각지에서 초조하게 대법원 평의에서 나온 상고 결정 목록을
기다렸다. 일주일 전에는 다들 당연히 허가가 안 되겠거니
예상했다. 그런데 갑자기 일주일이 연기되었다는 것은 굉장히
이례적인 일이 벌어질지도 모른다는 의미였다. 상고 허가 사건
목록은 오전 10시에 온라인에 공개될 예정이었다.

　오전 중반쯤 환경 단체 변호사들, 주 정부 변호사들, 산업계
변호사들 모두 연신 시계를 들여다보았다. 환경보호청의 경력
공직자 변호사들도 초조하게 시간이 되기를 기다렸다. 이들 중에는
내심 대법원이 이 사건을 심리해서 자신의 기관이 내린 결정을
뒤집어주기를 바라는 사람들도 있었다. 6년도 더 전에 이 모든
일을 시작한 조 멘델슨도 컴퓨터 앞에서 안절부절못하고 결과를

기다렸다. 아마 테이틀 판사도 그랬을 것이다.

정확히 오전 10시에 멘델슨은 대법원 웹사이트를 클릭하고
스크롤을 내려서 그날 발표된 상고 허가 목록과 거부 목록을
살펴보았다. 238건의 사건에는 다음과 같은 대법원의 공지가 붙어
있었다. "본 상고청구서는 심리가 거부되었음." 그는 초조하게
목록을 따라 내려가 매사추세츠 사건을 찾았다. 그리고 "사건
번호 05-1102, 매사추세츠 대 환경보호청"을 발견했다. "본
상고청구서는 심리가 허가되었음."[19]

멘델슨은 휘청했다. "하느님, 세상에!Holy #@$#" 그는
동료들에게 보낸 이메일에 이렇게 적었다.[20] 보스턴에서 밀키의
반응도 이와 비슷했지만 더 직접적이었다. "으악! 하느님,
세상에!Holy Shit"[21] 워싱턴 D.C.에서 시에라클럽의 북바인더도
비슷한 반응이었지만 약간 덜 종교적이었다. "오! 세상에!Oh,
Shit." 훗날 북바인더는 "이제 어떡하지?"라는 생각이 들었다고
회상했다.[22] 이제 사상 최초로 대법관들이 기후 사건을 심리하게
될 터였다.

밀키는 "우리가 무슨 일을 저지른 거지?"라고 생각했다.
거대한 도전이 덮쳐오는 것이 점점 불안하게 느껴졌다. 훗날 그는
이렇게 회상했다. "이 사건을 계속 밀어붙이는 것을 반대했던
사람들까지 포함해 다른 사람들은 모두 정말로 기뻐하고 있었던
반면 나는 심각하게 걱정이 되었기 때문에, 나만 동떨어져 있는
것 같았습니다." 대법관들에게 사건을 심리해 달라고 설득하는
것은 그 심리에서 내 쪽에 유리하게 판결해 달라고 설득하는 것과
완전히 다른 이야기였다.[23] 도니거가 했던 말이 맞으면 어떻게
하는가? 그러니까 대법관들이 미래의 기후 소송 가능성을 아예
닫아버리는 판결을 내리면 어떻게 하는가? 그렇게 해서 내가 환경
규제를 10년, 혹은 더 길게 후퇴시키는 데 일조하게 되면 어떻게
하는가? 이 사건을 더 밀어붙이지 말고 기다려야 했던 건 아닐까?

대법관들이 상고를 허가하게끔 설득하는 것이 무척
힘든 일이긴 하지만 네 명의 대법관만 설득하면 된다. 하지만
심리와 판결에서 이기려면 이제는 다섯 명이 필요했다. 밀키는

자연자원보호위원회의 프랜시스 베이네크가 전에 경고했듯이
정말로 "환경 운동의 미래"가 다 "그의 책임"이 된 것일까 봐
두려웠다.[24]

12장

연단의 유혹

리사 헤인즐링이 짐 밀키의 부탁을 받고 상고청구서의 주 작성자가
되기로 했을 때, 대법원 구두변론자로 둘 중 누가 나설지는
나중에 정하기로 동의했다. D.C.항소법원과 달리 대법원은
같은 측에서 여러 명의 변호사가 구두변론에 나서는 것을 거의
허용하지 않는다. 대법원의 규칙은 꽤 명백하다. 극히 이례적인
상황이 아닌 한 "양측에서 변호사 한 명씩만 구두변론을 할 수
있다."[1] 매사추세츠 사건처럼 관여된 당사자가 수십 명이더라도
마찬가지다.

　　대법원 소송은 굉장히 감정을 소모하는 과정이다. 구두변론을
한 명밖에 할 수 없으므로 누가 그 역할을 맡을 것인가를 두고
변호사들 사이에서 맹렬한 전투가 벌어진다. 여기에 걸려 있는
것은 막대하고 때로는 역사적이기도 하다. 가장 뛰어난 변호사가
구두변론을 해야 한다는 데는 모두가 동의하지만 그게 누구인지를
두고는 맹렬하게 의견이 갈리곤 한다.

　　변호사에게 대법원에서 구두변론을 한다는 것은 직업
경력에서 가장 큰 꿈이 실현되는 것이나 마찬가지다. 130만 명의
미국 변호사 중 극소수만이 그 기회를 잡을 수 있다. 1년에 100명
조금 넘는 정도, 때로는 100명도 안 되는 정도의 변호사만 대법관
앞에서 구두변론을 한다. 대부분 대법원 구두변론 경험이 많은
사람들이고 대개 여러 건의 대법원 구두변론을 계속 맡는다.
따라서 신참 변호사들이 대법원이라는 메이저리그에서 뛸 수 있는
기회는 매우 희박하다.[2]

　　그 때문에, 누군가가 대법원에서 구두변론을 했다는 사실은
법조계에서 그의 신뢰도를 크게 높이고, 이는 수많은 기회로
이어질 수 있다. 이목이 집중된 사건에서 대법원 구두변론을
하나만 성공적으로 해내도 그의 경력은 탄탄대로나 마찬가지다.
어느 연방 항소법원 판사가, 혹은 대법관이 '이 자리까지 오를

수 있었던 것도 따지고 보면 다 맨 처음 대법원 구두변론을
성공적으로 해냈던 사건 덕분'이라고 말하는 것은 과장이 아니다.
그러므로 대법원에서 구두변론을 할 수 있는 기회를 자진해서
포기하기란 매우 어려운 일이다. 더구나 그 기회가 다시 오지 않을
것 같을 때는 더욱 그렇다.

　　누가 구두변론을 할 것인가를 둘러싼 갈등을 해소하기 위해
대법원이 공식적으로 개입하는 경우도 있다. 어떤 경우에는
동전을 던져 결정하기도 한다. 한번은, 동전을 던진 결과 연륜 있는
변호사가 아니라 신참 변호사가 구두변론을 하게 되었는데 그의
변론이 그야말로 재앙일 정도로 형편없어서 변론 과실로 소송에
걸린 적도 있다.[3]

　　2006년 6월 26일에 대법원이 '매사추세츠 대 환경보호청'
사건의 상고를 허가했을 때, 진정인들은 리사 헤인즐링이 진정인
측 서면의 주 작성자가 되어야 한다는 데는 빠르게 동의했다.
이것은 결정하기 어렵지 않았다. 뛰어난 상고청구서를 작성해서
대법원이 상고를 히가하게 함으로써 이 사건을 구해낸 주인공이
아닌가. 하지만 구두변론을 누가 할 것인가는 6월에 결정하지 말고
8월 말까지 미루기로 했다. 그때면 서면 작성이 완료될 것이므로
구두변론인 결정에 논의를 집중할 수 있으리라는 것이었다.
구두변론은 빨라도 늦가을이 되어야 열릴 터였다. 상고 허가가
나오자마자 구두변론인을 결정하려다 보면 당장의 우선순위, 즉
훌륭한 서면을 작성하는 일에 집중하기보다 모두의 관심이 다른
데로 쏠릴지 몰랐다. 서면을 뛰어나게 구성하지 않으면 절대로
이길 수 없다는 점은 진정인 모두가 잘 알고 있었다.

　　하지만 모두가 알면서도 입 밖으로 말하지 않은 사실이
있었다. 구두변론인을 정하는 과정에서 싸움이 벌어질 가능성이
크다는 점이었다. 밀키와 헤인즐링 둘 다 구두변론을 하고 싶어
한다는 것은 분명했고, 그 외에 몇몇 다른 사람들도 내심 운명이
자신에게 그 일생의 기회를 가져다주지 않을까 기대했을 것이다.
어쨌든 6월에 그들은 어려운 질문을 미루기로 했다. 이렇게 해서,
시한폭탄이 돌아가기 시작했다. 나중에 안전핀이 뽑혔을 때, 그

폭탄은 진정인들 사이의 관계를 망가뜨리고 사건을 거의 파국
직전까지 몰아넣게 된다.

뒤마의 유명한 백지 위임장

6월 말에 헤인즐링은 서면을 대표 집필하기로 하면서 밀키에게 딱
두 가지 조건을 걸었다. 하나는 자신을 공식적으로 매사추세츠주
법무부 '특별차관'이라고 서면의 눈에 띄는 위치에 명시해 달라는
것이었다. 서면의 주요 작성자로서 합당한 요구였다. 두 번째
조건은 구두변론인 후보로 자신을 진지하게 고려해 달라는
것이었다. 헤인즐링은 밀키도 구두변론인이 되는 데 관심이 있다는
것을 알고 있었으므로 결정은 서면이 제출된 뒤에 해도 좋다고
동의했다. 밀키도 헤인즐링이 내건 두 가지 조건 모두에 동의했다.
        팀에 공식 합류한 헤인즐링은 8월 29일이라는 촉박한 마감
시한과 엄청난 실무적인 문제에 맞닥뜨리게 되었다. 진정인들이
하나의 공동 서면을 제출해야 했으므로 헤인즐링의 원고는 소송에
참여한 28개 기관과 이곳들을 대리하는 약 60명의 변호사 모두에게
승인을 받아야 했다. 이들의 다양한 견해를 충족하려면 막대한
시간이 소요될 터였다. 더 안 좋게는, 그러다가 D.C.항소법원
때처럼 분열이 생겨서 서면의 구성과 논리의 질이 크게 떨어지게
될지도 몰랐다. 헤인즐링이 상고청구서를 작성했을 때는 팀의
변호사들이 내용에 큰 관심을 기울이지 않았다. 어차피 상고
허가가 안 날 것이라고 생각했기 때문이다. 하지만 지금은 다들 이
파이에서 작은 조각이나마 가져가고 싶어 했다. 헤인즐링은 외줄을
타듯 조심스럽고 수완 있게 이 상황을 헤쳐나가야 했다. 수많은
동료 변호사의 의견을 구하고(많은 변호사가 실제로 귀중한
아이디어와 통찰을 가지고 있을 터였다) 승인을 얻어야 했다.
하지만 헤인즐링은 자신이 작성하는 글의 내용, 구성, 어조에서
주도권을 양보하고 싶지 않았다.
        헤인즐링은 7월 28일에 초고를, 8월 18일과 8월 25일에
수정고를 회람시켰으며, 28개 기관 모두의 동의를 얻어 마감일인
8월 29일에 무사히 제출했다. 최종고는 매우 뛰어난 서면이었고

대담하고 위험한 전략도 일부 반영되어 있었다. 또한 헤인즐링 특유의 개성과 흥미로운 문체도 반영되어 있었다.

헤인즐링은 쟁점의 순서와 강조점을 상고청구서에서와 다르게 가져가기로 했다. 상고청구서는 대법원이 이 사건을 심리하도록 설득하는 것이 목적이었지만, 이제는 대법원이 진정인의 손을 들어주는 판결을 내리도록 설득하는 것이 목적이었다. 상고청구서에서는 대법관들이 가장 흥미로워할 법한 쟁점을 앞세워서 환경보호청의 백업 논변(설령 온실가스가 대기오염물질이라 하더라도 환경보호청은 신규 자동차에서 나오는 온실가스가 공중의 건강과 복지를 위협하는지에 대한 판단을 유보할 재량이 있다는 논변)에 초점을 맞췄다. 현명하게도 헤인즐링은 상고청구서에서 이 쟁점을 '현 시점에 가장 바람직한 정책이 무엇인가'에 대한 행정부(이 사건에서는 환경보호청)의 판단이 의회가 입법 시에 상정한 바람직한 정책을 대체할 수 있느냐와 관련된 광범위하고 포괄적인 문제로 보이도록 포장했다. 그리고 환경 측면은 의도적으로 두드러지지 않게 했다.[6]

상고청구서에서 '두 번째' 쟁점은 온실가스가 청정대기법상 환경보호청이 규제 권한을 갖는 대기오염물질에 해당하느냐였고, 물론 이것은 진정인들에게 가장 중요한 쟁점이었다.[7] 하지만 헤인즐링은 상고청구서에서 이에 대해 정교한 논변을 제시하지 않았다. 하급심에서 이 쟁점을 언급하지 않았기 때문이다. 헤인즐링은 하급심에서 판단을 내리지 않은 쟁점을 대법원에서 판단해 달라고 요구하는 것이 설득력 없으리라는 점을 잘 알고 있었다.

하지만 이제는 상고가 허가되었으므로, 헤인즐링은 더 이상 진정인들의 진짜 관심사가(얼마 전까지만 해도 그렇게 중요하다고 말했던) '첫 번째' 쟁점인 척하지 않았다. 그렇다고 여기에 부정직한 면이 있는 것은 전혀 아니었다. 상고청구서와 서면 모두 대법원이 다뤄야 할 법적 쟁점들을 순서대로 제시한 '쟁점 사항Questions Presented'이라는 절로 시작하는데, 두 쟁점 사이의 순서만 바꿨을 뿐 상고청구서에서 제기한 쟁점 사항과 서면에서

제기한 쟁점 사항에는 차이가 없었다.[8]

같은 목적에서 '논변' 절은 온실가스 문제에 거의 전적으로
초점을 맞춰 작성되었고, 행정부가 자신의 판단으로 의회의 판단을
대체할 권한을 갖는가의 문제는 간단하게만 언급되었다. 57쪽짜리
초고에서 (상고청구서에서는 주된 쟁점이었던) 행정부 권한과
관련된 쟁점에 할애된 분량은 6쪽에 불과했다.[9]

이러한 미끼 전략은 노련한 대법원 소송 변호사가 자주
사용하는 전략이다. 이들은 대법관들이 심리를 허가할지 말지를
결정할 때 가장 관심 있어 할 법한 쟁점이나 논변이 반드시
자기 쪽에 우호적인 판결이 나오는 데 유리한 쟁점은 아니라는
사실을 잘 알고 있다. 헤인즐링의 전술, 특히 '쟁점 사항' 절에서
쟁점의 순서를 상고청구서 때와 다르게 제시한 것은 굉장히
배짱 두둑한 전술이었다. 이것은 펑크록 밴드가 조용한 기차
객실에서 연주를 하는 것처럼 세심하게 신경 써야 하는 일이었다.
그리고 헤인즐링이 매우 효과적인 서면을 작성할 수 있었던 데에
이것보다도 더 중요하게 작용했던 결정은, 동료 변호사들에게
회람은 시키되 그들의 의견에 얽매이지 않고 자율적으로 서면을
작성하기로 한 것이었다. 그렇지 않았더라면 헤인즐링의 서면은
수천 개의 의견과 수정 제안에 파묻혀 죽어버렸을 것이다.

처음 회람된 원고는(7월 28일에 회람되었다) 매우 빠르게
작성되었다는 점을 감안하면 좋은 출발이었다. 하지만 여기서
끝이 아니었다. 이것은 초고일 뿐이었고 모든 초고가 그렇듯이
세부적인 부분들에 대한 의견이 쏟아져 들어왔다. 많은 변호사가
이메일로 세부 수정에 대한 의견을 보내왔고, 소그룹이 모여
몇 시간에 걸친 콘퍼런스 콜을 통해 한 줄 한 줄 서면 내용을
점검했다. 헤인즐링은 나중에 쓴 메모에서 다들 "시간과 기운이
쪽 빠졌다"고 표현했다. 주된 참여자는 멘델슨, 북바인더, 도니거,
폭스, 그리고 캘리포니아주, 뉴욕주, (밀키 포함) 매사추세츠주
변호사들이었다. 모두가 나름의 아이디어와 제안을 가지고 있었다.
멘델슨의 의견이 가장 빠르고 가장 상세했으며 단어의 수정과
관련해 구체적인 제안이 담겨 있어서 매우 유용했다. 헤인즐링에게

가장 큰 스트레스를 준 의견은 밀키의 의견이었다. 그는 자신이
제기하는 우려 사항을 어떻게 해소할 수 있을지에 대해서는 아무런
구체적인 제안을 하지 않은 채 서면의 중요한 부분들에 대해 '빅
픽처 스타일'의 우려를 제기했다. 헤인즐링에게 쏟아져 들어온
의견의 양과 다양성을 보건대, 이 모두를 하나의 합의로 이끄는
일은 어렵고 지난하며 지치는 과정이 될 수밖에 없었다.[10]

　　8월 18일에 회람된 두 번째 원고는 여러 동료 변호사들이
제안한 아이디어들을 반영했지만 몇 가지 중요한 점에서 초고보다
훨씬 덜 효과적인 서면이 되었다. 상당 부분이 무슨 위원회가 쓴
글처럼 딱딱했고 상충하는 제안과 의견 들을 두루 반영하려다 보니
밋밋해졌다. 마감까지 11일밖에 남지 않은 상태에서, 헤인즐링은
동료들에게 계속해서 이렇게 한 줄 한 줄 지적한다면 자신의
"머리가 터져버릴 것"이라고 고충을 토로했다.[11]

　　헤인즐링은 '뛰어난 의견과 제안 들'에 여전히 감사를
표하면서도 자신의 방식대로 밀고 나가기로 했다. 엿새 뒤인
8월 24일 헤인즐링은 두 번째 원고의 상당 부분을 재수정한,
그리고 모든 사람의 요구를 다 만족시키려고 노력하지 않고 자기
스타일대로 쓴 원고를 최종적으로 전달했다. 모두를 만족시키기를
포기한 대신, 새로운 논변을 더 깊이 있고 생생하게 구성했다. 세
번째 원고를 전하는 이메일에서 헤인즐링은 지난번 원고와 매우
다를 것이라며 최종고를 읽고 "충격받지" 말아 달라고 당부했다.
헤인즐링은 "새롭고 열린 마음으로" 읽어 달라고 부탁하면서,
서면이 제시간에 제출될 수 있도록 다들 자자구구 지적하는 일은
이제 제발 그만두어 달라는 요구를 강하게 내비쳤다.[12]

　　최종고는 모든 면에서 제대로 급소를 찔렀다. 모두가
한결같이 찬사를 보내왔다. 캘리포니아주 법무팀과 밀키는 다음과
같은 동일한 반응을 보내왔다. "고마워요, 고마워요, 고마워요."
이들은 새 서면이 정말 훌륭하게 작성되었다고 찬사를 아끼지
않았다.[13] 자연자원보호위원회의 데이비드 도니거도 이 글이
"훌륭하다"고 했고 또 어떤 이는 "굉장하다"고 했다.[14]

　　최종고는 논변의 초점이 더 분명하게 잡혀 있었고 강력하고

직접적이었을 뿐 아니라 문체도 자신감 있고 흥미롭고 유려했다.
헤인즐링 본인의 표현을 빌리자면 서면이 "통통 뛰어다닐 수 있게"
하는 "경쾌한" 문체였다.[15]

이 서면에서 헤인즐링은 환경보호청이 "수많은 해석적
금기를 위반했다"고 도발했다. "법 조항의 어떤 문구는 무시했고,
어떤 문구는 그것의 일반적인 의미를 뒤집었으며, 동일한
단어를 다른 의미로 해석했고, 기후가 인간의 건강과 복지에
중요한 영향을 미치는 요인이라는 의회의 명시적인 판단을
대수롭지 않다는 듯 무시했다"는 것이었다. 서정적인 뉘앙스의
단어를 일부러 사용한 것도 논변을 더 인상적으로 각인시키는
데 효과적이었다. "먼저 결론부터 내리고 그다음에 이유를 찾는
것이야말로 자의성의 영혼이라 할 것이다."[16]

8월 29일에 제출된 최종고의 마무리 문장은 올림픽 피겨
스케이팅 선수가 트리플 악셀에 성공하고 아름답게 착지한 순간에
비견할 만했다. 여기서 헤인즐링은 D.C.항소법원 랜돌프 판사의
의견을 다음과 같이 비꼬았다.

> 실제로 아래의 주된 의견[랜돌프 판사의 의견]이 나타내는
> 접근법은 사법적 심사 과정 자체를 조롱하고 있다. 법원이
> 정부 기관의 행동을 알렉상드르 뒤마의 유명한 백지
> 위임장처럼 들리는 이유로 허용한다면 사법적 심사의 목적이
> 제대로 달성될 리 만무하다. "이 종이를 가진 사람이 한 일은
> [그것이 무엇이건] 나의 명령으로, 그리고 국가의 이익을
> 위해 한 것이다"와 같은 식의 이유로 허용한다면 말이다.[17]

헤인즐링의 원래 원고에서는 이 부분에 쓰인 단어가 약간 달랐고
많은 이가 그게 더 낫다고 생각했다. 원래 원고에는 《삼총사》의
저자인 뒤마가 아니라 등장인물인 리슐리외 추기경의 말을 인용한
것으로 되어 있었다. 실제로 여기에 인용된 문장(이 위임장을 가진
사람에게 무엇이든 할 수 있는 권한을 준다는 언급)은 소설 속에서
리슐리외 추기경이 쓴 것이다.[18] 인용이 추기경에서 뒤마로 바뀐

것은 최종고가 언론에 발송되기 불과 몇 시간 전이었다. 밀키가
(가톨릭 신자인) 일부 대법관이 리슐리외가 언급된 것을 보면
진정인 측이 '반反 가톨릭적'이라고 생각할지 모른다고 걱정하자
이를 반영해 수정한 것이었다.[19] 이렇게 해서 추기경의 이름은
교정지에만 남겨진 채로 최종고가 제출되었다. 별로 문제될 것
없어 보이는 사소한 수정이었지만, 이는 표면 아래에 흐르던
팽팽한 긴장을 보여주는 것이기도 했다. 이 긴장은 곧 부글부글
끓어오르게 된다.

◇ 미인대회

서면이 제출되었으므로, 구두변론인 결정을 더는 미룰 수 없었다.
밀키와 헤인즐링 모두 자신이 적임자라고 주장할 만한 타당한
이유가 있었기 때문에 매우 어려운 결정이었다.

밀키는 이 사건의 공식 '수임 변호사'였다. 이는 그가 이
사건에서 핵심 역할을 맡고 있다는 의미였다. 그는 많은 사람이
반대할 때 이 사건을 진행하기로 결정한 사람이기도 했다. 연방
대법원에서 구두변론을 해본 적은 없지만 송무 변호사로 오래 일한
경력이 있었고 연방 항소법원과 주 항소법원 모두에서 구두변론을
해본 경험이 있었다. 또한 학업적, 직업적 이력도 흠 잡을 데
없었고, 20년 동안 공익에 헌신해온 사람이었다. 진정인들이
주 정부가 진정인 측 대표가 되어야 한다고 동의한 점도 그가
구두변론인이 되어야 한다는 주장을 펴기에 유리했다. 주 정부의
경력 공직자인 변호사를 내세우는 것이 전략적으로 유리할 수
있기 때문이다. 밀키가 대법관들 앞에 구두변론인으로 나선다면,
누군가에게 돈을 받고 고용된 대리인으로서가 아니라, 또 선출직
진출을 염두에 두고 자신의 정치적 미래를 위해 주목받으려는
공직자로서가 아니라, 공익을 위해 나선 것이라는 인상을 줄
수 있을 터였다. 즉 그는 직업 경력 전체를 통틀어 자신의 주와
시민들의 이익을 위해 헌신해온 공복公僕의 이미지를 투사할 수
있는 사람이었다.[20]

헤인즐링이 구두변론인이 되어야 한다는 데도 타당한 이유가

있었다. 헤인즐링은 성공적인 상고청구서를 쓰는 데 진정인 측
변호사 누구보다도 압도적인 기여를 했고 두 번이나 몹시 어려운
상황에서도 훌륭하게 글을 작성했다. 헤인즐링은 명백하게 뛰어난
변호사였고 유려한 글솜씨를 지녔으며 늦게 합류했는데도 팀의
그 누구 못지않게 쟁점과 논변에 통달해 있었다. 또 헤인즐링은
연단에서 빠르고 효과적으로 말하는 능력이 탁월했는데, 이는
구두변론에서 빠르게 쏟아지는 대법관들의 질문에 대응하는 데
매우 귀중한 자질이었다.

그렇긴 해도 헤인즐링은 주 법원, 연방 법원 어디에서도
항소심 구두변론을 해본 적이 없었다. 이번에 하게 된다면
구두변론 데뷔를 대법원에서 하게 되는 셈이었는데, 첫 무대로서는
너무 큰 무대였다. 하지만 헤인즐링은 훌륭한 교수였고 학자였다.
강의자로서, 또 연구자로서 그가 지닌 모든 역량이 구두변론에
중요한 자질이었다. 여기에 더해, 대법원 로클럭 출신인 만큼
대법원 내부 작동에 대해서도 더없이 귀중한 지식을 보유하고
있었다.

구두변론인 결정을 둘러싼 갈등은 서면을 제출하고 두어
주가 지난 9월 중순에 최고조에 달했다. 이때쯤이면 밀키는 법정에
서본 경험과 경력 공직자라는 지위로 볼 때 자신이 헤인즐링보다
조건이 더 낫다고 생각하고 있었다. 하지만 자연자원보호위원회의
도니거와 시에라클럽의 북바인더는 헤인즐링이 더 낫다고
생각했다. 둘 다 그 생각을 밀키에게 직접 이야기하지는 않았다.
그 대신, 헤인즐링의 뛰어난 발언 능력을 내보일 수 있는 무대를
마련함으로써 다른 진정인들이 헤인즐링의 손을 들어주게 하려는
계획을 은밀히 기획했다. 9월 중에 헤인즐링이 중요한 자리에서
이 사건에 대해 공개 발표나 강연을 몇 차례 하게끔 한 뒤 동료
변호사들에게 헤인즐링의 뛰어난 발언 능력을 추켜세운다는
계획이었다.[21]

밀키는 자신이 구두변론인이 되는 데 도니거가 반대한다는
사실을 알았어도 별로 놀라지 않았을 것이다. 밀키와 도니거는 이
소송의 맨 처음부터 물과 기름이었다. 도니거는 D.C.항소법원에

제출한 서면에서 밀키가 작성한 부분을 통째로 폐기하고 싶어
했고, 헤인즐링이 쓴 대법원 서면에 대해 밀키가 낸 의견도 통째로
무시하고 싶어 했다. 나중에 도니거는 밀키의 판단에 동의한 적도,
밀키의 판단을 믿은 적도 없다고 말했다. 반면 헤인즐링의 놀라운
실력에는 매우 큰 인상을 받았다.[22]

하지만 북바인더마저 일찍부터 자신에게 반대하는 줄
알았더라면 밀키는 크게 놀랐을 것이다. 밀키는 북바인더가
구두변론인으로 자신을 밀고 있다고 생각했다. 북바인더가
헤인즐링 쪽으로 생각이 기운 것은 헤인즐링이 쓴 대법원 서면
초고에 대해 밀키가 제시한 의견을 본 뒤였다. 그는 헤인즐링과
이야기를 나누고서 밀키의 의견이 헤인즐링에게 얼마나 큰
스트레스를 주는지 알게 되었고, 보스턴으로 날아가서 자신의
이전 상사이기도 했던 밀키에게 그의 생각이 '불합리한' 정도에
이르렀다고 말하기까지 했다. 북바인더는 헤인즐링이 너무
스트레스를 받아서 손 털고 나갈까 봐 걱정된 적도 있었다.[23]

도니거와 북바인더는 팀 내 다른 변호사들을 설득하는 일이
쉽지 않으리라는 것을 알고 있었다. 이들은 모두 실전을 뛰고
있는 현직 변호사들이었기 때문에, 법정 경험이 거의 없는 학자를
구두변론인으로 정하자는 데 동의하기 어려울 터였다. 헤인즐링과
달리 밀키는 변론 경험이 풍부한 변호사였고, 진정인 중 주 정부
소속 변호사들은 역시 주 정부 변호사인 밀키 쪽으로 자연스럽게
기울어 있었다.

뉴욕주 법무부 환경보호국장이자 예전에
자연자원보호위원회에서 도니거의 동료였던 피터 레너[Peter]
[Lehner]가 9월 말에 밀키에게 연락해서 "몇몇 사람이" 구두변론인을
내부 경합을 통해 결정해야 한다고 생각하고 있다고 알려왔다.[24]
헤인즐링과 밀키가 다른 변호사들이 대법관 역할을 맡은
모의법정에서 구두변론을 펼치는 경합(때로는 '미인대회'라고도
하고 '빵 굽기 대회'라고도 한다)을 벌여서 더 뛰어난 사람으로
결정한다는 것이었다. 레너는 헤인즐링은 이미 여기에 동의했다고
밀키에게 전했다.[25]

밀키는 레너의 말을 끝까지 들었지만 내부 경합이라는
아이디어는 딱 잘라 일축했다. 유의미한 준비가 되지 못한
상태에서 진행될 것이므로 "실제 법정 상황과 비슷한 점이 거의
없을 것이기 때문"이라는 것이었다.[26] 밀키는 지금 하든 상대측
반대서면을 본 다음에 하든 그러한 경합은 소모적인 시간 낭비일
것이라고 주장했다. 지금 한다면 상대측 논변을 모르는 상태에서
하게 될 것이고(상대측 논변은 4주 후에 제출될 예정이었다)
상대측 논변이 나온 다음에 한다면 이쪽의 최종 답변서면을
준비하기에도 시간이 촉박하므로 내부 경합을 제대로 벌이기
어려우리라는 논리였다.

다음 날 북바인더는 밀키에게 "미국에서 가장 중요한 환경
소송을 위해" 결심을 재고해줄 수 없는지 묻는 이메일을 보냈다.[27]
밀키는 거절했다. 밀키는 "이해관계가 없는 외부인" 여러 명에게
의견을 구해보았는데 "내가 구두변론을 해야 한다는 것이 모두의
의견이었다"며 "이것은 찬반이 비등비등하지도 않은 모두의
일치된 의견이었다"고 말했다.[28] 밀키는 또한 "그중 두 명은
리사가 아무리 똑똑하다고 해도 대법원 구두변론을 처음 해보는
사람을 구두변론인으로 내보낸다는 것은 변호사의 업무상 과실에
해당하는 일이라고 말했다"고 덧붙였다.[29]

밀키는 몹시 마음이 상했다. 그는 북바인더에게 이미
오래전에 서면은 헤인즐링이 쓰고 구두변론은 밀키가 맡는 것이
"명백한" 해법이라고 동의하지 않았느냐고 되물었다.[30] 그리고
밀키에 따르면 그러한 업무 분담은 북바인더 본인이 제안한
것이기도 했다. 밀키는 북바인더가 프린스턴 대학 학부 시절부터
이어진 헤인즐링과의 30년 우정 때문에 올바른 판단이 흐려졌다고
생각했다. 또한 밀키는 북바인더에게 애초에 이 혼란을 도니거가
일으켰다고 비난했다. 모의 변론이니 경합이니 하는 아이디어로
"리사를 들쑤셨고" "[성경 '열왕기'에 나오는 이스라엘의 폭군]
아합 같은 집착"으로 밀키를 싫어한 나머지 집요하게 이 사건에서
밀키의 역할을 축소하려 했다는 것이었다.[31]

소송을 위해 가장 좋은 것이 무엇인지와 개인을 위해 가장

좋은 것이 무엇인지 사이에서 복잡하게 꼬인 실타래는 오래전부터
존재했지만 대체로 수면 아래 가라앉아 있었다. 그런데 이제 수면
위로 올라왔고, 너덜너덜해져 있었다.

구두변론인 결정을 둘러싼 논란은 며칠 뒤인 10월 4일에
갑자기 해소되었다. 밀키의 직속상관인 매사추세츠주 법무장관
톰 라일리가 헤인즐링이 이 사건에서 공식적으로 매사추세츠주
법무부의 '특별차관'으로 임명되어 있으니 헤인즐링을
구두변론인으로 내보낼 것인지를 결정할 권한은 매사추세츠주
법무장관인 자신에게 있다고 주장한 것이다.[32] 도니거도,
북바인더도, 다른 누구도, 여기에 반박할 수 없었다. 라일리가
결정권자였고 그가 선택한 사람은 밀키였다.

헤인즐링을 매사추세츠주가 수임한 변호사가 아니라
진정인에 속한 다른 기관이 수임한 변호사로 전환해서 라일리의
결정권을 피하는 것도 가능하지 않았다. 매사추세츠주의 윤리법에
따르면, 헤인즐링은 법무장관의 명시적 허가 없이 의뢰인을 바꿔서
다른 기관의 변호사로 전환될 수 없었다. 그리고 라일리는 그것을
허가하지 않을 것이었다.

그날 오후 헤인즐링은 공식적으로 후보에서 물러난다는
의사를 팀 전체에 이메일로 발송했다. 헤인즐링은 여전히 자신이
"구두변론을 잘할 수 있을 뿐 아니라 가장 잘할 수 있다"고
생각한다며 밀키와 달리 자신은 "공개적인 '모의 변론 경합'을
통해 구두변론인을 뽑는 데 참여할 의사도 있었다"고 말했다.[33]
하지만 "불확실성이 너무 길어지면서" "지지부진하고 불편한
상황을 초래하게 되어 소송의 결과를 위협할 지경이 되었기
때문"에 구두변론을 포기한다고 언급했다.[34] 훗날 헤인즐링은
헤인즐링이 구두변론을 맡기를 원했던 몇몇 동료가 이 이메일을
보고 '아연실색'했다고 회상했다.[35]

헤인즐링의 입장이라면 누구라도 분노했을 것이다. 흠잡을 데
없는 학문적 자격을 지니고 있었고 이 사건에서 열심히 일했으며
탁월한 성과를 냈는데도 오랫동안 멘토이자 가까운 친구라고
생각했던 사람에게서 풋내기 취급을 받은 것이다. 그뿐 아니라

경력 면에서 매우 소중한 기회를 놓친 것이기도 했다(조지타운
대학의 한 동료 교수는 민권과 관련한 대법원 사건에서 성공적으로
구두변론을 하고 한두 해 뒤에 D.C.항소법원 판사가 되었다).[36]
　　이런 일을 당하면 지극한 실망과 환멸로 사건에서 손을 떼고
떠나는 것이 보통일 것이다. 밀키가 구두변론을 할 것이라면 최종
답변서면도 마땅히 그가 작성해야 한다고 말하면서 말이다(최종
답변서면 제출일까지는 한두 주밖에 시간이 없었다). 하지만
헤인즐링은 떠나지 않았다. 소송의 대의에 대한 헌신이 개인적인
야망보다 컸다. 헤인즐링은 팀에 남기로 했고 그달 말에 최종
답변서면도 작성했다. 이 서면을 작성할 때 헤인즐링이 내건
조건은 단 하나였다. 동료 변호사들이 이전처럼 문장과 단어마다
꼬투리를 잡는 의견을 보내지 않는다는 것이었다. 서면을 더 잘
쓰기 위해, 그리고 마음의 안정을 위해, 헤인즐링은 "구두변론도
포기했는데 서면 초안을 콘퍼런스 콜에서 한 줄 한 줄 읽어가며
검토하는 짓을 네 시간이나 하는 일까지 하지는 않겠다"고
밝혔다.[37] 헤인즐링은 동료 변호사들이 제안이나 의견을
삼가준다면 최종 답변서면 작성을 맡겠다고 했다.
　　헤인즐링이 최종 답변서면 작성을 다른 사람에게 넘겼다면
진정인 측이 효과적인 답변서면을 작성할 수 있는 역량이 크게
떨어졌을 것이다. 밀키는 구두변론 예행연습 때문에 시간을 낼 수
없었을 것이고 동료 변호사 중 누구도 헤인즐링에 필적할 만한
서면 작성 능력을 보이지는 못했을 것이기 때문이다. 헤인즐링은
일이 그렇게 되도록 두기보다 자존심을 접고 이 중요한 소송에서
자신의 가장 빼어난 역량을 발휘해 팀을 돕기로 했다.

◇　반대서면
10월 24일에 송무차관실은 진정인 측 서면에 대한 대응으로
환경보호청을 대리해 50쪽짜리 반대서면을 제출했다. 지명
공직자가 손을 보는 바람에 엉망이 되었던 D.C.항소법원
반대서면과 달리 이번 서면은 훌륭했다.
　　서면 중 10쪽은 진정인들에게 헌법 제3조상의 원고적격이

없으므로 대법원이 이 사건을 기각해야 한다는 주장에 할애되었다. 이 서면에 따르면 진정인 측 논변은 원고적격을 입증하기에 두 가지 면에서 부족했다. 첫째, 그들은 멘델슨의 청원을 거부한 환경보호청의 결정이 그들에게 직접적이고 구체적인 피해를 야기한 "원인"이 되었음을 입증하지 못했다. 둘째, 환경보호청의 처분이 그러한 피해를 야기했다 하더라도 사법적으로 그 피해를 어떻게 "구제"할 수 있는지 설명하지 못했다.[38]

여기에서 송무차관실이 제시한 논변은 기후 과학과 관련이 있었다. 기후 과학에 따르면 온실가스는 전 지구에 걸쳐 여러 원천에서 배출되고 수십 년에 걸쳐 전세계의 대기에 골고루 퍼진다. 따라서 기후 변화를 유발하는 원천이 어디인지 특정하는 것은 본질적으로 '추측적인speculative' 작업이 되고 만다. 매사추세츠 진정인들은 환경보호청이 신규 자동차를 규제하지 않는 것이 다른 모든 원천들과 비교해볼 때 왜 특히 더 해로운지 입증하지 못했다.[39]

진정인들이 사법적 구제 가능성을 입증하지 못했다는 송무차관실 논변의 두 번째 지점도 기후 과학에 의거하고 있었다. 송무차관실은 이 소송의 결과에 영향을 받는 것은 전체 온실가스 배출 중 극히 일부일 뿐이라고 지적했다. 지구상에는 수백만 개의 온실가스 배출원이 있고 여기서 수십 년간 온실가스 수십억 톤을 쏟아냈으며 이 소송의 결과가 어떻게 나오든 앞으로도 그럴 것이었다. 송무차관실의 반대서면은 미국에서 신규 자동차 (멘델슨의 청원이 규제해 달라고 요구한 유일한 배출원)를 규제한다고 해도, "어떤 자료를 보더라도" "이렇게 적은 비중을 저감한다고 해서" "전 지구적 기후 변화의 전반적인 정도에 물질적으로 유의미한 영향을 미칠 수는" 없을 것으로 보인다고 지적했다.[40]

피해 원인에 대한 논변만큼이나 사법적 구제 가능성에 대한 논변도 강력했다. 진정인에게 원고적격이 없다는 논변은 적어도 일부 대법관을 설득할 수 있을 것이었다. 문제는 몇 명이 설득될 것인가였다.

　　온실가스가 청정대기법상 환경보호청의 규제 대상에 속하는
"대기오염물질"로 간주될 수 있느냐에 대해서도 이번 서면은
D.C.항소법원 때의 서면보다 탄탄했다. 송무차관실은 현명하게도
이전에 법무부가 제출했던, 그리고 환경보호청이 주장했던 지명
공직자의 논변을 버렸다. 송무차관실은 특히 환경보호청의 이전
입장인 "청정대기법 조항의 문구가 갖는 일반적이고 명료한
의미로 볼 때 그 결론[온실가스는 대기오염물질이 아니라는
결론]이 도출될 수밖에 없다"는 주장이 설득력이 없다고 보았다.
당시에 환경보호청의 지명 공직자들은 미래에 민주당이 정권을
잡는다 해도 청정대기법으로 온실가스를 규제할 수 없도록
원천봉쇄하기 위해 그러한 논변을 구성했다.[41]

　　송무차관실은 그 논변 대신 더 쉽고 훨씬 더 강력한 논변을
선택했다. 환경보호청에서 내린 해석이 충분히 "합리적"이며
따라서 대법원이 1984년에 만장일치로 판결한 '쉐브론 대
자연자원보호위원회' 사건에서 제시된 기준에 따라 환경보호청의
해석을 "존중해야 한다"고 주장한 것이다(쉐브론 사건 판결문은
존 폴 스티븐스 대법관이 작성했다). 이 덜 까다로운 논변에서
이기려면, 청정대기법 조항의 문구가 명백히 보여주듯이 의회가
입법 당시에 온실가스를 대기오염물질로 간주했는지가 모호하며
따라서 환경보호청이 모호한 문구에 나름의 해석을 내린
것은 불합리하거나 위법한 일이 아니라는 점만 대법관들에게
설득시키면 되었다.[42]

　　이 논변을 뒷받침하는 데는 유리한 사실 두 가지를 활용할
수 있었다. 첫째, 1970년에 청정대기법을 통과시킬 당시 의회가
온실가스는 염두에 두지 않았다. 여기에는 논란의 여지가 거의
있을 수 없다. 둘째, 청정대기법은 대기오염의 의미와 관련해,
장소에 따라 대기 중 농도가 차이 난다는 점 등 몇몇 물리적 특성을
전제하고 있는데 온실가스는 지구의 대기 전체에 퍼지므로 여기에
해당하지 않는다. 따라서 대기오염물질의 의미를 온실가스까지
포괄한다고 해석할 경우 청정대기법의 몇몇 조항은 말이 잘 되지
않는다.[43]

마지막으로, 설령 온실가스가 청정대기법상
대기오염물질이라 하더라도 환경보호청이 멘델슨의 청원을
거부한 결정은 합당한 근거에 기반한 합법적인 처분이었다는
쟁점에 대해서도 이번 서면이 D.C.항소법원 때의 서면보다 나았다.
환경보호청의 백업 논변이었던 이것이야말로 환경보호청이
승리할 수 있는 논변이었다.

환경보호청의 원래 결정문[멘델슨의 청원을 거부한다는
결정문]과 D.C.항소법원에 제출되었던 서면은 불필요하게 이
쟁점을 헷갈리게 만들고 있었다. 둘 다 환경보호청이 내린 '어떤
결정'을 변호하고 있는지 명료하게 설명하지 않았다. 환경보호청은
자동차에서 배출되는 온실가스가 공중의 건강과 복지를 위협하지
않는다고 결정한 것인가? 아니면, 위험성에 대한 판단 자체를 아직
내리지 않기로 결정한 것인가?

이와 관련해서도 송무차관실은 더 쉽고 방어하기에 유리한
접근을 선택했다. D.C.항소법원 때와 달리 대법원 서면에서는
환경보호청이 위험성에 대한 판단을 유보했을 뿐이라는 점을
명백히 밝혔다. 그리고 이렇게 판단을 유보한 것이 합법적임을
이미 잘 확립되어 있는 행정법 원칙에 의거해 주장했다. "어떤 정부
기관이 [규제에 필요한] 규칙 제정을 개시하지 않기로 결정하는
것은 광범위한 재량적 요인에 기초한 것일 수 있으며 이에 대한
사법적 심사는 그 재량권을 높은 수준으로 존중하는 것을 전제로
해서 이루어져야 한다"는 원칙 말이다.[44]

나아가 이 서면은 청정대기법의 다른 조항들과 달리
진정인들이 의거하고 있는 조항은 환경보호청이 해당 사안을
지금이 아닌 나중에 검토하는 편이 더 낫다고 판단해서 지금은
규칙 제정을 개시하지 않기로 결정할 수 있는 일반적인 재량권을
박탈하지 않았다고 언급했다. 특히 청정대기법은 신규 자동차의
온실가스 배출을 규제해 달라는 청원에 언제까지 답변해야
한다는 시한을 부여하고 있지 않으며, 지금은 아직 규제에
적기가 아니라는 판단을 내릴 때 고려에 넣을 수 있는 요인들을
명시적으로 좁게 한정하고 있지도 않다고 덧붙였다.[45]

송무차관실의 서면 외에도 환경보호청 측에서 제출한
서면이 또 있었다. 네 집단이 환경보호청 측 당사자로 이 소송에
가담했다. 미시간주가 이끄는 아홉 개 주, 여러 업계 협회가 참여한
'이산화탄소 송무 그룹CO₂ Litigation Group', 미국의 화력발전소와 공공
유틸리티를 대표하는 '유틸리티 대기 규제 그룹Utility Air Regulatory
Group', 그리고 자동차, 트럭, 엔진 제조업체 및 자동차 딜러 업계
협회들의 그룹이었다. D.C.항소법원 때는 세 업계 집단이 하나의
공동 서면을 제출했다.[46]

하나의 통합 서면을 제출해서 참여 기관들의 공통된 의견을
강조하려 한 진정인 측과 달리 환경보호청 측에 가담한 네 집단은
각각 50쪽씩 서면을 작성하는 것이 더 유리하리라고 보았다.[47] 두
개의 서면은 온실가스가 대기오염물질인가에 전적으로 초점을
맞추고 있었고, 원고적격 문제나 환경보호청이 온실가스가
대기오염물질이라 하더라도 그것을 규제해 달라는 청원을 거부할
재량권을 갖는지의 문제는 다루지 않았다.[48] 세 번째 서면은
원고적격에 절반 정도를 할애했다.[49] 네 번째 서면은 환경보호청이
현 시점에 위험성 판단을 내리지 않기로 결정할 재량권을 갖느냐의
문제에 상당 부분을 할애했다.[50] 별도 서면 네 개를 작성하기로
한 것은 대법원의 규칙을 영리하게 이용한 것이었다. 진정인 측이
훨씬 더 긴 반박에 대응해야 할 것이기 때문이다. 진정인들은
48쪽짜리 서면 하나를 제출했는데 송무차관실, 기업계, 미시간주
등 피진정인 측은 총 200쪽이 넘는 서면을 제출했다.

양측 당사자들의 서면 외에도 추가로 제출된 서면들이
있었다. 피진정인 측을 지지하는 '법정조언자amicus curiae'(경제학자,
과학자, 기업 등이 포함되어 있었다)가 총 수백 쪽에 달하는 보충
서면 열 개를 제출했고, 진정인 측을 지지하는 법정조언자(몇몇
주, 원주민 부족, 시, 전직 연방 정부 공직자, 기업, 종교 단체, 환경
운동가, 과학자 등이 포함되어 있었다) 역시 총 수백 쪽에 달하는
보충 서면 14개를 제출했다.[51]

◊ **최종 답변서면**

이 엄청난 분량의 서면에 대해 진정인 측은 30쪽 이내로 최종 답변서면을 써야 했다. 그나마도 일반적으로는 20쪽인데 대법원장이 특별히 분량을 늘려준 것이었다. 대법원 소송에서 최종 답변서면은 굉장히 중요하다. 진정인 측이 구두변론 전에 상대의 논변을 반박할 수 있는 마지막 기회이기 때문이다. 최종 답변서면은 상대의 허점을 드러내고 자신의 허점을 회복할 수 있는 기회다. 그리고 구두변론을 준비하는 동안 대법관과 로클럭 들이 마지막으로 읽게 될 서면이기도 하다.

매사추세츠 사건에서는 최종 답변서면을 잘 작성하는 것이 특히나 중요하고 몹시 어려운 일이었다. 상대측 반대서면과 그쪽 법정조언자들의 보충 서면을 읽노라면 온통 신경이 곤두서기 마련인데 이 사건에서는 특히 더 그랬다. 상대측 서면 작성에는 송무차관실에서도, 기업을 대리하는 대형 로펌들에서도, 대법원 소송과 관련해 미국에서 내로라하는 변호사들이 대거 참여했다. 이런 사건은 경제에 미치는 파급 효과가 크므로 로펌의 대법원 소송 전문 변호사들은 기업 고객들에게 시간당 800달러, 900달러, 1,000달러까지도 청구할 수 있었다.

상대측 변호사가 진정인 측이 최초 서면에서 무심코 범한 실수를 발견해 대법관들 눈에 띄도록 강조할 수 있고, 완전히 새롭고 훨씬 강력한 논변을 가지고 나올 수도 있다(이 사건에서 송무차관실의 서면이 그랬다). 대체로 대법원에 제출된 서면들은 동일한 사건에서 하급법원에 제출되었던 서면들보다 몇 배나 강력하고 치밀하다.

그런데 매사추세츠 사건의 구두변론일이 상대측 법정조언자들의 보충 서면이 제출되고 겨우 4주 뒤인 11월 29일로 정해졌기 때문에 진정인 측에는 최종 답변서면을 쓸 시간이 많아야 3주밖에 없었다. 그리고 수백 쪽에 걸쳐 작성된 상대측 반대 논변 전부를 짧은 분량 안에서 효과적으로 반박해야 했다.[52]

헤인즐링이 팀 내부 의견을 듣는 과정을 최소한으로 해야만 최종 답변서면을 쓰겠다고 한 덕분에 최종 답변서면은 11월 15일에

무사히 제출될 수 있었다.[53] 이 서면은 진정인에게 가장 중요한
사안(온실가스가 대기오염물질이라는 주장)에는 지면을 많이
할애하지 않았다. 그럴 만한 이유가 있었다. 이 쟁점과 관련해서는
환경보호청 측 논변이 어차피 약했고 온실가스가 명백히
"대기오염물질"이라는 진정인 측 주장을 그들이 크게 약화하지도
못했으므로 여기에는 굳이 지면을 많이 쓸 필요가 없었다.
헤인즐링은 제한된 지면을 더 중요한 쟁점에 답하는 데 할애했다.

　　헤인즐링의 최종 답변서면에서 어느 쟁점보다도 길게 논의된
부분은 원고적격 문제였다. 이 쟁점은 최초 서면에서 다루지
않기로 했던 부분이기도 했다. 그리고 원고적격을 상실하는 일은
절대로 있어서는 안 되었다. 또한 최종 답변서면은 환경보호청이
"행정법의 배경 원칙들"에 의거해 구사한 논변을 논파하는 데도
주의를 기울였다.[54] 헤인즐링은 환경보호청이 2003년에 멘델슨의
청원을 거부했을 당시에 그러한 원칙들 중 어느 것에도 의거하지
않았다는 점을 강조하고, 따라서 환경보호청이 이제 와서 새로운
근거를 토대로 당시의 결정을 정당화할 수는 없다고 지적했다.

　　최종 답변서면은 훌륭했지만 지극히 훌륭했던 최초 서면에는
못 미쳤다. 이는 놀라운 일이 아니다. 최종 답변서면이 제출되었을
때는 구두변론이 14일밖에 남지 않은 시점이었는데, 이때는 많은
이산화탄소 전사가 서로 말도 섞지 않는 사이가 되어 있었다.
그래도 어쨌든 진정인 측은 수백 쪽에 달하는 상대측 서면에 대해
반론을 구성할 시간도 촉박하고 팀 내 분위기도 엉망진창인 어려운
상황에서도 탄탄한 최종 답변서면을 무사히 제출했다. 이제 남은
것은 구두변론뿐이었다.

13장

예행연습

짐 밀키는 충격을 받았다. 토요일 오전, 그는 집에서 귀에 수화기를
대고 아무 말도 하지 않고 있었다. 2006년 11월 18일이었고 11일
뒤에 대법원에서 구두변론을 하기로 되어 있었다. 그런데 뜻밖의
전화가 걸려왔고, 10년 넘게 좋은 친구였던 시에라클럽의 데이비드
북바인더가 밀키에게 구두변론인 자리에서 물러나라고 요구하고
있었다. 북바인더는 다른 핵심 진정인들이 밀키가 그 일을 잘해낼
수 있을지 더 이상 신뢰하지 못하는 상황이라고 말했다.

　　북바인더의 말이 끝나고 밀키는 숨을 고르느라 애써야
했다. 한 대 얻어맞은 듯 정신이 멍했다. 그는 완전히 지쳐 있었다.
지난 6주간 거의 쉬지 않고 구두변론을 준비했고 특히 후반
3주간은 잔혹하다시피 한 일정으로 강행군을 했다. 바로 전날
밀키는 실전을 대비한 매우 가혹한 세 번의 예행연습 중 마지막
예행연습을 했다. 그는 누가 구두변론을 할 것인가의 문제는 이미
오래전에 논란의 여지없이 확실하게 결론이 났다고 생각했다.
그런데 지금 북바인더의 전화는 그렇지 않다고 말하고 있었다.

　　매사추세츠 진정인들이 환경보호청이 온실가스를 규제하게
만들겠다는 공통의 목표를 가지고 있긴 했지만, 공통의 목표가
자존심 및 야망과 경쟁하면서 직업적인 관계와 친구로서의 우정
모두 너덜너덜해져 있었다. 소송에서 최선의 결과를 얻겠다는
공통된 열망, 그리고 대법원에서 구두변론을 해서 권위와 인정을
받겠다는 개인적인 열망, 이 두 동기가 늘 복잡하게 얽혀 있었고
꼬인 실타래를 푸는 것은 변론일이 다가와도 전혀 쉬워지지
않았다.

　　그날 전화를 받으면서 밀키의 심경은 차츰 달라졌다.
처음에는 충격을 받았지만 이내 화가 치밀었다. 그는 자신이 팀의
누구보다도 구두변론에 적임자라는 스스로의 판단이 자만심에서
비롯한 게 아니라고 굳게 믿고 있었다. 그는 "학교 때 연극무대에

서는 아이"인 적도 없는 사람이었다. 송무 변호사가 되고 싶지도
않았다. 대법원 사건을 꿈꾸지도 않았다. 그는 "그런 것이 나를
추동하는 요인인 적은 결코 없었다"고 생각했다. 훗날 그는 자신이
"누가 짱을 먹을 것인가를 두고 경쟁하는 아이"가 결코 아니었다고
회상했다. 주 정부가 이 사건의 공식적인 얼굴이 되어야 하고
그중에서도 매사추세츠주가 대표가 되어야 한다는 것은 이미
오래전에 합의된 일이었다. 밀키는 경험 많은 구두변론 변호사이고
매사추세츠주의 대표 변호사인 만큼 자신이 이 일에 가장
적합하다고 생각했다.[2]

밀키는 마침내 숨을 가다듬고 수화기 저편에서 조용히
기다리고 있는 북바인더에게 차갑게 대답했다. "그런 일은 없을
겁니다."[3]

◊ 답할 준비가 되어 있어야 한다

밀키는 10월 초에 구두변론을 맡기로 결정이 나자 다른 일을
대폭 줄였다. 경험 있는 대법원 소송 변호사들에게 물어보았더니
대법원 구두변론을 준비하는 데는 매사추세츠주 법무부 동료들이
도와주는 시간 외에 밀키 본인이 써야 할 시간이 150~200시간 정도
필요하다고 했다. 대법원은 한 사건당 구두변론 시간을 1시간으로
정해놓고 양측에 30분씩 할당한다. 30분을 준비하는 데 들이는
시간치고는 지나치게 많지 않느냐고 생각할지 모르지만, 이렇게
많은 시간을 꼭 들여야 한다.

밀키는 30분 안에 진정인 측이 주장하고자 하는 핵심을
대법관들에게 전달하고 대법관들이 쏟아내는 50~75개의 질문에
답해야 했다. 시간 연장은 없을 것이고, 따라서 실수할 시간 따위는
허용되지 않을 것이었다. 1초도, 한 마디도, 허투루 써서는 안
되었다.

대법원 소송 경험이 많은 변호사들은 세 가지에 집중해야
한다고 조언했다. 첫째, 대법관에게 확실히 이해시키고 싶은 가장
중요한 논변 두세 개를 정하고 그것을 5분을 넘기지 않는 시간 안에
전달할 수 있게 준비해야 한다. 대법관이 질문으로 치고 들어와서

말을 끊기 전에 변론인이 말할 수 있는 시간이 길어야 5분이기
때문이다. 그렇게 몇 분이나마 중간에 끊기지 않고 이야기할
수 있을 만한 기회는 변론을 시작한 직후에 노려볼 수 있다. 늘
그런 것은 아니지만, 일반적으로는 대법관들이 변론인에게
'모두진술opening statement'을 할 시간을 주고 그다음에 질문을
던지기 때문이다. 구두변론인은 가장 중요한 논변들을 되도록
일찍 내세움으로써 이 소송에서 가장 본질적인 논변들에 대해
대법관들이 우려하는 점이 있는지 여부를 재빨리 파악할 수 있다.

구두변론에서 대법관들이 변론인에게 던지는 질문은
변론인이 유용하게 활용할 수 있는 자원이기도 하다. 질문을
통해 대법관의 생각을 파악할 수 있을 뿐 아니라 질문에 답변을
잘해낸다면 대법관이 가지고 있는 우려를 해소할 수 있는 기회도
되기 때문이다. 구두변론이 실패하는 경우는 대법관이 무엇을
우려하고 있는지를 변론인이 제대로 파악하지 못해서 그것에
대해 충분히 설명하지 못하는 경우다. 대법관이 어떤 생각을 하고
있는지만 잘 파악했어도 설득력 있게 답변할 수 있었는데 그러지
못해서 소송에서 지는 것보다 변론인에게 안 좋은 일은 없다.

대법원 구두변론을 준비하면서 밀키가 집중해야 할 두 번째
지점은, 나올 법한 모든 예상 질문을 뽑은 뒤 각각에 대해 최선의
답변을 짧고 직접적인 표현으로 준비해두는 것이었다. 구두변론
중에 예기치 못한 질문을 받아 변론인이 당황하는 일은 절대로
있어서는 안 된다. 예상하고 준비하는 것이 핵심이다.

따라서 구두변론에 나설 변론인은 대법원에 제출된 모든
서면, 관련된 모든 판례, 서면에 언급된 모든 법 조항, 헌법 조항,
연방 정부 기관 규칙 등 모든 것을 샅샅이 다시 읽어야 한다.
대법원이 공식 배포하는《미국 대법원에서 구두변론을 하는
변론인을 위한 지침서Guide for Counsel in Cases to Be Argued before the Supreme
Court of the United States》는 대법관들의 질문이 가차 없으리라는
점을 명백히 드러내고 있다. 이 지침서는 변론인이 "기록들을 잘
파악하고 있어야 하고" 그에 대해 대법관이 던질 만한 어떤 질문에
도 "답할 준비가 되어 있어야 한다"고 조언한다. '답할 준비'의

기준도 매우 높다. 가령 지침서에는 "말하고자 하는 정보가 담긴
구체적인 문서와 쪽수를 언급하면서 답변하면 좋은 인상을 줄 수
있을 것"이고 "통합 부록[이것 자체가 수백 쪽, 수천 쪽에 달하기도
한다]을 인용해도 꽤 효과가 있을 것"이라고 나와 있다.

밀키는 모든 문서를 하나하나 다시 살펴보면서 가장 어렵고
치명적일 수 있는 질문들을 예상해야 했다. 진정인 측 논변에서
가장 취약한 부분을 파악해 그것을 붙들고 씨름해야 하는 것이다.
동시에, 취약점이 있다고 해서 의기소침해지지 말아야 한다.
오히려 자신의 논변이 정확하다고 확신한 나머지 그 논변의 한계와
약점을 예상하지 못하는 변호사야말로 실력 없는 변호사다.

대법원에서 구두변론을 하는 변론인은 단순히 논변에 사용할
법리에 통달하는 것만으로는 부족하다. 해당 사건과 관련 있는
사실 관계 정보(이 사건에서는 기후 과학의 물리학과 화학 등)에도
통달해야 한다. 대법관들은 똑똑하고 호기심 많은 사람들이고 법적
논리가 현실 세계에 적용되면 어떤 의미를 갖게 되는지 알고 싶어
한다.

여기서도 대법원의 공식 지침서는 대법관들이 기대하는
수준이 어느 정도인지를 명백히 보여준다. 가령 훌륭한 변론 사례
중 하나로, 대법관의 다음과 같은 질문에 잘 답변한 변론인이
언급되어 있다. "맥주와 에일의 차이가 무엇입니까?" 지침서에
따르면, "해당 사건은 맥주 양조 산업과 관련된 것"이긴 했지만
맥주와 에일의 차이와 관련해 제기된 법적 쟁점은 없었다. 질문한
대법관은 그저 궁금했을 뿐이었다. 밀키는 이러한 조언을 모두
명심했다. '매사추세츠 대 환경보호청' 사건의 경우, 대법관들은
그가 당연히 기후 과학에 대해 잘 알고 잘 설명할 수 있으리라고
가정하고 있을 터였다.

하지만 뭐니 뭐니 해도 그가 대비해야 할 가장 어려운 질문은
악명 높은 '가설적' 질문들이었다. 변론인 측 논리를 더 일반적으로
확장할 경우 어디가 한계점일지 알아보기 위해 가설적인 (때로는
너무 지나치게 가설적인) 사실을 설정해 변론인 측 논변을
테스트하려는 경우다. 가설적 질문의 목적은 변론인이 대법원에

요구하는 판결이 해당 사건에서 법리상 합당하고 공정하며 정당할
결과일 뿐 아니라 그 판결을 미래의 모든 사건들로 확장하더라도
법리상 합당하고 공정하며 정당한 결과를 가져올지 알아보는
데 있다. 2012년 '오바마 케어(환자보호 및 적정부담보험법Patient
Protection and Affordable Care, Act)' 관련 사건의 구두변론에서
스칼리아 대법관이 던진 브로콜리 질문은 유명하다. 의료보험에
사람들이 반드시 가입하도록 법으로 강제하는 것이 위헌인지가
쟁점이었는데, 스칼리아는 송무차관이 주장하는 정부 측 논변에
따르면 사람들에게 브로콜리를 사서 먹으라고 법으로 강제하는
것도 합법일 수 있다는 뜻이냐고 물었다.[6]

　　대법관들은 자신이 내리는 결정이 구속력 있는 판례가 되어
향후의 수백, 수천 개 사건의 판결에 영향을 미치게 되리라는
점을 잘 알고 있다. 따라서 그들은 자신이 내리는 결정이 미래에
예상치 못한 문제를 일으키지 않으리라는 확신을 갖고 싶어 한다.
가설적 질문을 받았을 때 변론인이 하는 가장 고전적인 실수는
"방금 말씀하신 사실은 이 사건에 해당하는 사실이 아닙니다"라고
대답하는 것인데, 그러면 대법관은 당장 이렇게 응수할 것이다.
"그건 나도 압니다. 이제 내 질문에 답을 하세요!"[7]

　　대법원 변론을 준비할 때 집중해야 할 세 번째는 두세 개의
'주제'를 만드는 것이다. 밀키에게 조언을 해준 대법원 소송
전문가들은 대법관들이 구두변론 후 하루나 이틀 뒤에 비공개
평의를 연다고 알려주었다. 따라서 구두변론이 끝나고 대법관들이
법정을 나설 때 두세 개의 핵심 메시지가 대법관들에게 각인되어
있게 해야 한다. 평의 때 그것을 중심으로 이야기가 진행될 수
있도록 말이다. 물론 그 주제는 대법관 다수가 이쪽에 우호적으로
투표할 가능성을 극대화할 수 있는 주제여야 한다.

　　어느 사건이든 뽑아낼 수 있는 주제는 많다. 그중 무엇이
진정인 측에 가장 유리한 주제인가? 기후 변화가 확실하고
긴급하다는 것인가? 주 정부가 시민들의 이익을 보호할 수 있는
역량을 지켜야 할 필요성인가? 의회의 뜻이 행정부 관료에 의해
무시되지 않도록 지켜야 할 필요성인가? 밀키는 어떤 주제가

다수의 대법관을 사로잡을 가능성이 가장 클지 결정하고 그것을
구두변론 안에 녹여내야 했다.

　　진정인 팀 핵심 멤버들의 사이가 심각하게 틀어졌기 때문에
밀키는 몇몇 동료 변호사들에게는 도움을 청하지 않았다.
구두변론 때 법정 변호인석에 그와 함께 앉게 될 헤인즐링이나
멘델슨에게조차 그랬다. 밀키와 헤인즐링은 구두변론인 결정을
둘러싸고 벌어진 분쟁 이후 말도 섞지 않는 관계였다. 10년도 넘은
그들의 우정은 끝나 있었다. 밀키는 이들 대신 캐롤 이안쿠Carol
Iancu와 빌 파르디Bill Pardee에게 의견, 지혜, 그리고 개인적인 신뢰와
격려를 구했다. 이들 모두 매우 뛰어난 변호사로, 매사추세츠주
법무부 소속이었고 이 사건이 진행되는 내내 밀키와 긴밀하게 함께
일했다. 도니거는 밀키가 어떻게 준비하고 있는지 알 수도 없고
조언도 할 수 없는 것에 공공연히 불만을 표시했다.[8] 북바인더도
밀키가 그들을 제쳐놓는 것이 불만스러웠다. 하지만 방도가
없었다. 그들이 조언을 보내도, 밀키는 자신이 그것을 받아들일
의무가, 아니 보내준 조언을 잘 받았다는 인사조차 할 의무가
없다고 생각했기 때문이다.

◇　　바인더

밀키는 구두변론에 필요한 모든 자료와 문서를 구식 서류 바인더에
정리했다. 구멍 세 개 달린 흰색 플라스틱 바인더로, 중학생
학부모가 개학 날 아이에게 하나 사줄 법한, 아무데서나 살 수 있는
몇 달러짜리 바인더였다. 이 바인더의 지극히 평범한 모양새에서는
전혀 드러나지 않지만, 이것은 아홉 대법관 앞에 서게 될 변호사의
바인더였다.

　　밀키의 설명에 따르면 그 바인더에는 "준비 과정 전체가 담겨
있었으며" 이것을 준비하는 데는 "엄청난 피와 땀이 들어갔다."
10월 초부터 11월 말 구두변론일 아침까지, 그는 새로운 정보와
아이디어에 따라 거듭 내용을 수정했다.[9] 최종 바인더에는 긴
시간 동안 그가 발달시켜온 논변이 담겨 있었다. 그가 우선적으로
내세우고 싶은 강조점, 가장 어렵고 가장 중요한 사실 관계와

쟁점에 대한 예상 질문과 답변, 그리고 대법관들에게 각인시키고
싶은 주제 등이 모두 포함되었다.

밀키는 바인더를 100번도 넘게 재구성했다. 새로운 버전을
매일 두세 차례나 출력하느라 "법무부 프린터가 닳아버렸을
정도"였다. 그는 마치 대통령의 핵 가방처럼 "이 바인더는 내 곁을
절대 떠나지 않았다"고 말했다.[10] 최종 바인더는 19개의 탭과
양면으로 인쇄된 37쪽짜리 문서로 구성되어 있었다. 양면으로
인쇄한 이유는 연습 때 내려다보면 두 쪽이 한 번에 보이게
하기 위해서였다. 첫 7쪽은 원고적격 문제를 다루었고, 이어서
'모두진술'에 1쪽, 온실가스가 대기오염물질이라는 것이 왜
'상식'인지를 설명하는 데 3쪽이 할애되었다.[11]

글자는 총 네 가지 색으로 출력되어 있었다. 주요 포인트에는
검은색의 큰 글씨, 부수 쟁점에는 빨간색, 초록색, 파란색을
사용했고, 색이 바뀌는 부분은 새로운 쟁점에 들어섰다는
뜻이었다. 좁은 지면에 더 많은 내용을 담을 수 있도록 단어는
축약해서 적었고 여백에 붉은 펜으로 추가 내용을 적어넣기도
했다. 가령 1쪽짜리 '모두진술' 부분에는 다음과 같이 적혀 있었다.

M-C-J & M-I-P-T-C ["대법원장님, 그리고 대법관님,
변론을 시작하겠습니다"의 머리글자] (검은색)
   허락하신다면, 본안의 주제…… 매우[v] 신속히
말씀드리고 & 곧바로[immed.] 원고적격[stdg] 문제로
넘어가고자…… (검은색)
   본 사건은 중요한[imp.] 정책 영역에서 나온 것이지만
(검은색)
   사실은 행정법과 법률 해석[stat interp.]에 대한
일반원칙과 관련된 (빨간색)
   환경보호청은 두 개의 근거에 기반해 결정을 내렸으나,
둘 다 명백한 법적 오류가 있는 근거입니다. (초록색)[12]

바인더의 서류 중 가장 많은 분량을 차지한 것은 예상 질문에 대한

답변이었다. 재빨리 답할 수 있도록 대체로 석 줄을 넘기지 않았고 매 줄마다 다른 색으로 인쇄되어 있었다. 예상 질문들은 다음과 같았다. "이 문제는 국제적으로 다루는 게 더 나은 글로벌한 문제가 아닌가?" "청정대기법에 명시된 '판단'이라는 단어가 환경보호청이 위험성 판단을 '언제' 내릴 것인가를 결정할 때 광범위한 재량을 주지 않는가?" "진정인 측 견해에 따르면 '총알'이나 '공장에서 배출되는 산소' 같은 것도 청정대기법상 대기오염물질로 해석될 수 있는가?"[13]

어디든 이 바인더를 가지고 다니던 밀키는 구두변론일에 법정에도 그 바인더를 가지고 가서 연단에 올려놓았다. 하지만 막상 구두변론이 시작된 뒤에는 바인더를 한 번도 내려다볼 수 없었다. 대개 뛰어난 변호사는 실전에서는 준비한 것을 보지 않고 변론한다. 첫 문장 이후 바인더의 임무는 끝난다.

◊　매번의 예행연습에는 저마다의 고통이

모든 무대 공연이 그렇듯이 대법원 구두변론도 리허설이 꼭 필요하다. 이 리허설은 '모의법정' 형태로 이뤄진다. 경험 많은 변호사들이 대법관 역할을 맡은 자리에서 변론인이 변론을 펼치고 질문에 답하는 것이다. 모의 대법관들은 연륜이 풍부한 대법원 전문 변호사들이고 대법원에서 제기될 가능성이 큰 법적 쟁점들에 정통한 사람들이다. 훌륭한 모의법정은 실제 법정보다 어렵고 까다롭다.

모의법정은 두 부분으로 구성되며 대개 두어 시간 동안 이어진다. 처음 절반 동안은 구두변론 변론인과 모의 대법관들이 각자의 역할을 한다. 즉 모의 대법관들이 어려운 질문들을 던지고 구두변론 변론인이 최선을 다해 답변한다. 나머지 절반 동안에는 참가자들이 모두 모여 어떤 주장이 설득력 있었고 어떤 것이 그렇지 않았는지, 변론인이 어떤 점을 더 향상시켜야 하는지 등을 격식 없이 논의한다.

회의에서는 솔직한, 때로는 잔인할 정도로 솔직한 의견이 오간다. 모의 대법관들은 변론인의 변론과 답변이 어디에서

부족한지 명확하게 밝히기 위해 펀치를 아끼지 않는다. 그리고
그들이 보기에 이들이 소송에서 질 것 같으면 그렇다고 솔직하게
이야기하고 "너무 해로운 방식으로 지지는 않게" 할 만한 전략
(경험 많은 대법원 전문 변호사들은 이것을 '연착륙' 전략이라고
부른다)을 연구한다.

밀키는 예행연습을 세 차례 했다. 10월 31일의 첫 예행연습은
워싱턴 D.C.에서 전국법무장관협회National Association of Attorneys
General 주관으로 열렸고, 보스턴에서 열린 11월 10일의 두 번째
예행연습은 하버드 대학 로스쿨과 서퍽 대학 로스쿨이 공동으로
준비해주었다. 세 번째는 11월 17일에 조지타운 대학의 '대법원
연구소Supreme Court Institute' 주관으로 다시 워싱턴 D.C.에서 열렸다.
조지타운 대학 모의법정을 의도적으로 마지막 순서에 배치했는데,
이것이 가장 어려운 모의법정이 될 것이었기 때문이다.

밀키는 "매번의 예행연습에는 저마다의 고통이 있었다"고
말했다.[14] "늘 완벽히 준비했다고 생각했는데 매번 그렇지
않았음이 드러났다"는 것이다.[15] 첫 번째 모의법정을 마치고
밀키는 진정인 측이 원고적격과 관련해 문제가 있다는 사실을
처음으로 인정했다. 모든 모의 대법관이 송무차관실 서면에서
제기된 원고적격 문제가 매우 설득력 있으며, 이 때문에 패소
가능성이 크다고 분명히 지적했다. 정신이 번쩍 드는 조언이었다.
원고적격 문제로 지는 것이야말로 가장 해로운 방식으로 지는
것이기 때문이다. 대법원이 이들에게 원고적격이 없다고 결론을
내리면 향후 기후 소송을 제기하려는 모든 사람이 원고적격을
인정받을 수 없게 될 터였다. 다시 말해, 단지 이 사건에서만 지는
게 아니라 기후 소송을 준비하는 모든 사람이 앞으로는 연방
법원에 소를 제기할 수 없게 될지도 몰랐다.

두 번째 모의법정은 첫 번째보다 더 힘들었다. 보스턴의
모의 대법관들은 어려운 질문들로 맹공격을 퍼부었다. 이날의
모의 대법관에는 하버드 로스쿨의 저명한 환경법 전문가 조디
프리먼Jody Freeman이 있었고, 대법관 로클럭 출신이거나 대법원
구두변론 경험이 풍부한 민간 변호사들도 있었다. 모의 대법관들은

밀키의 논변 중 개선해야 할 부분이나 아예 완전히 새로 생각해야
할 부분을 주저하지 않고 지적했다.

　　두 번째 예행연습을 지켜본 사람들의 반응은 극명하게
갈렸다. 밀키는 난타당했지만 무너지지는 않았다. 그와
매사추세츠주 법무부 동료들은 답변에 개선해야 할 점들이 있지만
내용과 발언 방식을 향상시킬 시간이 충분하다고 생각했다.
구두변론일까지는 아직 2주 반가량이 남아 있었다. 하지만 밀키가
구두변론인이 되는 것을 줄곧 반대했던 사람들은 예행연습을 보고
나서 우려가 한층 더 커졌다. 어떤 이들은 직접 보스턴까지 와서
예행연습을 지켜보고 배심원석에서 의견을 전달했고 어떤 이들은
실시간 스트리밍으로 보거나 콘퍼런스 콜로 내용을 들었다.

　　예행연습이 끝난 뒤 도니거는 모의 대법관을 맡은 변호사 한
명에게 밀키의 변론은 예행연습을 할 때마다 "점점 더 나빠진다"고
말했다.[16] 나아가 도니거는 "쿠데타"를 준비할 필요가 있을 것
같다고도 했다. 밀키가 구두변론에 나서는 것을 지금이라도 막아야
할 것 같다는 뜻이었다.[17]

　　또 북바인더는 모의 대법관 중 한 명이 "좋은 구두변론을
한다고 반드시 이길 수 있는 것은 아니지만 좋지 않은 구두변론을
하면 반드시 진다"는 오랜 격언을 언급했다고 동료들에게 전했다.
북바인더의 전언에 따르면, 그 변호사는 밀키의 변론이 "대법관
표를 잃게 만들 것 같다"고 평가했다.[18]

　　닷새 뒤 밀키는 마지막 예행연습을 했다. 이번은 완전한
드레스 리허설이나 마찬가지였다. 조지타운 대학 대법원 연구소의
모의법정 프로그램은 대단히 유명하고, 거의 모든 대법원 사건의
변론인이 이곳에서 엄정한 예행연습을 거친다. 공간도 대법원
법정의 구조를 그대로 본떠서 꾸며져 있다. 연단 위치, 대법관석
위치, 심지어 바닥 카펫과 대법관석 뒤쪽의 시계까지 진짜
대법원과 거의 똑같다.[19]

　　조지타운 대학 모의법정의 장점은 모의 대법관 역할을
맡는 변호사들이 모의법정을 요청한 측[이 경우에는 진정인
측]에 우호적이지 않은 관점에서 임해준다는 데 있다. 이들은

적대적이거나 회의적인 입장을 가진 대법관 역할을 한다. 그러면
실제 상황에서 적대적인 입장의 대법관이 할 만한 질문을 훨씬 더
잘 예상할 수 있다. 조지타운 대학의 모의 대법관들은 가차 없이
어려운 후속 질문들을 퍼붓기로도 유명하다. 또한 조지타운 대학
대법원 연구소의 모의법정은 비밀이 완벽히 유지되기 때문에
예행연습 이후에 모의 대법관들과 구두변론 변론인 모두 솔직하게
이야기를 나눌 수 있다.

　조지타운 대학의 모의 대법관 중에는 조지타운 대학 로스쿨
교수도 몇 명 있었다. 그중 한 명은 이 사건을 특히 잘 아는
사람이었는데, 바로 리사 헤인즐링이었다. 헤인즐링과 밀키는 이제
엄청나게 어색한 사이였지만, 개인적인 어색함은 일단 제쳐놓아야
했다. 예행연습이 열리는 곳이 헤인즐링이 교수로 재직하고
있는 대학이었고 헤인즐링은 이 소송에 특별한 전문성도 지니고
있었으므로 헤인즐링이 빠질 수는 없었다. 하지만 둘 사이의
개인적인 우정이나 직업상의 우호적인 감정은 시늉으로라도
찾아보기 어려웠다. 그 무렵이면 밀키는 헤인즐링, 도니거,
북바인더와 절교한 상태였다. 그 세 명은 계속 연락을 주고받으며
밀키의 능력에 대해 점점 커져만 가는 회의와 우려를 공유하고
있었지만 말이다. 이 예행연습은 헤인즐링이 밀키가 귀담아들을
것이 확실한 상태에서 조언을 해줄 수 있는 유일한 기회였다.

　나머지 네 모의 대법관은 대법원 전문 변호사들의
명사 목록이라고 해도 좋을 정도였다. 이들은 적대적이거나
회의적인 입장의 대법관 역할을 맡기에 적격이었다. 두 명은
전직 송무차관보 루이스 코언Louis Cohen과 톰 메릴Tom Merrill, 두
명은 전직 송무차관실 변호사 바르토 파르Bartow Farr와 리처드
타란토Richard Taranto였다. 모두 대법원 변론 경험이 풍부했고
대법관 로클럭을 지냈으며 대부분 정치 성향이 보수적이었다.

　모의 대법관들 모두 가차 없었고 1시간 동안 120개가 넘는
질문을 퍼부었다. 첫 23개는 모두 원고적격에 관한 것이었다.
하지만 온실가스가 대기오염물질에 해당하느냐에 대해서도
어려운 질문들이 쏟아졌다. 조지타운 모의 대법관들은 밀키가

제시하는 법리에 따르면 산소도 대기오염물질로 간주될 수
있느냐고 물었다. 또 그들은 밀키가 제시한 온실가스 논변의
논리적인 결과에 대해서도 파고들었다. 만약 이산화탄소가
오염물질이라면 사람들이 숨쉴 때 내뿜는 이산화탄소도
청정대기법의 규제 대상인 '이동 오염원mobile sources'으로 간주해야
하는가?[20]

모의법정 이후에 모의 대법관들은 밀키에게 성공적인 변론
가능성을 높일 수 있을 법한 몇 가지 전략을 조언했다. 그들은
원고적격을 주장하기 위해 매사추세츠주의 피해에 초점을
맞춰 해안 지역의 영토 상실 가능성을 언급하라고 했다. 또한
그들은 승소할 수 있는 (유일한 방법은 아니라 해도) 가장 좋은
방법은, 환경보호청이 위험성 판단을 유보하기로 결정할 재량을
갖느냐와 관련된 [진정인 측 입장에서] 가장 어려운 쟁점에 대해,
환경보호청이 그렇게 결정할 수는 있지만 이번 경우에는 (합당한
근거들을 들 수 있었을 텐데도) 그 결정의 근거가 합당하지
않으므로 문제가 된다는, 매우 좁은 범위의 논변만 구사하는
것이라고 조언했다. 환경보호청이 제시한 근거는 온실가스를
규제해야 하는가에 대한 환경보호청의 정책적 견해가 의회의
견해와 상이하다는 것이었는데 이 근거는 타당하지 않다고
주장하라는 뜻이었다.

그들은 진정인 측이 대법원에 원하는 바가 매우 제한적인
것임을 명백히 밝힌다면 승리할 가능성이 크게 높아질 것이라고
조언했다. 진정인 측이 대법원에 환경보호청이 온실가스를
규제하게끔 명령을 내려 달라고 주장하는 것이 아님을 강조해야
한다고 강하게 제안했다. 진정인 측이 대법원에 요구하는 것은
환경보호청이 위험성 판단을 유보하기로 한 결정을 재고하고 "더
합당한 요소들에 기초해" 다시 결정하도록 해 달라는 것뿐이라고
말이다.[21]

모의법정 이후에 밀키는 죽기 일보 직전으로 지쳤지만,
난타를 당하고서도 여전히 긍정적이었다. 예행연습은 어려웠지만
엄청나게 도움이 되었다. 몇 주 만에 처음으로 그는 구두변론에

자신감이 붙기 시작했다.

◇   이 소송을 위해서요
밀키는 모의법정이 끝난 뒤에 북바인더, 도니거, 혹은 이산화탄소
전사 중 다른 누구와도 추가로 논의하지 않았다. 그들도
모의법정을 참관하긴 했다. 조지타운 모의법정 규칙에 따르면
진정인의 법률팀은 질문을 하거나 의견을 주고받는 세션에
참여할 수 없었지만 그렇다고 반응을 보일 수 없는 것은 아니었다.
도니거와 북바인더는 전보다 걱정이 더 커졌다. 그들은 조지타운
모의법정이 잘 진행되지 않았다고 생각했고 밀키에게 접근할
수 없어서 점점 더 답답해하고 있었다. 그들은 예상 질문이나 더
효과적일 법한 답변들에 대해 구체적인 조언을 이메일로 보냈지만
밀키가 그들의 우려나 조언에 관심을 기울이는지 어쩌는지 알 길이
없었다.[22]
        한편, 이들에게도 조지타운에서와 같은 엄격한 모의법정은
처음이었다. 대법원 경험이 풍부한 변호사라도 조지타운
모의법정에서는 엄청나게 고전하는데, 도니거와 북바인더는
이 사실을 감안하지 않고 [밀키가 잘하지 못했다고] 우려했다.
아무리 뛰어난 변론인이라도 폭풍같이 쏟아지는 질문에 시종일관
유려하게 답변하는 것은 불가능하다.
        사실 이 점이야말로 좋은 예행연습의 목적이다. 변론인은
어려운 예행연습에서 자신의 실수를 파악하고 그것을 고칠 수
있다. 하지만 북바인더와 도니거는 밀키가 이러한 배움의 과정을
통해 실력을 향상시킬 수 있으리라고 믿기에는 기본적으로 밀키에
대한 신뢰가 부족했다. 설상가상으로 밀키가 친 소통의 장벽
때문에 우려는 더욱 깊어지기만 했다. 매사추세츠 사건이 기후
문제에서 얼마나 중요한 사건인지를 생각하면 더욱 그랬다.
        도니거와 북바인더는 그들의 우려를 친밀한 소수의
동료들에게 이야기했고, 알려지기로는 이들 모두 밀키가 교체되는
것이 최선이라고 동의했다.[23] 그들은 헤인즐링이 구두변론을
하기를 원했다. 한편, 북바인더는 대법원 변론을 해본 적은 없지만

내심 자신이 구두변론을 할 수 있지 않을까 생각하기도 했다. 헤인즐링은 이미 매사추세츠주 법무장관이 구두변론을 맡기지 않기로 결정을 내렸고, 북바인더의 생각에 따르면 도니거는 "뛰어난 사상가"이긴 하지만 법정에서는 "어느 것에도 한 발 물러나서 동의하는 법이 없고 너무 자만하는 것처럼 보여서" "그리 잘하는 편이 아니었다."[24]

아무튼, 밀키에게 구두변론을 포기하라고 전화하는 임무는 북바인더에게 떨어졌다. 조지타운 모의법정이 끝나고 이틀 뒤, 북바인더는 밀키에게 전화를 걸었다. "짐, 저는 당신이 물러났으면 합니다. 이 소송을 위해서요."[25]

나중에 북바인더는 그날의 전화가 평생 해본 일 중 가장 힘든 일이었다고 회상했다.[26] 그와 밀키는 오랫동안 가까운 친구였다. 그는 밀키가 화가 나리라는 것을, 아니 맹렬히 분노하리라는 것을 알고 있었다. 하지만 북바인더는 이 소송이 어느 한 사람의 욕망보다 훨씬 중요하므로 '이 소송을 위해서' 이 전화를 하지 않을 수 없다고 생각했다.

북바인더의 예상대로 밀키는 북바인더에게 배신당했다고 느꼈고, 분노했다. 훗날 밀키는 북바인더가 자신에게 물러나라고 요구한 것을 등 뒤에서 칼을 꽂은 것이었다고 표현했다. 적어도 "앞에서 칼을 꽂을 수는 있었을 텐데"라며 말이다.[27]

분노한 밀키는 단호하게 북바인더의 요구를 거절했다. 하지만 잠시 동안 불안이 몰려오는 것은 어쩔 수 없었다. 물론 지금 새로운 변호사가 뒤늦게 대법원 구두변론을 준비할 수 있을 리는 만무했다. 변론을 준비하고 맹렬히 연습하는 데는 몇 주, 몇백 시간이 걸린다.

하지만 북바인더가 이렇게 터무니없는 일을 요구했다는 사실 자체가 밀키가 얼마나 심각한 문제에 처해 있는지를 여실히 보여주었다. 북바인더를 비롯한 동료들이 밀키의 능력을 신뢰하지 못하고 있다는 문제 말이다. 밀키처럼 그들도 이 사건에 깊이 마음을 쓰고 있었다. 도니거는 기후 문제 관련 일을 20년 넘게 해온 사람이었다. 이 중요한 사건에서 그들은 밀키가 이 일을 해낼 수 있으리라 믿지 못하고 있었다.

　　조지타운 모의법정은 밀키의 마지막 예행연습이
아니었다. 변론일 하루 전인 11월 28일 화요일, 밀키는 마지막
예행연습을 했다. 이번에는 매우 다른 '대법관 벤치' 앞에서였다.
조지타운에서와 달리 이 벤치는 실제의 대법원 벤치와 전혀
비슷하지 않았다. 이곳은 야외였고 내셔널 몰의 방대한 잔디밭에
1930년대 이래로 늘어서 있는 회초록색 나무 벤치 수십 개 중
하나였다. 워싱턴 모뉴먼트와 의사당 중간쯤, 대법원 바로
맞은편에 있는 벤치에서 밀키는 마지막 예행연습을 했다.
11월 말치고는 맑고 따뜻한 날이었고 기온은 15도가 조금 넘었다.

　　그날 오후 벤치에는 '대법관'이 딱 한 명 있었다. 그날의
'대법관'인 밀키의 아내 케이티는 변론 도중에 질문을 하나도 하지
않았다. 변론을 마치자 대법관은 웃으며 이렇게만 말했다. "당신,
잘 알고 있네."[28]

14장

74인치

11월 29일, 짐 밀키와 상대편 구두변론인인 그레고리 가르Gregory
Garre 송무차관보는 일찍 일어났다. 전날 밀키는 노숙자 쉼터에서
약 두 블록 떨어진 의사당 근처 '홀리데이 인'에서 묵었다.
매사추세츠주 정부는 출장 경비를 많이 처리해주지 않는다. 가르는
버지니아주 북부에 있는 집에서 일어났다. 그는 이곳에서 아내와
몇 주 전에 첫돌이 된 딸과 함께 살고 있었다. 밀키와 가르 모두
유구한 역사를 가진 '구두변론일의 의례'를 했다. 더운 물로 오래
샤워하면서 변론 때 할 말을 마지막으로 소리 내어 연습해보는
것이다.[1]
　　대법원 경비국의 부주임 모세스 흄스 주니어Moses Humes Jr.는
두 사람보다 훨씬 더 일찍 대법원에 도착했다. 그는 오랫동안
군에서 복무하다가 1999년부터 대법원 경비국에서 일하고 있었다.
대법원에 처음 와본 것은 1993년, 서굿 마셜 대법관의 장례식
때였다. 그때는 여기에서 일을 하게 되리라고는 상상도 못 했지만,
몇십 년 동안 공군과 해군에서 (1956년부터 1960년까지는 행정
부관으로, 1977년부터 1999년까지는 의료 전문가로) 복무한 뒤
60세에 대법원에서 일하게 되었다.[2]
　　흄스의 외모는 여전히 군인 같았다. 환한 미소와 흰 머리가
멋있는 그는 늘 좌중의 분위기를 밝게 해주는 사람이었다.
대법원에서도 직원들 모두 그를 좋아했다. 흄스는 구두변론이 있는
날 10시에 변론이 시작될 수 있게 법정을 준비하는 일을 담당하고
있었다.
　　대법원 직원들은 자신들이 하는 일에 큰 자부심을 가지고
있다.[3] 대법원이 외부에 보이고 싶어 하는 이미지, 즉 엄격하게
공정하고 세심하며 매우 전문성 있는 기관이라는 이미지는
사법부가 권위를 갖는 데 필수 요소다. 사법부는 사법부가 내린
판결이 행정부와 입법부, 그리고 대중에게 받아들여지는 한에서만

권위를 가질 수 있다. 판결의 집행을 공식적으로 강제할 권력이
없기 때문에 대법원은 스스로의 권위를 통해 그 권력을 일궈야
한다.

유일하게 미국 대통령 출신 대법원장이었던 윌리엄 하워드
태프트는 이 기본적인 진리를 아주 잘 알고 있었다. 그래서
대법원장 시절에 태프트는 대법원이 의사당 건물에 얹혀 있지
말고 별도의 건물을 써야 한다고 주장했다. 19세기부터 그때까지
대법관들은 의사당 건물을 함께 쓰고 있었는데(한때는 지하
공간을 쓰기도 했다), 동등한 지위를 갖는 국가 기관[사법부]이
자신의 일을 다른 국가 기관[입법부] 건물에서 수행한다면, 게다가
그마저도 공간이 협소해서 대법관들이 문자 그대로 의원들의
발 밑에서 일을 해야 한다면, 어떻게 진지한 기관으로서 대우를
받을 수 있겠는가. 전직 대통령으로서 가질 수 있는 영향력을 십분
발휘해서 태프트는 대공황 직전인 1929년에 웅장한 대법원 건물을
짓기 위한 예산을 의회에서 승인받는 데 성공했다. 위치와 웅대한
건물 디자인 모두 독립된 사법기관으로서의 권위를 아낌없이
드러내도록 고안되었다. 1935년에 새 대법원 건물이 완공되었을
때(태프트는 그보다 5년 전인 1930년에 사망했다),⁴ 새 건물이 옛
대법원 사무실과 너무 대조되게 웅장하고 장대해서 몇몇 대법관은
새 건물로 출근하는 것을 처음에는 꺼리기까지 했다. '아홉 마리의
검정 딱정벌레'가 고대 이집트의 카르나크 신전에 들어가는 것
같겠다며 코끼리를 타고 출근해야 하는 거 아니냐고 농담하기도
했다. 하지만 이 농담은 시사하는 바가 있었다. 대법관 본인들도
포함해 모든 사람이 대법원 일의 중요성을 더 잘 인식할 수 있게끔
디자인한다는 것이 태프트의 의도였기 때문이다(건물 디자인은
건축가 캐스 길버트Cass Gilbert가 맡았다).⁵

70년 뒤 매사추세츠 사건의 구두변론이 열릴 무렵이면
대법관들은 자신들이 일하는 곳의 웅장함에 익숙해져 있었다.
의도적으로 검소하게 디자인된 검은 대법관복도 대법원의
위대함을 나타내는 상징의 일부였다. 객관적 중립성을 드러내도록
고안된 것이기 때문이다. 하지만 대법관들로서는 애석하게도,

이목이 집중되는 사건들에서 대법관이 무엇을 근거로 결정을
내리느냐에 대해 일반 사람들이 가지고 있는 이미지는 이와
점점 달라지고 있다. 점점 많은 사람이 대법관은 자신을 지명한
대통령의 정책 선호에 맞게 당파적인 결정을 내릴 것이라고
생각한다. 대중의 눈앞에 대법원이 엄정하게 중립적인 기관이라는
자기 이미지에 부합하는 모습으로 나타나게 하는 것은 흄스와 그가
이끄는 경비국 직원들의 중요한 임무이고, 이들은 이 임무에 매우
진지하게 임한다. 세부 사항 하나하나가 대법원 일의 엄정성과
정확성, 깊은 탐구심, 그리고 편견의 배격을 의미하도록 고안되어
있다.

　　검정 가죽의자 아홉 개(각각에 대법관의 이름이 새겨져
있다) 모두 대법관석 벤치 뒤의 제자리에 정확히 놓여야 한다.
대법원장과 대법관들이 앉을 자리다. 의자는 모두 동일한 거리만큼
떨어져 있고 등받이의 각도와 높이도 모두 동일하다. 각 대법관석
옆에는 초록색 도자기로 된 타구가 있는데, 다행히도 이제는
원래의 용도[가래침을 뱉는 용도]로는 쓰이지 않고 폐지를 버리는
통으로 사용된다.[6]

　　흄스는 익숙하게 아홉 개의 의자를 배열하고 초록색 타구를
제자리에 놓았다. 그리고 경비국 직원들의 도움을 받아 벤치 뒤에
있는 작은 나무 서랍을 열고 백랍으로 된 아홉 개의 머그컵을 꺼내
제자리에 놓았다.[7] 컵마다 해당 대법관 이름이 그의 전임자인
대법관 이름 다음에 새겨져 있어서 각 대법관의 고유한 계보를
보여준다. 백랍은 연한 금속이라서 오래된 이름들은 알아보기가
어렵다. 그래서 이 머그컵은 자주 씻지 않는다. 이 컵들은 그 나름의
간단한 방식으로 대법관들에게 매우 역사적이지만 궁극적으로는
일시적인 그들의 역할을 상기시켜준다. 머그컵 위에서 그들의
이름은 영원하지 않을 것이고 시간이 지나면 사라질 것이다.

　　마지막으로, 흄스는 구두변론인이 쓸 두 개의 탁자를 챙겼다.
연단으로 나가서 변론을 하기 전에 변론인이 앉아 있을 곳이다.
메모지, 물통, 물컵이 각각의 탁자에 적절히 놓여 있어야 하고
수제 깃펜 네 자루도 정확한 위치에 놓여 있어야 한다. 그리고

명함 크기의 작은 종이를 올려 놓는데, 이것은 각 대법관의 위치와
이름이 적힌 좌석 차트다.[8]

지난 7년간 흄스는 경비국 일원으로서 구두변론일 아침마다
이 의례를 되풀이했다(요즘은 1년에 40회 정도 구두변론이 있다).
한 세기도 더 전인 1867년에 처음 경비국장이 임명되어 대법원
건물과 자산, 그리고 대법관들의 안전을 책임지고 모든 대법원
세션에 배석하기 시작한 이래 경비국이 늘 해왔듯이 말이다. 짐
밀키와 그레고리 가르가 법정에 도착했을 무렵에는 모든 것이
완벽하게 세팅되어 있었다. 이제 흄스의 일은 끝났다.

◇ 오늘 할 일은 나를 세상에서 제일가는 머저리처럼
   보이게 만드는 거예요

밀키가 대법원의 유명한 전면을 통과해 메릴랜드가 쪽 측면 입구로
들어가던 순간에, 이례적으로 따뜻한 날씨(약 16도)는 좋은 징조로
보였다. [특정한 날의 기온을 가지고 말하는 것은] 비과학적이긴
하지만, 지구온난화와 기후 변화가 실제로 일어나는 일이라고
말해주는 것 같았다. 밀키는 입구의 첫 번째 보안검색대를 통과해
존 마셜 대법원장의 커다란 청동 동상 옆에 서서 그를 위층으로
안내할 경비국 직원을 잠시 기다렸다. 자칭 구두쇠인 밀키는 (할인
매장) 코스트코에서 산 양복을 자랑스럽게 입고 있었다. 그에게 이
옷은 행운의 부적이기도 했다. 또한 그는 양복 주머니 안에 행운의
부적을 두 개 더 가지고 있었다. 매사추세츠주 법무부 동료가 준
작은 검은색과 분홍색 돌멩이 두 개였다. 밀키는 미신을 믿지
않았지만, '혹시 알아?'라고 생각했다. 혹시 아는가? 효력이 있을지.[9]

밀키의 구두변론을 막으려 했던 '실패한 쿠데타'의 기획자
데이비드 북바인더가 마셜의 동상 옆에 서 있는 밀키에게
다가왔다. 분명히 격려차 한 말이었겠지만, 북바인더는 흥미롭게도
비아냥인지 격려인지 애매하게 들리는 말을 건넸다. "짐, 오늘
할 일은 나를 세상에서 제일가는 머저리처럼 보이게 만드는
거예요."[10]

밀키는 아무 반응이 없었다. 눈도 깜빡이지 않았다. 그는

동상만큼이나 미동도 없이 동상 옆에 멍하니 서 있었는데, 나중에
그는 완전히 몰두해서 무아지경인 상태였다고 회상했다.[11]

50대 초반으로 보이는 짙은 색 정장 차림의 한 여성이
다가왔을 때도 밀키는 미동도 없이 멍하니 서 있었다(나중에
기억도 하지 못했다). 이 여성은 조용히 다가와 악수를 하고 간단히
이렇게 말했다. "가장 좋은 변론이 이기길 바랍니다." 밀키는
몰랐지만 몇 년 전에 환경보호청에서 멘델슨의 청원을 거부하는
결정문을 쓰는 데 관여했던 변호사 중 한 명이었다. 환경보호청의
많은 경력 공직자 변호사처럼, 이 여성도 '온실가스가
대기오염물질로 간주될 수 있느냐'의 쟁점에서 진정인 측이
이기기를 내심 응원하고 있었다.[12]

밀키의 몰골을 찬찬히 봤더라면 이 여성의 희망은 다소
김이 빠졌을 것이다. 밀키는 지난 2주간 잠을 너무 못 자서, 아내
케이티의 표현을 빌리면 얼굴색이(머리색이 아니라) "회색이 되어
있었다." 아내 케이티와 십대인 두 아들 모두 심지어 그가 집에
있는 동안에도 몇 주간 그를 보지 못했다. 정신을 온통 이 사건에
쏟느라고 다른 데 쓸 시간과 에너지가 없었던 것이다.[13]

몇 분 뒤에 밀키는 대법원 부서기의 안내를 받아 법정에
들어가서 대법원 서기장 윌리엄 수터William Suter와 간단히 인사를
나누고 동선 등을 확인했다. 대법원 법정에 들어와본 적은 있지만
구두변론을 하러 온 것은 처음이었다. 법정 내부는 거대했다.
가로 83피트[약 25미터], 세로 91피트[약 28미터]에 천장
높이가 44피트[약 13미터]나 되는 공간이었다. 둘레에는
24개의 시에나 대리석 기둥이 들어서 있었다. 벽은 아이보리색
스페인 대리석, 바닥은 이탈리아와 아프리카산 대리석으로
마감되어 있었다. 대법원 건물은 대공황이 한창일 때 지어졌다.
그런데 아이러니하게도 대공황이 대법원 건물 공사에는
금전적으로 유리하게 작용했다. 1929년에 의회가 새 건물
예산으로 974만 달러를 승인했을 때는 주식시장이 붕괴하기
전이었다. 그런데 이내 주식시장이 무너지면서 건설비가 크게
낮아졌고, 건물을 아주 아름답게 짓고도 돈이 남아서 재무부에

나머지를 돌려주기까지 했다.[14]

　　대법관석은 아주 높은 곳에 있었다. 법정에 처음 들어온
사람이라면 40피트[약 12미터] 길이의 스페인 대리석 프리즈
네 개가 연달아 있는 것이 대번 눈에 띨 것이다. 각각은 법치의
신성함을 강조하고 있다. 알려지기로는 알리칸테 지방의 마노버
채석장에서 캔 대리석이라고 한다.[15] 벤치 바로 위 동쪽 벽에는
윗몸이 드러난 로마 토가 차림의 조각상이 두 개 있다. 하나는
'법의 위엄'을, 다른 하나는 '정부의 권력'을 상징한다. 둘 사이에는
로마 숫자로 1~10까지 적혀 있는 판이 있는데 이것은 헌법의
권리장전을 나타낸다. 조각상 왼쪽과 오른쪽에는 '인권의 수호와
무고한 사람의 보호', 그리고 '행복을 추구하는 개인들의 자유와
권리'를 상징하는 인물들이 있다. 그 바로 뒤 프리즈에서는 흰머리
독수리가 반항하듯 날개를 펼치고 있다.[16]

　　변호사에게 대법원 구두변론은 가장 큰 무대나 마찬가지다.
대니얼 웹스터Daniel Webster, 헨리 클레이Henry Clay, 서굿 마셜이 섰던
연단에 서는 것이다.[17] 하지만 대법원 구두변론을 하기로 되어
있는 변호사가 자신이 올림픽 선수와 비슷하다고 생각했다면
그것은 착각이고, 로마 콜로세움에서 제대로 훈련도 받지 못한 채
야수와 싸우는 검투사가 더 가까운 비유라는 것을 곧 깨닫게 된다.
대법관들이 퍼붓는 질문은 광범위하고 예리하며, 이는 대법관들이
변론인에게 요구하는 답변의 기대치가 매우 높다는 점을 말해준다.
준비가 되어 있지 않거나 질문에 답변을 할 수 없으면 숨을 곳이
없다. 논변의 어떤 약점도 금세 드러나고 변론인이 제시하는
논거는 낱낱이 해부된다. 질문의 밀도가 어찌나 가차 없는지,
변론인이 숨을 제대로 쉬지 못해 기절하는 경우도 있다. 프랭클린
델라노 루스벨트Franklin Delano Roosevelt 대통령의 뉴딜 입법을
변론하기 위해 대법원에 섰던 스탠리 리드Stanley Reed 송무차관은
맹렬히 쏟아지는 질문을 받다가 기절했다. 당시 대법원장은 펠릭스
프랭크푸르터였다. 또 다른 변호사는 수십 년 전에 아버지가
기절한 똑같은 자리에서 기절했다.[18]

　　밀키가 경비국 직원의 안내를 받아 법정에 들어왔을 때,

좌석은 빠르게 채워지고 있었다. 모두가 이 소송이 굉장히 큰 사건이라는 것을 알고 있었다. 어느 면에서는 대법원에 올라온 환경 소송 중 가장 중요한 소송이라고 해도 과언이 아니었다. 일반 방청객과 기후 문제와 관련 있는 이해관계자 모두, 심지어는 당사자인 변호사들도 250석밖에 안 되는 자리를 차지하기 위해 대법원 앞 인도에서 밤을 새워 기다렸다. 새벽 6시 전에 오지 못한 사람은 좌석을 잡지 못하고 기껏해야 '3분 라인'에 설 수 있었다. 법정 맨 뒤에서 10여 명 정도가 3분 동안 법정을 보고, 그들이 나가면 다음 10여 명이 들어와서 3분 동안 법정을 보는 식으로 잠깐씩 참관하는 것을 말한다.

'대법원변호사협회Supreme Court Bar' 회원을 위해 마련된 80석도 빠르게 찼다. 이들의 자리는 법정 앞쪽, 구두변론인 바로 뒤에 마련되어 있었고 일반 방청객 자리와는 청동 레일로 분리되어 있었다. 산업계를 대리하는 몇몇 변호사는 그날 아침에 줄 서서 기다린 시간에 대해 시간당 500달러 이상을 의뢰인에게 청구할 수 있었다. 변호사 협회석 줄은 6시부터 시작되었는데 7시 넘어서 온 변호사들은 너무 늦어서 법정 안에 들어가지 못하고 변호사 협회 회원 전용 방으로 가서 오디오로 변론을 들었다.

벤치 맨 왼쪽에 마련된 기자석도 꽉 찼다. 70명의 기자들이 빽빽하게 자리를 잡았다. 뒤쪽에 앉은 사람은 시야가 가려서 앞을 잘 볼 수 없었다. 기자석은 연장자 순이어서 베테랑 대법원 기자인 〈뉴욕타임스〉의 린다 그린하우스Linda Greenhouse, 〈워싱턴포스트〉의 로버트 반스Robert Barnes, 〈내셔널퍼블릭 라디오〉의 니나 토텐버그Nina Totenberg 등이 앞자리에 앉았다. 그들은 좌중을 둘러보면서 변론 후에 취재할 만한 사람이 누가 있을지 가늠해보았다.

오전 9시 59분, 이제 비어 있는 자리는 아홉 석뿐이었다. 그들이 나타나기를 초조하게 기다리고 있는 사람들은 잘 모르고 있었지만, 사실 대법관들도 이미 법정 안에 있었다. 그들은 벤치 바로 뒤, 금색 가장자리 장식이 달린 짙은 빨간색의 26피트[약 8미터]짜리 두꺼운 벨벳 커튼 뒤에 있었다. 계절답지 않게 따뜻한

날씨에 대한 농담도 오갔을 것이다. 19세기에 멜빌 풀러Melville Fuller
대법원장이 만든 오랜 관례대로 대법관들은 서로 악수를 나눴다.
풀러는 1888년에 대법원장이 되었는데, 알려져 있기로 당시
대법관들은 매우 개인주의적이고 자만심 넘치는 사람들이었다.
악수 관례는 풀러가 대법관들 사이에서 적대와 분열을 없애기 위해
도입한 몇 가지 방법 중 하나였다.[19]

커다란 청동 시계의 분침이 마지막으로 째깍 돌아가면서
정각 10시가 되었다. 벤치 바로 뒤에 있는 이 시계도 대법원 건물을
디자인한 캐스 길버트 작품이다. 이미 조용해진 법정에 작은
차임벨이 울렸다. 경비국장 파멜라 탈킨Pamela Talkin이 망치를
두드리자 아홉 대법관이 커튼의 세 군데 열린 곳을 통해 동시에
입장했고 청중 모두 자리에서 일어나 경의를 표했다.

이어서 '들으시오'라는 의미의 앵글로 노르만어인
"오예이Oyez"라는 말로 대법원 경비국장이 개정 안내를 했다.

> 오예이! 오예이! 오예이! 영예로운 미국 연방 대법원의
> 용무와 관련이 있으신 모든 분이여, 이제 개정을 하므로
> 가까이 와서 집중하시오.

구두변론 법정이 개정되었다.

◇ 9인의 대법관
맨 가운데 자리는 존 G. 로버츠 대법원장의 자리였다. 그는
대법원장이 된 지 2년째였다. 미국의 (겨우) 제17대 대법원장인
그는 지명되었을 때 50세로, 존 애덤스John Adams 대통령이 1801년에
45세인 존 마셜John Marshall을 대법원장에 지명한 이래 최연소
대법원장 지명자였다. 그는 당시에 세 살 아들과 다섯 살 딸을
두고 있어서, 1796년에 지명된 올리버 엘스워스Oliver Ellsworth
대법원장 이래 가장 자녀가 어린 대법원장 지명자이기도 했다.
그래서 대법원장 경호 조치에 카시트 두 개가 포함되었다. 로버츠
대법원장이 메릴랜드주에 있는 자택에서 출퇴근할 때 사용하는

커다란 검정 SUV에 장착하기 위해서였는데, 물론 [1700년대 말에]
엘스워스 대법원장은 누려보지 못한 일이다.

원래 로버츠 대법원장은 2005년 7월에 사임 의사를 밝힌
샌드라 데이 오코너Sandra Day O'Connor 대법관의 후임으로 조지 W.
부시 대통령에 의해 지명되었다. 그런데 로버츠의 대법관 지명이
상원에서 인준되기 사흘 전에 대법원장 윌리엄 렌퀴스트William
Rehnquist가 사망했고, 부시 대통령은 로버츠가 리더 역할에도
적임자일 것이라고 생각해서 그를 오코너 대법관 후임이 아닌
렌퀴스트 대법원장 후임으로 지명하기로 했다. 당시 로버츠는
D.C.항소법원 판사로 재직한 지 2년밖에 안 된 상태였지만 흠 없는
직업적, 정치적 자격을 갖추고 있었고, 오코너 대법관 후임으로
고려되었을 때 상원에서 무난하게 인준될 것으로 예상된 바
있었다.

로버츠는 하버드 대학 학부와 로스쿨을 수석으로 마쳤고
대법원 로클럭을 지냈으며 미국에서 가장 뛰어난 대법원 변론 전문
변호사라는 평판도 가지고 있었다. 그는 로널드 레이건과 조지 H.
W. 부시 행정부 시절 백악관과 법무부에서 지명직으로 일했지만
딱히 이념적이거나 당파적이라는 평판은 없었다. 대법원장 인준을
위한 의회 청문회에서도 지식, 매력, 위트로 좌중을 사로잡아서,
정치적으로 분열된 시기였는데도 상원에서 압도적인 지지를
얻었다. 청문회에서 그는 대법원장이 되면 대법관들의 분열적인
투표보다는 만장일치를, 그리고 더 엄격하고 좁은 범위의 판결을
촉진함으로써 사법적 겸손함의 기조를 세우겠다고 약속했다.
'매사추세츠 대 환경보호청' 사건이 대법원에 올라온 시점에는
로버츠가 대법원장으로서 그 약속들을 달성했는지 여부를
판단하기에 아직 그의 재직 기간이 그리 길지 않았다.

대법관 좌석은 연차순이다. 대법원장 바로 오른쪽에는
부대법원장인 존 폴 스티븐스가 앉았다. 그는 31째 대법관으로
일하고 있었다. 대법원장 바로 왼쪽에는 대법관으로 20년을 일한
안토닌 스칼리아가 앉았다. 둘 다 공화당 대통령(스티븐스는
제럴드 포드Gerald Ford, 스칼리아는 레이건)이 지명했고 상원에서

98 대 0으로 인준되었다. 하지만 대법관이 된 다음에는 주요
사건에서 둘의 투표 성향이 매우 달랐다. 스티븐스 대법관은
점점 더 진보 쪽으로, 스칼리아 대법관은 완강하게 보수 쪽으로
투표했다. 구두변론 때 질문하는 스타일도 둘은 전혀 달랐다.
변론인의 논변을 파헤치는 능력이 뛰어나다는 점은 똑같았지만,
중서부 출신인 스티븐스는 질문이 예의 바르고 간결했고
변론인에게 끼어들어도 되겠냐고 먼저 양해를 구하고 말을
시작했다. 반면, 퀸스 출신인 스칼리아는 큰 목소리와 어려운 질문,
그리고 변론인과 설전을 벌이는 기회를 즐기는 듯한 태도로 법정을
장악했다.

나머지 여섯 대법관은 앤서니 케네디^{Anthony Kennedy},
데이비드 수터^{David Souter}, 클래런스 토머스, 루스 베이더 긴즈버그,
스티븐 브라이어^{Stephen Breyer}, 새무얼 얼리토였고 연장자순으로
대법원장 오른쪽과 왼쪽 자리에 번갈아서 앉았다. 얼리토 대법관
자리가 왼쪽 맨 끝이었다. 케네디, 토머스, 수터, 얼리토는 공화당
대통령(레이건, 조지 H. W. 부시, 조지 W. 부시)이 지명했는데
이들 중 토머스와 얼리토만 지명 당시 알려졌던 성향과 일관되게
대법관으로서도 보수주의적인 성향을 보였다. 서굿 마셜 대법관
후임으로 들어온 토머스는 진보의 아이콘이던 마셜과 완전히
반대되는 투표를 해서 진보주의자들의 분노를 샀다. 얼리토는
대법관이 된 지 얼마 되지 않았지만(로버츠가 대법원장으로
오고 한두 달 뒤에 대법관이 되었다), 16년간 필라델피아에 있는
연방 항소법원에서 일했을 때의 판결 이력으로 볼 때 일관되게
보수 성향의 투표를 하리라는 것이 명백했고, 사실 이 점이 그가
대법관으로 지명되는 데 매우 중요한 요인이었다. 토머스가
유일하게 사람들을 놀라게 만든 점은 구두변론 중에 질문을
거의 하지 않는다는 점이었다(판결 성향에서는 그다지 의외의
모습을 보이지 않았다). 그가 쓴 판결문들을 보면 사건에 대해
매우 깊은 관심과 분명한 견해를 가지고 있음이 명백했지만,
구두변론 때 질문은 잘 하지 않았다. 얼리토는 가장 연차가 낮은
대법관이어서 비교적 질문을 많이 하지 않았지만 때때로 질문을

할 때면 으르렁거리듯이 공격적이었다. 얼리토는 스칼리아와 달리
구두변론을 즐기는 듯한 모습을 보이지도 않았고, 스티븐스처럼
예의 바르고 유려한 모습을 보이지도 않았다.

공화당 입장에서 얼리토가 확실히 보수 성향의 투표를
하리라고 예상된다는 점이 매우 중요했던 이유는 케네디와 수터의
전례 때문이었다. 수터는 1990년에 조지 H. W. 부시 대통령이
대법관으로 지명했는데, 당시에는 전국적으로 알려진 인물이
아니었다. 보스턴에 있는 연방 항소법원에서 5개월도 채 근무하지
않은 상태였고, 그 이전 7년은 뉴햄프셔주 대법원에서 일했다. 이전
이력이 별로 없어서 상원의 인준을 받기에는 오히려 유리하다고
여겨졌다. 당시 상원은 민주당이 다수였기 때문이다. 그때
대통령 비서실장은 우려를 표하는 공화당 의원들에게 대법원에
보수주의자를 앉히고자 한다면 수터야말로 '홈런'이 될 것이라고
안심시켰다. 하지만 대법관이 된 뒤 수터는 종종 진보 성향인
윌리엄 브레넌 대법관과 동일한 표를 던졌다. 그래서 공화당
의원들 사이에서는 "수터 같은 일이 더 이상 반복되어서는 안
된다"는 말이 일종의 슬로건처럼 되어 있었다.[20]

수터만큼 진보적이지는 않았지만 케네디도 보수주의자들을
적잖이 실망시켰다. 대개는 보수주의자들에게 우호적인 판결을
내려왔지만, 정의를 진전시키는 데 대법원이 굉장히 중요한 역할을
한다고 생각하는 사람이기도 했기 때문에 때때로 보수주의자들이
한탄해 마지않는 판결을 내린 것이다. 예를 들면, 케네디는
수터 등 진보적인 대법관들과 함께 낙태와 관련된 사건에서
과거 '로 대 웨이드Roe v. Wade' 사건 때 내려진 대법원 판례를
뒤집는 데 반대했고,[21] 텍사스주의 동성애 금지법이 위헌이라고
판단했으며,[22] 청소년이나 지적장애인에게는 사형을 선고하지
말아야 한다고 투표했다.[23]

케네디와 수터 모두 관심 있는 사건일 경우 구두변론에서
적극적으로 질문했다. 하지만 둘의 스타일은 매우 달랐다.
케네디는 헌법학 교수가 강의를 하듯이(그는 헌법학 교수
출신이다) 자신의 취지를 상세히 설명하는 스타일이었고, 연타로

질문을 던져 자신이 짚고자 하는 논점으로 몰고 가지는 않았다.
반면, 수터는 질문을 연타로 퍼붓는 스타일이었고(질문 내용은
공격적이었지만 말투는 그와 대조적으로 굉장히 예의 발랐다),
변론인이 답변을 회피한다고 여겨지면 곧바로 더 어려운 질문을
집요하게 던졌다.

긴즈버그와 브라이어는 빌 클린턴이 대통령이 되고 첫
2년 안에 지명되었고, 각각 96 대 3, 89 대 6으로 쉽게 의회에서
인준되었다. 진보 성향이긴 해도 사법적으로는 중도적이라고
여겨졌기 때문이다. 물론 긴즈버그는 변호사 시절 여권 신장을
위해 획기적으로 노력한 이력이 있었고 여성 권리와 관련된
대법원 사건 여섯 건에서 성공적으로 구두변론을 하기도 했다.
하지만 D.C.항소법원 판사로 재직하면서 이념적, 정치적인 의제와
상관없이 공정하고 법 규칙을 엄격하게 따르는 판사라는 평판을
얻었다. 긴즈버그는 산업계에서도 큰 지지를 받았다. 브라이어도
마찬가지였다. 하버드 대학 로스쿨 교수 출신인 그는 상원
사법위원회에서도 일한 적이 있는데 상원에서 민주당과 공화당
지도자들 모두에게 공평한 관점, 그리고 과도한 정부 규제를
싫어하는 입장으로 좋은 인상을 심어주었다. 또 제1항소법원에
재직하면서 긴즈버그와 마찬가지로 중도 성향의 판사라는 평판을
얻었다. 하지만 대법관이 된 뒤로는 긴즈버그와 브라이어 모두
투표에서나 의견문에서나(긴즈버그는 특히 젠더 평등과 관련한
사안에서) 진보 쪽에 우호적인 판단을 내리는 경향이 짙었다.

이들은 관심 있는 사건일 경우 구두변론에서 매우 적극적으로
질문했다. 브라이어는 길고 빙빙 에두르는 복잡한 질문으로 악명이
높았고, 긴즈버그는 조용한 목소리, 그리고 법적 절차에 대한
비범한 전문성과 장악력으로 유명했다. '조용한 목소리'는 순전히
물리적인 의미에서 그렇다는 얘기고, 긴즈버그의 '목소리'가 전혀
조용하지 않다는 것은 모두가 잘 알고 있었다.

◊ 가까이 와서
당연히 밀키는 대법관 모두의 이력과 성향을 미리 조사했다.

대법관들이 법정에 들어섰을 때 그는 대법관들의 자리와
구두변론인이 서서 변론을 해야 하는 자리가 너무 가깝게 느껴져서
깜짝 놀랐다. 그가 가본 어느 법정보다도 가까웠다. 대법원 법정의
거대함과 웅장함을 생각하면 더욱 놀라웠다.

　　로버츠 대법원장이 중앙에, 그리고 그 양옆으로 네 명씩
대법관이 앉아 있는 마호가니 목재로 된 대법관 벤치와 밀키가
발언을 할 연단은 겨우 74인치[약 188센티미터] 떨어져 있었다.[24]
개정을 알리는 대법원 경비국장이 "들으시오"라고 말하며 훈시한
대로, 구두변론을 맡은 변론인들은 실제로 "가까이 와서" 집중하게
되어 있었다.

　　서로 손을 뻗으면 잡을 수도 있을 만큼 가까워서 비공식적인
대화도 할 수 있을 듯이 보일 정도였다. 하지만 밀키는 이 자리의
엄정한 공식성과 여기에 걸려 있는 것의 막중함을 잊지 않았다.
대법관석이 친근하도록 가까이 있다는 사실은 질식할 것처럼 숨이
막힐 수 있다는 의미이기도 했다.

　　게다가 거리가 가까워서 예기치 못한 어려움도 있었다.
대법관들이 연단과 너무 가까이 있어서 변론을 하면서 모두를
한눈에 볼 수가 없었다. 전체 대법관석을 다 보려면 몸을 이쪽에서
저쪽으로 돌려야만 했다. 그리고 실내 음향 문제 때문에 질문을
저 높이 대법관석 위에 있는 스피커들을 통해서만 들을 수 있다.
그래서 변론을 할 때 눈으로 보거나 소리가 어디서 나오는지를
듣고서 누가 말을 하고 있는지 곧바로 파악하기가 어렵다. 이렇게
가까운 거리라면 당연히 말하는 상대가 누구인지 알 수 있어야
할 것 같지만, 이 전제가 무너지는 것이다. 대법원 변론을 처음
해보는 사람은 이 의외의 음향 문제에 준비가 되어 있지 않을
경우 누가 질문을 하고 있는지를 곧바로 파악하지 못해 당황하기
십상이다. 때로는 대법관이 질문을 하면서 손을 흔들어 알려주거나
"여깁니다"라고 말해주기도 하지만, 안 그럴 때도 많다.

　　경험 많은 변론인은 이것을 알기 때문에 대법관들의 말투와
목소리를 미리 암기한다. 수터의 (r 발음을 거의 하지 않는)
귀족적인 북동부 뉴잉글랜드 사투리, 긴즈버그의 고전적인

브루클린 억양의 낮고 조용한 목소리, 스칼리아의 퀸스 특유의
발음과 큰 목소리, 인디애나주 출신임이 잘 드러나는 대법원장의
밋밋한 모음 등의 특징을 바로 포착할 수 있게 훈련해두는 것이다.
또한 숙달된 변론인은 대법관석을 빠르게 훑어보면서 대법관이
질문을 던지기 전에 보이곤 하는 미묘한 몸짓(가령 마이크 버튼을
누르기 위해 몸을 약간 앞으로 기울이는 것 등)을 포착해 다음에
질문할 사람이 누구일지 감을 잡는다.

　　대법관들이 입장하고 변론이 시작되기까지 밀키가
대법관석을 바라보고 있던 1, 2초 동안, 윌리엄 J. 브레넌 대법관이
말했다는 그 유명한 '5인의 규칙Rule of Five'이 공기를 무겁게
짓누르는 것 같았다.

　　브레넌 대법관은 1956년부터 1990년까지 대법관을 지냈다.
전해 내려오는 이야기에 따르면, 그의 대법관실에 로클럭이
새로 들어오면 이렇게 퀴즈를 냈다고 한다. "헌법에서 가장
중요한 규칙이 무엇인가?" 새 상사에게 좋은 인상을 주려고
젊은 로클럭들은 적법 절차, 평등한 보호, 언론의 자유, 투표권,
자기 부죄 거부, 잔인하고 이례적인 처벌의 금지와 같은 헌법상
기본권들을 앞다투어 이야기한다.

　　하지만 로클럭들의 대답을 다 들은 브레넌 대법관은, 정답은
'5인의 규칙'이라고 말한다. 그리고 어리둥절해하는 젊은이들에게
브레넌은 적어도 그의 대법관실에서 일하는 1년 동안 그들이
가장 중요하게 여겨야 할 헌법상의 규칙은, 대법원의 법정의견이
나올 수 있으려면 다섯 명의 표를 확보해야 한다는 규칙이라고
설명한다.[25]

　　밀키도 이 소송에서 이기려면 다섯 대법관이 필요하다는
점을 알고 있었고, 그렇게 아슬아슬하게 이기는 것이 쉬운 일이
아니리라는 점도 잘 알았다. 6월의 상고 허가 심사에서 적어도 네
대법관이 찬성표를 던져주었지만, 상고를 허가한다는 것은 이
사건에서 제기된 쟁점이 대법관이 관심을 기울이기에 충분할 만큼
중요하다는 의미이지, 그 이상은 아니다. 그리고 어느 대법관이
상고를 허가하자고 했고 어느 대법관이 거부하자고 했는지는

공개되지 않는다. 그래서 밀키는 이 사건의 상고를 허가하자는
데 표를 던져준 대법관들이 꼭 이쪽 논변에 우호적이어서
그랬으리라고 가정할 수 없었다. 어쩌면 상고 허가에 찬성한
네 명은 환경보호청에 맞서 소송을 건 진정인들의 원고적격을
공식적으로 불인정할 기회라고 생각해 상고를 허가하자고
했을지도 모른다.

　　밀키는 어두운 생각을 몰아내고 눈앞의 과제에 집중해야
했다. 논변을 조리 있게 구성하고 질문에 최대한 잘 답변해서
소송에서 이기는 것이 지금의 과제였다. 대법원장 바로 왼쪽의
케네디 대법관이 캐스팅보터일 가능성이 컸다. 밀키는 케네디의
표를 얻으려면 온실가스와는 전적으로 관련 없는 쟁점을 먼저
논해야 한다고 판단했다. 이산화탄소가 대기오염물질이라는
논변에는 다수의 대법관이 우호적일 가능성이 있지만, 그 쟁점으로
가려면 일단 미국 연방 법원의 관할권이 성립하기 위한 소송
요건상의 장벽 하나를 넘어야 했다. 진정인들이 원고적격을 갖추고
있다는 점을 다수의 대법관에게 설득해내야 하는 것이다. 이
문제에서 아홉 명 중 분명 케네디가 관건이 될 것으로 보였다.

　　대법원은 아홉 명의 중립적인 대법관들로 구성되어 있다고
여겨지고자 하지만, 밀키는 대법관 각각의 과거 결정 이력을
살펴보고서 이들 모두의 표가 동일한 비중을 갖지 않는다는 것을
파악하고 있었다. 양측이 제시한 논변들을 진보적인 대법관과
보수적인 대법관이 다르게 받아들일 가능성이 컸다. 대법원에
올라온 사건 중 이렇게 '성향'이 영향을 미치는 사건은 사람들이
생각하는 것보다 훨씬 적다. 하지만 '매사추세츠 대 환경보호청'
사건은 바로 그렇게 보수와 진보의 성향 차이가 영향을 미칠 법한
사건이었다.

　　진정인들이 환경보호청의 처분에 맞서 소를 제기할
원고적격을 갖추고 있느냐에 대해 로버츠 대법원장과 스칼리아,
토머스, 얼리토 대법관은 반대표를 던질 게 거의 틀림없었다.
그리고 밀키가 예상하기로 스티븐스, 수터, 긴즈버그, 브라이어
대법관은 진정인 측에 더 우호적일 것 같았다. 즉 이 여덟 명의

입장은 꽤 예측 가능했다. 그들이 과거 사건들에서 했던 투표들을 봐도 그렇고, 보수적인 대법관들이 진보적인 대법관보다 원고적격 기준을 더 엄격히 적용하는 경향이 있다는 점에서도 그랬다. 다시 말해, '매사추세츠 대 환경보호청' 사건이 게임판 자체에 들어갈 수 있느냐 아니냐는 케네디에게 달려 있었다.

이렇게 보면, 이 사건은 케네디가 대법관이 되고서 20년 동안 대법원에 올라왔던 여타의 환경 소송들과 비슷한 면이 있었다. 그중 하나만 제외하고 케네디 대법관은 다수에 속했고 많은 경우에 그의 표가 결정적인 '다섯 번째 표'였다. 적어도 환경법에서는 케네디가 가는 방향이 대법원 전체가 가는 방향이라고 말할 수 있었다. 그래서 어떤 이들은 이때의 대법원을 농담 삼아 "케네디 대법원"이라고 부르기도 했다. 일반적으로는 대법원장의 이름을 따서 "로버츠 대법원"과 같이 부르는데 말이다.

하지만 아무리 케네디에게 최대한 많이 집중하고 싶어도 케네디에게만 모든 관심을 쏟을 수는 없었다. 밀키는 얼마나 불공정한 전제에 기반한 것이든, 얼마나 곤란한 것이든, 또 그 밖의 어떤 것이든, 모든 대법관의 모든 질문에 답변해야 했다. 대법원에서 변론하는 변론인은 표를 얻을 것이 어차피 불가능한 대법관이라고 해서 그 대법관의 질문에 답변하지 않고 넘어가는 사치를 부릴 수 없다. 그렇게 할 수만 있었다면 밀키는 기꺼이 스칼리아의 표를 포기하는 대신 스칼리아가 구두변론 중에 질문을 못 하게 만드는 편을 택했을 것이다. 하지만 케네디를 설득하기 위해서는 가장 적대적일 것이 틀림없는 스칼리아의 공격적인 질문에도 훌륭히 답변해야 했다.

그렇더라도, 말로는 못하는 것을 눈으로는 어느 정도 할 수 있다. 뛰어난 구두변론인은 말만 가지고 소통하지 않는다. 말과 동시에 대법관에게 눈을 맞춤으로써, 혹은 눈을 맞추지 않음으로써 무언의 메시지를 보낸다.

여기에는 모든 신참 교사가 교실에서 곧 깨닫게 되는 학생들의 전형적인 수법과 비슷한 면이 있다. 교사가 질문을 할 것 같으면 학생들이 어떻게 하는가? 갑자기 책상에서 무언가 엄청나게 흥미로운 일이라도 벌어진 듯이 모두가 즉시 시선을 아래로 돌린다. 교사가 자신을 바라보지 않는 사람을 지목해 말을 하도록 시키기는 훨씬 더 어렵기 때문이다.

　　동일한 역학이 대법원 변론에서도 작동하며, 뛰어난 변론인은 이것을 최대한 유리하게 활용한다. 변호사는 그 질문이 얼마나 적대적이건 또 얼마나 치명적이건 간에 어느 대법관이 묻는 어느 질문에도 대답해야 한다. 하지만 특정한 대법관에게 답변을 얼마나 길게 혹은 짧게 할 것인가 외에도 얼마나 눈을 길게 혹은 짧게 맞출 것인가와 같은 신호를 보낼 수 있다. 밀키는 대법원 변론 경험이 많은 변호사들에게서 스칼리아가 질문을 하면 답변을 한 뒤에 곧바로 비교적 덜 적대적인 다른 대법관 쪽으로 시선을 돌리라는 조언을 들었다. 시선을 돌림으로써 스칼리아가 후속 질문하는 것을 조금이라도 더 어렵게 만들 수 있고, 다른 대법관이 들어오도록 초대하는 효과를 내서 더 우호적인, 혹은 케네디처럼 투표에서 결정적으로 중요한 대법관이 그 시점에 쉽게 끼어들게 할 수 있다는 것이다.

　　10시 2분. 대법원장이 오늘의 첫 구두변론으로 사건 번호 05-1120, '매사추세츠 대 환경보호청' 사건의 구두변론을 시작하겠다고 선언했다. 이것이 밀키의 큐 사인이었다. 밀키는 자리에서 일어나 연단으로 갔다. 앉아 있던 자리에서 오른쪽으로 한 발짝 정도만 움직이면 되었다. 그리고 앞서 이 자리에 섰던 수많은 변론인처럼 다음과 같이 변론을 시작했다. "대법원장님, 그리고 대법관님, 변론을 시작하겠습니다Mr. Chief Justice, and may it please the Court."

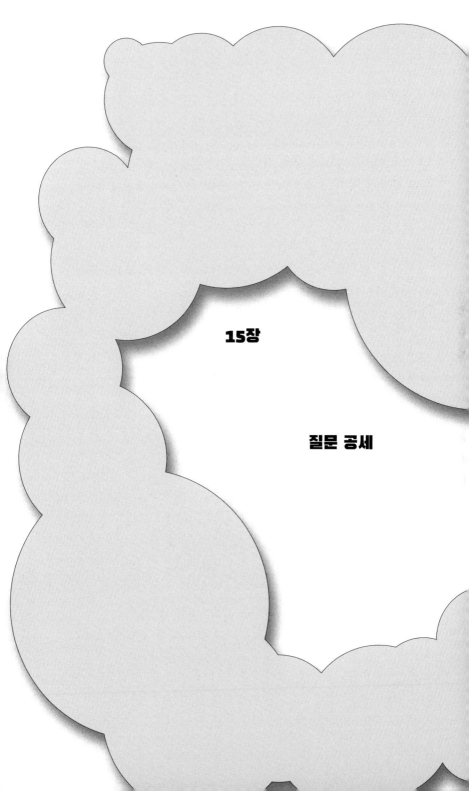

15장

질문 공세

짐 밀키가 발언을 시작하자 법정 앞쪽의 변호사 협회석에 앉아
있던 사람들은 어느 대법관이 가장 먼저 끼어들어 질문을 할지
궁금해하면서 앞으로 바짝 몸을 기울였다. 곧바로 대부분의 눈길이
사냥감을 덮치기 직전에 체셔 고양이 같은 미소를 짓는 것으로
유명한 한 사람에게 쏠렸다.

안토닌 스칼리아 대법관은 대법원 구두변론의 역학을 크게
변모시켰다. 1986년 9월에 그가 대법관으로 오자마자 대법관들이
던지는 질문의 수가 거의 두 배로 늘어서, 스칼리아가 온 첫해에
구두변론 한 시간 동안 평균 104개의 질문이 나왔다. 그리고
매사추세츠 사건의 구두변론이 열리기 전해인 2005년에는 질문
수가 무려 평균 156개로 늘어 있었다.

스칼리아는 대법관이 되자마자 존재감을 드러냈다.
대법관석에 앉은 첫날 첫 구두변론에서 스칼리아는 28개의 어려운
질문을 던졌다. 그해 대법원 회기 연도(10월의 첫 월요일부터
다음 해 10월의 첫 월요일까지. 10월의 첫 월요일에 지난 연도가
끝나는 동시에 다음 연도가 시작된다) 중 2주간의 어느 회기에
대법관들이 던진 전체 질문의 30퍼센트가 그의 질문이었다.
사건마다 스칼리아가 어찌나 질문을 쏟아내던지, 예스럽게 점잖은
버지니아 출신 루이스 파월Lewis Powell 대법관은 서굿 마셜에게
이렇게 말하기도 했다. "여기 우리도 있다는 걸 그[스칼리아]가
알고 있으려나요?"

스칼리아는 버지니아 대학과 시카고 대학에서 로스쿨
교수로 재직하던 시절에도 강의실에서 학생들에게 맹렬히 질문을
퍼붓기로 유명했으므로, 그가 공격적인 질문 스타일을 갖게 된
것은 어쩌면 자연스러운 일이었을 것이다. 하지만 이것은 하나의
사건에서 제기되는 모든 쟁점을 두루두루 따지기 위해 질문을
던지는 강의실의 상황을 단순히 법정으로 옮겨놓은 것과는 종류가

달랐다. 스칼리아의 질문은 전략적이었다.

대법원에 온 스칼리아는 자신이 다른 대법관들에게 영향을 미칠 수 있는 기회가 극히 제한되어 있다는 사실을 깨달았다. 대법관들은 구두변론이 있기 전까지는 해당 사건에 대해 서로 논의하지 않는 것이 관례다. 케네디는 "해당 사건의 구두변론이 열리기 전에는 그 사건에 대해 우리끼리 이야기하지 않는 것이 암묵적인 규칙"이라고 설명했다. 구두변론 하루 이틀 뒤에 열리는 평의도 투표 위주여서 토론이나 공방이 이뤄지지는 않는다. 평의 자리에서 대법관들은 한 명씩 자신의 결정을 밝히고 그에 대해 간략히 설명하는데, 말하는 도중에 다른 사람이 끼어들지 않는다. 스칼리아로서는 실망스럽게도 대법관 평의는 "서로를 설득하는 자리가 아니었다."[5] 더 안 좋은 것은 그때 스칼리아가 가장 신참 대법관인지라 평의에서 발언 순서가 가장 마지막이라는 점이었다. 그가 말을 시작했을 때는 다른 대법관들 모두 이미 자신의 투표를 밝힌 뒤가 되는 것이다.[6]

그래서 스칼리아는 동료 대법관들이 있는 자리에서 사건에 대해 처음으로 (그리고 가장 길게) 이야기할 수 있는 자리인 구두변론에 주목했다. 로버츠 대법원장이 설명했듯이, 대법관들은 "다른 대법관들이 어떻게 생각하고 있는지 모르는 채로 온다. ……따라서 구두변론에서 질문 과정을 통해 처음으로…… [다른 대법관들의] 견해를 알게 되고 그로 인해 나의 견해가 바뀔 수도 있다."[7] 스칼리아는 이 60분을 현명하게 사용한다면 평의에서 투표가 이루어지기 전에 그의 견해를 동료들에게 알릴 수 있으리라는 것을 깨달았다. 곧 스칼리아는 구두변론 때 그가 지지하지 않는 측 논변의 약점을 드러내고 강조하는 데, 그리고 그가 지지하는 측 논변의 강점을 부각하는 데 매우 뛰어난 수완을 발휘하기 시작했다.

은근히도 아니고 대놓고 그랬다. 스칼리아는 그가 투표하지 않을 쪽 변론인에게 훨씬 많이 훨씬 어려운 질문을 했다. 그가 던지는 날카롭고 때로는 조롱 섞인 질문은 변론인이 개진하는 논변의 취약점을 드러내고 강조했다. 스칼리아의 가설적인 질문과 함정 질문은 변론인이 개진한 입장을 우스워 보이게 만들거나 변론이 꼬이게 만들곤 했다. 스칼리아의 로클럭을 지낸 한 현직 법조인은 스칼리아가 쓴 유명한 반대의견 중 한 문장을 인용해 다음과 같이 표현했다. "이 늑대는 [양의 탈을 쓴 늑대가 아니라] 늑대의 모습으로 온 늑대다."[8]

반면 자신이 지지하는 쪽 변론인이 변론을 하는 동안에는 완전히 침묵을 지키거나 그의 논변을 강화해주는 질문을 했다. 그 변론인이 다른 대법관의 질문에 고전하거나 스칼리아가 보기에 문제 있는 방식으로 답변을 하면 끼어들어서 구제해주기도 했다. 가령 변론인이 논변을 꼬이게 만들 만한 답변을 하지 않도록 얼른 뛰어들어서 "이 질문에 대해 말씀하시려고 한 바가, 내가 생각하기로는 그게 아니고……"라고 자신이 생각하는 더 좋은 답변을 말하고서 "[내가 한 말이] 맞나요?"라고 되물어주는 식이었다. 그러면 변론인은 냉큼 구명줄을 붙잡고 "그게 바로 제가 드리려던 말씀입니다. 스칼리아 대법관님"이라고 말해서 위기를 모면할 수 있었다.[9]

그날의 구두변론에서 밀키는 스칼리아가 진정인 측에 우호적이지 않다는 것을 알고 있었다. 그가 밀키에게 던지는 질문은 구명줄이 아니라 수류탄일 터였다.

◊   일반원칙

대법원장과 대법관들에게 경의를 표하는 의례적인 시작 문장 ("대법원장님, 그리고 대법관님, 변론을 시작하겠습니다")을 언급하고 나서, 밀키는 짧고 직설적인 두 문장으로 변론을 시작했다.

> 허락하신다면 본안의 주제를 매우 신속히 말씀드리고 곧바로 원고적격 문제로 넘어가고자 합니다. 본 사건은 중요한 정책 영역에서 나온 것이지만, 사실은 행정법과 법률 해석에 대한 일반원칙과 관련된 문제를 제기하고 있습니다.[10]

총 39개 [영어] 단어로 된 이 두 문장은 거짓말처럼
간결하지만, 한 단어 한 단어가 예행연습에서 계속 '깨지고' 나서,
이 소송의 쟁점을 정확히 어떤 프레임으로 대법관들에게 전달할
것인가에 대해 몇 개월간의 맹렬한 연구와 종종 과열되었던 논쟁을
거쳐 신중하게 구성된 것이었다. 변론 도중에 밀키는 한 번도
바인더를 내려다보지 않았지만 이 단어들 모두가 때로는 약어로,
그리고 검정, 파랑, 빨강, 초록 글씨로 바인더의 '모두진술' 탭에
토씨 하나 다르지 않게 그대로 담겨 있었다.

이 문장은 하급심 판결을 뒤집고 환경보호청이 신규 자동차와
트럭의 온실가스를 규제하지 않기로 한 결정을 재고하도록
사건을 되돌려 보내는 데 필요한 다섯 표의 확보 가능성을
극대화하기 위해 고안된 것이었다. 또한 이 문장은 가장 적대적일
것으로 예상되는 대법관의 질문 때문에 변론이 옆길로 샐 위험을
최소화하기 위해 고안된 것이기도 했다. 훌륭한 브로드웨이 연극의
오프닝처럼, 겉보기에는 자연스럽게 말하는 것처럼 보여도 모든
단어가 사전에 치밀하게 짜인 것이었다.

밀키는 스칼리아 대법관이 원고적격 문제를 계속 걸고
넘어지리라고 예상했다. 대법관이 되기 전 D.C.항소법원 판사
시절에도 스칼리아는 환경주의자들이 매사추세츠 사건 같은
건으로 소송을 제기하려고 하면서 원고적격을 주장할 때 법원들이
이를 받아들여주려 하는 경향에 몹시 불만을 표하곤 했다. 한
논문에서 스칼리아는 (언어로 펀치 날리기를 즐기는 기질을
십분 발휘해서) "환경법을 더 엄격하게 적용하라는 소송은……
케임브리지와 뉴헤이븐의 강의실[하버드나 예일]에서나
지지받을 수 있지 웨스트버지니아의 광산이나 디트로이트의
공장에서는 그렇지 못할 것"이라고 언급했다. 또 환경 규제를 더
느슨하게 집행하는 것도 "좋은 일일 수 있다"고 언급했다.

밀키는 자칫하면 스칼리아가 귀중한 30분의 대부분을, 아니
어쩌면 전부를 원고적격 문제에 쓰게 만들지도 모른다고 예상했다.
그렇게 되면 밀키의 변론 기회를 스칼리아가 필리버스터로
막아버리는 격이 되어서, 온실가스가 대기오염물질인지에

대해서나 다른 대법관들(특히 케네디)이 관심 있어 할 또 다른
쟁점들로는 아예 넘어가보지 못할 수도 있었다. 첫 문장을
"허락하신다면"이라고 시작함으로써, 밀키는 원고적격 쟁점으로
곧 들어가겠다고 스칼리아를 안심시키면서 다만 그 전에 전체
대법관에게 이 소송의 핵심 주제에 대해 말할 시간을 몇 초 정도
달라는 메시지를 전달하고자 했다.

이 전략은 효력이 있었다. 스칼리아는 말을 참았고 밀키가
두 번째 문장까지 말하도록 허용했다. 그래서 밀키는 자신의
프레임대로 사건의 본질을 설명할 기회를 가질 수 있었다. 대법원
구두변론 변호사의 작은 승리였다.

이 사건의 본안을 설명한 두 번째 문장은 이 문장에서
언급하지 않은 것 때문에 중요했다. 이 문장에는 기후 변화에 대한
언급이 없었다. 기후 문제의 중차대성에 대한 강조도, 기후 변화의
임박성과 여기에 걸려 있는 것이 인류 문명에 얼마나 큰 영향을
미치는지에 대한 내용도, 따라서 환경보호청이 청정대기법에
의거해 가지고 있는 현재의 권한을 이 중차대한 문제에 마땅히
사용해야 한다는 언급도 없었다.

기후 문제는 "본 사건은 중요한 정책 영역에서 나온
것이지만"이라는 대목에 간접적으로만 암시되었고, 그러고는
곧바로 [하지만] "정책 사안"은 여기에서 핵심이 아니라고 말했다.
이 사건에서 대법원이 결정할 것은 "행정법과 법률 해석에 대한
일반원칙"을 적용하는 일뿐이라고 말이다. 간단히 말해서, 밀키의
발언은 이 사건이 (상고청구서에서는 엄청난 중대성을 갖는다고
강조했고, 아마도 그 엄청난 중요성 때문에 이 많은 사람이 오늘의
변론을 방청하려고 밤새 진을 치고 기다린 것이었을 텐데도)
엄청나게 중대한 사건이 아니라 법의 '일반원칙'을 적용하는
기계적인 문제가 되게 만들었다. 대법원이 진정인 측에 유리한
판결을 내리기 위해 엄청나게 대단한 판례를 만들어야만 하는 것은
아니라고 말이다.

두 번째 문장도 매우 신중하게 구성된 전략적인 문장이었다.
밀키를 포함한 진정인들 모두 환경이나 기후 변화에 대한 주장을

줄이고 진정인들이 대법원에 엄청나게 획기적인 판례를 만들어
달라고 요구하는 것이 아님을 분명히 밝힐수록 이길 확률이
높아지리라는 데 동의했다. 그리고 여기에서 핵심은 케네디였다.
그는 법리적으로 보수주의자였고 연방 정부의 적극적인 환경
규제에 늘 회의적인 입장을 가지고 있었다.

　　그래도 케네디는 주의 권리에 관심이 많았고, 이는 밀키가
케네디에게 호소력이 있을 만한 방식으로 변론을 구성하는 데
유리한 지점을 제공했다. 명백한 법률이 있는데도 연방 정부가
주들이 중요하게 생각하는 정책적 우려 사항을 제대로 다루지
못했다는 주장이 가능할 수 있었던 것이다. 그래서 밀키는 이
사건을 환경보호나 기후 변화 이슈로 몰고 가기보다 연방 정부가
법의 '일반원칙'들을 지켜서 주들이 필요로 하는 바를 다루어야 할
책무를 다하지 않았다는 쪽에 초점을 맞추기로 했다.

　　밀키는 진정인들이 지금 대법원에 요구하는 것이 매우
제한적인 속성을 지닌 것이라고 강조하면서 다음과 같이
모두진술을 마무리했다.

　　저희는 기후 과학에 대한 판단을 내려 달라거나
　　환경보호청에 배출 기준을 설정하라고 명령을 내려 달라는
　　요구를 하는 것이 아닙니다. 저희가 원하는 것은 단순히,
　　온실가스에 대한 규칙 제정을 요구하며 제기한 멘델슨의
　　청원을 환경보호청이 용인될 수 있는 고려 사항들을 토대로
　　다시 검토해 달라는 것뿐입니다.[13]

환경 운동가가 밀키의 진술을 들었다면 충격을 받았을 것이다.
밀키의 말이 일부러 핵심을 다 내어주는 것처럼 들릴 수 있었기
때문이다. 환경 운동가들이 당연히 이 사건의 핵심 의의라고
보았을 목표, 즉 온실가스가 공중의 건강과 복지에 해롭다는 점을
분명히 밝히고 그에 따라 환경보호청이 온실가스 배출 제한을 위해
나서야 할 법적인 의무가 있음을 명확히 확립한다는 목표를 밀키가
일방적으로 치워버린 것처럼 들릴 수 있었다.

하지만 밀키는 환경 운동가들이 잘 고려하지 않을 중요한
사실을 알고 있었다. 그러한 목표를 주장하는 것이 법적으로는
지는 논변이라는 사실 말이다. 대법원은 이 사건에서 온실가스의
위험성 여부를 직접 판단하려 하지 않을 터였다. 또한 대법원은
환경보호청에 기후 변화의 위험성을 공식화하고 온실가스를
규제하라는 명령을 내리려 하지도 않을 터였다. 적어도 케네디는
분명히 그럴 것이었다.

환경주의자들이 듣고 싶은 말이 무엇인지는 여기에서
중요하지 않았다. 가장 뛰어난 환경 변호사가 꼭 가장 좋은 '환경
운동가'인 것은 아니다. 가장 뛰어난 환경 변호사는 가장 뛰어난
'변호사'다. 밀키가 해야 할 일은 환경 운동가들이 반길 만한 발언을
하는 것이 아니었다. 그런 발언은 의회 청문회나 정치 집회, 선거
자금 모금 집회 등에서는 적절하겠지만 여기에서는 아니었다.

그날 아침 밀키의 청중은 오로지 아홉 대법관뿐이었다.
대법관들만이 소송의 결과를 결정할 수 있었고, 대법관들 중에
기후 활동가들이 듣고 싶어 할 정치적인 주장에 귀를 기울일
사람은 아무도 없을 것이었다.

밀키는 법적 쟁점을 법조인들에게 말하는 '변호사'였다. 그는
'그가 바라는' 대법관들이 아니라 '그가 실제로 직면하고 있는'
대법관들을 설득할 수 있는 논변을 구성해야 했다. 이를 달성할 수
있는 여지는 극히 좁았고, 밀키에게 최선의 수는 더 많이 요구하는
게 아니라 더 적게 요구하는 것이었다.

이는 진정인들이 기후 과학에 대한 판단을 내려 달라고
대법원에 요구하고 있는 것이 **아니라는** 점을 확실하게 전달해야
한다는 뜻이었다. 나아가 진정인들은 환경보호청이 온실가스
배출을 규제하도록 대법원이 명령을 내려 달라고 요구하는 것이
아니라는 점도 절대적으로 명백하게 전달해야 했다.

또한 이는 환경보호청이 (진정인이 요구하는 바대로 내려진)
대법원의 판결에 따라 청원 거부 결정을 재고할 때, 이번에는
전적으로 타당한 근거들에 기반해서 역시 온실가스 배출을
규제하지 않기로 결정할 수도 있다는 것을 인정한다는 말이기도

했다. 밀키와 이산화탄소 전사들은 이 위험은 감수하는 수밖에
없다고 보았다. 그래서 밀키는 대법관들에게 진정인들이 요구하는
것은 환경보호청이 멘델슨의 청원을 "용인될 수 있는 고려
사항들을 토대로" 다시 검토하는 것뿐이라고 서두에서부터 분명히
밝히고자 했다. 즉 밀키는 의도적으로 진정인 측 '요구'를 축소해서
말하고 있었다.

　　어떤 토대로든 이 사건이 대법원에서 승소하기만 하면
이후에 막대한 정치적 승리가 될 것이었다. 질 경우 막대한 정치적
재앙이 될 것이듯이 말이다. 더 거창하게 이야기해야 할 때가 있고
더 줄여서 이야기해야 할 때가 있는 법인데, 지금은 더 줄여서
이야기해야 할 때였다.

　　본안의 주제를 설명하고 진정인들이 요구하는 바가 매우
제한적인 속성을 갖는 것임을 강조한 뒤 밀키는 다음으로
넘어갔다. "존경하는 대법관님, 이제 원고적격 문제로 넘어가고자
합니다."[14]

◇　　그 예고된 대재앙은 언제 오는 겁니까?
예상대로 스칼리아는 밀키가 변론을 시작한 지 몇 초도 안 되어
매사추세츠 진정인들이 연방 법원에 기후 변화 소송을 제기하기
위해 헌법이 요구하는 원고적격을 갖추었는지에 대해 질문했다.
스칼리아는 다른 대법관이 끼어들 틈도 없이 빠르게 원고적격
관련 질문을 아홉 개나 쏟아냈다. 스칼리아는 가차 없었다. 밀키가
답변을 하려고 시도할 때마다 밀키의 말을 막고 다음 질문을
던졌다. 밀키는 그날 총 58개의 질문을 받았는데 그중 23개가
스칼리아의 질문이었다. 스칼리아가 무엇을 목표로 하는지는
명확했다. 그는 매사추세츠 진정인들이 기후 변화가 야기한 결과에
대해 사법적 구제를 추구하며 연방 법원에 소를 제기할 권한이
있다는 밀키의 주장을 내장까지 발라내버리려 하고 있었다.

　　먼저 스칼리아는 매사추세츠주가 원고적격의 핵심 요건인
"임박한" 피해를 입증할 수 있는지 문제 삼으면서, 대체 그 피해가
"언제" 일어나는 것이냐고 물었다. 그는 다분히 조롱조로 "그

예고된 대재앙은 언제 오는 겁니까?"라고 질문했다.[15]

질문의 내용과 어조로 보아 스칼리아는 기후 변화가 재앙을 유발할 것이라는 과학계의 예측을 경시하고 있는 것이 분명했다. 이어서 그는 기후 변화에 대해 과학계의 합의가 있는지를 직접적으로 질문했다. 그는 기후 변화가 '실제로 일어나고 있는가'에 대한 과학계의 합의와 그것이 '인간의 행동에 의한 것'인가에 대한 과학계의 합의를 구분했는데, 전자에 대해서는 과학계의 합의가 있다고 인정하는 듯했지만 후자에 대해서는 '아직 과학계의 합의가 없다'고 생각하는 것 같았다.[16]

밀키가 이 질문에 미처 다 대답하기 전에 다시 스칼리아는 신규 자동차에서 나오는 온실가스가 미국에서 기후 변화로 인해 "바로 지금" 발생하고 있는 피해에 정확히 얼마큼 기여하느냐고 물었다. 온실가스 중 [미국의] 신규 자동차에서 나오는 것이 정확하게 몇 퍼센트고 그것이 전 지구적인 차원에서는 어느 정도나 중요한가? 그리고 그것을 줄이는 것이 진정인의 "피해를 어떻게 구제할 수 있는가?" 사법적 구제 가능성도 헌법 제3조가 요구하는 원고적격의 중요한 기준이었다.[17]

밀키가 신규 자동차에서의 배출량이 전 세계 배출량 중 6퍼센트를 차지한다고 말하자, 스칼리아는 진정인 측이 "사법적 구제가 가능한 요구"를 해야 한다는 조건을 충족하지 못했다는 점을 드러내기 위해 다시 연타로 질문을 퍼부었다. 현재의 피해 중 현재의 온실가스 배출에서 유발되는 것이 있다손 치더라도, 한 가지 오염원에서의 배출량을 약간 줄인다고 피해를 얼마나 구제할 수 있겠는가? 스칼리아는, 어쨌거나 신규 자동차에서 배출되는 양은 미국 내 배출량 중에서도 비중이 작고 전 세계적으로는 점점 더 그렇지 않겠느냐고 강조했다. 또 스칼리아에 따르면, 환경보호청이 신규 자동차의 온실가스 배출을 규제한다고 해도 미국 내 [신규 자동차의] 온실가스 배출(원래부터도 전 세계 배출 중 일부에 불과한)을 제로로 만들지는 못할 것이고 기껏해야 매우 일부만 줄일 수 있을 터였다. 즉 환경보호청이 신규 자동차를 규제한다고 해도 미국 내 온실가스 배출량을 장기간에 걸쳐

약간만 줄일 수 있을 뿐이고 전 지구적인 배출 저감에는 거의
영향을 미치지 못하리라는 것이 스칼리아의 요지였다. "향후 몇 년
안에 6퍼센트를 5.5퍼센트쯤으로 줄일 수 있다는 정도" 아니냐는
것이다.[18]

　　스칼리아의 '임박성' 질문과 '구제 가능성' 질문 모두 헌법
제3조가 요구하는 원고적격과 관련해 법리적으로 매우 치명적일
수 있는 질문이었다. 기후 변화의 피해 중 어떤 것은 '바로 지금'
일어나고 있지만 그것은 현재 배출되는 온실가스의 결과가 아니라
과거의 배출이 대기 중에 수십 년간, 수백 년간 쌓여서 발생한
것이다. 또 오늘 배출되는 온실가스의 피해는 며칠이나 몇 달 뒤가
아니라 수십 년 혹은 수백 년 뒤에 발생할 것이다. 이것은 연방
법원에 소를 제기할 수 있는 자격 요건으로 대법원이 요구하는
'임박한' 피해로 보이기가 쉽지 않다.

　　임박성 문제에 더해, 스칼리아 대법관은 환경보호청이
신규 자동차의 온실가스를 규제한다 해도 그것은 전 세계 모든
배출원 중 일부일 뿐이라는 점까지 지적했다. 이 점도 원고적격을
주장하는 데 문제로 보였다. 신규 자동차의 온실가스 배출이
저감될 때 (전 세계 배출량 중 작은 비중임을 감안하면) 그것이
매사추세츠주의, 그리고 여타 진정인들의 구체적이고 특정 가능한
피해를 막을 수 있다는 것을 진정인 측이 입증할 수 있는가? 임박한
피해는 고사하고 미래의 피해에 대해서라도 말이다.

　　특정 시기에 특정 장소에서 피해를 막는 데 얼마큼의
온실가스 배출 저감이 필요할지 계산해주는 과학 공식은 없다.
게다가 한 나라에서 배출을 저감해도 다른 나라에서 증가하는
양으로 인해 금방 상쇄될 수도 있다. 기후 변화의 시간적, 공간적
차원이 매우 거대하다는 점을 감안하면(수백 년, 적어도 수십 년에
걸쳐, 그리고 전 지구에 걸쳐 일어난다), 대법원이 '구체적이고
임박한' 피해가 있으며 그에 대해 '사법적 구제'가 가능하다는 점이
입증되었다는 데 기초해 진정인 측의 원고적격을 인정하기가 쉽지
않게 된다.

　　스칼리아의 질문은 영리했다. 그것은 함정을 파는

질문들이었고, 말로 전투를 벌이는 수완이 좋은 스칼리아는 밀키가
발이 미끄러지는 기미를 약간만 보여도 곧바로 포착할 준비가
되어 있었다. 다른 어느 대법관보다도 스칼리아는 변론인의 답변이
무언가를 너무 적게 입증했거나, 너무 많이 입증했거나, 전혀
입증하지 못했다는 것을 간파해 신나게 드러내곤 했다.

　　밀키는 예행연습에서 스칼리아 역할을 맡은 모의 대법관들의
질문에 변론이 완전히 망가지는 경험을 했다. 그렇게 변론이
꼬이고 나면 그때부터는 '스칼리아'가 변론을 좌지우지하면서
밀키가 가장 중요하다고 생각하는 포인트로 넘어가지 못하게
막을 수 있었다. 예행연습 이후 밀키는 대응법을 연구했고 화술도
개선했다. 하지만 어느 모의법정의 어느 '스칼리아'도 지금 불과 몇
발짝 떨어진 곳에서 어마어마하게 좌중을 압도하고 있는 실제의
스칼리아가 아니었다.

　　이러한 어려움을 정확하게 예상하고서, 밀키는 그날 법정에서
다른 메모들 위에 놓아둘 주의사항을 몇 가지 적어놓았다.

> 에두르거나 꾸미려 하지 말 것
> 경로를 유지할 것
> 경로로 돌아갈 것
> 정확히 질문된 부분에 대답할 것
> 눈을 맞출 것
> 시간은 나의 적[12]

하지만 이제 실전 무대에 선 밀키는 출력을 최대한으로 올렸다.
실패한 모의법정은 과거의 일이었다. 밀키는 스칼리아의 질문 23개
모두를 직접적이고 간결하게 되받아쳤다. 그는 명백한 주제를
유지했고 존중받을 만하고 설득력 있는 태도를 잃지 않았다.
그의 변론 능력에 대한 끊임없는 불신, 연습 때 폭풍처럼 쏟아진
회의적인 질문들, 그리고 무엇을 주장해야 하고 무엇을 포기해야
하는지를 두고 이산화탄소 전사들과 벌인 끝없는 논쟁 덕분에,
이제 밀키는 자신 있게 핵심을 찌르는 답변을 하기에 충분한

지식을 갖추고 있었다. 또한 잔혹했던 예행연습으로 단련된 그는
수십 년간 변호사로 활동하면서 맡았던 어느 사건 때보다도 칼날을
숨긴 질문의 공격에 더 잘 준비되어 있었다.

피해의 '임박성'에 대해, 밀키는 매사추세츠주가 제출한
진술서를 인용했다. 그 진술서에 따르면 "해수면이 이미 상승하고
있고 상황은 계속 악화될 것"이었다. 스칼리아가 조롱조로
"그 예고된 대재앙"이 언제 오느냐고 물은 데 대해서는, 지금
진정인들이 주장하는 원고적격은 미래 언젠가 발생할 그렇게
극단적이고 끔찍한 사건에 토대를 둔 것이 아니라고 차분하게
반박했다. 매사추세츠주가 주장하는 피해는 "지속적으로 진행
중"이고 "오랜 시간에 걸쳐 계속해서 영향을 미치는" 종류의
피해라는 것이었다. 밀키는 "온실가스는 일단 배출되고 나면……
오래 머물고 그것은 물리의 법칙을 따른다"며, 이 사실에는
불확실하거나 "추측적인" 측면이 전혀 없다고 강조했다. 또한
그것은 가령 "2100년에 갑자기 나타나는" 재앙도 아닐 것이라고
말했다.[20]

기후 변화가 야기할 추가 피해를 막기 위해 진정인들이
요구하는 사법적 구제가 필요하다는 주장의 근거로는, 이 사건
자체는 신규 자동차의 배출하고만 관련되어 있지만 사실상
환경보호청이 자동차뿐 아니라 "모든 배출원에 대한 규제 권한을
포기했다"는 점을 들었다. 긴즈버그 대법관이 재빨리 이 포인트를
이어받아서 강조했다. 긴즈버그는 환경보호청의 청정대기법
해석이 옳다면 환경보호청은 "석탄 화력발전소를 포함해"
모든 오염원에 대해 온실가스 규제 권한을 갖지 않게 된다고
덧붙였고, 이 첨언은 진정인 측에 매우 도움이 되는 설명이었다.[21]
원고적격에 대한 스칼리아의 1차 공격이 끝났다.

스칼리아의 질문 폭격을 훌륭하게 막아낸 것을 깨달았을
때 밀키가 느낀 자신감은 겉으로도 눈에 띌 정도였다. 로버츠
대법원장과 얼리토 대법관이 참전해 질문을 퍼부었을 때도 밀키는
그에 못지않게 효과적인 답변을 했다. 로버츠는 자신이 내는
세금이 자신이 지지하지 않는 정부 정책에 쓰이는 것에 불만을

품은 납세자들이 제기했던 과거의 소송에서 대법원이 그들의
원고적격을 인정하지 않았다는 점을 언급하면서, 매사추세츠
진정인들이 말하는 피해가 원고적격을 주장하기에는 너무
일반적이고 너무 "작고" 너무 "널리 퍼져 있지" 않느냐고 질문했다.
밀키는 조금도 머뭇거리지 않고 이 사건은 납세자들의 원고적격이
인정되지 않았던 사건과 경우가 다르다는 점을 설명했다. 그
사건과는 달리 "지금은 우리가 이미 입증한 구체적이고 특정한
피해가 존재한다"는 것이었다. 기후 변화가 매사추세츠주에
심각할 뿐 아니라 구체적이고 특정한 피해를 야기했다는 의미였다.
이어서 밀키는 매사추세츠주가 입게 될 피해의 주권적 속성을
강조함으로써 쐐기를 박았다. "해수면 상승으로 주들이 200마일의
해안선을 상실해 현재 실제로 소유하고 있는 영토와 재산을 잃게
된다는 것보다 더 구체적이고 특정적인 피해는 없을 것입니다."[22]
　　얼리토 대법관의 공격도 별로 효과적이지 못했다. 그는
신규 자동차의 배출을 줄이는 것이 매사추세츠주가 원고적격을
주장하기에 충분할 정도로 매사추세츠주의 피해를 구제할 수는
없을 것이라는 스칼리아의 회의적인 기조를 이어갔다. 미국
내 신규 자동차의 배출 저감은, 설령 '가장 잘 이뤄진다고 해도'
전 지구적인 차원의 배출 저감에 '매우 작은' 기여밖에 하지
못하리라는 것이었다.[23]
　　이번에도 밀키는 질문의 예봉을 피해가면서 직접적이고
강력한 답변으로 진정인 측의 약점을 잘 방어해냈다. 그는
얼리토가 질문에서 요구한 정확한 수치들을 제시했고, "피해의
속성으로 볼 때 '작은 저감'도 매우 유의미할 수 있다"는 점을
명확히 설명했다. 가령 "매사추세츠 공원관리국이 상실할 것으로
예상되는 수억 달러 중 아주 일부만 줄여도 그 액수 자체가 적지
않은 액수일 것"이라고 말이다.[24]
　　이 발언은 얼리토의 질문에 대한 답변이었지만 케네디를
염두에 둔 답변이었다. 밀키는 법적으로 주장할 수 있는 가장
전통적인 유형의 피해를 언급했다. 바로 토지에 대한 물리적
피해였다. 토지에 대한 재산권은 케네디가 특히 많은 관심을

보이는 영역이었고 밀키는 그것을 잘 알고 있었다. 또한 기후
변화로 매사추세츠주가 영토 보호와 관련된 주권적 피해를 입고
있다는 점을 밀키가 강조한 것도 케네디의 점수를 땄다. 기후
변화는 문자 그대로 매사추세츠주의 영토를 줄이게 될 터였고,
이것은 매사추세츠주에 수백만 달러의 비용을 유발하게 될
피해였다.

　　밀키가 주 당국자들의 보충 진술서를 여러 차례 인용한 것도
기후 변화가 매사추세츠주에 중대한 방식으로 피해를 입힌다는
주장을 뒷받침하는 데 큰 도움이 되었다. 민주당인 매사추세츠주
법무장관 톰 라일리가 이 소송을 진행하기로 결정하는 데 공화당인
매사추세츠 주지사 밋 롬니는 전혀 관여하지 않았지만, 그래도
롬니는 임기 초기에 기후 문제 대응을 일반적으로 지지했기 때문에
자신의 관할에 있는 주 정부 기관들이 기후 변화가 매사추세츠주의
영토를 훼손하고 자연 보호 구역 관리 등에서 점점 더 많은 행정
비용을 유발하고 있다는 내용을 담은 진술서를 제공함으로써
법무부가 진행하는 소송에 협조하도록 허락했다.[25]

　　스칼리아는 온실가스를 저감하는 것과 기후 변화로 인한
피해가 줄어드는 것 사이에 "직선적인 비례 관계"가 있다고 상정한
밀키의 가정이 타당하냐는 질문으로 최후의 일격을 가하고자
했다.[26] 하지만 이에 대한 밀키의 답변은 스칼리아에게 케이오
펀치를 날린 것이나 다름없었다. 그는 스칼리아의 공격을 그대로
되돌려주었다.

　　밀키는 자신이 직선적인 비례 관계를 상정하고 있지 않으며,
[온실가스] 배출량의 증가가 직선적인 비례 관계에서보다 (더
작은 피해가 아니라) 더 큰 피해를 야기할 것으로 본다고 말했다.
그리고 (대법관들처럼) 과학자가 아닌 사람도 알기 쉬운 사례,
그리고 근거 자료가 이미 제출되어 있는 매사추세츠주와 뉴욕주의
구체적인 사례를 들어 이를 뒷받침하면서, 종합적으로 이러한
구체적인 피해 사례들이 '현재 발생하고 있는 피해'에 대한 진정인
측 주장과 어떻게 관련되는지를 다음과 같이 설명했다.

존경하는 대법관님, 저는 그 둘이 반드시 직선적인 비례
관계일 것이라는 점이 입증되었다고 생각하지 않습니다.
저는 수직 축으로 적은 양의 상승이 수평 축으로는 훨씬
큰 손실을 가져온다는 점을 말씀드리고 싶습니다. 가령
경사의 기울기가 2퍼센트보다 낮은 곳에서는, 매사추세츠주
해안선의 상당 부분이 여기에 해당되는데요, 해수면이
수직으로 1피트 올라갈 때마다 수평으로 50피트 이상의
땅이 상실됩니다. 그리고 예를 들어 뉴욕주의 경우,
오펜하이머의 진술서에 따르면 2020년까지 수천 에이커의
영토를 상실할 가능성이 있습니다. 따라서 피해는 이미
발생하고 있습니다. 이 피해는 지금 진행 중이며 앞으로도
한참 동안 계속 진행될 것입니다.[27]

여기까지 듣고도 밀키가 스칼리아의 강력한 펀치들을 효과적으로
다루었는지에 대해 누군가가 아직 의구심을 가지고 있었다면, 그
의구심은 케네디가 질문을 시작하고 몇 초 후에 모두 불식되었다.
그날 법정에 있던 사람 중 이 순간의 중요성을 모르는 사람은
아무도 없었다. 케네디의 발언은 그게 무엇이건 그의 생각을
드러낼 것이었고 매우 높은 가능성으로 최종 판결을 암시할
터였다.
　　케네디는 밀키에게 주들이 모종의 '특별한 원고적격'을
갖추고 있는지, 그리고 그것을 뒷받침할 사례가 있는지 물었다.
밀키는 갖추고 있다고 대답하고 연방 항소법원의 판례들을
언급했다. 그런데 이 지점에서 케네디가 변론인에게 최악의 악몽이
될 수도 있는 언급을 했다. 변론 중인 변호사가 알고 있지 못한
판례를 언급한 것이다. 케네디는, 아마도 진정인들에게 "가장 좋은
사례"는 1907년 '조지아 대 테네시 구리Georgia v. Tennessee Copper'
사건의 대법원 판결일 것이라고 말했다.[28] 수백 쪽 서면에서도 이
사건은 인용되지 않았고 예행연습에서 그 어떤 변호사도 이 판례를
언급한 적이 없었다. 그러나 천만다행히도, 케네디는 밀키에게 그
사건의 구체적인 내용을 질문하지는 않았다. 밀키는 머릿속으로

계산을 굴려보았다. '만약 이 조지아 어쩌고 하는 사건이 케네디가
보기에 [원고적격의] 근거로 충분했다면 나에게도 충분한
것이다.'[29] 즉 케네디의 언급은 밀키에게 좋은 신호였다. 케네디가
직접 자료를 더 찾아보았을 뿐 아니라 '조지아 대 테네시 구리'
사건의 대법원 판례가 진정인 측에 유리하다고 판단했다는
의미였기 때문이다.

쉽게 포기하는 법이 없는 사람인 스칼리아는 원고적격 쟁점을
두고 마지막 펀치를 시도했다. 스칼리아는 온실가스가 대기 중에
배출되는 시점부터 그 추가된 온실가스가 피해를 유발하기까지
수십 년의 시간이 걸린다는 점을 감안할 때 피해가 진정으로
"임박"했다고 판단될 수 있는지 다시 질문했다. 이번에는 밀키가
간결한 위트로 답변했다. "존경하는 대법관님, 일단 배출되고 나면
그다음에는 물리 법칙이 지배합니다. 따라서 우리의 피해는 폭탄의
도화선에 불을 붙였을 때 피해가 임박했다고 말할 수 있는 것과
마찬가지로 임박한 것입니다." 이 간단하고 알기 쉬운 비유를 통해
밀키는 어떻게 현재와 미래에 동시에 위험이 드리울 수 있는지를
명확히 설명했다.[30]

법정에 있는 모든 변호사가 방금 무슨 일이 일어났는지
분명히 알 수 있었다. 진정인 측이 원고적격 사안에서 다섯 표를
확보한 것이다.

◊   대류권인가, 하여튼 그거요
시계를 보고 밀키는 속으로 생각했다. '젠장, 19분이나 썼는데 두
번째 쟁점으로는 가지도 못했어.'[31] 두 번째 쟁점은 온실가스가
대기오염물질로 간주될 수 있는가였다. 밀키는 주의를 환기하면서
두 번째로 넘어가고자 했다. "존경하는 대법관님, 본안으로 빠르게
넘어가도록 하겠습니다."[32] 하지만 로버츠 대법원장이 밀키를
제지했다. "[규제] 권한에 대한 논변 말고 권한의 행사에 대한
것으로 넘어가보지요."[33]

로버츠가 이 능란한 수를 쓴 이유를 밀키는 명확히 파악할 수
있었다. 로버츠는 환경보호청이 청정대기법상 온실가스를 규제할

권한을 갖고 있느냐에 대해서는 진정인 측 논변이 이길 가능성이
크다는 점을 알고 있었기 때문에 촉박한 시간을 여기에 쓰고 싶지
않았다. 그리고 전략적인 이유에서 로버츠는 대법관들의 관심이
마지막 쟁점에 쏠리게 하고 싶었다. 그는 환경보호청이 온실가스
규제와 관련한 판단을 유보하기로 결정했을 때 그 재량권이
타당한 근거에 기반해 행사되었는가의 문제로 넘어가고자
했다. 이 쟁점에서는 '환경보호청이 규제 권한을 갖고 있는가'의
쟁점에서보다 진정인 측 논변이 훨씬 취약했다.

　　로버츠는 환경보호청이 내린 결정의 '시점'과 관련된 내용을
파고들면서, 환경보호청이 온실가스 규제 판단을 유보하기로
결정한 근거 중에서 밀키가 용인될 만하지 않은 근거라고 말한
것이 정확히 무엇이냐고 질문했다. 법이 정한 시한을 환경보호청이
넘겼는가? 환경보호청이 언제까지 결정을 내려야 한다고 명시한
법이 있는가? 환경보호청이 결정을 내리기에 너무 늦은 때란
언제인가? 하루만 늦어도 너무 늦은 것인가? 환경보호청이 더
중대하다고 판단한 다른 위험을 먼저 다룬다는 원칙에 의거해
온실가스 규제 결정을 합당하게 유보한 것이라는 주장은 성립하지
않는가?[34]

　　연타로 질문을 퍼붓는 것은 전형적인 로버츠의 방식이었다.
스칼리아처럼 무시하는 투의 어조는 아니어도 집요하고 어려운
질문들이었다. 판사가 되기 전에 로버츠는 미국 최고라는 평판을
가지고 있었던 대법원 변론 변호사였고, 대법원 구두변론에서
변론인이 개진하는 논변의 취약함을 유형별로 훤히 꿰고 있었다.
또한 그는 변론인이 사용하는 술수에도 정통했다. 변론인이던
시절에 지금은 동료인 대법관들 앞에서 그도 사용했던
술수들이었다. 로버츠는 특히 그들이 논변에서 주장하는 바가
적용되는 한계선이 어디인지를 규정하는 원칙을 명시적으로
짚어내라고 변론인을 몰아붙이는 데 능란했다. 꽤 자주 변론인들이
그것을 정확히 짚어내지 못한다는 것을 알고서 말이다. 이 사건의
경우에는, 법적으로 환경보호청이 위험성 판단을 반드시 내려야
하는 시한이 정확히 언제인지를 밀키가 짚어낼 수 있는지, 그리고

그것을 뒷받침할 법적 근거가 있는지가 핵심이었다.

　이와 관련해 밀키의 논변에는 실제로 문제가 있었다. 수백 쪽에 달하는 청정대기법 어디에도 환경보호청이 어느 시한까지 규제를 반드시 개시해야 한다고 강제적인 의무를 부과하는 내용은 없었다. 또 환경보호청이 여러 가지 타당한 이유로 온실가스의 위험성 판단을 유보하기로 결정할 재량권이 있다는 점도 명백했다. 밀키가 공정하게 제시할 수 있는 답변은 하나뿐이었다. 꼭 이기는 논변이라고는 말할 수 없었지만 그가 구사해볼 수 있는 논변 중 그래도 유일하게 이길 가능성이 있는 논변이었다. 밀키는 로버츠의 질문이 암시하고 있듯이 환경보호청이 여타의 타당한 근거들을 토대로 위험성 판단을 유보할 수 있었을 것이라고 인정했다. 하지만 이 경우에는 환경보호청이 그러지 않았다고 말했다. 요컨대 환경보호청이 "타당한 근거들에 의거하지 않은 채로, 즉 [위험성 판단에 필요한] 정보의 부족과 같은 근거에 의거하지도, 행정법의 기본 원칙에 의거하지도 않은 채로" 위험성 판단을 미루기로 결정했으므로 이는 위법하게 내려진 결정이라는 주장이었다.[35]

　밀키는 환경보호청이 [청원을 거부했을 때] 타당한 이유들 대신 용인될 수 없는 이유를 근거로 결정을 내렸다고 강조하면서, 제출된 자료 중 두 문장을 정확히 짚어서 이 주장을 뒷받침했다. "세 번째 서면 A-82쪽에 연달아 나오는 두 문장에" 환경보호청이 현 시점에 규제를 하지 않기로 결정한 이유가 환경보호청이 선호하는 "정책적 접근"이 의회가 입법 시에 요구한 정책적 접근과 "상이하기 때문"이라고 명시되어 있었다. 의회가 입법 시에 상정했던 정책적 접근은 공중의 건강과 복지를 위협하는 물질은 어느 것이든 배출을 규제해야 한다는 것이었는데, 부시 행정부의 환경보호청은 아마도 '자발적이고 비규제적인' 방식의 저감을 먼저 시도하는 것이 더 합리적이라고 생각해서 규제를 하지 않기로 했다. 밀키는 "자동차에서 배출되는 온실가스를 '의무적으로' 규제하는 것이 정책적으로 좋은 선택이 아니라고 생각한다는 이유로 규제를 거부하는 것은 명백히 의회가 환경보호청에 허용한

정책적 선택지에 있지 않다"라고 결론 내렸다.[36]

　　긴즈버그가 끼어들어 밀키가 방금 언급한 주장의 의미를
분명히 인식하고 있는지 확인했다. 진정인들이 이렇게 제한적인
요구만 하고 있는 것이라면, 승소한다 해도 환경보호청이 밀키가
타당하다고 인정한 여러 가지 다른 이유들을 근거로 전과
마찬가지의 결정[규제를 발동하지 않기로 한 결정]을 여전히
내릴 수 있게 된다. 이에 대해 밀키는 "행정법의 원칙"에 의하면
환경보호청은 "이 문제에 자원을 쓰기보다 다른 문제에 더
집중하겠다"고 할 수 있으며 매사추세츠주는 그 결정에 이의를
제기할 수 없다는 점을 인정했다. 하지만 밀키는, 어쨌거나
환경보호청은 아직 [타당한 근거를 가지고] 그렇게 말하지
않았다고 주장했다. "여기에서 중요한 것은 환경보호청이 실제로
그렇게 말하는 것"이며, 그렇게 하기 전까지는 환경보호청이
불법적으로 행동하고 있는 것이라는 주장이었다.[37]

　　물론 밀키는 이 사건이 되돌아갔을 때 환경보호청이 그렇게
결정할 수 없다고 [즉 규제 발동을 거부할 수 없다고] 주장하고
싶었겠지만 그것은 틀림없이 패소하는 주장이 될 터였다. 변호사가
법리적으로 유리하지 않은 주장을 개진해서 고객에게 득이 될 일은
없다. 밀키가 할 수 있는 일은 그마나 조금이라도 가능성이 있어
보이는 유일한 주장을 펴는 것뿐이었고, 그 주장은 환경보호청이
멘델슨의 청원을 거부하기로 한 결정이 "용인될 수 있을 만한" 고려
사항들을 토대로 하고 있지 않다는 주장이었다. 밀키는 이 주장이
대법관 다수의 동의를 얻을 수 있기를 바랐다.

　　밀키의 논변이 힘을 얻는 듯 보이는 상황에 실망한
스칼리아는 로버츠가 수완 있게 피해가려고 했던 '권한' 쟁점을
들고나왔다. 그런데 여기에서 그가 말실수를 했다. 이 순간은
이날의 구두변론 중 유일하게 분위기가 가벼워진 순간이기도
했다. 스칼리아는 청정대기법상의 "대기오염물질" 개념이 "성층권
오염물질"을 포함할 수 있다는 점에 회의적이었다. 스칼리아는
그러한 오염물질은 "우리가 일반적으로 대기라고 부르는 것을
위험에 빠뜨리지 않으며" 그보다 더 위의 성층권으로 가서

거기에서 지구온난화에 기여하는 것이 아니냐고 물었다.[38]

　　스칼리아의 말에는 이중의 오류가 있었고 밀키는 곧바로
그것을 지적했다. 우선 청정대기법에는 대기오염물질이 "대기
중으로 배출되는" 물질이라고 규정되어 있고, 온실가스는 이
기준을 제대로 충족한다. 또한 "이 법 어디에도 위험 자체가 대기
중에서 발생해야 한다고 규정되어 있지 않다." 밀키가 짚었듯이,
어느 물질이 "대기오염물질"이냐 아니냐의 핵심은 그것이 어디로
배출되느냐이지 대기 중 정확히 어디에서 위험을 일으키느냐가
아니다.[39]

　　밀키는 이산화황이 산성비가 되어 내릴 때 일으키는 피해를
예로 들어 이를 설명했다. 이산화황은 공기 중으로 배출되지만
위험은 산성비의 형태로 땅에 내려와 나무나 건물에 닿았을
때 발생한다. 그 밖의 전형적인 대기오염물질들도 마찬가지다.
이를테면 납은 대기 중으로 배출되지만 땅에 내려와 식품에
들어가서 사람이 섭취했을 때 혈액에 축적되어 납 중독을 일으키는
방식으로 피해를 유발한다.[40]

　　그리고 밀키는 스칼리아가 과학 용어를 잘못 사용한 점도
지적하지 않을 수 없었다. "존경하는 대법관님, 성층권이 아니라
대류권입니다."[41]

　　스칼리아의 자조적인 답변에 좌중에는 웃음이 터졌다.
"대류권인가, 하여튼 그거요. 말했듯이 나는 과학자가 아닙니다."
하지만 그다음 문장은 (유머가 담겨 있긴 했으나) 매우
의미심장했다. "그래서 솔직히 나는 지구온난화를 이곳에서
다뤄야 하는 상황을 원하지 않아요."[42]

　　스칼리아는 이번 사건과 같은 종류의 기후 소송이 연방
법원에 아예 제기되지 말아야 한다고 생각했다. 하지만 적어도 이
쟁점에 대해서는 스칼리아가 소수임이 점점 분명해졌다.

　　3분이 남았을 때 변호사석에 있던 멘델슨이 짧은 기침으로
마지막 반박에 쓸 시간을 남겨 두어야 한다는 신호를 주었다.[43]
이것은 밀키가 동료 변호사에게 요청한 몇 안 되는 부탁 중
하나였다. 이 신호는 아주 중요했다. 구두변론 때 쉴 새 없이

들어오는 질문에 답하다 보면 상대방이 변론을 한 이후에 재반론을 펴는 데 쓸 시간을 남겨두는 것을 놓치는 경우가 생기기 때문이다.

멘델슨이 신호를 준 덕분에, 밀키는 남은 시간은 반박에 사용하겠다고 서둘러 말하고 자리에 앉았다. 그는 안도했고 기분이 괜찮았다. 하지만 아직 끝난 게 아니라는 것도 물론 잘 알고 있었다.

대법원장은 다음과 같이 간단하게 정부 측 변론 차례가 되었다고 알렸다. "가르 씨."[44]

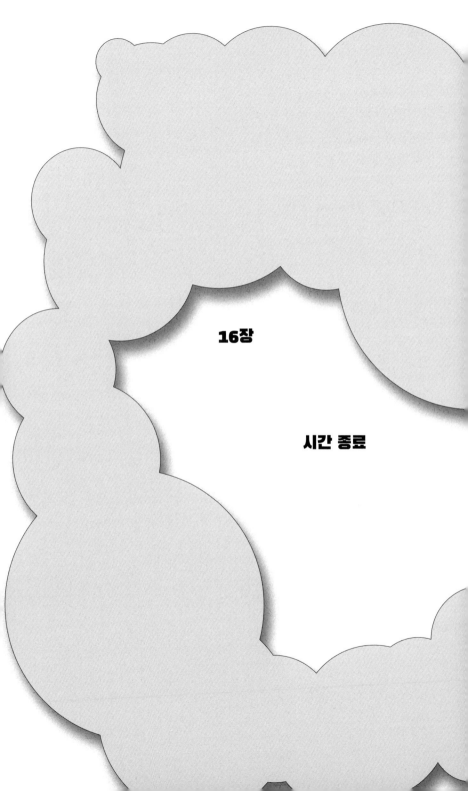

16장

시간 종료

'매사추세츠 대 환경보호청' 사건은 매우 이목이 집중되어 있었고 정치적으로도 논쟁적이었기 때문에 송무차관 폴 클레멘트가 직접 구두변론에 나설 만한 사건이었다. 하지만 이번 2주간의 대법원 회기에 클레멘트는 매사추세츠 사건보다도 중요하고 이목이 집중된 민권 관련 사건에서 구두변론을 해야 했다. 공립 고등학교에 신입생을 배정할 때 인종을 고려함으로써 인종 통합을 시도하는 것이 합법적인가를 둘러싼, '적극적 우대조치affirmative action' 관련 사건 두 건의 병합 사건이었다.

그래서 매사추세츠 사건은 송무차관보 그레고리 가르가 구두변론을 맡게 되었다. 가르와 클레멘트는 송무차관실에 두 명뿐인 지명 공직자였다. 송무차관실의 경력 공직자 변호사들도 충분히 이 사건의 구두변론을 맡을 역량이 있었겠지만, 이 사건의 정치적 의미를 고려할 때 지명 공직자가 맡는 것이 더 적합하다고 여겨졌다.

가르는 대법원 변론 경험이 많았다. 키가 180센티미터가 약간 안 되고 어깨가 넓으며, 짧게 깎은 머리를 하고 안경을 쓴 가르는 친절하고 겸손한 태도와 강하고 권위적인 목소리를 함께 지니고 있었다. 다트머스 대학과 조지워싱턴 대학 로스쿨을 졸업했고, 조 멘델슨과 조지워싱턴 대학 로스쿨 동창이었지만 당시에 서로 아는 사이는 아니었다. 밀키보다 일곱 살이 어린 가르는 42세이던 이 시점에 이미 대법원 변론 경험이 17번이나 있었다. 그중 세 번은 그해에 변론이 열린 사건이었다. 가르는 대법관들을 잘 알았고 대법관들도 그를 잘 알았다. 그날 변론이 시작되기 전에 가르는 환경보호청 측이 승리하리라고 자신할 만한 이유가 아주 많았다.

가르는 윌리엄 렌퀴스트 대법원장의 로클럭을 지냈다. 역시 렌퀴스트의 로클럭 출신인 로버츠 대법원장은 가르가 로클럭을 마치자 곧바로 그를 자기가 일하던 워싱턴의 저명한 로펌 '호건

앤 하트슨Hogan & Hartson'에 스카우트했다. 당시에 로버츠는 그
로펌에서 대법원 소송을 이끌고 있었다. 둘은 7년간 함께 일했고
로버츠는 가르에게 가장 중요한 멘토가 되었다. 지금도 둘은
가까운 사이였다. 로버츠가 대법원장이 되던 달, 가르는 수석
송무차관보가 되었다. 그리고 몇 주 전에 로버츠와 가르는 그들의
예전 상사인 렌퀴스트 대법원장의 장례식에서 관을 맸다.

렌퀴스트는 로클럭들에게 사랑받는 대법관이었다.
법조인으로서 역량이 뛰어난 것은 물론이고, 더 중요하게는
겸손함, 상식적인 논리 전개, 거드름 피우지 않는 성격이 모두를
매혹했다. 명문 스탠포드 로스쿨을 수석으로 졸업했지만
렌퀴스트는 어느 대법관보다도 소위 명문 로스쿨이 아닌 로스쿨
졸업생들을 적극 채용했다. 어느 로스쿨이든(미국에는 약 50여
곳의 로스쿨이 있다) 그곳에서 가장 뛰어난 학생이라면 로클럭
일을 잘해낼 수 있으리라고 보았기 때문이다. 조지워싱턴 대학
로스쿨에서 두각을 나타낸 가르를 뽑은 데서도 이런 생각을 읽을
수 있다. 그는 로클럭들에게 긴 메모를 작성하라고 요구하기보다
로클럭들과 대법원 건물 주위를 산책하면서 사건에 대해
논의하기를 좋아했다. 산책 중에 관광객들이 대법원 건물을
배경으로 사진을 찍어 달라고 하면 기꺼이 찍어주었다. 관광객들은
자신의 사진을 찍어주는 사람이 대법관인 줄은 꿈에도 몰랐을
것이다. 그는 로클럭들하고 역사와 지리 이야기를 하는 것도
좋아했다. 또한 그는 모든 종류의 경쟁 게임도 즐겼는데, 대개 작은
금액으로 내기도 걸었다. 렌퀴스트는 로클럭들에게 삶의 성공을
직업적 성취로 가늠하지 말고 "삶의 진정한 열매, 즉 가족과 함께
시간을 보낼 수 있었는지, 주말에 자전거를 탈 수 있었는지, 또 그
밖에 다른 관심사를 추구할 수 있었는지"로 가늠하라고 조언했다.
가르는 이러한 일들을 좋은 추억으로 기억했고 매우 그리워했다.
한번은 렌퀴스트가 연두 교서 자리에 참석하기를 거절했는데, 동네
YMCA에서 듣던 그림 수업과 시간이 겹쳐서였다.

대법원 변론인석에 선 가르는 로버츠 대법원장과 개인적으로
친밀해서 비교적 편안하긴 했지만, 자신이 지금 '대법원장' 앞에서

변론을 하는 것이지 '친한 사람'이나 예전 '선배'나 렌퀴스트의
로클럭 '동문' 앞에서 변론을 하는 것이 아니라는 사실을 잘
알았다. 오래 알고 지냈다고 해서 로버츠가 호의를 베풀어주지도
않을 터였다. 외부인이 보면 로버츠가 유독 가혹하고 어려운
질문으로 그를 몰아붙인다고 생각할지 모르지만, 가르는 이것이
로버츠의 변론인에 대한 존중, 전문가 정신, 그리고 높은 기대치를
보여준다는 것을 잘 알고 있었다.

    수석 송무차관보로서 가르는 송무차관실의 특권과 특전을
누렸다. 송무차관실은 미국 정부 기관이 관여된 대법원 사건에서
정부 기관 측을 대리해 변론을 맡는다. 대법원에서 심리하는
사건의 80퍼센트 정도가 여기에 해당된다. 대법관들은 송무차관실
변호사들의 변론을 중요하게 여긴다. 그들이 '미국'을 대리하기
때문이다. 그래서 송무차관은 "10번째 대법관"이라고 불리기도
한다.

    송무차관실의 권위는 몇 가지 오랜 전통으로 한층 더
강화된다. 대법원 건물에는 법정에서 몇 미터 떨어지지 않은
곳에 '송무차관실'이라는 금박의 명패가 달린 방이 따로 마련되어
있다. 홈팀 라커룸과 비슷하다고 말할 수 있을 것이다. 상대팀은
라커룸이 아예 없는데 말이다. 송무차관실 변호사는 법정에
들어가는 문도 따로 있다(이들은 측면 출입구를 사용한다). 그리고
변론을 방청하러 올 때면 대법원 직원들이 대법원변호사협회용
좌석에 그들의 자리를 마련해준다.

    송무차관실 변호사들은 '유니폼'도 있다. 대법원 변론을
하러 갈 때 다른 변호사들은 일반 양복을 입지만 송무차관실
변호사는 줄무늬 바지를 포함해 '모닝코트'를 입는 것이 관례다.
모닝코트 전통은 여성 변호사들에게 문제가 되기도 했는데, 어떤

    낮에 입는 남성용 예장. 보통 회색 줄무늬 바지, 조끼, 연미복 스타일의 긴 검정
    상의로 구성되어 있다.

여성 변호사들은 나름의 여성용 모닝코트를 만들어 입었고 전 송무차관이자 현 대법관인 엘레나 케이건은 바지 정장을 입어서 법률 블로그와 패션 블로그의 관심을 동시에 받았다.[6]

　　송무차관실은 복식 관례만 특이한 게 아니다. 송무차관실 변호사들은 대법원 법정의 오른쪽 변론인석에만 앉는다. 이쪽 자리가 그들이 드나드는 문과 더 가깝다. 대법관석을 마주 보고 좌우 양측에 변론인 탁자가 있는데, 이 사건의 경우에는 진정인 측이 왼쪽, 피진정인 측이 오른쪽이었다. 송무차관실이 진정인 측 변론을 하는 경우[정부 기관이 진정인 측인 경우]에는 진정인 측 변호사가 오른쪽에 앉고 피진정인 변호사가 왼쪽에 앉는다.

　　이러한 특전과 특이사항들 모두 소송과는 아무 관련이 없어 보일 수도 있다. 가령 다수가 되기 위해 얻어야 할 대법관들의 표가 몇 표인지 등과는 아무 관련이 없다. 하지만 대법관들 앞에 서는 변호사 중 누가 내부인이고 누가 외부인인지에 대해 명백한 신호를 보낸다. 그리고 가르는 내부인이었다.

◇　　이 모든 고려 사항‘들’ 말입니다

가르는 할아버지가 아버지에게, 다시 아버지가 자신에게 물려준 골동품 시계를 차고 있었다. 오래전에 멎어서 시간은 맞지 않았지만 시간을 볼 용도로 가지고 온 것이 아니었다. 이 유물은 구두변론 때 행운을 가져다주는 부적이었다. 버지니아 북부의 집에서 대법원까지 차를 몰고 오는 동안 가르는 의사당부터 링컨 메모리얼까지 뻗어 있는 내셔널 몰에서 티셔츠와 짧은 바지 차림으로 조깅하는 사람들을 보았다. 11월 말치고는 흔치 않은 광경이었다. 지구온난화 사건의 변론이 있는 날 이례적으로 따뜻한 날씨는 그의 입장에서 그리 좋은 징조가 아니었으므로 “기분이 무겁게 가라앉았다.”[7]

　　가르는 연단에 서서 변론 내용이 담긴 폴더를 단상에 내려놓았다. 밀키도 그랬듯이 실제로 그것을 보면서 말할 기회는 없을 것 같았지만 말이다. 예전에 대법원 변론장에 섰을 때처럼 그의 폴더 앞면에는 “즐기라”, “감사하라”와 같은 글귀가 쓰여

있었다. 이 일을 준비하려면 피로와 스트레스를 피할 수 없지만
대법원 변론, 특히 미국 정부를 대리해 펼치는 대법원 변론이
막대한 특권과 기회를 의미한다는 점을 결코 잊지 말자는 의미에서
적어놓은 것이었다.[8]

　　가르는 그가 개진하려는 논변이 '확실히 이기는 논변'은
아니라는 점을 알고 있었지만, 세 가지 쟁점 모두에서 자신의
논리가 매우 설득력 있다고 확신했다. 우선 원고적격 문제에
대해서는 그가 절대적으로 옳다고 생각했다. 둘째 온실가스가
청정대기법상의 대기오염물질이 아니라는 쟁점에 대해서는
대법원 판례가 그에게 유리하다고 보았다. 셋째 환경보호청이
온실가스가 공중의 건강과 복지를 위협하는지에 대한 판단을
유보하기로 결정할 재량권을 가진다는 점도 명백히 옳다고
생각했다.[9]

　　가르는 구두변론이 재판 결과에 큰 차이를 가져올 수 있다는
것을 잘 알았기 때문에 충실하게 준비했다. 서면 작성에 쓴 시간
외에도 대략 100시간을 들여서 예상 질문을 뽑고 간결하면서
핵심을 찌르는 답변을 준비했다. 또한 '촌철살인'이 될 만한
문장들도 준비했다. 대법관들에게 반드시 이해시켜야 할 가장
중요한 주제들을 강조하기 위해 적절한 때에 사용할 참이었다.
또한 그는 기후 변화 과학에 대해서도 해양대기청National Oceanic
and Atmospheric Administration, NOAA 과학자들에게 상세히 이야기를
들어서 잘 파악하고 있었다.[10]

　　가르는 어떤 대법관이 그에게 가장 힘든 대법관이 될지
대충 짐작하고 있었다. 예상대로 앞 세션에서 밀키를 괴롭혔던
대법관들이 갑자기 조용해졌고 조용하던 대법관들이 갑자기
공격적인 목소리를 되찾은 듯했다. 이렇게 극적으로 공수가
전환되는 상황은 사실 대법관들이 대중에게 내보이고자 하는
'엄격한 중립성'의 이미지를 훼손한다.

　　가르에게 질문한 첫 세 대법관은 긴즈버그, 브라이어,
스티븐스였다. 밀키가 변론을 했을 때는, 스티븐스와 브라이어는
완전히 침묵했고 긴즈버그는 질문을 하기 위해서라기보다

스칼리아의 질문에 답변하는 밀키를 도와주기 위해 발언했다. 이번에는 로버츠 대법원장이 그러한 조력자의 역할을 맡아 여러 차례 가르를 도왔다. 한편, 토머스는 구두변론에서 질문을 하지 않는다는 그의 원칙대로 밀키에게도, 가르에게도 질문하지 않았다. 매사추세츠 사건 이전 1년 동안 토머스가 질문을 한 사건은 단 두 건이었고 그 이후로도 2016년 2월까지 그는 한 번도 질문을 하지 않았다. 법정 밖에서는 매우 활발하게 대화를 즐기는 사람인 것과 대조적이었다. 그는 구두변론 때 질문을 하지 않는 이유에 대해, 이미 동료들이 과할 정도로 많은 질문을 하므로 변론인이 변론을 개진할 시간이 더 필요할 것 같아서라고 설명했다.[11]

　　가르는 세 번째 쟁점 위주로 변론을 시작했다. 이 쟁점은 자동차에서 배출되는 온실가스가 공중의 건강과 복지를 위협하는지에 대한 판단을 유보할 재량권이 환경보호청에 있느냐는 것이었다.[12] 이 전략은 대법원에서 피진정인을 대리해 변론해온 오랜 경험에서 나온 것이었다. 피진정인은 진정인이 먼저 변론을 한 다음에 변론을 한다. 따라서 뛰어난 피진정인 변호사는 미리 준비한 원고대로 변론하지 않고 전반부에 누가 어떤 질문을 했고 진정인 측 변호사의 답변에 대법관들이 어떻게 반응했는지 등에 따라 그 자리에서 논지 전개의 구성을 바꾼다.

　　가르가 세 번째 쟁점으로 변론을 시작했다는 것은 밀키의 변론으로 보건대 이것이 환경보호청 측의 승산이 가장 높은 쟁점이라고 판단했다는 뜻이었다. 가르는 대법원이 온실가스 규제 권한이 환경보호청에 있다고 결론 내린다 하더라도 "지금은 그 권한을 행사하기에 적기가 아니"라는 결정은 "전형적으로 행정부의 판단에 속하는 것"이며 법원은 그러한 판단을 사후적으로 문제 삼거나 비난할 근거가 없다고 주장했다. 모두진술에서 가르는 원고적격 문제를 언급하지 않았고 환경보호청이 청정대기법에 의거해 온실가스를 규제할 권한을 갖지 않는다는 주장은 지나가는 말로만 언급했다.[13]

　　가르에게 두 번째로 질문한 대법관은 브라이어였다. 그는 곧바로 가르의 논리 중 가장 약한 부분을 지적했다. 브라이어는 엄정한 분석으로도, 기록의 모든 세부 사항에 관심을 기울이는 것으로도 유명했다. 하버드 대학 로스쿨에서 수십 년 동안 행정법을 강의했기 때문에 그는 가르가 지금 근거로 삼고 있는 법 조항의 모든 부분을 누구보다도 훤히 꿰뚫고 있었다. 하지만 한 번 교수는 영원한 교수다. 브라이어는 시간이 촉박한 대법원 변론장보다는 강의실에 더 어울릴 법한 방식으로 질문하는 것으로도 유명했다. 다른 대법관들처럼 짧고 간결하게 질문을 퍼붓는 대신 여러 문장으로 구성된 긴 이야기 뒤에 '어떻게 생각하십니까?'와 같은 열린 유형의 질문을 던지는 경우가 많았다. 변론인들은 종종 브라이어가 하는 질문의 초점이 무엇인지를 파악하지 못해 고전했다.

그날 브라이어의 질문은 환경보호청이 멘델슨의 청원을 거부하는 결정문에서 사용한 정확한 문구와 관련이 있었다. 환경보호청은, 환경보호청이 온실가스를 규제할 권한을 가지고 있다 하더라도 지금은 그러한 권한을 행사하기로 결정할 적기가 아니라고 했다. 브라이어는 그답게 (매우) 긴 발언을 하고 나서 마지막에 의표를 찌르는 짧은 질문을 던졌다.

내가 읽은 바에 따르면, 이 쟁점에 대해 환경보호청의 견해는 총 32쪽으로 구성되어 있습니다. 그중 20쪽은, 사실은 22쪽입니다만, 환경보호청이 법적인 권한을 가지고 있는가를 다루고 있고 10쪽이 지금 우리가 이야기하고 있는 문제를 다루고 있습니다. 그중 5쪽은 왜 환경보호청이 대통령의 정책적 판단이 의회에서 법률이 정한 것과 상이하다고 보았는지를 말하고 있습니다. 나머지 5쪽 중 2쪽은 이 문제의 국제적인 속성과 어떻게 다른 나라들이 협력하게끔 할 것인가를 이야기하고 있습니다. 그리고 상기의 고려 사항들에 의거해 우리 [환경보호청] 는 권한을 행사하지 않기로 결정했다고 결론 내리고 있습니다. 자, 한편 그들 [매사추세츠 진정인 측] 은 네 개 중 적어도 세 개 고려 사항이 환경보호청이 그러한 의사 결정 시 고려에

넣기에 합당하지 않은 것이었다고 주장합니다. 대통령이
의회가 입법 시에 상정한 것과 상이한 정책적 접근을
원하는가, 우리가 외교 정책을 적절히 수행하고 있는가, 다른
나라와의 협력이 이 쟁점과 관련 있는가의 세 가지 고려
사항들 말입니다.

　　　　따라서 진정인 측은, 지금 자신들이 대법원에
요구하는 것은 이 문제를 환경보호청에 되돌려보내서 만약
환경보호청이 규제를 행사하지 않고자 한다면 그에 대해
합당한 근거를 찾게 하라는 것이라고 말하고 있습니다. 이에
대해 어떻게 답하시겠습니까?[14]

가르에게 브라이어의 질문은 (그럴 만하게도) 몹시 희한한
프레임으로 들렸다. 가르는 환경보호청이 여러 가지 고려
사항들 각각에 할애한 쪽수는 온실가스가 공중의 건강과 복지를
위협하는지에 대한 판단의 재량권 문제와 전혀 상관이 없다고
이야기했다. 그는 중요한 것은 "환경보호청이 제시한 이유들"이고
그 "고려 사항들" 중 적어도 하나가 정당하다면 대법원은
환경보호청의 결정을 지지해줄 수 있고 지지해주어야 한다고
강조했다. 대법원이 "나머지 고려 사항들이 부적절하다"고 보느냐
여부는 결과에 차이를 가져오지 않아야 한다는 주장이었다.[15]
　　　　하지만 브라이어의 질문에는 함정이 있었다. 진짜 핵심은
숨어 있었는데 가르는 미끼인 쪽수에 집중하느라 함정에 빠졌다.
　　　　브라이어의 진짜 초점은 쪽수가 아니라 환경보호청이 선택한
단어였다. 환경보호청은 "상기의 고려 사항들에 의거해 우리의
권한을 행사하지 않기로 결정했다"고 했다. 브라이어가 짚고자
한 지점은 환경보호청이 그 "고려 사항들" 중 어느 하나만으로는
자신의 결정이 뒷받침되지 않는다고 말하고 있다는 점이었다.
브라이어가 짚고자 한 포인트가 여기에 있다는 사실은 공개된
음성 기록을 들어보면 잘 드러난다. 브라이어는 이 구절을 말할 때
복수형을 나타내는 s를 일관되게 강조해서 고려 사항'들'이라고
발음했다.[16]

이어서 브라이어는 일격을 날렸다.

> 의견문을 쓸 때 가끔 나는 이런 어휘를 씁니다. "우리는
> 다음의 세 가지 요소를 함께 고려해 이 사안에 대해 이렇게
> 결정했다"와 같이 말입니다. 그리고 그랬을 경우에 어느
> 변호사가 "대법원이 이 요소들 중 하나만으로도 그 결론이
> 정당화된다고 인정했다"고 말한다면, 대법원이 그렇게
> 인정했다고 그가 말한다면요, 나는 아니라고 생각할
> 것입니다. 그렇게 말하는 변호사는 실력 없는 변호사
> 아닙니까? ……만약 [환경보호청이] 이 모든 고려 사항'들'이
> 자신의 결론을 정당화한다고 썼다면, 내게는 그들이
> 그중 하나만으로는 충분하지 않다고 생각했다는 말로
> 들리는데요.[17]

브라이어의 요지는 환경보호청의 결정을 옹호하는 가르의 논변에
치명적인 오류가 있다는 것이었다. 가르는 환경보호청이 자신의
결정을 뒷받침하기 위해 제시한 여러 고려 사항들 중 하나라도
타당하다면 그 결정이 인정되어야 한다고 주장했다. 하지만
브라이어가 환경보호청의 결정문을 읽은 바로는, 환경보호청은
그 고려 사항들 중 하나만으로는 충분하지 않다고 말하고 있었다.
그와 반대로, 환경보호청은 그 고려 사항들 모두에 의거해 결정을
내리고 있었다. 그렇다면, 그중 하나라도 타당하지 않은 것이
있을 경우 환경보호청의 결정은 잘못된 것이 되고, 가르의 논변은
환경보호청의 결정문을 잘못 해석한 데 토대를 두고 있으므로
잘못된 논변이 된다. 브라이어에게 이것은 "실력 없는 변호사"의
논변이었다.

   물론 브라이어를 포함해 누구도 가르가 실력 없는 변호사라고
생각하지 않았다. 그는 명백히 뛰어난 변호사였다. 문제는,
그의 고객(환경보호청)이 지명 공직자들이 밀어붙이는 바람에
멘델슨의 청원을 거부하는 문서에서 단어를 정확하게 사용하지
않는 실수를 저질렀다는 데 있었다. 그래서 가르는 이제 그

유감스러운, 아니 너무나 엉성한 언어를 방어해야 하는 상황에
처했다.

　밀키, 멘델슨, 헤인즐링 등 법정에 앉아 있거나 변호사
라운지에서 음성으로 듣고 있던 이산화탄소 전사들은 브라이어의
질문에 속으로 환호했다. 진정인 측은 환경보호청의 백업 논변
(환경보호청이 위험성 판단 시점을 미룰 재량권을 갖는다는
논변)에 대해 승산을 기대해볼 수 있는 반박 논변이 하나밖에
없었고 그나마도 이길 수 있는 여지가 매우 적었다. 물론
브라이어가 이 쟁점에서 진정인 측의 손을 들어주었다고 해서 이
쟁점에서 진정인이 이겼다는 말은 아니지만, 그래도 그들이 기대할
수 있는 범위에서 가장 좋은 징조이기는 했다.

　몇 분 뒤 스티븐스, 케네디, 수터는 환경보호청이 위험성
판단을 얼마나 오래 미룰 수 있는가에 대해 가르가 거의 무제한
이라고 암시하는 듯한 답변을 한 데 대해 우려를 제기하는 질문을
했다. 이 질문은 앞서 로버츠가 밀키에게 던졌던 동일한 질문의
이면이었다. 앞서 로버츠는 환경보호청이 멘델슨의 청원과 같은
종류의 청원에 답변해야 할 시한이 얼마나 짧은지를 물었다. 이제
대법관들은 가르에게 환경보호청이 멘델슨의 청원과 같은 종류의
청원에 답변을 미룰 수 있는 시한이 얼마나 긴지 묻고 있었다.
스티븐스는 "[환경보호청이] 앞으로도 계속 판단을 내리지
않기로 할 재량"도 갖느냐고 물었다. 케네디는 환경보호청이
결정을 불합리하게 오래 연기할 수 없도록 제한하는 취지의
판례를 언급했다. 수터는 (진정인 측의 주장처럼) 위험이 실제로
존재한다면 환경보호청이 의회에서 "법률로" 부여한 권한을 단지
지금 행사하고 싶지 않다는 이유만으로 위험성 판단을 하지 않기로
한 결정은 "합당한" 것일 수 없다고 말했다.[18]

　수터가 마지막 질문자였다. 연단에 빨간 불이 들어왔다.
가르의 시간이 끝났다는 뜻이었다. 수터의 마지막 질문에 그는
"의회가 기후 목적으로 온실가스를 규제할 권한을 환경보호청에
부여하지 않았으며, 부여했다 하더라도 그 권한은 [지금] 행사되지
않아야 한다"는 주장을 겨우 되풀이할 수 있을 뿐이었다.[19] 그리고

가르는 자리에 앉았다.

　한 시간 전에는 대법원의 결정이 어떻게 날지 아무도 가늠할 수 없었다. 하지만 이제는 진정인들이 세 가지 쟁점 모두에서 이길 가능성, 그것도 크게 이길 가능성이 높아 보였다.

　스칼리아가 밀키에게 질문 공세를 퍼부은 것은 그가 진정인 측 논변에 반대한다는 사실을 여실히 드러냈다. 하지만 자신이 원하는 결과로 유도하는 데 구두변론을 활용하는 법을 터득한 대법관은 스칼리아만이 아니었다. 스칼리아의 선례를 따라 이제는 많은 대법관이 그렇게 하고 있었다. 그래서 대법관들이 던지는 질문은 그들이 어떻게 투표를 할지, 그리고 최종 판결이 어떻게 나올지를 말해주는 점괘 역할을 할 수 있었다.

　가르가 자리에 앉는 동안 밀키는 머릿속으로 대법관들이 지난 57분 동안 한 질문을 되짚으면서 표를 세어보았다. 하나(긴즈버그)…… 둘(수터)…… 셋(브라이어)…… 넷(스티븐스)…… 다섯(케네디). 다섯 명이 그의 편일 것 같았다. 이제 그가 해야 할 일은 남은 3분(재반박을 위해 남겨놓았던 시간)을 무사히 넘기는 것이었다. 재반박용으로 남겨놓은 시간을 쓰지 않기로 할 수도 있었지만, 아직 그렇게까지 확신은 없었다. 그는 다시 연단으로 가서 대법관들 앞에 섰다.

◇　**본 사건은 제출되었습니다**

상황을 파악한 스칼리아는 시간을 낭비하지 않고 곧바로 반격에 들어갔다. 스칼리아는 자신이 원하는 쪽으로 흐름을 돌릴 수 있는 지점을 빠르게 짚어내야 했다. 밀키가 연단에 올라가서 미처 한 마디도 꺼내기 전에 스칼리아는 작업에 들어갔다.

　　밀키 씨, 당신은 우리가 사건을 환경보호청에 돌려보내서
　　그들이 쓴 결정문의 마지막 2쪽이 충분히 합당한 근거인지만
　　물어봐주기를 원하는 것인가요? 그거면 만족하시겠어요?[20]

스칼리아의 전략은 분명 했다. 브라이어 대법관이 가르에게

질문했을 때처럼 그도 함정을 놓고 있었다. 격식 없고 지나가는
말처럼 들리는 "그거면 만족하시겠어요?"에서 스칼리아는 밀키가
세 번째 쟁점에 대해 진정인 측이 펼 수 있는 가장 유리한 논변을
포기하도록 유도하고 있었다.

스칼리아는 밀키가 진정인들이 대단한 걸 요구하는 게
아니라는 점을 강조함으로써 논변을 강화하는 것을 지켜보았다.
밀키는 진정인들이 요구하는 것은 대법원이 온실가스를
규제하라고 환경보호청에 명령을 내려 달라는 것이 아니라고
했다. 단지 대법원이 환경보호청으로 결정을 되돌려보내서,
환경보호청이 온실가스 규제를 연기하기로 한 결정에 대해 찾을 수
있다면 더 합당한 근거를 찾으라고 해 달라는 것뿐이라고 말이다.

그런데 스칼리아의 질문은 밀키가 사실은 그것보다 많은
것을 원하고 있다고 인정하게 하려는 함정이었다. 단지 이 사건을
환경보호청으로 돌려 보내서 그들이 더 합당한 이유를 찾게 하라는
정도가 아니라, 진정인 측이 실은 그보다 훨씬 많은 것을 요구하고
있다고 말이다.

몇 초 동안 스칼리아의 전략은 먹혀들었다. 너무
피곤해서였는지, 아니면 질문의 중대성이 교묘하게 감추어져
있어서였는지, 밀키는 미끼를 물었다. "그것이 저희를 만족스럽게
해주지는 않을 것입니다. 대법관님." 그러자 스칼리아는 곧바로 그
답변을 포착해 이렇게 응수했다. "그럴 줄 알았어요."[21]

좌중에 다시 한 번 웃음이 터졌다. 스칼리아는 위트와 풍자로
유명했다. 매년 어느 대법관보다 많은 웃음을 자아냈다. 하지만
지금 대부분의 청중은 스칼리아 대법관이 방금 무엇을 한 것인지
모르고 웃었다. 그들은 스칼리아가 그저 농담을 했다고 생각했다.
하지만 무슨 일이 벌어진 것인지 파악한 사람들은 화들짝 놀랐다.
밀키의 답변이 스칼리아에게 이후에 대법관들이 논의하는
자리에서 쓸 수 있는 무기를 쥐여준 셈이었기 때문이다. 이제
스칼리아는 케네디를 염두에 두고 '사실 진정인 측 주장은 그들이
말하는 것보다 훨씬 더 극단적인 것'이라고 주장할 수 있었다.
진정인들이 단지 이 결정을 환경보호청이 재고하게 해 달라고만

요구하는 것이 아니라 환경보호청이 온실가스를 규제하게 해
달라고 요구하는 것이라고 말이다.

밀키의 답변이 여기서 끝났더라면 대법관 평의 때 논의가
어떻게 되었을지 알 수 없다. 하지만 스칼리아의 술수는 적어도 한
명의 레이더에 즉시 포착되었다. 브라이어였다. 밀키는 원고적격
쟁점으로 넘어가고 싶었지만 브라이어가 말을 끊었다. 브라이어는
그의 좋은 친구 니노[안토닌 스칼리아의 애칭]가 자신이 원치 않는
쪽으로(그리고 브라이어가 원하는 쪽으로) 대법관 다수의 합의가
이뤄지는 상황을 막으려고 수 쓰는 것을 늘 예의주시했다. 그는
밀키가 다른 쟁점으로 넘어가지 말고 스칼리아가 던진 질문으로
돌아오게 했다. 이번에는 그의 질문이 전혀 길거나 장황하지
않았다. 밀키가 재반박을 위해 남겨놓은 시간이 빠르게 줄고
있었다. 브라이어는 밀키가 방금 스칼리아에게 받은 일격의 피해를
최소화하고 다시 제 경로로 돌아오게 해야 했다.

"스칼리아 대법관의 말에 대한 당신의 답변은 무엇입니까?"
브라이어는 이렇게 물은 뒤 밀키에게 답변할 시간을 주지 않고
밀키의 답변이어야 한다고 그가 생각한 것을 곧바로 말했다.
"내가 이 질문을 한 이유는, 앞에서 들은 바로 나는 당신이
우리[대법원]가 이 사건을 환경보호청에 돌려보내서 그들이
권한을 행사할지 말지를 합당한 근거에 기반해 다시 판단하게만
해주면 된다고 생각하는 줄 알았는데요……. 내가 잘못 안
것입니까?"[22]

밀키는 브라이어의 의중을 곧바로 알아들었고 스칼리아가
무엇을 하려 했는지도 곧바로 깨달았다.[23] 밀키는 브라이어가
던져준 구명줄을 잡았다. "존경하는 대법관님, 바로 그것이 정확히
저희가 원하는 것입니다."[24] 브라이어는 스칼리아를 스칼리아
식으로 무찔렀다. 이전에 고전하는 수많은 변론인에게 스칼리아가
구명줄을 던져주었듯이 말이다.

스칼리아는 (이어서 대법원장과 얼리토도) 밀키의 주장에
다시 한 번 불신을 표시했다. 사실은 밀키가 환경보호청이
그저 되돌아가서 과학적 불확실성 같은 하나의 [합당한] 고려

사항에 의거해 전과 동일한 결론을 내리지는 않으리라고 보고
있는 게 아니냐는 것이었다. 하지만 이번에는 밀키도 넘어가지
않았다. 밀키는 환경보호청이 아직 그러한 결론을 내리지 않았고
그때까지는 멘델슨의 청원을 거부한 환경보호청의 처분은 여전히
위법한 것이라고 말했다.

11:02에 연단에 빨간 불이 들어왔다. 밀키의 시간이
종료되었다는 표시였다. 밀키는 대법관들에게 감사 인사를 하고
자리에 앉았다.

대법원 구두변론의 시작이 진정인 측 변론인의 "대법원장님,
그리고 대법관님, 변론을 시작하겠습니다"라는 말이라면 끝은 "본
사건은 제출되었습니다"라는 대법원장의 말이다.

오전 11:02에 대법원장은 사건을 공식 제출했다. 경비국장이
망치를 두드렸고 매사추세츠 사건을 방청하러 모인 사람들
모두 일어서서 법정을 떠났다. 대법관들은 다음 사건(은행
사건이었다)의 변론인들이 들어오기 전까지 잠시 일어나서 몸을
풀었다.[25]

변론 중에 밀키의 아내 케이티는 자동차 회사 로비스트들
옆에 앉아 있었다. 그들은 밀키의 뛰어난 변론에 '엄지 척'을 하며
크게 미소를 보냈다.[26] 또한 그들은 결과에 신경 쓰지 않는다면서
'어느 쪽이든' 업계 로비스트는 돈을 번다고 자기들끼리 농담을
주고받았다. 워싱턴에서 정치와 비즈니스가 돌아가는 방식을
정신이 번쩍 들게 상기시켜주는 말이었다.[27]

밀키가 변론 맡는 걸 가장 못 미더워했고 소송 과정 내내
밀키의 가장 큰 적이었던 데이비드 도니거는 법정을 나서면서 한
동료와 밀키에게, 밀키의 구두변론이 매우 훌륭했기 때문에 그가
구두변론을 맡는 것에 강하게 반대했던 이산화탄소 전사들이
잘못을 인정할 수밖에 없게 되었다고 말했다.[28] 밀키의 변론을
막으려고 도니거와 함께 노력했고 그날 아침에 밀키에게 자신이
"세상에서 제일가는 머저리"였음을 입증해 달라고 말했던
북바인더는 명백해진 그의 새로운 지위를 딱히 인정하지는 않았다.

건물을 나서서 케이티와 매사추세츠주 법무부 동료들과 함께

대법원 계단을 내려갈 때 밀키는 기분이 좋았다. 구두변론까지의 기간은 그의 인생에서 가장 고통스러운 시간이었다. 우정이 흔들렸고 몇몇 우정은 끝장이 났다. 그는 헤인즐링, 도니거, 북바인더와 절교 상태였고 보통 때 같으면 같은 팀 변호사들끼리 으레 함께했을 축하 점심도 같이 먹지 않았다. 그는 이 소송으로 온 기력을 소진했다. 하지만 이제 망치가 울렸고 모두 끝났다. 계단 마지막 칸에 다다른 밀키는 "감옥에서 막 풀려난" 사람 같은 심정이었다.[29]

17장

평의

파멜라 탈킨 경비국장이 망치를 땅땅 내리쳤다. 법정에 있던 모든 사람이 자리에서 일어났고 모두의 눈이 아홉 대법관이 커튼 뒤로 나가는 모습을 조용히 지켜보았다. 주목받지는 못했시만 대법관들과 동시에 법정을 나가고 있는 훨씬 젊은 아홉 명이 있었다. 이들은 매우 독특한 임무를 띤 사람들이었다. 이들은 법정의 남쪽, 부분적으로 시야가 가리는 가장 안 좋은 위치에서 삐걱대는 낡은 의자에 앉아 소송을 지켜보았다. 그리고 서쪽에 있는 커다란 오크 목재 문으로 나가고 있는 다른 모든 사람과 달리(이 문을 나서면 앨라배마산 대리석 기둥이 있는 '그레이트 홀'로 가게 된다), 동쪽에 있는 소박한 뒷문을 통해 법정을 나갔다. 이 문은 그들이 일하는 보안 구역으로 곧장 이어진다. 각자가 모시는 대법관이 일하는 대법관실로 말이다.

　　매년 7월이면 36명의 로스쿨 졸업생이 1년간 대법관 로클럭 일을 시작한다. 아직 변호사 시험을 보지 않은 상태여서 변호사가 아닌 사람들이 많지만 다들 미국 로스쿨의 최우수 졸업생이다. 각 대법관은 로클럭을 네 명씩 고용해 법률 문헌 조사와 문서 작성 등 보조 업무를 맡긴다. 로클럭은 대법원의 심리를 구하는 사건들의 상고청구서를 검토하고, 상고가 허가된 사건들의 서면을 읽고, 구두변론이 진행될 사건들에 대해 메모를 준비하고, 결정이 내려진 사건에 대해 대법관이 의견문을 작성할 때 보조 업무를 담당한다.

　　대법원 로클럭은 젊은 변호사의 경력을 크게 도약시킬 수 있는 기회다. '매사추세츠 대 환경보호청' 사건이 대법원에서 심리 중이던 2007년의 경우, 로펌들은 기본 연봉 16만 달러에 보너스 20만 달러를 제시하며 대법원 로클럭을 갓 마친 사람들을 앞다퉈 모셔갔다.[1] 2019년에는 기본 연봉 19만 달러, 보너스 40만 달러로 보수가 더 높아져 있었다.[2] 참고로, 미국 대법원장이 받는 보수는 연봉 26만 7,300달러고(대법관보다 고작 1만 2,000달러 더 많다),

미국 납세자들은 이들에게 보너스를 지급하지 않는다.[3]

대법원에서 일하는 동안 로클럭들의 이름은 드러나지 않는다. 대법관 밑에서 일한다는 것 외에는 아무것도 공개되지 않으며, 여기에는 이유가 있다. 그들은 대법원에서 일어나는 일과 각자가 모시는 대법관실에서 일어나는 일에 대해 엄격하게 비밀을 지켜야 한다. '대법원 로클럭 윤리 규정Code of Conduct for Supreme Court Law Clerks'에도 "로클럭은 업무와 관련해 알게 된 비밀 정보를 누구에게도 이야기해서는 안 된다"고 명시되어 있다.[4] 출근 첫날 로클럭들은 비밀 유지 조항을 어기면 즉시 해고된다는 주의사항을 듣는다.

그날의 구두변론 법정에 어떤 아홉 명이 들어올지는 아무렇게나 정해진 것이 아니었다. 그들은 매사추세츠 사건을 맡아 각자의 대법관을 보조한 로클럭들이었다. 관습적으로 어느 로클럭이 어느 사건을 맡을지는 대법관이 결정하지 않고 로클럭끼리 알아서 결정한다. 로클럭마다 더 관심 있는 사건이 있고 덜 관심 있는 사건이 있을 것이다. 물론 대법관은 각 로클럭의 배경이나 능력 등을 고려해서 이 사건은 누가 맡아주었으면 싶을 때가 있겠지만, 그래도 개입하지 않는다. 로클럭끼리 결정한다는 취지를 훼손하지 않기 위해서이기도 하고 로클럭들 사이에 괜히 소모적인 경쟁이 생기지 않게 하기 위해서이기도 하다.

어떤 대법관실에서는 로클럭들이 미식축구연맹의 선수 선발제와 비슷하게 1라운드, 2라운드 등을 거쳐 사건을 분담하고, 어떤 대법관실 로클럭들은 "요란하지 않고 느긋한 접근"을 선호해서 비공식적으로, 그러나 각자 원하는 바가 반영될 수 있게 분담한다.[5] 매사추세츠 사건은 대법원 사건 중에서도 유독 이목이 집중된 사건이었기 때문에 그날의 구두변론 법정에 들어온 로클럭 아홉 명은 모두 이 사건을 맡는 데 높은 우선순위를 부여했던 사람들일 것이다.

대법원의 비밀 유지 규정은 어느 로클럭이 어느 사건을 담당했는지에 대해서도 적용되므로 매사추세츠 사건을 맡은 아홉 명이 누구인지는 알려져 있지 않다. 당시에 대법관 로클럭이었던

36명 중 적어도 다섯 명은 이 사건에 특별히 관심을 가질 만한 이유가 있었다. 이 사건이 D.C.항소법원에 있었을 때 그곳에서 이 사건 담당 판사의 로클럭을 했던 사람들이기 때문이다. 두 명은 데이비드 테이틀 판사의 로클럭이었고 이제는 대법원에서 각각 스티븐스 대법관과 수터 대법관의 로클럭으로 일하고 있었다. 나머지 세 명은 전에 데이비드 센텔 판사의 로클럭이었고 지금은 로버츠 대법원장과 토머스 대법관의 로클럭이었다. 하지만 해당 사건이 하급법원에 있었을 때 그 법원에서 로클럭을 했던 사람들은 사건과 너무 밀접한 관계가 있다는 바로 그 이유 때문에 대법원에서는 그 사건을 맡지 않는 게 관례다.[6]

　대부분의 로클럭에게 대법관과 보내는 1년은 인생에서 매우 중요한 경험이다. 로클럭은 대법원과 미국이 직면한 가장 첨예한 법적 쟁점을 다루는 과정에서 대법관이 가장 믿을 수 있는 심복이다. 대법관은 대법원 밖에서는 사건에 대해 이야기하지 않고, 서로 견해가 매우 다를 수 있기 때문에 동료 대법관들과도 생각을 잘 나누지 않는다. 로클럭은 대법관들이 가장 긴밀하게 같이 일하는 사람이고 가장 솔직하게 견해를 나눌 수 있는 상대다.

　이 관계는 로클럭을 마친 뒤에도 수십 년간 이어진다. 사실 로클럭과 그가 모신 대법관의 관계는 평생을 간다. 다른 변호사들은 대법관 로클럭 출신 변호사를 부를 때 그가 모셨던 대법관 이름을 붙여 부르곤 한다. "로버츠 로클럭", "스티븐스 로클럭", "스칼리아 로클럭"과 같이 말이다. 2016년에 대법원에서 스칼리아 대법관의 장례가 치러졌을 때, 그의 관이 조용히 대법원 계단을 내려가는 가운데 양옆에는 그의 로클럭을 지낸 120명 가까운 변호사가 거의 모두 와 있었다. 어떤 이는 이제 50대였고, 많은 이가 미국의 저명한 법무차관, 판사, 학자, 대법원 전문 변호사가 되어 있었다. 모두 경건하게 서서 예전 상사가 대법원을 영원히 떠나는 모습을 지켜보았다. 그리고 2019년에는 스티븐스 대법관의 로클럭을 지낸 사람들이 스티븐스의 마지막 가는 길을 지켜보았다.[7]

　로스쿨을 갓 졸업한 로클럭들은 그들이 하는 일이 얼마나

역사적인 것인지를 끊임없이 상기시키는 건물에서 가장 중요한
법적 쟁점들을 놓고 낮이고 밤이고, 주중이고 주말이고 일한다.
일반 대중과 달리 그들은 대법원에서 보안이 가장 엄격한
구역들에도 들어갈 수 있는데, 그들이 "미국의 최고 코트Highest Court
in the Land"라고 부르는, 맨 꼭대기 층에 위치한 78피트[약 24미터]
길이의 농구 코트도 그중 하나다.[8]

　　　하지만 대법관들이 안에 있을 때 로클럭들이 절대로 들어갈
수 없는 공간이 하나 있다. 대법원 건물에서 가장 비공개된
방인 '평의실'이다. 법정 바로 뒤에 있는 대법원장실 안에
있으며, 대법관들이 평의실에 모이면 세 개의 문이 굳게 닫힌다.
대법관들은 그곳에서 사건에 대해 숙의하고 투표한다. 평의실에는
오직 대법관 아홉 명만 있을 수 있다.[9] '매사추세츠 대 환경보호청'
사건 구두변론일 이틀 뒤인 12월 1일 금요일에 대법관들이 이곳에
모일 예정이었다.

◇　　빵을 나누다
대법관들이 모이는 장소가 하나 더 있는데, 바로 구내식당이다.
대개 대법관들은 자기 방에서 혼자 식사를 하거나 로클럭들과
나가서 점심을 먹는다. 때로는 친교를 위해 다른 대법관실
로클럭들과 식사를 하러 나가기도 한다. 하지만 구두변론이 있는
날에는 변론이 끝나자마자 모두 대법원 구내식당으로 간다. 대법원
식당은 역사와 전통이 가득하고 놀라울 정도로 공식적인 분위기를
풍기는 공간이다. 가령 의자들은 1795년에 특별히 제작된 것이다.
한가운데에는 19세기 초에 뉴욕의 목수가 만든 네모난 마호가니
식탁이 있다. 1935년에 새 건물이 생기기 전에는 대법관들이 함께
밥을 먹을 수 있는 장소가 예복을 갈아입는 좁은 방밖에 없었고,

___

문자 그대로 가장 높은 곳에 있는 코트라는 의미다. 코트는 법정이라는 뜻도
있어서 최고 법원인 '대법원'을 의미하기도 한다.

개별 대법관실이 없었기 때문에 대법관들은 종종 집에서 일을 했다.[10]

현재 건물의 구내식당에서 함께 식사를 하는 것(사건을 논의하기 위해서가 아니라 전적으로 친교를 위한 것이다)에는 전통이 가득하다. 대법관에게는 각자 지정된 자리가 있는데, 연장자순이 아니라 계보대로 앉는다. 즉 각 대법관은 자신의 바로 전임자가 앉았던 자리에 앉는다. 각 자리의 주인을 거슬러 올라가면 그 자리에 앉았던 가장 첫 대법관에게까지 닿는다.

그래서 로버츠 대법원장은 렌퀴스트의 자리에 앉았고, 이 자리는 그전에 워런 버거 대법원장 자리였으며, 그전에는 얼 워런 대법원장 자리였다. 계속 거슬러 올라가면 최초의 대법원장인 존 제이John Jay까지 닿는다. 존 폴 스티븐스 대법관이 앉은 자리의 직전 주인은 윌리엄 더글러스William Douglas, 최초 주인은 1790년에 대법관이 된 존 블레어 주니어John Blair Jr.다. 케네디 대법관 자리의 최초 주인 역시 1790년에 대법관이 된 존 러틀리지John Rutledge다. 루스 베이더 긴즈버그 대법관 자리의 첫 주인은 1807년에 대법관이 된 토머스 토드Thomas Todd다.[11]

대법관이 늘 아홉 명이었던 것은 아니다. 대법관 수는 헌법에 명시되어 있지 않고 법률로 정해진다. 18세기 말에 대법원이 처음 세워졌을 때는 여섯 명이었다. 19세기를 거치면서 의회는 대법관 수를 여섯 번 바꾸었다. 가장 적게는 1801년 다섯 명, 가장 많게는 1863년 10명이었고 현재의 아홉 명은 1869년에 정해졌다. 프랭클린 델라노 루스벨트는 1937년 유명한 '대법원 재구성 계획court-packing plan'의 일환으로 대법관 수를 대폭 늘리려고 시도했는데(대법관이 70.5세가 되면 대통령 권한으로 대법관을 한 명씩 총 여섯 명까지 증원할 수 있게 하려고 했다), 루스벨트처럼 인기가 많은 대통령이 제시한 안이었는데도 의회에서 부결되었고 루스벨트의 정당에서도 반대표가 나왔다.

대법원의 전통과 의례(계보에 따라 정해지는 좌석 등)에는 다 의미가 있다. 대법관이 전임자들과 강한 유대감을 느끼게 하고, 더 중요하게는 대법원이 오랜 역사에 걸쳐 만들어온 판례들을 존중하게 하기 위한 것이다. 신규 자동차에서 배출되는 온실가스 규제와 관련한 기후 소송은 (자동차가 없던 시절) 최초의 대법관들이 생각해보지 않은 사안이겠지만 그들이 내린 과거의 판결은 현재의 대법원이 내리는 판결에 종종 한계와 방향을 지운다. 그리고 200년 전에 대법원이 세운 '분석의 엄정성'과 '법률적 근거에 기초한 합리성'에 대한 높은 기준은 지금도 동일하게 적용된다.

　이러한 전통은 대법관이 과거와 유대를 맺게 해주기도 하지만 서로서로 유대를 맺게 해주기도 한다. 전임자들도 그랬듯이, 대법관들은 유쾌한 대화를 나누며 친교를 다진다. 법정에서는 말이 없는 토머스 대법관도 이런 자리에서는 동료들과의 대화를 즐기는 편이고 말도 많이 하며 종종 큰 소리로 유쾌하게 웃어서 그 덕분에 분위기가 밝아지곤 한다. 토머스와 브라이어는 오랫동안 사이가 좋았고, 긴즈버그와 스칼리아, 그리고 그들의 배우자들도 수십 년 동안 가까운 사이였다. 이들은 휴일 저녁에 서로를 집에 초대해 식사를 함께하거나 오페라를 함께 보러 가기도 했다. 자부심 넘치는 중서부 출신인 로버츠와 스티븐스는 특히 시카고 소식에 관심이 많았다. 대법관들은 서로를 이름으로 부른다. 전통에 따라 대법원장만 (점심식사 자리에서도) '대법원장님'으로 불린다. 스칼리아와 스티븐스 둘 다 로버츠 대법원장보다 나이도 경력도 몇십 년이나 위지만 로버츠가 처음 대법원에 온 날 로버츠를 깍듯이 대법원장님이라고 부르면서 유쾌하게 자신들을 '니노'와 '존'이라고 소개했다.

　점심 대화의 단골 소재는 책, 전시회, 콘서트, 집안 근황 등이었다. 케네디는 독서광이고 역사를 좋아했다. 나중에 그는 손주를 위해 자신이 직접 고른 책, 연설, 시, 영화, 연극, 노래 목록을 만들기도 했는데, 거기에 이렇게 설명을 달았다. "자유의 유산을 이해하기: 자유를 어떻게 유지하고 수호할 것인가."[12] 긴즈버그가 있어서 다들 스포츠 이야기는 되도록 삼가는 편이었다. 긴즈버그가 스포츠에 관심이 없어서 별로 아는 것이 없었기 때문이다. 그날 구두변론을 들은 사건에 대해서는 이야기를 하지 않는 것이

관례지만, 그날 구두변론에 나섰던 변론인들에 대해서는 그렇지
않았다.[13] 매사추세츠 사건의 구두변론이 있었던 11월 29일에
〈워싱턴포스트〉의 1면 기사 두 건(이라크 전쟁에 대한 기사와 새로
선출된 민주당 상원의원이 부시 대통령과 사진을 찍지 않으려
한 것에 대한 기사)은 모두 그다지 주된 대화 소재가 되지 않았을
것이다. 또 〈뉴욕포스트〉 스포츠 면의 열혈 독자인 토머스도 그날
톱기사였던 '시카고불스'가 '뉴욕닉스'를 이겼다는 전날 농구
소식을 가지고 동료들의 관심을 많이 끌지는 못했을 것이다.
    물론 오늘날 대법관들의 식사 의례는 초창기 존 마셜
대법원장 시절과 많이 다르다. 그때는 대법관들이 하숙집에 함께
살았다. 식사도 같이 했는데, 늘 "잘 고른 마데이라 포트와인"이
곁들여져 윤활유 역할을 했다(마셜은 포트와인을 아주 잘
알았다). 덕분에 "대법관들이 솔직하게 의견을 교환하고 쟁점에
대해 공동의 이해에 도달할 수 있었다"고 전해진다.[14] 조지프
스토리Joseph Story 대법관은 처음 대법원에 왔을 때는 술을 못
마셨는데 곧 마셜에게 설득되어 비가 내리면(그가 강조했듯이
어느 날이건 대법원 관할권 내 어딘가, 그러니까 미국 어딘가에는
비가 내린다) 와인을 한 잔씩 마셨다고 한다.[15] 마셜은 식사
자리에 '대법원' 라벨이 붙은 술병을 가지고 왔다(확인되지 않은
자료에 따르면, 마셜이 그 당시 미국에서 가장 큰 마데이라 와인
수입상이었다는 설이 있다).[16]
    대법관들 모두가 동일한 메뉴를 먹지는 않는다. 각자의
배경과 선호, 때로는 법철학을 반영해서 메뉴도 각기 다르다.
매사추세츠 변론이 있던 날, 뉴잉글랜드 출신인 수터는 언제나처럼
플레인 요구르트로만 구성된 검소한 점심을 먹었고 오후에 먹을
간식으로 과일 한 조각을 챙겨두었다. 중서부 사람인 스티븐스는
치즈나 땅콩버터 샌드위치를 좋아했다(때로는 바나나를 썰어서
땅콩버터를 바른 빵에 얹어 먹었다). 식빵 가장자리 부분은
잘라내고 먹었는데, 평범한 음식이지만 시카고의 부유한 집안에서
응석 부리며 자란 어린 시절을 반영하는 듯하다. 퀸스에서 자란
스칼리아는 파스타나 버거 같은 더운 음식을 좋아했고 몸무게에

신경 쓰는 사람이라면 먹지 않을 디저트도 주문했을 것이다.[17]

대법관들이 즐기는 음식은 과거와 달라졌지만 함께 식사를 하는 제도의 목적은 달라지지 않았다. 동료애를 촉진하고, 서로의 차이에도 불구하고 대법원의 독립성과 고결성을 유지해야 한다는 공동 사명을 상기시키는 것이다. 대법원에 오는 사건들이 종종 분열된 세계의 분열된 주장을 담고 있다는 점을 생각할 때, 공동의 식사로 유대를 다지는 일의 중요성은 모두가 언제나 잘 인식하고 있었다. 토머스는 함께 식사하는 의례의 커다란 가치를 공개적으로 이렇게 인정한 바 있다. "함께 빵을 나누고 눈을 맞추며 이야기를 나눈 누군가에게 화를 내고 심하게 굴기는 어려운 법입니다."[18]

◇　　나는 옳은 일을 할 겁니다

구두변론일 이틀 뒤, 대법관들이 매사추세츠 사건을 논의하러 평의실에 모였다. 이틀 전 오후의 점심식사 자리와 달리 이 평의는 친교를 위한 자리가 아니었다. 휴식이 필요해 보일 때 대법원장이 달콤한 롤빵과 쿠키를 주문하는 것을 제외하면, 평의실에서는 엄격하게 일에 대한 이야기만 하며 대화는 매우 공식적인 방식으로 이뤄진다.

평의실은 명백한 목적을 가지고 지어진 아름다운 방이다. 가로 3피트[약 1미터], 세로 12피트[약 3.6미터]의 가죽 장식이 있는 네모난 마호가니 탁자가 방을 거의 가득 채우고 있고 검정 가죽 등받이가 달린 의자 아홉 개가 탁자 주위에 놓여 있다. 의자 뒤의 청동판에는 각 대법관의 이름이 새겨져 있다. 탁자 위에는 아름다운 크리스탈 샹들리에가 드리워 있고 인디애나 북부산 화이트 오크 나무로 마감된 벽에는 존 마셜, 존 제이 등 과거 대법관들 몇몇의 초상화가 걸려 있다. 평의실의 의자 배열은 계보대로가 아니라 법정에서처럼 연장자순이다.[19]

2006년 12월 1일 대법관들이 매사추세츠 사건을 논의하러 모였고 로버츠 대법원장이 탁자 동쪽의 대법원장 자리에 앉았다. 그다음 연장자인 스티븐스는 그의 맞은편에 앉았다. 대법원장 오른쪽으로는 서열이 높아지는 순서로 수터, 케네디, 스칼리아,

스티븐스가 앉았고, 대법원장 왼쪽으로는 서열이 낮아지는
순서로 토머스, 긴즈버그, 브라이어, 얼리토가 앉았다. 얼리토는 한
바퀴를 돌아 스티븐스와 만나게 되어 있었다.[20] 누군가가 평의실
문을 두드리면 문을 열어주는 것은 대법관 중 서열이 가장 낮은
얼리토가 해야 했고, 투표 결과 등 평의 내용을 기록하는 것도
얼리토의 몫이었다.[21]

대법원장은 평의실에 누구의 초상화를 걸지 결정할 권한이
있다. 때로는 동료들에게 전달하고 싶은 메시지를 담기 위해
초상화의 주인공을 의도적으로 신중하게 고르기도 한다. 이전의
렌퀴스트 대법원장은 마셜 대법원장 초상화 바로 왼쪽에 존
맥린John McLean 대법관의 초상화를 걸었다. 맥린은 대법원의
악명 높은 '드레드 스콧Dred Scott' 판결(남북전쟁 직전에 있었던
사건으로, 흑인이 미국 시민이 아니라고 판결했다)에 반대의견을
낸 바 있다.[22] 맥린의 초상화는 대법관들에게 그들이 내리는
결정에 얼마나 막중한 것이 걸려 있는지를 상기시킨다. 또한
대법원이 오류를 저지를 수 있다는 것, 독립적인 판단의 중요성,
그리고 역사가 내리는 궁극적인 판결도 상기시켜준다.[23] 서쪽 벽의
붙박이 책꽂이에는 대법원의 과거 판결들이 빽빽히 꽂혀 있다.
뒤집히지 않는 한 대법관들은 그 판례를 따라야 한다. 매사추세츠
사건 구두변론 중에 케네디가 언급한 한 세기 전 '조지아 대 테네시
구리' 사건의 판결은 제200권 230쪽에 실려 있다(케네디는 이
판결이 매사추세츠 진정인들의 원고적격을 뒷받침해준다고
보았다).[24] 매사추세츠 사건의 판결도 여기에 꽂히게 될 것이고
수천 건의 구속력 있는 판례 중 하나가 될 것이었다.

금요일 아침, 대법관들이 평의실에 들어와서 다른 대법관들과
악수를 나누고 자리에 앉았다. 각자의 자리 앞에는 책상용
북스탠드가 있었고, 상고 허가 여부를 결정해야 할 상고청구 사건
목록도 포함해 그날 결정해야 할 의제들이 놓여 있었다. 북스탠드
앞에는 필통이 있었고 뾰족하게 깎은 연필이 두 자루씩 놓여
있었다.[25]

그날 대법관들은 상고청구된 사건 중 192건의 상고를

거부했고 세 건의 상고를 허가했다. 이 세 건은 봄에 구두변론이
있을 예정이었다. 그중 두 건은 수정헌법 1조상의 표현의
자유와 종교 사안에 관련된, 매우 이목이 집중된 사건이었고
보수적인 대법관들은 하급심의 판결을 뒤집고 싶어 했다. 하지만
그날 평의에서 상고 허가 여부보다 더 중요한 의제는 그 주에
구두변론이 있었던 사건들에 대한 논의였고, '매사추세츠 대
환경보호청' 사건도 그중 하나였다.[26]

　　결과에 걸려 있는 것이 굉장히 막중할 수 있고 대법관들이
결과에 매우 마음을 쓰고 있을 수 있기 때문에, 사건에 대해
이야기할 때는 감정을 배제하고 엄격하게 공식적인 말투로만
말한다. 자신이 깊이 마음을 쓰고 있는 사건에 대해 다른
대법관들이 어떻게 투표할지 조마조마한 마음으로 기다릴 때 느낄
긴장과 조바심을 공식적인 말투가 조심스럽게 가려준다. 다른
대법관들의 투표에 대해 각자 예상한 바들은 있겠지만, 그래도
당사자가 평의 자리에서 말하기 전까지는 확실히 알 수 없다. 해당
사건이 엄청나게 중요하든 비교적 덜 중요하든, 대법관들은 매번
동일한 형식에 따라 발언한다. 그들 앞에 놓인 임무의 막중함
때문에, 평의실에는 점심 자리에서 나누었던 것 같은 가벼운
농담이 들어설 자리가 없다.

　　논의할 사건마다 먼저 대법원장이 사건의 개요와 결정해야
할 법적 쟁점을 간단히 정리하고 하급심의 판결을 유지할 것이냐
파기할 것이냐에 대해 본인의 의견을 말한다. 그리고 돌아가면서
자신의 투표와 그 이유를 간단히 설명한다. 그날 평의에서는
스티븐스가 로버츠 다음이었고 가장 마지막이 얼리토였다. 어떤
대법관도 모두가 한 번씩 발언 기회를 갖기 전에는 재차 말하지
않는다. 평의실에서만큼은 스칼리아도 동료 대법관들과 대법원의
전통을 존중하는 의미에서 중간에 끼어들지 않고 참고 기다려야
했다.[27]

　　매사추세츠 사건은 그날 오전 평의에서 논의된 세 번째
사건이었다. 로버츠 대법원장은 예상대로 D.C.항소법원의 결정을
유지하는 쪽에 투표했다. 그는 매사추세츠 진정인이 소송을 계속

진행하기에는 원고적격이 없다고 말했다. 그의 투표 결과와 근거는 구두변론 때 그가 했던 질문에서도 유추할 수 있었지만, 이보다 더 깊은 기원도 있었다. 로버츠는 레이건 행정부와 부시 행정부의 법무부 변호사로 일했던 젊은 시절부터 연방 법원이 헌법 제3조가 정한 원고적격 기준을 엄격히 적용할 것을 주장해왔다.[28] 훗날 로버츠가 이 사건에 대해 작성한 반대의견에서 밝혔듯이, 그는 "지구온난화는 아마도 '위기'일 수 있고 '우리 시대의 가장 절박한 환경 문제'일 수도 있지만, 그로 인한 피해와 고충에 대한 구제는 의회나 행정부의 기능에 속하는 것이지 법원의 기능에 속하는 것이 아니"라고 생각했다.[29]

두 번째 발언자는 스티븐스였는데, 여기서도 이변은 없었다. 그는 D.C.항소법원 판결을 뒤집는 쪽에 손을 들었다. 이유는 D.C.항소법원 테이틀 판사가 반대의견에서 제시한 것과 비슷했다. 그는 진정인들이 제기된 모든 쟁점에서 이겨야 한다고 보았다. 첫째, 그는 진정인이 원고적격을 갖는다고 보았고, 둘째, 온실가스가 청정대기법 조항의 단순명료한 의미상 대기오염물질에 명백히 해당한다고 보았으며, 셋째, 환경보호청의 백업 논변(온실가스가 대기오염물질이라 하더라도 환경보호청은 신규 자동차에서 배출되는 온실가스가 공중의 건강과 복지를 위협한다고 합리적으로 예상할 수 있는지에 대한 판단을 내리지 않기로 결정할 재량권을 갖는다는 논변)과 관련해서는 환경보호청이 충분한 근거를 제시했다는 주장에 설득력이 없다고 보았다.

다음 순서는 스칼리아였다. 그는 그날 몹시 피곤했다. 전날 모교인 하버드 대학 로스쿨에 가서 당시 학장이던 엘레나 케이건의 초청으로 '대법관과의 만남' 행사에 참석해야 했기 때문이다. 그날 행사에서 한 학생이 다음 날 평의에서 매사추세츠 사건에 어떻게 투표할 것이냐고 질문했다. "저의 세대를 위해, 또 28명의 대법관님 손주들을 위해 지구온난화 문제를 다룰 수 있도록 결정 내려주시는 것이 대법관님의 책무입니다." 스칼리아는 그답게 주저 없이 맞펀치를 날렸다. 그는 그 학생이 "진행 중인 사건에

대해" 부적절하게 주장했다고 나무랐고 "나는 투표에서 용기를 낼
것이고 옳은 일을 할 것"이라고 간단히 대답했다.[30]

　　물론 스칼리아가 생각한 '옳은 일'은 그 학생이 생각한 것과
달랐다. 그리고 스칼리아는 대법관이 법치의 원칙이 요구하는 바가
아니라 손주들을 위해 가장 좋은 것이 무엇인가에 따라 투표해야
한다는 학생의 주장에 영향받을 사람도 아니었다. 스칼리아는
로버츠의 의견에 동참했다. 그는 진정인들에게 원고적격이 없으며,
설령 온실가스가 대기오염물질이라 하더라도 환경보호청이
지금은 위험성을 판단하지 않기로 결정할 재량이 있다고 보았다.
스칼리아는 법 조항에서 환경보호청의 그러한 재량을 제한하는
내용을 발견하지 못했다고 말했다.

　　모두 다음 순서인 케네디가 결과를 좌우하게 되리라는
것을 알고 있었다. 한 대법관이 나중에 말했듯이 "그가 결정적인
표였기 때문에 모든 것이 케네디에게 달려 있었다."[31] 대법원 외부
사람들에게는 전혀 알려지지 않은 사실이지만, 이 사건에서 진정인
측 손을 들어주고 싶어 한 대법관들은 지난 6월 이 사건의 상고를
허가하자고 표를 던졌을 때 케네디가 동참해주리라고 가정하고
그렇게 한 것이었다. 케네디가 동참하리라는 확신이 없었다면
그들도 상고 허가에 반대했을 것이다.[32]

　　그렇더라도, (그들의 낙관적인 기대가 무엇이었든 간에)
케네디가 상고를 허가하기로·동의했다고 해서 몇 개월 뒤 서면들이
제출되고 구두변론이 끝난 뒤의 판결에서도 진정인 측에 우호적인
판단을 해주리라는 보장은 없었다. 여름에 그가 내린 결정은
기껏해야 그가 환경보호청 측 입장에 반대할 가능성이 열려 있다는
정도만 말해줄 뿐이었다. 그리고 대법관들은 꽤 자주 마음을
바꾼다. 케네디는 마음을 바꿔서 진보적인 대법관들을 실망시킨
적이 있었다. 또 케네디가 오랫동안 연방 환경 규제가 과도하다고
생각해왔다는 점을 감안하면 그의 마음이 진정인들에게
우호적이지 않은 쪽으로 바뀌었을 가능성이 결코 작다고 할 수
없었다.

　　하지만 케네디가 발언을 시작하자마자 그가 하급심의 결정을

뒤집는 스티븐스의 의견에 동참하기로 했다는 것이 분명하게
드러났다. 긴즈버그 등 진정인 측 손을 들어주려고 했던 진보 성향
대법관들은 속으로 미소를 지었을 것이다. 남은 투표가 예상대로
나온다면 이 사건은 대법원에서 진보 진영의 굵직한 승리 사례가
될 터였다. 그해에는 진보 성향 대법관들이 승리한 사례가 많지
않았다. 구두변론 때와 마찬가지로 케네디는 자신의 투표 이유를
설명하면서 영토를 지키는 문제가 걸려 있는 주들의 특별한 상황을
강조했다. (대법원 판례에 따르면 진정인이 여럿일 경우 한 명만
원고적격이 있어도 소송은 성립한다.) 또한 케네디는 온실가스가
대기오염물질에 해당하며 온실가스의 위험성을 지금 판단하지
않기로 한 환경보호청의 결정에 근거가 불충분하다는 스티븐스의
의견에도 동의를 표했다.

　　수터는 스티븐스의 의견에 동참했고 토머스는 스칼리아와
로버츠의 의견에 동참했다. 긴즈버그는 스티븐스의 견해와 같다고
말했다. 긴즈버그는 목소리가 작아서 다른 이들이 긴즈버그의
말을 들으려면 숨을 죽여야 했지만 긴즈버그의 견해가 갖는 힘을
부인하는 사람은 없었다.

　　일곱 명까지 발언을 했을 때 투표 결과는 4 대 3으로 하급심을
뒤집는 쪽이 우세했다. 이제 두 명이 남아 있었다. 브라이어가
다음이고 얼리토가 마지막이었다.

　　구두변론 전에 진정인들은 얼리토가 그들 손을 들어주리라고
기대하지 않았다. 반면 확신은 못 해도 브라이어에게는 자못
기대를 걸고 있었다. 우려할 만한 이유도 있긴 했다. 대개 사람들은
대법관이 자신을 지명한 대통령의 정치 성향에 부합하는 판결을
내릴 것이라고 가정하지만, 매사추세츠 사건의 진정인들은 그
가정이 잘못된 가정임을 아주 잘 알고 있었다.

　　브라이어는 하버드 대학 교수로서도, 연방 항소법원
판사로서도 행정부의 전문성을 신뢰해야 한다는 입장을 내내
견지했고 행정부가 내린 결정을 두고 법원에서 사후에 다른 판단을
가지고 비판하며 개입하는 것을 꺼렸다. 그리고 환경주의자들이
많이 비판하는 종류의 비용–편익 분석을 강하게 지지했다.[33]

브라이어는 과거 사건들에서 환경보호청 같은 기관들이 환경
보호 기준을 제정할 때 그것의 준수에 들어가는 비용까지 고려할
권한을 폭넓게 가져야 한다고 주장해 많은 환경주의자를 실망시킨
바 있었다. 상원이 87 대 9로 브라이어의 지명을 압도적으로
승인한 데는 이유가 있었다. 그는 산업계에서 탄탄한 지지를 받고
있었다.[34]

　　그래서 이 사건에서도 브라이어가 환경보호청의 결정을
존중하기로 할 가능성이 없지 않았다. 환경보호청이 지금은
위험성을 판단하기에 적기가 아니라고 이미 결정한 만큼, 그것을
두고 그가 법관으로서 사후에 비판하는 입장을 취하고 싶어
하지 않을 가능성이 있었고, 그렇다면 이산화탄소 전사들에게는
실망스러운 일이 될 터였다. 그래도, 그나마 여기에서는
환경보호청의 기후 권한 자체는 유지되기 때문에 다른 정권 하에서
온실가스를 규제하기로 다시 결정할 수 있는 여지가 있다. 더
큰 문제는 브라이어가 환경보호청의 주장 중 만약 "온실가스를
대기오염물질로 간주한다면 청정대기법이 제대로 작동할 수 없게
될 것"이라는 부분을 받아들이는 것이었다. 브라이어가 이렇게
판단할 가능성은 더 작긴 했지만 아예 없지는 않았고, 그렇게 되면
이산화탄소 전사들에게 정말 안 좋은 결과가 될 터였다. 의회에서
새로운 법이 제정되지 않는 한 환경보호청이 기존의 청정대기법에
의거해서는 온실가스를 규제할 수 없다는 말이 되기 때문이다.
더 확보하기 어려운 케네디의 표를 확보하고 브라이어의 표를
잃는다면, 달콤했지만 쓰디쓴 패배가 될 터였다.

　　다른 경우였다면 스티븐스, 수터, 긴즈버그도 브라이어의
투표에 대해 우려했을지 모른다. 하지만 이번만큼은 아니었다.
구두변론에서 브라이어의 견해가 의심의 여지없이 드러났기
때문이다. 그가 진정인 측에 우호적이라는 것은 송무차관보
그레고리 가르에게 어려운 질문들을 던진 데서 잘 드러났다.
그리고 스칼리아가 판 함정에서 밀키를 구해주고 밀키가 치명적인
양보를 하지 않게 막아준 사람도 브라이어였다. 구두변론은
브라이어의 입장을 꽤 정확히 예측할 수 있게 해주었고, 예상대로

평의 때 브라이어는 진정인의 손을 들어주는 결정을 내렸다.

　얼리토가 마지막이었다. 하지만 (겉으로는 그렇지 않은 듯 보였어도) 그의 투표에 주의를 기울이는 대법관은 없었을 것이다. 얼리토가 발언을 하기 전에 이미 다수표가 확보되었기 때문이다. 이것이 막내 대법관의 운명이었다. 그가 말하기 전에 4 대 4가 되지 않는 한(그런 경우라면 그가 발언할 때 모두의 시선이 집중될 것이다), 아홉 번째 대법관이 말할 차례가 되면 다른 대법관들의 관심은 쉽게 다른 곳으로 흩어진다. 아무튼 얼리토는 구두변론 때 밀키에게 공격적인 질문을 한 데서 예상할 수 있었듯이 하급심을 인정하는 투표를 했다.

　물론 밀키 본인은 그날 평의에서 대법관들이 어떤 결론을 내렸는지 알지 못했다. 구두변론 이후에 기대를 하긴 했지만 그가 동료들의 반대를 무릅쓰고 대법원까지 사건을 끌고 온 도박이 놀랍게도 매우 좋은 결과를 가져오리라는 것을 그 금요일에는 알 수 없었다.

　하지만 알았더라도 기뻐하기에는 일렀을 것이다. 다수의견이 대대적이고 역사적인 것이 되느냐, 아니면 범위가 좁고 판례로서의 중요성이 미미한 것이 되느냐의 문제가 남아 있었다. 또 다섯 대법관이 평의에서 밝힌 입장을 계속 고수해줄지도 불확실했다. 폭넓은 변화를 몰고 올 결정문을 쓰는 것과 아슬아슬한 다수가 깨지지 않게 유지하는 것, 두 가지를 다 하고 싶은 대법관은 아직 대법관들 사이에서 할 일이 남아 있었다. 평의에서 각자가 밝힌 투표는 매우 중요하긴 하지만 다섯 이상의 대법관이 다수의견에 공식적으로 '동참join'해주어야 비로소 최종적으로 '대법원의 법정의견'이 되어 판례로서 영향력을 가질 수 있었다.

◇　A 대법관이냐, B 대법관이냐

대법관은 평의 이후에 마음을 바꿀 수 있고 실제로 생각보다 자주 바꾼다. 대개 이기고 지는 쪽이 달라지지는 않는다. 8 대 1이나 7 대 2였던 것이 만장일치가 되거나 하는 식이다. 한두 대법관이 자신의 반대가 별도의 반대의견을 낼 만큼 중요하지 않다고 생각하면 그렇게 마음을 바꿀 수 있다.

이보다 훨씬 더 자주 있는 일은 평의 이후에 투표 결과가 달라지기보다 의견문 내용이 달라지는 것이다. 대법관들은 다수의견과 반대의견 초안을 회람하면 여러 논변 중 어느 것이 더 탄탄한지에 따라 마음을 잘 바꾼다. 반대의견이 서면이나 구두변론 때 간과되었던 법리 분석상의 오류를 짚어낼 수 있고, 그러면 몇몇 대법관이 자신의 견해가 부정확했다고 인정하게 될 수도 있다. 다수의견을 직접 작성하는 대법관조차 의견문을 쓸 때는 모든 법적 쟁점을 빠짐 없이 다뤄야 하고 그것이 현실에 미치게 될 파급 효과도 빠짐없이 고려해야 하기 때문에 그 과정에서 마음이 바뀌는 일이 생길 수 있다. 의견문을 작성하려면 매우 깊이 있게 사건을 분석해야 하는데, 그 과정에서 대법관들이 이전에 놓쳤던 문제들이 드러날 수 있는 것이다.

평의 이후 의견문을 작성하는 과정에서 개별 대법관이 의견을 바꾸는 일은 늘 일어나지만 다수였던 쪽에서 대법관들이 많이 빠져나가서 결과 자체가 뒤바뀌는 일은 흔치 않다. 그렇다고 아예 없는 일도 아니어서, 평의 때 근소한 표 차이로 갈린 경우에는 그런 일이 생길 수 있다. 매사추세츠 사건처럼 5 대 4로 의견이 갈리면 한 명만 넘어가도 결과가 달라진다. 전해지는 이야기에 따르면, 오바마 케어의 위헌 여부가 쟁점이었던 사건에서 로버츠가 입장을 바꿔서 전체 결과가 평의 때와 달라진 적이 있다(원래는 오바마 케어를 위헌이라고 보았다가 그렇지 않다고 마음을 돌렸다).[35] 또 20년 전에 케네디는 '가족계획연맹 남동 펜실베이니아 지부 대 케세이Planned Parenthood of Southeastern Pennsylvania v. Casey' 사건에서 과거 '로 대 웨이드' 사건 때 내려진 판례를 뒤집을 것인가와 관련해 평의 이후에 입장을 바꿨고, 그래서 렌퀴스트 대법원장 등의 의견이 다수 지위를 잃었다.[36] 하지만 이목이 많이 집중된 사건에서는 이렇게 결과가 완전히 뒤바뀌는 일은 흔치 않다. 그보다 더 흔한 일은 어느 대법관이 열의를 잃어서 다수의견문이 파급 범위가 더 좁아지게, 그래서 판례로서 중요성이 더 낮아지게 작성되는 것이다.

잘 구성된 의견문을 써서 다른 대법관들을 설득해야 하므로
'대법원의 의견[다수의견]' 초고를 누가 쓰는지는 매우 중요하다.
그가 초고를 잘 쓰면 다수가 흔들리지 않을 수 있고 더 확대될 수도
있다. 하지만 잘못하면 다수 지위를 잃고 소수가 될 수도 있고,
겨우겨우 다수를 유지하기 위해 내용을 협소하게 한정해야 할 수도
있다. 물론 다수 지위를 잃는다면 다수의견이 아니라 반대의견을
쓰게 될 수도 있다. 그날 평의에서 매사추세츠 사건의 다수의견에
속한 대법관 중 가장 연장자가 스티븐스였기 때문에, 그가
다수의견 초안을 누가 작성할지 결정할 수 있었다.

　초안 작성자를 연장자가 결정한다는 규칙은 (이 결정의
영향력이 막대함에도 불구하고) 대법원 규정집이나 대법원의
운영을 규율하는 문서에 명시된 규칙은 아니다. 대법원의 의사
결정에 대한 규칙이 많이들 그렇듯이, 의견문 쓸 사람을 연장자가
결정한다는 것도 명문화된 규정으로 정해진 사항이 아니라 전해
내려오는 관례다.

　스티븐스는 매사추세츠 사건의 의견문 작성을 누구에게
맡길지 고민하면서 이 역할에 걸려 있는 것이 얼마나 막중한지를
새삼 느꼈다. 그는 대법원장보다 서열은 낮았지만 대법원에서
가장 오래 일한 대법관이었다. 대법관으로 31년이나 재직했고
의견문 작성을 누구에게 맡길지 결정하는 과정의 장점과 문제점을
직접 목격해왔다. 누가 의견문을 쓸 것인지는 매우 중요했다. 그
대법관이 판결의 내용과 그것이 판례로서 가질 중요성을 결정하게
될 것이기 때문이다.[37] 하급심 판결을 인정하든 파기하든,
각각에는 수많은 방법이 있을 수 있다. 의견문 내용을 협소하게
작성해서 향후 사건들에 판례로서 영향을 적게 미치게 할 수도
있고, 폭넓게 작성해서 향후 수십 년간 미래의 사건들에 큰 영향을
미치는 판례가 되게 할 수도 있다. 한 전직 대법관은 이렇게 말했다.
"의견문 작성을 A 대법관에게 맡기면 근본적으로 중요한 변화가
발생하고 B 대법관에게 맡기면 제한적인 중요성만 갖게 된다."[38]

　또한 스티븐스는 더 대대적이고 영향력 있는 의견문을 쓰고자
하는 대법관은 다수를 잃을 위험이 있다는 것도 잘 알고 있었다.

명백하게 의견이 갈린 사건에서는 더욱 그렇다. 스티븐스는 과거
사례로 볼 때 케네디가 평의 이후에 마음을 꽤 잘 바꾼다는 것을
알고 있었다. 케네디는 자신이 최종 투표와 관련해서 "동료들에
비해 고통을 많이 주는 편"이라고 표현하기도 했다. 그는 어떤
입장을 약간 취해보고 그것이 어떻게 여겨지는지 따져본 다음 옳지
않은 것 같으면 얼마 후에 다른 입장을 취했다. 우유부단해서가
아니라 대법원 사건들이 그의 설명대로 종종 '매우 어려운
사건들이므로' 결정을 내리기 전에 숙고를 거듭할 가치가 있다고
보아서였다.[39]

스티븐스는 중요한 교훈을 얻게 되었던 안 좋은 경험 하나를
떠올렸다. 1988년 케네디가 대법원에 온 지 11일밖에 안 되었을
때 민권과 관련된 매우 중요한 사건에서 스티븐스의 좋은 친구인
윌리엄 브레넌이 의견문 작성자를 결정하는 연장자 역할을
하게 되었다. 고용 차별 관련 사건인 '패터슨 대 맥린 크레딧
유니온Patterson v. McLean Credit Union' 사건이었는데, 케네디는
평의 때 브레넌, 스티븐스, 그리고 다른 두 대법관과 함께 원고
측을 지지하는 쪽에 투표했다. 스티븐스는 당시 상황을 이렇게
설명했다. "의견문 작성자를 결정할 때는 다수가 유지되도록 쓸
수 있을 법한 사람에게 맡기는 것이 일반적입니다. 그때 브레넌은
의견문을 자신이 직접 쓰기로 했고, 토니 (케네디)는 흔들리고
있는 표였습니다. 그리고 [브레넌은] 다수를 유지하는 데
실패했습니다."

케네디는 평의 이후에 입장을 뒤집었을뿐더러 "반대쪽
의견문을 작성하기까지 했다." 스티븐스는 브레넌이 "다수를
유지하려고 노력하기보다 중요한 사건의 의견문 내용을 자신이
통제하려고 한 점에서…… 잘못을 저질렀다"고 생각했다. 그렇게
해서 나온 결과는 민권 사건에서의 재앙적인 패배였다. 스티븐스는
결정이 그렇게 나지 않았어야 한다고 생각했다.[40] (의회는
1991년에 패터슨 판결의 효과를 제한하는 법을 통과시켰다.)[41]

케네디는 환경 소송에서도 와일드카드인 경우가 많았다.
그의 투표는 예상하기 어려웠고 평의에서 이야기한 투표와

의견문 초고가 회람될 때 내리는 결정이 꼭 일치하지는 않았다.
과거에 케네디는 몇몇 사건에서 환경보호청의 규제 권한을
제한하는 쪽으로 보수 성향의 투표를 한 바 있었다.[42] 따라서 그가
매사추세츠 진정인들을 계속 지지하리라는 보장은 없었다.

케네디를 다수 편에 붙잡아두기 위해 스티븐스는 어려운
선택을 해야 했다. 의견문 작성을 직접 담당해(케네디를 잃지
않는 선에서) 최대한 폭넓게 쓸 수도 있었고, 아니면 의견문을
아예 케네디가 쓰게 해서 그가 다수에 남아 있을 가능성을
최대화할 수도 있었다. 케네디가 자신이 의견문을 써야 한다면 그
의견에서 마음을 바꾸지 말아야 한다는 의무감을 느끼게 될 것이기
때문이다. 이러한 이유에서, 근소한 차이로 다수가 되면 때때로
의견문 작성을 가장 '아슬아슬한' 대법관에게 맡기곤 한다.[43]
스티븐스는 또 다른 사건에서 "케네디가 직접 의견문을 쓴다면
원래 투표를 유지할 가능성이 더 클 것이라고 생각한 적이 있다"고
말했다.[44] 하지만 매사추세츠 사건 같은 경우에는 '아슬아슬한
대법관'이 의견문을 쓰는 것에 단점도 있었다. 케네디가 내용
면에서 협소한 의견문을 써서 스티븐스 생각에는 꼭 들어가야 하는
기후 변화에 대한 내용들이 포함되지 않을 수도 있는 것이다.

그달에 스티븐스가 의견문 작성자를 결정할 수 있을
만한 사건이 별로 없었고 그나마도 그렇게 중요한 사건이
아니었다는 점 때문에도 매사추세츠 사건의 의견문 작성자를
결정하기가 어려웠다. 최근에 대법원 구두변론이 있었던 아홉
사건 중 그가 의견문을 쓸 가능성이 있는 것은 세 건[45]뿐이었다.
나머지 여섯 건[46]은 그가 소수 쪽이었기 때문이다. 그리고 그
세 건 중 매사추세츠 사건만 의견문 작성자를 그가 결정할 수
있었다. 나머지 두 건은 만장일치로 결론이 났기 때문에(하나는
반독점 사건이었고[47] 다른 하나는 특허 사건이었다[48]),
대법원장(다수의견을 낸 대법관 중 스티븐스보다 서열이 위인
사람)이 의견문 작성자를 결정하게 되어 있었다. 그 둘 중 하나가
스티븐스에게 배정되면, 그는 대법관과 로클럭 들 모두 '별 볼일
없다'고 생각하는, 흥미롭지 않고 지루한 사건의 의견문 작성을

맡아야 할 터였다.[49]

　　마침내 스티븐스는 마음을 정했다. 그는 직접 매사추세츠
의견문을 쓰기로 했다. 이 사건은 잠재적으로 역사적일 수
있는 커다란 사건이었고, 그는 기후 변화에 대해 말하고 싶은
것들이 있었다. 의견문을 직접 써야만 그가 가장 중요하다고
생각하는 점들이 명백하게 표현될 수 있을 것이었다. 그는 로버츠
대법원장과 자신의 로클럭들에게 직접 의견문을 작성할 것이라고
알렸다. 로클럭들은 소속된 대법관실에서 중요한 의견문을
작성하게 되면 언제나 매우 기뻐한다. 스티븐스의 로클럭들은
자신이 맡은 책임의 무게를 잘 알고 있었다. 스티븐스가 다수를
유지하면서 동시에 기후 변화 대응과 관련해 미국의 보수적 태도를
변화시킬 수 있을 만큼 중요성을 갖는 의견문을 쓸 수 있을까?

18장

**나비넥타이를 맨
제다이 마스터**

스티븐스 대법관이 다수의견문 초안을 직접 쓰기로 결정하자마자
그의 대법관실은 곧바로 일에 착수했다. 스티븐스, 긴즈버그,
브라이어에게 이 사건은 매우 중요했다. 그해에 이들은 소수가
되는 경우가 점점 많아지고 있었다. 매사추세츠 사건은 그해 남아
있는 사건 중 이들에게 비교적 전망이 밝은 몇 안 되는 사건이었다.
2005년 10월에 시작된 대법원 회기 연도에 존 로버츠와 새무얼
얼리토가 새로 대법원에 왔을 때만 해도 진보 성향의 대법관들은
아직 '최악의 우려'가 현실화되는 상황은 겪지 않았다. 그 회기
연도에 대법원 사건 중 만장일치로 판결이 나는 비중은 45퍼센트로
상당히 높은 편이었고, 5 대 4로 결정이 나는 경우는 13퍼센트에
불과했다.

　　그런데 다음 해 대법원 회기 연도가 되자 훨씬 더 온건한
성향의 샌드라 데이 오코너 대법관 자리에 [보수적인] 얼리토가
들어오게 된 것의 결과가 점점 더 분명해졌다. 만장일치는
25퍼센트로 줄었고 5 대 4로 갈라진 판결은 13퍼센트에서
33퍼센트로 늘었다. 이 중 상당수에서 케네디는 보수 성향의
대법관 네 명에게 동참했다. 그해에 매우 이목이 집중된 첫
사건이었던 '곤잘레스 대 카하트Gonzales v. Carhart' 사건에서
케네디는 11월 초 평의 때 보수 성향의 대법관들과 보조를 맞춰
투표했고, 현재 그 사건에 대해 임신 말기에 특정한 시술을
금지하는 연방 법률인 '부분적 낙태 금지법Partial-Birth Abortion
Ban Act'을 지지하는 대법원 다수의견문을 쓰고 있었다. 12월
초에도 케네디는 시애틀과 켄터키의 학구學區 두 곳이 공립학교에
학생을 배정할 때 인종 균형을 맞추기 위해 인종을 고려했던 것이
위헌이라는 의견에 다섯 번째 대법관으로 동참했다. 이듬해 6월에
이 판결이 공표되자 거센 논란이 일었다.

　　케네디가 거의 대부분의 사건에서 오코너 대법관보다

보수적이라는 점이 명백해지면서 대법관들 사이에서 긴장이 점점
더 팽배해졌다. 그리고 케네디가 투표 결과를 좌우하고 있었다. 그
회기에 5 대 4로 결정이 난 24건 모두에서 케네디가 손을 들어준
쪽이 다섯 표로 다수의견이 되었다. 진보 성향 대법관들은 크게
낙담했고, 나중에 브라이어는 이례적으로 법정에서 동료들을
힐난하면서 이렇게 한탄했다. "이렇게 적은 수의 사람이, 이렇게
빠르게, 이렇게 많은 것을 바꿔버릴 수 있다는 것은, 법의 세계에서
흔한 일이 아닙니다."

　　이러한 상황에서, 스티븐스는 매사추세츠 사건의 의견문을
쓰기 시작했다. 케네디를 붙잡아두어야 한다는 점을 염두에
두면서도 이 기회에 (이런 기회는 점점 드물어지고 있었다)
그가 중요하다고 생각하는 이슈들을 대법원 다수의견으로
공표해야겠다고 굳게 마음먹었다.

◊　　일리노이 대법관
각 대법관실에는 대법관 개인 사무실, 행정 직원 사무실,
그리고 적어도 두 개의 로클럭 사무실이 있다. 대법관실마다
화장실도 있다. 올리버 웬델 홈스 Oliver Wendell Holmes 대법관이 공동
남자 화장실이 대법관들이 비공식적으로 만나 사건 이야기를 나눌
수 있는 몇 안 되는 장소라고 생각했기 때문에 처음에는 이에 대해
논란이 일기도 했다.

　　대법관실은 각자의 독특한 성격, 관심사, 배경을 드러낸다.
스티븐스의 방은 범상치 않은 삶의 이야기를 전해주고 있었다.
책상 바로 뒤쪽 벽에는 부모인 엘리자베스 스티븐스 Elizabeth
Stevens 와 어니스트 스티븐스 Ernest Stevens 의 사진이 있었다.
시카고의 매우 부유한 기업인이었던 아버지는 호텔 소유주였다.
스티븐스는 1920년대에 미국에서 가장 크고 (방이 3,000개나
되었다) 화려한 호텔에서 자랐고 이곳은 "스티븐스 호텔"이라고
불렸다. 소년 시절에 존 폴 스티븐스는 유명한 비행사 찰스
린드버그 Charles Lindbergh 와 아멜리아 에어하트 Amelia Earhart (나중에
정식 조종사가 된다)와 가까이 어울리기도 했다. 호텔 로비에는

278 지구를 살린 위대한 판결

어린 소년의 청동상이 있었는데 스티븐스를 모델로 한 것이었다.[8]

'시카고컵스'의 열혈 팬이던 스티븐스는 1932년에 시카고의 '리글리 필드' 야구장에서 열린 컵스 대 양키스 월드 시리즈를 직접 관람했다. 베이브 루스Babe Ruth가 자신이 언제 어디로 홈런을 칠지 정확하게 '불러서' 유명해진 경기가 바로 이 경기다. 루스는 타자석에 서서 센터 필드 자리를 가리키며 큰 동작으로 자신이 칠 공이 날아갈 위치를 알렸다고 한다. 스티븐스는 그날 경기의 모든 타격, 걸음, 실수, 아웃 등이 기록되어 있는 스코어 카드를 대법관실에 걸어두었는데, 그의 범상치 않은 어린 시절을 보여주는 한 단면이었다.[9] 책상 근처 책꽂이에는 스티븐스의 전기가 꽂혀 있었고, 제목은 간단하게 《일리노이 대법관Illinois Justice》이었다.

하지만 그의 어린 시절 기억이 좋기만 한 것은 아니었고, 법적 권한의 남용이 미치는 피해를 그에게 깊이 각인시킨 계기가 되기도 했다. 그가 14살 때 아버지가 횡령으로 체포, 기소, 수감되었고 이 일은 언론에 대대적으로 보도되었다. 아버지가 눈앞에서 체포되고 명예가 실추되는 과정을 지켜본 기억은 스티븐스에게 영구적인 영향을 미쳤다. 삼촌도 체포되었는데, 자살했다. 아버지의 기소 내용은 이후 항소심에서 뒤집혔지만, 애초에 체포되고 기소되는 과정에서 가정은 풍비박산 났다. 스티븐스는 수십 년 뒤에도 그 사건이 "매우 부당한 기소였다"고 굉장히 감정을 실어서 회상했다. 스티븐스는 정부의 과도한 행동을 저지하는 데 사법적 감시가 매우 중요한 역할을 한다는 점을 절실히 깨닫게 되었다.[10]

부모 사진 양쪽에는 아내, 아이들, 손주들 사진, 그리고 제럴드 포드 대통령이 직접 서명한 포드 대통령의 사진도 있었다. 스티븐스가 보수적인 공화당의 기대대로 판결하지 않는다는 사실이 명확해지자 스티븐스를 대법관으로 지명한 포드 대통령은 맹렬한 비난을 받았다. 성소수자 권리, 적극적 우대조치, 환경 보호, 개인재산권, 언론의 자유, 교회와 국가의 분리 등의 사안에서 스티븐스는 보수주의적 가치와 반대되는 법적 입장을 받아들였을 뿐 아니라 점점 더 적극적으로 옹호했다. 2006년에 사망하기 1년쯤 전에 포드는 스티븐스의 대법관 재직 30주년 기념식에서 낭독될

축하 서신을 보내서 스티븐스가 대법관으로서 해온 일을 자신이
매우 자랑스럽게 생각한다고 알려왔다. "나는 역사가 나의 대통령
임기를 평가할 때 30년 전에 존 폴 스티븐스를 미국 대법관으로
지명한 것에 의거해 (필요하다면 그것에만 의거해) 판단 내리는
것을 기꺼이 반길 것입니다." 스티븐스 대법관실 벽에 걸려 있는
제럴드 포드의 사진은 사법적 독립성의 중요성을 강력하게
웅변해주고 있었다.[11]

　　스티븐스는 와일리 러틀리지Wiley Rutledge 대법관의 친필
서명이 담긴 사진도 잘 보이게 붙여 놓았다. 민권과 자유의
옹호자인 러틀리지를 그의 전기 작가들은 "대법원의 양심"이자
"지구의 소금"이라고 불렀다.[12] 스티븐스는 그의 로클럭으로
일하던 시절을 매우 소중하게 기억했다. 러틀리지는 사진에 "나의
친구이자 나의 예전 로클럭에게"라고 써주었는데, 이를 본떠
스티븐스도 자신의 로클럭들에게 그렇게 해주었다.[13]

　　로클럭 시절이던 1948년에 스티븐스는 '아렌스 대 클락Ahrens
v. Clark' 사건에서 러틀리지가 매우 인상적인 반대의견문을
작성하는 것을 도왔다. 구금된 사람들이 석방을 위해 연방 법원에
인신보호영장을 청구할 수 있는 권리를 제약하는 다수의견을
강력하게 비판한 것이었다.[14] 56년 뒤, 이제 대법관으로서
스티븐스는 2004년 '라술 대 부시Rasul v. Bush' 사건에서 부시
행정부에 맞서 관타나모베이 구금자들의 손을 들어주는
다수의견문을 썼는데, 아렌스 사건 때 러틀리지가 쓴 반대의견의
내용을 명시적으로 받아들여서 작성했다.[15] 1년 뒤, '함단 대
럼스펠드Hamdan v. Rumsfeld' 사건에서도 스티븐스는 러틀리지가
과거에 썼던 또 다른 반대의견(야마시타In Re Yamashita 사건의
반대의견)을 토대로, 부시 대통령이 관타나모베이 구금자들을
재판하기 위해 만든 군사 위원회들이 위헌이라는 법정의견문을
작성했다.[16]

　　스티븐스는 로클럭들과 일하는 것을 아주 좋아했다.
대법관 평의가 끝나면 로클럭들이 일하는 두 개의 커다란
사무실 중 하나로 와서 낡은 검정 가죽 의자에 앉아 평의 결과를

이야기했다.[17] 당연히 로클럭들은 평의실에서 어떤 일이 있었는지,
스티븐스가 다수인지 소수인지 등을 매우 궁금해했다. 스티븐스는
그가 뽑은 로클럭들을 자랑스러워했다. 그는 학업 성적이 뛰어난
사람들 위주로 로클럭을 뽑았다. 하버드와 예일 출신이 많았지만
미시간 대학, 노스웨스턴 대학, 시카고 대학, 일리노이 대학 등
중서부 대학들 출신들도 있었다. 또 학교 밖에서 흥미로운 일을
한 사람들과 스티븐스 본인처럼 많은 성취를 했음에도 조용하고
겸손한 사람들을 선호했다.

    매사추세츠 사건이 있던 해에 스티븐스의 로클럭은 니콜라스
배글리Nicholas Bagley, 채드 골더Chad Golder, 자말 그린Jamal Greene,
로렌 수디올Lauren Sudeall이었다. 모두 뉴욕 대학, 예일 대학, 하버드
대학을 최고 성적으로 졸업한 사람들이었다. 한 명은 로스쿨에
진학하기 전에 〈스포츠 일러스트레이티드〉 기자였고 한 명은
'미국을 위한 교육Teach for America'에서 일한 경력이 있었다.
배글리는 전에 D.C.항소법원에서 데이비드 테이틀 판사의
로클럭이었다.[18]

    때때로 대법원 로클럭들은 자신의 성취에 취해 능력을 과신한
나머지 대법관 로클럭 일에 필요한 면밀함을 발휘하지 못하기도
한다. 하지만 그렇게 뻐기는 것은 스티븐스의 대법관실에서 전혀
도움이 되지 않았고, 누구라도 스티븐스의 로클럭을 하다 보면
겸손해지지 않을 수 없었다. 로클럭이 아무리 똑똑해도, 어떤
문제에 대해서건 가장 날카롭게 법리를 꿰고 있는 사람은 늘
스티븐스였기 때문이다. 한 전직 스티븐스 로클럭은 스티븐스가
"논변과 반론을 동시에 파악하는 것을 보면" "정신을 한 대 맞는
것 같았다"고 말했다. 그것은 분석적 엄정함과 통찰력이 비범하게
결합되어 있어야만 가능한 일이다.[19]

    하지만 스티븐스가 분석적 탁월함으로만 로클럭들에게
사랑받은 것은 아니다. 5피트 7인치[약 170센티미터] 키에
나비넥타이 매기를 좋아하는 스티븐스는 대화할 때 늘 예의
바르고 겸손했다. 로클럭실에 들어가면 로클럭들에게 일어나지
말고 앉아 있으라고 말하고 자신은 벽에 기대서거나 근처 책상에

걸터앉았다.[20] 구두변론에서도 어조가 점점 전투적이 되는 동료들
(특히 스칼리아)과 달리 시종일관 예의 바르게 이렇게 말을
시작했다. "질문 하나 해도 될까요?"[21]

　　대법관 초기 시절에 스티븐스는 다소 '따로 노는' 괴짜라는
이미지를 가지고 있었다. 그의 투표는 쉽게 특징을 짚기가
어려웠다. 다수를 만들고 동참하는 데는 관심이 덜해 보였고
쟁점을 더 명료하게 부각하는 의견을 자신이 별도로 작성하는
데 더 관심 있어 보였다. 그의 뛰어남에 의구심을 표하는 사람은
아무도 없었지만, 이렇게 '따로 노는' 성향은 대법원의 판결 자체에
그가 영향을 미칠 수 있는 여지를 좁히는 결과를 종종 낳았다.[22]

　　첫 10년 정도는 그랬지만, 매사추세츠 사건이 올라왔을
즈음에는 대법원에서 스티븐스가 하는 역할이 크게 달랐다.
1980년대와 1990년대에 스티븐스는 점차 연배가 높아졌고 그사이
브레넌, 마셜, 바이런 화이트Byron White, 해리 블랙먼Harry Blackmun이
대법원을 떠나고 수터, 토머스, 긴즈버그, 브라이어가 들어왔다.
그동안에 스티븐스는 자신의 견해에 가까운 쪽을 다수로 만들고
그 다수를 유지하는 수완이 점점 더 늘었고, 다수를 유지하기 위해
필요하다면 기꺼이 타협하는 태도도 갖추게 되었다.[23]

　　스티븐스는 레이건 등 공화당 대통령들이 지명한 보수 성향의
대법관들과 의견이 다른 경우가 많았기 때문에 진보주의자들에게
사랑을 받았고 보수주의자들에게 비난을 받았다. 하지만 그는
찬사와 비난 모두에 대해, 자신은 스스로를 "진보라고 전혀
생각하지 않으며 사실은 꽤 많이 보수적"이라는 농담으로
받아넘겼다. 그는 달라진 것은 자신이 아니라 대법원의 다른
사람들이라고 늘 주장했다. 1975년에 그가 들어온 이래로 대법원이
훨씬 더 보수적이 되었다는 것이었다.

　　87세 생일이 다가오는데도 스티븐스는 전혀 활력이 줄지
않았다. 워싱턴에 있을 때는 적어도 일주일에 세 번 테니스를 쳤다.
대법원 회기 중이 아닌 기간에는 플로리다에서 테니스에 더해
일주일에 두 번씩 골프를 쳤고 날마다 바다 수영을 했다. 때때로
해변에서 서면을 읽었는데, 그 때문에 구두변론 중에 그가 서면을

펼치면 대법관석에 모래가 떨어지기도 했다. 그는 그래서 "옆
사람들이 나를 약간 질투한다"고 농담했다.[24]

스티븐스는 대법원 동료들과 사이가 좋았다. 특히 레이건이
지명한 앤서니 케네디와 샌드라 데이 오코너, 그리고 조지 H. W.
부시가 지명한 수터와 유대가 깊었다. 이들 사이의 끈끈한 상호
존중은 렌퀴스트 대법원장과 스칼리아 대법관이 수많은 쟁점에서
보수적인 다수의견을 내려 하는 것을 저지하는 데 일조했다.
대개는 수터의 동참으로(수터도 스티븐스처럼 지명 당시에는 보수
성향으로 여겨졌지만 대법관이 되고서는 예상되었던 것보다 더
온건한 결정들을 내렸다), 스티븐스는 렌퀴스트, 스칼리아, 그리고
1991년 이후에는 서굿 마셜 자리에 들어온 토머스가 지지하는
보수적 입장에 반대하도록 케네디나 오코너를 (때로는 둘 다를)
설득할 수 있었다.

요컨대, 1990년대와 2000년대 초에 대법원이 우파 쪽으로
크게 기울긴 했지만 그래도 해마다 몇몇 중요한 사건에서 진보
진영이 원하는 결과를 낼 수 있었다. 그런 때에 스티븐스는 결과를
좌우하는 '스윙보터' 대법관이 아니라 평의에서 다수 쪽 의견을
낸 대법관 모두가 흔들림 없이 유지되도록 관리하는 역할을 맡은
연장자였다. 바로 그것이 매사추세츠 사건에서 그가 해야 할
일이었다.

◊   동참합니다
스티븐스는 언제나처럼 매사추세츠 사건의 의견문 초고를
로클럭에게 쓰게 하지 않고 본인이 직접 작성했다. 러틀리지
대법관에게 배운 습관인데, 스티븐스는 이것이 "내가 사건을 잘
파악하기에 가장 좋은 방법"이라고 생각했다.[25] 스티븐스는 초고를
써서 로클럭들에게 회람시켰다. 로클럭들의 중요한 임무는 초고가
더 잘 읽히게 하고 스티븐스가 "그러지 말아야 할 지점에서 너무
나가지 않게" 하는 것이었다. 혹은 스티븐스의 표현을 빌리면
"그들의 상사가 멍청해 보이지 않게 하는 것"이었다.[26]

스티븐스는 "모든 사건은 정말 제각기 다 다르다"고 강조했다.

어떤 사건은 "양측 당사자들에게만 논리적인 답변을 주면 된다."
하지만 "어떤 사건은 더 대중적인 메시지가 중요해서 그쪽으로
많은 관심을 기울여야 한다."[27]

　　기후 문제가 매우 심각하다고 생각해온 스티븐스에게
매사추세츠 사건은 굉장히 중요한 사건이었다. 그는 많은
영민한 공화당원들이 이 문제를 거론조차 하지 않는 상황이
매우 우려스러웠고, 이 사건에서 자신의 입장이 "지극히 옳다"고
생각했다. 훗날 그는 자신이 내린 결정이 옳은 결정이라는 점에
"어떤 의구심도" 없었다고 회상했다. "이것은 어려운 사건이
아니었습니다. 비교적 쉬운 사건이었어요." 그리고 그는 자신이
쓰는 의견문이 법조인들만이 아니라 일반 대중에게도 읽히기를
원했다.[28]

　　스티븐스의 의견문은 늘 사실 관계를 면밀히 설명하는
것으로 시작했다. 이것은 1970년에 연방 항소법원 판사가 되고
얼마 후 선배 판사였던 존 심슨 헤이스팅스John Simpson Hastings가
판결문 잘 쓰는 법을 조언해주었을 때 배운 것이었다. "사실 관계를
면밀히 설명하고 나면 판결문의 나머지는 저절로 쓰일 것입니다."
스티븐스는 제7항소법원에서, 그다음에는 대법원에서 일하는 내내
이 조언을 마음에 새겼다.[29]

　　스티븐스는 기후 문제가 갖는 근본적인 중차대성을 특별히
강조하는 언명으로 매사추세츠 사건의 의견문을 시작하기로 했다.
그렇게 사실 관계에 대한 전제들을 먼저 명확히 한 뒤 이 사건에서
다뤄야 할 법리적 결론들을 설명할 참이었다. 여기에는 기후
변화가 일으키는 피해가 헌법 제3조상의 원고적격 기준을 어떻게
충족시키는지, 기후 변화를 유발하는 온실가스가 청정대기법이
규정하고 있는 "대기오염물질"에 어떻게 명백히 해당하는지,
환경보호청이 그러한 오염물질을 규제하지 않기로 결정하는
근거가 현재 제시된 것보다 더 합당해야 한다는 점이 왜 중요한지
등이 포함될 것이었다.

　　스티븐스는 자신이 당면한 어려움이 무엇인지 냉철하게
인식하고 있었다. 다수 쪽 의견을 밝힌 다섯 대법관 안에서도

견해가 많이 달랐다. 스티븐스는 이 다섯 명의 상이한 견해 사이에서 세심하게 줄타기를 해야 했다. 훗날 그는 "누구라도 이탈할 위험이 있었기 때문"에 "아무도 이탈하지 않고 다수가 유지되게 하는 데에 내내 신경을 썼다"고 회상했다.[30] 그는 1년 전에 청정수질법 관련 사건인 '라파노스 대 미국Rapanos v. United States' 사건에서 다수 중 이탈자가 생기는 일을 목격한 바 있었다. 스칼리아가 의견문을 작성했는데 그 과정에서 원래는 다수 쪽이었던 케네디의 동참을 이끌어내지 못해 [판례가 형성될 수 있는] '대법원의 법정의견'이 아니라 네 명만 동참한 '상대적 다수의견plurality opinion'이 되었던 것이다.[31]

　　매사추세츠 사건의 의견문에서 스티븐스가 내리고자 하는 법적 결론을 뒷받침할 사실 관계 전제들을 확립하려면, 처음부터 기후 문제의 심각성을 명백히 밝힐 필요가 있었다. 하지만 기후 문제, 헌법 제3조상의 원고적격 문제, 위험성 판단을 내려야 할 환경보호청의 책무 등 각각의 쟁점에 대해 얼마나 강력하게 견해를 밀고 나갈 것인지와 관련해서는 매우 조심스럽게 접근해야 했다. 케네디의 다섯 번째 표를 잃어서는 절대로 안 되었다. 반대의견 쪽에 속하는 네 대법관도 케네디를 잡으려고 굉장히 노력하고 있을 것이 분명했다.

　　스칼리아는 케네디가 평의 때 밝힌 투표를 고정불변이라고 전혀 생각하지 않을 것이었다. 스티븐스도 그 입장이라면 당연히 그랬을 것이다.[32] 로버츠 대법원장과 스칼리아는 각각 반대의견을 작성할 생각이었다. 로버츠 대법원장은 원고적격 문제에만 초점을 맞출 생각이었고, 스칼리아는 환경보호청이 온실가스를 규제할 권한을 갖는가와 환경보호청이 현 시점에서 위험성을 판단하지 않기로 결정할 재량권을 갖는가에 대해 작성할 예정이었다. 둘 다 케네디를 염두에 두고 있을 것이 틀림없었고 케네디가 다수에서 이탈하도록 만들기 위해 최선을 다하고 있을 것이었다. 스티븐스는 자신이 본질적으로 아슬아슬한 다수를 위해 글을 쓰고 있다는 점을 잘 알고 있었다. 가장 우려스러운 일은 원고적격 쟁점에서 로버츠 대법원장에게 케네디를 뺏기는 것이었다. 그는 이것이 "의견이

갈리는 핵심 쟁점"임을 잘 인식하고 있었다. 원고적격 쟁점에 대해
그가 작성하는 다수의견이 사실상 '새로운 법'을 만드는 효과를 낼
것이었기 때문이다.[33]

　　로버츠 대법원장과 스칼리아는 일하는 스타일이 매우 달랐다.
스칼리아가 다혈질이고 타협하지 않는 스타일이었다면 로버츠는
침착하고 예의 바르고 외교적이었다. 스칼리아의 대법관실에서
로클럭들은 "이탈리아 길거리 패싸움"에서처럼 논쟁했고
로클럭들과 스칼리아는 "스칼리아가 어디로 투표할지 확실하게
결론이 날 때까지 끝장 토론을 했다." 한 로클럭은 "스칼리아는
로클럭들이 자신의 가정假定에 도전하고 시험하기를 바랐다"고
표현했다. 그는 "[스칼리아의 대법관실에서는] 로클럭들이
서로서로, 그리고 대법관과 큰 소리로 열띤 논쟁을 벌이곤 했다"며
"상사를 화나게 하면 어쩌나 하는 걱정은 전혀 없었다"고 말했다.[34]

　　로클럭 한 명과 초고를 면밀히 퇴고한 뒤에 스티븐스는 첫
공식 초고를 다른 대법관실에 전달했다. 이 초고는 기후 문제의
절박성에 대한 강력한 언명들로 첫 문단을 시작하고 있었다.
매사추세츠 진정인들은 그들 나름의 전략적인 목적 때문에 서면과
구두변론에서 기후 사안을 덜 부각하고 진정인 측이 요구하는 것은
행정법의 일반원칙들을 적용해 달라는 것뿐이라고 강조했지만,
스티븐스는 기후 문제를 전면이자 핵심에 놓고 싶었다.

　　의견문 초고가 회람되면 대법관들은 대법원 내부 메일을 통해
작성자에게 공식 답신을 보낸다. 초고 작성자가 가장 받고 싶어
하는 반응은 다음의 세 단어다. "Please join me(동참합니다)."[35]
회람된 의견문에 내용 수정 없이 동참하겠다는 뜻이다. 종종
대법관들은 예의 바르게 몇 가지 수정을 제안하기도 한다. 이때
중요한 것은 그 수정이 받아들여지는 것을 자신이 동참하는
조건으로 걸었느냐다.[36] 초안 작성자가 가장 보고 싶어 하지 않는
반응은 "반대의견이 회람될 때까지 기다리겠다"와 같이 이쪽과
저쪽 사이에서 아직 결정을 못 내렸음을 암시하는 답신이다.[37]

　　수터, 긴즈버그, 브라이어 세 명은 곧바로 스티븐스의 의견에
수정을 거의 요구하지 않고 동참 의사를 밝혔다. 그들이 요구한

수정사항들은 어려운 것이 아니었다. 하지만 케네디는 동참한다는 답신을 곧바로 보내오지 않았다. 이는 스티븐스가 확보한 표가 아직 넷뿐이라는 의미였다.

로버츠 대법원장과 스칼리아는 각자 자신이 쓴 반대의견을 돌림으로써 스티븐스의 초고에 답했다. 로버츠와 스칼리아는 서로 상대 의견에 동참했고, 얼리토와 토머스는 로버츠와 스칼리아의 반대의견 둘 다에 동참했다. 그런데 케네디는 이번에도 두 반대의견 중 어느 것에도 동참하지 않았다. 이렇게 해서, 여덟 명의 투표가 공식 확정되었고 스코어는 4 대 4였다.

스티븐스와 그의 로클럭들은 겨우내, 그리고 봄까지 케네디를 다수 쪽에 붙잡아두기 위해 케네디 및 그의 로클럭들과 소통하려고 무던히 노력했다. 스티븐스는 계속해서 모든 대법관실에 수정된 원고를 전달하면서 케네디가 본인의 우려 사항에 대해 의견을 보내주기를 기다렸고 그 내용을 반영해 다시 원고를 수정했다. 스티븐스의 초고는 재고가 되었고 다시 3고, 4고, 5고, 6고, 7고가 되었다. 수정을 할 때마다(어떤 것은 매우 중대했고 어떤 것은 비교적 사소했다) 스티븐스는 케네디를 붙들어두기 위해 꼭 필요한 정보보다 더 수정하지는 않으려고 노력했다.[38]

케네디는 의견문 원고에서 두 부분, 원고적격 쟁점과 신규 자동차의 온실가스 규제 여부를 결정하는 데서 환경보호청이 갖는 재량권 쟁점에 대해 상당히 중대한 수정을 요구했다. 둘 다 기본을 흔들 만한 내용은 아니었지만 다수를 유지하려면 꼭 반영해야 할 요구였다.[39]

케네디를 만족시키기 위해 스티븐스는 원고적격 쟁점에 대한 내용의 일부를 수정했다. 특히 매사추세츠 등 몇몇 주들이 기후 변화로부터 영토를 지켜야 하는 상황임을 강조했다.[40] 물론 이것은 케네디가 구두변론 때 밀키에게 질문했던 내용이다. 그때 케네디는 밀키에게 주들이 기후 소송에서 더 높은 원고적격을 가진다고 암시했을 뿐 아니라 그것을 뒷받침하기 위해 100년도 넘은 대법원 판례인 '조지아 대 테네시 구리' 사건을 언급하기도 했다.[41]

그때 밀키는 케네디가 진정인의 서면에도, 지지자들의

서면에도 언급되어 있지 않은 사건을 인용해서 매우 놀라고
당황했다. 당시에 밀키는 기억하지 못했지만, 사실 거의 3년 전에
D.C.항소법원에서 이 사건의 소송이 시작되었을 때 진정인들은
조지아 사건을 인용해 논변을 구성하는 안을 고려했다. 하지만
'조지아 대 테네시 구리' 사건에서의 조지아주와 달리 이번에는
매사추세츠주가 연방 정부에 맞서는 것이었으므로 그 판례로
뒷받침하기 어려우리라고 판단해 포기한 바 있었다. 로버츠
대법원장도 이 차이점을 그가 쓴 반대의견에서 언급했다. 어쨌든
진정인 측으로서는 천만다행스럽게도, 진정인 측이 빼놓은 조지아
사건 판례를 케네디가 언급해주었을 뿐 아니라, 진정인들이
서면에서 조지아 판례를 언급하지 않았기 때문에 송무차관실이
구두변론 때 그에 대해 반론(왜 그 사건이 진정인 측 입장에 대한
결정적인 뒷받침이 될 수 없는지)을 펼치지도 않았다.[42]

　스티븐스는 '조지아 대 테네시 구리' 사건을 명시하면서
주들에 원고적격이 있다고 언급했고 이전 판결에서 케네디가
원고적격에 대해 썼던 내용들도 길게 인용했다.[43] 즉 스티븐스는
원고적격 쟁점에 관한 케네디의 견해를 완전히 수용했다. 그가
케네디를 붙잡아두기 위해 가한 이 수정이 미래의 기후 소송에
해가 될 가능성이 없지는 않았다. 주가 아닌 진정인들, 가령
자연자원보호위원회나 시에라클럽 등이 미래에 독자적으로
기후 소송을 제기하려고 할 때 원고적격을 충족하는지가 분명치
않아졌기 때문이다.

　환경보호청이 온실가스 배출이 공중의 건강과 복지를
위협한다는 판단을 유보할 재량권을 갖느냐는 문제에 대해서도
스티븐스는 다수를 유지하기 위해 몇 가지 수정을 했다. 기본적인
결론은 달라지지 않았다. 즉 이 사건에서 환경보호청은 위험성
판단을 미루기로 한 결정을 위법하게 내렸다. 그 결정에 기반이 된
근거가 법적으로 합당하지 않았기 때문이다. 하지만 스티븐스는
수정한 원고에서 환경보호청에 이 사건을 돌려보내서 다시 결정을
내리게 했을 때 환경보호청이 이번에는 합당한 근거를 들어 역시
위험성 판단을 미루기로 결정할 수 있는지에 대해서는 대법원이

아무런 입장을 취하고 있지 않다고 분명히 밝혔다.[44]

　　스티븐스가 케네디를 붙잡아두기 위해 양보를 할 때마다 다수의견이 지나치게 소심하게 작성되고 있다고 생각한 대법관들이 다수에서 빠져나갈 위험이 있었다. 3월 중순에 수터는 환경보호청이 기후 변화에 대응하게끔 압력을 가하지 않는 쪽으로 수정된 것에 반대한다는 점을 공식적으로 밝히는 취지에서 별도의 동조의견＊을 작성해 회람시켰고, 긴즈버그가 동참했다. 수터는 환경보호청이 오랫동안 온실가스 규제를 미뤄왔다는 점을 강하게 지적했다. 수터는 미국이 기후 변화를 유발한 책임은 압도적으로 큰데도 해결을 위한 노력을 매우 등한시했다고 지적했고, 기후 대응에 최소한으로만 나서려고 하는 미국과 달리, 가령 리투아니아 같은 나라는 기후 변화를 일으킨 기여분은 훨씬 적은데도 대응에는 훨씬 적극적으로 나서고 있다고 언급했다. 본질적으로 수터는 과거에 시어도어 루스벨트Theodore Roosevelt가 했던 말을 하고 있었다. "당신이 할 수 있는 곳에서 당신이 가지고 있는 것을 가지고 당신이 할 수 있는 일을 하라"고 말이다.[45]

　　수터는 스티븐스에게 동참하지 않을 수 있음을 시사하는 행동을 더 하지는 않았다(그가 동참하지 않으면 스티븐스는 다섯 명의 다수를 유지할 수 없게 된다). 그렇더라도 그가 별도의 동조의견을 작성했다는 것은 스티븐스의 다수가 분열될 수도 있다는 의미였다. 케네디가 시간을 더 끌면서 더 많은 수정을 요구하면 그 과정에서 케네디가 마음을 돌리거나 아니면 케네디에게 맞추려다가 수터나 긴즈버그를 잃게 될지 몰랐다. 그러면 정말로 안 좋은 소식이 될 터였다. 하지만 다른 한편으로 수터가 별도로 동조의견을 쓴 것이 (이제는 매우 노련한 협상가가 된) 스티븐스에게 하나의 기회를 제공했다. 수터의 행동을 내세워

＊　다수의견과 결론은 같지만 그 이유가 다를 경우 작성하는 의견.

케네디에게 더는 수정만 하면서 지체하기 어렵다고 이야기할 수 있게 된 것이다.

스티븐스의 노력은 보람이 있었다. 3월 말, 여덟 번째 원고를 회람시킨 뒤에 드디어 스티븐스는 고대하던 케네디의 메일을 받았다. 공식적으로 동참 의사를 밝힌 것이다. 이에 따라 케네디를 빼내오려던 로버츠 대법원장과 스칼리아의 노력은 무산되었고 스티븐스는 다수의견을 '대법원의 법정의견'으로 낼 수 있게 되었다.

이 시점에 수터도 다시 스티븐스에게로 완전히 돌아왔다. 동조의견을 별도로 쓰지 않기로 한 것이다. 다수가 연합하는 것이 연방 정부의 입장에 대한 그의 불만을 대중에게 따로 전달하는 것보다 중요하다고 판단했기 때문이다.

스티븐스는 깔끔한 승리를 거뒀다. 한때는 '따로 노는' 괴짜 대법관이었던 그가, 대법관이 되고 첫 10년 동안에는 다수를 구성하고 유지하는 데는 관심 없다는 듯 혼자 자기 견해를 쓰곤 했던 그가, 이제 80대가 되어서 브레넌이 말한 악명 높은 '5인의 규칙'을 수완 있게 다루는 '제다이 마스터' 역할을 하고 있었다.

케네디를 붙잡아두기 위해 스티븐스가 얼마나 노력했는지는 원고적격 쟁점에 대한 스티븐스의 분석이 의도적으로 부정확한 어휘와 다소 이상한 구조를 취하고 있다는 점에서 잘 드러난다. 케네디에 대한 명백한 승인의 표시로, 대법원 의견문은 매사추세츠 같은 주에는 "준주권적인 주의 이해관계를 보호할" 책무가 있으며, 따라서 조 멘델슨의 청원을 거부한 환경보호청의 결정에 대해 매사추세츠주가 "이의를 제기할 수 있는 절차적 권리"를 행사하기 위해 소송을 제기할 때 "본 법원의 원고적격 분석에서 특별한 배려를 인정받을" 권리가 있다고 밝혔다. 하지만 그 "특별한 배려"가 정확히, 그리고 실질적으로 어떤 역할을 하는지는 언급하지 않았다. 스티븐스가 이 의견문에서 말할 수 있는 것은 "그 점을 염두에 둘 때, 매사추세츠주와 관련된 진정인 측은 대심 과정adversarial process의 가장 까다로운 기준들도 충족시켰음이 분명하다"는 모호한 내용뿐이었다.

의견문의 마지막 부분은 환경보호청의 백업 논변을 반박하고 있는데, 이 부분도 마찬가지로 모호하고 슬쩍 빠져나가는 방식으로 구성되었다. 그는 "환경보호청이 온실가스가 기후 변화에 원인이 되거나 기여하는 요인인지 판단하지 않기로 한 결정에 대해 합당한 설명을 제시하지 않았다"고 밝히고 이렇게 덧붙였다. "우리는 이 사건을 돌려보냈을 때 환경보호청이 반드시 위험성 판단을 내려야 하는지, 아니면 위험성 판단 여부를 결정할 때 정책적 고려가 반영될 수 있는지는 본 대법원의 결정에서 결론 내릴 필요가 없다고 보며, 결론 내리지 않을 것이다." 그리고 다소 복합적인 논평으로 끝을 맺었다. "우리의 주장은 환경보호청이 그들의 행위 혹은 행위를 하지 않음에 대한 근거를 법률에 명시되어 있는 내용 안에서 찾아야 한다는 것이다." 때로는 더 명료해지기보다 덜 명료해짐으로써 다수가 유지되기도 하는 법이다.

존중받는 과학자들

그래도 의견문 중 상징적인 중요성이 가장 큰 부분만큼은 명료함이 전혀 훼손되지 않았다. 바로 서두 부분이었다. 여덟 번째 원고까지 수정이 거듭되는 동안에도 케네디는 스티븐스에게 서두에 대해서는 수정을 크게 요구하지 않았다. 스티븐스는 서두에서 기후 변화의 임박성을 이야기했다. "지구 기온의 상승은 탄탄하고 잘 확립된 [근거들로 뒷받침되는] 사실이며, 이 현상은 대기 중 이산화탄소 농도가 중대하게 증가한 현상과 나란히 발생했다." 또한 이 의견문은 이 두 현상 사이의 인과관계도 명확하게 언급했다. "존중받는 과학자들은 이 두 가지 경향이 서로 관련 있다고 보고 있다."

이 의견문은 정부 기관이 기후 변화의 위험과 적극적으로 싸울 수 있는 무기를 들어야 한다는 촉구나 다름없었다. 대법원이 "존중받는 과학자들"이라고 말했을 때, 기후 변화 부인론자들은 여기에 속할 수 없었다. 대법원은 증거가 엄청나게 늘고 있고 과학적 합의가 명확한데도 현재까지 대통령과 의회 모두 인정하려고 하지 않는 바를 명시적으로 공표하고 있었다. 기후 변화는 진짜이며 그 책임은 인류에게 있다고 말이다.

　　나아가 이 의견문은 대법원이 "온실가스가 청정대기법에서 규정하는 대기오염물질의 포괄적인 정의를 충족한다"는 결론을 내리는 데 "거의 어려움이 없다"고 언급했다. 이 쟁점에 대한 분석은 한두 단락이면 충분했다. 스티븐스는 이 문제에 대해 "법률은 모호하지 않다"고 못 박았다. 환경보호청의 온실가스 규제 권한이 앞으로도 계속 유지되어야 한다는 점은 이제 명확했다.

　　케네디를 다수 쪽에 붙들어두기 위해 거쳐야 했던 수정은 사소한 것이 아니었지만 어떤 것도 핵심을 흔들지는 않았다. 대법원은 매사추세츠 진정인들이 세 개의 주요 쟁점(원고적격, 환경보호청의 온실가스 규제 권한, 그리고 온실가스의 위험성 판단을 미룬 환경보호청 결정의 위법성) 모두에서 승리했다고 판결했다. 대법원의 판결은 역사를 새로 쓰게 될 것이었다.

19장

두 상자

2007년 4월 2일에 대법원에서 특별한 뉴스거리가 나오리라고
예상한 사람은 아무도 없었다. 그날 있었던 대법원 공식 일정은
대법원변호사협회가 64명의 새 회원 가입을 승인한 것 등 일상적인
행정 문제에 대한 오전의 공개 세션 하나뿐이었다. 대법관들은
어느 사건의 판결이 언제 나올지 미리 알려주지 않는다. 어떤
판결이 내려졌는지는 말할 것도 없고 말이다. 그날 아침에 무언가
특별한 발표가 있을 것 같은 낌새는 전혀 없었다. 그런데 10시가 몇
분 지나서 평범해 보이는 종이상자 두 개가 봉인된 채로 42호실에
나타났다. 이곳은 케이시 아버그$^{Kathy Arberg}$가 이끄는 대법원
공보실 공간 중 일부였다. 이 상자들은 언론에 배포될 문건으로,
대법원이 그날 두 가지 사건의 판결을 발표할 것임을 말해주는 첫
번째 힌트였다.

　　대법관들은 지난 금요일 오전에 평의를 했다. 그날 평의실
탁자에는 대법원장실에서 준비한 몇 장의 종이가 있었다. 첫
장에는 모든 대법관의 이름과 그들이 작성하고 있는 의견문들의
진행 상황이 적혀 있었다. 몇 건의 다수의견이 의견문 작성에
들어갔는지, 그중 몇 건이 아직 회람되지 않았고 몇 건이 회람
중이고 몇 건이 완료되었는지, 반대의견이나 동조의견을 쓰기로 한
대법관들은 몇 건을 작성했는지와 같은 내용이었다.

　　그다음 종이들에는 회람 중인 의견문에 대한 내용이 더
상세히 적혀 있었다. 대법관들은 연차의 역순으로 자신이 회람
중인 사건에 대해 이야기했다. 각 의견문의 회람 상황과 이제까지
몇 명이 동참했는지를 보고하고 언제까지 결정이 완료되기를
원하는지 알렸다. 대법원장이 평의를 이렇게 시작하는 목적은
대법관들이 너무 오래 끌지 말고 적절한 시간 안에 결정을
내리도록 부드럽게 압력을 가하기 위해서였다.

　　3월 30일 금요일, 스티븐스의 발언 차례가 되었을 때 그는

매사추세츠 사건에 대해 투표가 모두 들어왔으며 다섯 명을
확보했고 다수의견의 출판 준비가 완료되었다고 보고했다. 로버츠
대법원장과 스칼리아는 각각 추가로 세 명(작성자 본인까지 총 네
명)이 동참한 반대의견을 작성했고 이들의 반대의견 역시 출판
준비가 되어 있었다. 대법원 공보실에서 교정·교열을 마치면 세
의견문 모두 대법원 지하에 있는 인쇄기에서 소책자 형태로 인쇄될
것이었다. 그리고 상자에 봉인되어 사흘 뒤인 다음 월요일에
대법원 업무가 시작될 때까지 인쇄실에 보관되어 있을 것이었다.

대법원을 담당하는 베테랑 법조 기자들은 세션이 열리는
날이면 대개 10시 전에 대법원에 와 있지만, 그 월요일에는
중요한 일이 있을 가능성이 너무 작아서 안 온 기자도 많았다.
〈워싱턴포스트〉의 밥 반스Bob Barnes는 플로리다에서 휴가를 보내고
있었다. 대법원에 온 기자들은 빽빽히 칸막이를 친 기자실의 자기
자리에 있었다. 기자실은 아버그의 사무실 안에 있었다. 기자들은
대법원이 주요 결정을 내리면 곧바로 송고할 수 있는 태세를 늘
갖추고 있다. 이들은 어렵고 복잡한 의견문을 빠르게 읽고 알기
쉽게 풀이해서 '속보'를 보내는 데 선수다. 42호실을 들여다보면서
봉인된 상자가 있는지 살펴보고 상자가 있으면 법정으로
뛰어들어가 발표를 듣기도 한다. 중요한 내용일지도 모르니
말이다. 아버그와 공보실 직원들이 상자를 열어서 문건을 배포하는
것은 대법원장이 법정에서 공식적으로 발표한 다음에야 가능하다.

법정에서 커튼이 열리고 경비국장이 "대법원장님과
대법관님들이 오십니다"라고 선언했을 때, 대법관들이 무언가
중요한 이야기를 하리라는 낌새는 없었다. 대법관들은 판결을
발표하는 자리에 빠지는 법이 별로 없는데 이날은 다섯 명밖에
없었다. 스티븐스, 스칼리아, 수터, 브라이어가 오지 않았다.

대법원장으로서는 민망하게도(그는 공개 세션에는
대법관들이 모두 나와야 한다고 생각하는 사람이었다) 이 네 명은
봄방학을 '자체적으로 며칠 더 늘리려는' 대학생처럼 4월 13일까지
평의가 없다는 점을 십분 활용해 2주 꼬박 휴가를 가려고 지난
금요일에 워싱턴을 떠나 있었다.

그날 오전 10시에 이산화탄소 전사 중 누구도 그 순간에
대법관들이 그들의 사건에 대한 판결을 발표하고 있는 줄을
몰랐다. 짐 밀키는 매사추세츠주 법무부가 있는 보스턴에서 수많은
환경 사건 서류를 보며 일하고 있었고(사건마다 서류가 산처럼
쌓여 있었고 가로세로 10~15피트[3~4.5미터]인 그의 사무실은
온통 서류에 파묻혀 있었다),[5] 리사 헤인즐링은 조지타운 대학의
연구실에서 강의 준비를 하고 있었다. 구두변론 이후 헤인즐링은
다시 학교 일에 집중하고 있었다. 소송은 헤인즐링의 본업이
아니었고, 이제는 동료들에게 의견과 승인을 구할 필요 없이
자율적으로 글 쓰는 일을 즐기고 있었다.[6]

자연자원보호위원회의 데이비드 도니거와 시에라클럽의
데이비드 북바인더는 자동차의 온실가스 배출을 규제하는 주
법들을 지키는 일에 집중하고 있었다. 도니거는 부시 행정부와
산업계 모두로부터 공격받고 있던 캘리포니아주의 엄격한 배출
규제를 방어하기 위해 애쓰는 중이었고, 북바인더는 버몬트주에서
자동차 업계가 캘리포니아주의 규제를 본떠 도입된 버몬트주의
자동차 배출 규제에 반발하며 제기한 소송에 대응하고 있었다.
4월 2일 오전에 도니거는 개인적인 일들을 처리하러 뉴욕에 가
있었다. 저녁에는 91세인 노모를 뵙고 유월절 저녁식사를 함께할
예정이었다.[7] 북바인더는 그날 오전 일과를 늦게 시작해서
대법원 결정이 나오던 순간에 버지니아 교외의 집에서 차를 몰고
워싱턴으로 가고 있었다.[8] 조 멘델슨은 봄 휴가를 맞아 아내와 두
딸(이제는 열한 살과 아홉 살이었다)과 함께 플로리다주 탬파 바로
남쪽에 있는 안나 마리아 섬 해변에서 쉬고 있었다.[9]

송무차관보 그레고리 가르는 그날 매사추세츠 결정이
나오는 줄 알았더라면 이례적으로 따뜻한 기온이 또 한 번의
불길한 징조라고 생각했을 것이다. 그날 기온은 화씨 82도[섭씨
약 28도]로, 4월 초 평균 기온보다 화씨로 20도[섭씨로 약 12도]나
높았다. 그는 상관인 송무차관 클레멘트와 함께 대법원 법정
변호인석에 앉아 있었다. 오늘은 '손이 비는 날'(구두변론은 없지만
판결이 나올 가능성이 있는 날)이었다. 수십 년 동안 송무차관실은

행정부 대표로서 그런 날 세션에 송무차관실 사람이 꼭 참석한다는
방침을 지키고 있었고, 종종 송무차관 본인이 참석했다. 그래서
그날 그는 대법원의 결정을 법정에서 직접 들었다. 이론상으로는
훌륭한 생각이지만, 패소했을 경우 자신이 대리한 측이 졌다는
판결 내용을 직접 듣는 것은 고역일 것이다.[10]

　　대법관들이 자리에 앉자마자 대법원장은 수터 대법관이
그날의 첫 사건 의견문을 작성했다고 말했고 수터가 자리에
없었으므로 대법원장이 직접 의견문을 대독했다.[11] 이어서
대법원장은 스티븐스가 작성한 그날의 두 번째 사건 '매사추세츠
대 환경보호청'의 의견문을 케네디가 대독할 것이라고 말했다.[12]
매사추세츠 사건처럼 중요한 사건도 스티븐스가 긴 휴일 동안
수영, 테니스, 골프를 즐기러 그전 금요일에 워싱턴을 떠나는
것을 막지 못했다. 가르는 스티븐스가 의견문을 썼다는 말을 듣는
순간 환경보호청이 졌다는 사실을 알았다. 얼마나 크게 졌는지는
아직 알 수 없었지만 말이다. 그는 케네디가 의견문을 읽는 동안
포커페이스를 유지하면서 감정을 드러내지 않으려고 애썼다.

　　케네디가 발표한 요약문에는 수사적인 장식이 없었다.
(뒤에서 해수면이 "이미 매사추세츠의 해안을 잠식하기
시작했다"고 언급하기는 했지만) 대법원 판결의 중요성이
분명히 드러난 것은 10번째 문장에 가서였고 이 문장도 평이하고
기술적이었다. "따라서 우리는 진정인들이 요구한 심리를
거부하기로 한 항소법원의 판단을 파기한다."[13] 이 판결이
실질적으로 얼마나 중요한 의미를 갖는지는 실제 의견문
전문이 배포되고 나서야 모두에게 명확해질 터였다. 몇 년 뒤에
가르는 이렇게 농담했다. "지금도 나는 구두변론이 있었던 날
이례적으로 따뜻하지 않고 눈이 왔더라면 우리가 이겼을 것이라고
생각합니다."[14]

◇　좋은 변호사들이 변화를 일구고 있습니다

아버그와 공보실 직원들은 오디오 스피커를 통해 법정의 진행
상황을 듣고 있었다. 대법원장이 스티븐스가 작성한 매사추세츠

사건 의견문을 케네디가 대독할 것이라고 말한 순간, 공보실은
다수의견과 반대의견의 PDF 파일을 웹사이트에 게시했고 상자의
봉인을 열어 42호실에 와서 기다리던 기자들에게 의견문을
배포했다. 발표를 법정에서 직접 듣고 있던 기자들도 곧 42호실로
달려와 복도에서 기다리고 있던 공보실 직원에게 의견문을
건네받았다.[15] 몇 분 뒤 언론은 의견을 듣기 위해 당사자들에게
전화를 하기 시작했고 몇 초 사이에 다운로드는 몇십 회에서 몇천
회가 되었다.

　　진정인 측 수임 변호사인 밀키는 대법원 서기실로부터
즉시 판결 내용을 전달받았다. 그는 재빨리 의견문을 넘겨 맨
마지막에 그가 가장 원하던 문장이 있는 것을 보았다. "항소법원의
결정을 파기한다." 그는 숨을 멈췄다. 3월 초에 그는 발표가 나면
곧바로 배포하려고 매사추세츠주 법무부 명의의 보도자료를
세 버전으로 작성해두었다. 첫 번째는 완전한 승리 버전, 두
번째는 온실가스가 대기오염물질이라는 쟁점에서는 이겼지만
원고적격 쟁점에서는 진 버전, 마지막은 원고적격 쟁점에서 지고
그것으로 끝인 버전이었다. 몹시 신나면서도 어안이 벙벙한
채로, 밀키는 사무실에 쌓여 있는 '소송' 문서들을 뒤져 첫 번째
버전의 보도자료를 찾았다. 이길 가능성이 '거의 제로'라는 우려를
반복해서 들었던 사건에서, 그들이 크게 이긴 것이었다.[16]

　　북바인더는 운전 중에 아내가 라디오에서 소식을 듣고 전화로
알려주어 판결 내용을 알게 되었다. 그는 즉시 차를 돌려 집으로
돌아왔다. 언론 인터뷰를 위해 정장을 해야 했기 때문이다. 집에
가보니 아내가 이미 정장을 준비해두고 있었다. 옷을 갈아입고
곧바로 시내에 있는 시에라클럽 사무실에 가서 대법원 판결의
중요성을 묻는 수많은 기자의 질문에 답했다. 그는 이 판결로
"환경보호청이 [자동차뿐 아니라] 모든 배출원의 온실가스를
규제할 권한을 가지고 있다는 점이 분명해졌다"고 강조했다.[17]

　　도니거는 그날 오후에 어린 아들과 양키 스타디움에서
경기를 관람할 예정이었는데 자연자원보호위원회의 동료에게
전화를 받았다. "이겼어요!" 도니거는 의견문의 '여기저기'를

PDA 팜 파일럿으로 살펴보았고, 언론에서 너무 많이 연락을
해오는 통에 경기장에는 6이닝이 시작될 때까지 들어가지
못했다. 그는 아들에게 "양키스는 9 대 5로 이겼고 우리는 5 대 4로
이겼단다"라고 말했다.[18]

　　헤인즐링은 대법원 발표 후 몇 분 만에 소식을 들었고
〈내셔널퍼블릭 라디오〉와 짧은 인터뷰를 하나 했다. 헤인즐링은
이 판결이 "막대한" 중요성을 가진다며 "중요성을 과장하는 것이
불가능할 정도로 중요하다"고 말했다. 그리고 1년차 학생 120명이
듣는 수업을 하러 갔다.[19] 마침 그날 수업의 주제가 정부 절차에
대한 것이었다. 헤인즐링은 학생들에게 대법원 판결을 말해주었고
학생들은 환호했다. 수업 후에 헤인즐링은 학생들 모두를
로스쿨에서 반 블록 떨어진 '빌리 고트 태번'으로 초대해 맥주를
사겠다고 했고, 100명 남짓이 맥주를 마시러 왔다.[20]

　　북바인더가 플로리다에 있는 조 멘델슨에게 전화로 소식을
알렸을 무렵이면 이미 CNN이 '속보'로 대법원이 온실가스에
대해 내린 판결을 자막 뉴스로 내보내고 있었다. 멘델슨은 뛸
듯이 기뻤고[21] 자신이 한 촉매 역할이 자랑스러웠다. 1998년 늦은
밤에 딸들이 자는 동안 혼자 청원서를 쓰면서 시작한 일이, 온갖
역경을 딛고, 어려운 논변과 대형 환경 단체들의 반대도 무릅쓰고,
환경보호청만이 아니라 미국 대통령까지 이긴 것이다. 밀어붙인
것은 체니 부통령이었지만 행정부가 기후 변화 규제를 하지 않을
것이라는 입장을 밝히도록 명령한 사람은 결국 대통령이었다.
그런데 멘델슨을 비롯한 진정인들이 대법원에서 대통령의 명령을
뒤집은 것이다.

　　멘델슨은 노트북으로 국제기술평가센터 명의의 보도자료를
작성하기 시작했다. 워싱턴의 사무실은 그 보도자료를 곧바로
배포했다. 그는 제목에서 부시 행정부가 "지구온난화 방지를 위한
규제 노력에 불법적으로 저항"했으며 대법원에서 "지구온난화의
피해에 대해 소송할 권리를 인정"한 역사적인 판결이 나왔다고
언급했다. 그는 "지금 당장 이 문제를 다룰 수 있는 법적 도구가
명백히 존재한다"며 "미국이 온실가스 배출 저감에 당장 착수할

수 있게 의회와 환경보호청이 빠르게 조치를 취해야 한다"고
강조했다.[22]

멘델슨은 승소 이후에 어느 언론의 연락도 받지 못했다.
이와는 대조적으로, 원래 이 소송에 강력하게 반대했던 단체들,
그리고 멘델슨이 첫 소송을 강행하지 못하게 막으려 했던 단체들은
전국 매체를 상대로 이 사건에서 자신들이 맡았던 역할을 강조해서
말하고 있었다. 멘델슨은 그럴 수 있는 일이라고 생각했다. 짜증은
좀 났지만 대법원 판결 자체가 너무 기뻐서 다른 것은 대수롭지
않았다.[23]

다음 날 〈뉴욕타임스〉는 접힌 면 위쪽의 잘 보이는 1면
기사로 "대법원, 환경보호청이 유해한 기체를 규제할 권한을
가진다고 판결"이라는 제하의 기사를 내보냈다. 이어서 "당국은
자신의 권한을 회피할 수 없다—정부측 패소"라고 언급했다.[24]
〈월스트리트저널〉은 그보다는 기쁘지 않은 톤으로 1면 기사에서
"대법원 판결로 전기, 가스, 자동차 등의 제조업 타격 입을 듯:
이산화탄소 배출에 대한 기존의 백악관 전략에 제동"이라고
보도했다.[25] 관련 사설은 "유쾌한 '녹색' 대법관들"이 "앨 고어의
가장 큰 소망을 허용했다"고 비아냥조로 언급했다.[26]

대법원 결정이 있고 사흘 뒤 어스저스티스는 〈뉴욕타임스〉에
대법원 결정을 환영하는 전면 광고를 게재했다. 눈을 감은 채
볼 옆에서 작은 손가락으로 흰 담요를 꼭 붙들고 있는 신생아의
흑백사진이 실려 있었고, 그 위에 "4월 2일 대법원이 기후 변화에
대한 역사적인 결정을 내렸을 때 단지 몇몇 변호사들만 이긴 것이
아닙니다"라는 문장이 쓰여 있었다. 사진 아래에는 "이 결정이
환경 보호와 관련해 막대한 변화를 가져올 것"이라고 환영하는
내용과 함께 "좋은 변호사들이 변화를 일구고 있습니다"라고 쓰여
있었다.[27]

노스웨스트 12번가 애리얼 라이오스 연방 건물에서
환경보호청 사람들의 반응은 지명 공직자와 경력 공직자
사이에서 극명히 갈렸다. 그 무렵이면 이 소송까지 가게 된
결정을 내리는 데 중요한 역할을 했던 지명 공직자는 남아

있지 않았다. 멘델슨의 청원을 거부하기로 결정하는 데 핵심
역할을 했던 제프리 홈스테드는 워싱턴의 로펌으로 자리를 옮긴
상태였다. 대법원에서 판결이 나온 날 아침에 한 동료가 그의
사무실에 들어와 매사추세츠 사건에서 패소했다고 말했을 때
그는 너무 놀랐다.[28] 한편 환경보호청 경력 공직자들의 반응은
완전히 달랐다. 법무팀 베테랑 변호사 스티브 실버만Steve Silverman과
존 해넌John Hannon은 공식적으로는 패소한 측이지만 대놓고
기뻐했다. 실버만은 스티븐스가 그의 영웅이라며 "그 결정은 그의
가장 큰 성취 중 하나였을 것이고, 나로 말하자면 이보다 더 기쁠
수가 없었다"고 말했다.[29]

◇   브라운 판결과 매사추세츠 판결
매사추세츠 진정인 중에서 연방 정부를 상대로 제기한 환경 소송이
하급심에서 패소한 뒤 대법원에 올라가서 이겨본 사람은 아무도
없었다. 그도 그럴 것이, 아무도 시도해본 적이 없었던 것이다.
200년이 넘는 미국 연방 대법원 역사에서 한 번도 없었던 일이었다.
하지만 모든 어려움을 뚫고, 또한 마지막 몇 주 동안에는 내부의
반목과 분열에도 불구하고, 그들은 크게 이겼다. 스티븐스가 쓴
의견문의 문구는 그들이 가장 낙관적으로 기대했던 것보다도
적극적이었다.
        아마도 이들은 1954년 10월에 '브라운 대 교육위원회Brown
v. Board of Education' 사건에서 큰 승리를 거둔 변호사 서굿 마셜이
대법원 계단을 내려오면서 느꼈을 감정과 비슷한 심정이었을
것이다.[30] 당시에 마셜이 공립학교에서의 인종 분리는 위법하다는
역사적인 결정을 대법원에서 받아낸 것처럼, 멘델슨, 밀키, 도니거,
헤인즐링 등 이산화탄소 전사들은 이 시대의 가장 중요한 환경법
사안에 대해 대법원이 공식적으로 절박성을 인정하도록 만들었다.
이를 통해 너무 늦기 전에 환경보호청이 기후 변화를 다룰 수
있으리라는 기대가 가능해졌다.
        물론 진정인들은 서굿 마셜의 성취가 방금 그들이 거둔
성취보다 몇 배, 몇백 배 더 중요하다는 것을 모르지 않았다. 국가의

지원을 받는 공립학교에서 인종 분리가 자행되는 것은 위헌이라고
대법원이 선언하도록 함으로써 마셜은 이전 60년간의 대법원
판례를 뒤집는 데 성공했다. '헌법' 해석에 대한 대법원 판결은
의회에서 언제라도 바뀔 수 있는 '법률' 해석에 대한 판결보다 훨씬
오랫동안 영향을 미친다. 그렇다고 해도, 매사추세츠 사건을 통해
환경 운동가들은 그들의 삶 속 가장 절박한 환경 문제에서 승리를
거두었다. 가능성도 작았고 크게 질 위험도 있었지만, 그들은
주사위를 던졌고 승리했다.

　　스티븐스의 의견문이 기후 변화를 우려하는 사람 누구에게나
막대한 승리라는 점은 명백했다. 덜 명백했던 점은, 스티븐스가
브라운 판결 당시 워런 대법원장이 능란하게 구사했던 전략을
얼마나 치밀하게 본받았는지였다.

　　브라운 판결은 서굿 마셜과 민권 운동 진영만의 승리가
아니었다. 그 판결은 대법원이 개인의 권리를 수호하는 데에
막중한 역할을 수행하는 기관이라는 점을 탄탄히 확립했고, 그
때문에 전 기간을 통틀어 가장 기념할 만한 대법원 판결이 되었다.
브라운 판결에 비견할 만한 것이라면 1803년 '마버리 대 매디슨'
사건에서 존 마셜 대법원장이 쓴 판결 정도를 꼽을 수 있을 뿐이다.
마버리 사건은 대법원이 의회가 통과시킨 법률과 대통령이 발동한
조치가 위헌이라고 판단할 수 있는 권한을 갖는다는 원칙을 포함해
'사법적 심사'의 원칙을 세운 판결이었다.

　　브라운 판결 당시 워런 대법원장은 대법원에 온 지 겨우
6개월밖에 되지 않은 상태였다. 캘리포니아 주지사 출신인 워런은
대법원의 결정을 대중이 수용하게 하는 것이 중요하다는 점을
잘 알고 있었다. 특히 공립학교에서의 인종 분리 같은 논쟁적인
사안에 대해서라면 더욱 그랬다. 대법원은 판결의 '집행'을 강제할
방법을 갖고 있지 않다. 대법원은 기자회견을 열지도 않고 판결
내용의 실행을 촉진하기 위한 정치 운동이나 선거 운동도 벌이지
않는다. 대법관들은 오로지 대법원이라는 기관의 고결성과 문서로
표현된 설득력에 의존해서만 사람들이 대법원의 결정을 (인구
중 일부가, 때로는 다수가, 매우 싫어하는 결정이라 해도) 실제로

받아들이게 할 수 있다.

　　워런은 사람들이 브라운 사건의 대법원 의견문을 많이들 읽고 이해하기를 원했다. 그래서 법률 용어를 최대한 배제하고 간명하게 의견문을 작성했다. 길이도 짧아서(1,800 단어 정도) 신문에 전문이 다 실릴 수 있었다. 실제로 〈뉴욕타임스〉,〈워싱턴포스트〉,〈시카고데일리트리뷴〉 등 주요 신문이 판결문 전문을 게재했다. 그래서 사람들이 판결문을 직접 읽을 수 있었고 대법원이 왜 "공공 교육의 영역에는 '분리되었으나 평등하다'는 논리가 적용될 수 없다"고 판단했는지 알 수 있었다.

　　환호하면서도 사람들이 잘 몰랐던 사실은, 워런이 만장일치를 달성하기 위해(워런은 이런 판결에는 만장일치가 꼭 필요하다고 생각했다) 얼마나 많은 타협을 했는지였다. 그는 전략적으로 대법원이 '더 많이' 결정하기보다 '더 적게' 결정하는 쪽을 택함으로써 만장일치를 이끌어냈다. 브라운 판결은 수십 년간의 판례를 뒤집고 공립학교에서의 인종 분리를 반대하는 새로운 헌법 원칙을 수립했다. 하지만 브라운 판결이 천명한 인종 통합의 약속이 현실에서 실제로 지켜지게 하기 위해 어떤 구제책을 제공할 것인가라는 중요한 질문에 대해서는 언급을 삼감으로써만 만장일치를 달성할 수 있었다.

　　대법원은 그로부터 1년 뒤 구두변론을 두 번 더 거치고 나서 처음에 빠져 있었던 구제책에 대해 다시 판결을 내렸다. 이 판결은 "브라운II"로 불린다. 사람들이 거의 기억하지도 못하고 "브라운I"과 달리 전국 신문의 헤드라인을 장식하지도 않았지만, "브라운II"는 "브라운I"에서 천명된 약속이 법원을 통해 어디까지 달성될 수 있는지를 명시하고 있었다. "브라운II"는 인종 통합이 "모든 의도적인 속도를 다하여with all deliberate speed" 달성되어야 한다고만 조용히 주장했고, 많은 공립학교 지구가 이 판결 이후에도 인종 분리를 유지하기 위해 오래도록 이 기준을 악용했다.

　　스티븐스 대법관은 만장일치를 달성하기 위해서가 아니라 아슬아슬한 다섯 명의 다수를 유지하기 위해 분투했다.

하지만 워런 대법원장처럼 스티븐스도 그 목적을 이루기 위해
승소한 쪽에 제공되는 사법적 구제의 범위를 제한하는 타협을
해야만 했다. 이 타협은 워런이 "브라운II"에서 "모든 의도적인
속도를 다하여"라고 말한 것과 크게 다르지 않았다. 스티븐스는
온실가스가 공중의 건강과 복지를 위협하는지에 대한 판단을
내리지 않기로 한 환경보호청의 결정이 이번에는 위법한
결정이었지만 합법적인 토대도 있을 수 있으므로 동일한 결정을
위법하지 않게 내릴 수 있다고도 인정했다. 케네디를 붙잡아두기
위해 스티븐스는 의견문에서 "우리는 이 사건을 돌려보냈을 때
환경보호청이 반드시 위험성 판단을 내려야 하는지는 본 대법원의
결정에서 결론 내릴 필요가 없다고 보며, 결론 내리지 않을
것이다"라고 언급했다.[34]

　　이 타협은 매사추세츠 진정인들에게 놀랄 만한 일은
아니었다. 그들 자신도 구두변론에서 바로 그렇게 주장했으니
말이다. 그들도 이렇게 타협하지 않고는 다수를 확보할 수 없다는
것을 알고 있었다. [진정인 측에 반대하는] 스칼리아 대법관도
진정인들이 이 부분을 타협해야만 이길 수 있다는 것을 파악하고서
구두변론 때 밀키가 이 타협을 깨도록 유도하려 했다. 그리고 그때
[진정인 측을 지지하는] 브라이어가 즉시 밀키에게 구명줄을
던져서 스칼리아의 함정에서 구해준 것도 이 타협이 진정인 측이
승소하는 데 결정적으로 중요했기 때문이었다.

◇　　이거 점점 재미있어지는데? 환경보호청 이메일 말이야
처음에는 스티븐스가 해야만 했던 타협이 그렇게 큰 문제를
일으키지 않는 듯했다. 놀랍게도 부시 대통령은 대법원의 결정을
받아들였고 기후 변화를 다루기 위해 대담한 조치를 취하겠다고
약속했다. 한두 주 뒤에 대통령은 환경보호청의 새 청장 스티븐
존슨Stephen Johnson과 교통부, 에너지부, 농무부 장관들을 불러
백악관에서 공식 회의를 했고 이어서 전국 매체들을 백악관
잔디밭에 불러 기자회견을 했다. 체니 부통령이 참석하지 않은
점이 눈에 띄었다.

  대법원 의견문 자체는 제한적인 측면이 있었지만 부시
대통령은 대법원이 행정부에 부과한 의무의 범위를 축소하려
하지 않았다. 부시는 "환경보호청이 청정대기법에 의거해 신규
자동차의 온실가스 배출에 대해 조치를 취해야 한다"는 것이
대법원의 판단이라고 분명하게 언급했고, 그날 대통령령을 발동해
환경보호청 및 정부 기관들이 "자동차의 휘발유 소비와 온실가스
배출을 규제하기 위한 첫 단계 조치들을 취하도록 하겠다"고
밝혔다.[35]

  대통령의 발언에 이어 스티븐 존슨 환경보호청장도
'매사추세츠 대 환경보호청' 판결을 "기념비적인 판결"이라고
표현하면서 온실가스 규제안의 초안을 가을 중에 발표하겠다고
말했다. 또한 그는 차기 행정부가 들어서기 전인 2008년 말까지
신규 자동차의 온실가스 배출에 대한 최종 규제안을 마련하겠다고
했다. 빠르게 행동한다면 미국의 첫 온실가스 규제가 부시
행정부의 업적이 될 수 있을 터였다.[36]

  존슨의 배경과 평판도 그가 약속을 이행하리라는 믿음을
주기에 충분했다. 2년 전에 부시가 그를 지명했을 때 환경
운동가들은 그 선택을 반겼고 어떤 이들은 아주 많이 반겼다.
하마평에 올랐던 다른 사람 모두와 달리 그는 산업계와의
연결고리가 없었고 20년 넘게 환경보호청의 과학자로 일한
사람이었다. 한 저명한 환경 운동가는 존슨이 지명된 것을
"놀랍도록 좋은 지명"이라고 표현하기도 했다.[37]

  처음에는 정말로 기대만큼 좋아 보였다. 존슨은 산업계에
의무사항 이행을 강제하고 공중의 건강을 보호하는 데 필요한
과감한 조치들을 주저하지 않고 선언했다. 11월 초에는 의회에
출석해서 환경보호청이 연내에 "규제안을 마련해 일반에 공지하고
의견을 수렴하는 절차를 거치겠다"고 밝혔다. 존슨은 규제 발동에
필요한 과학적 사실을 확인하고 규제안 초안을 작성하기 위해
60~70명의 환경보호청 공직자들로 구성된 팀도 구성했다. 과학자,
경제학자, 변호사 등이 두루 포함되어 있었다.[38]

  12월 초에 환경보호청은 중요한 첫 조치를 취했다. 백악관에

제출하기 위해 신규 자동차의 온실가스 배출이 공중의 건강과
복지를 위협한다는 '위험성 판단' 보고서를 작성한 것이다.
환경보호청이 자동차의 온실가스에 대해 규제를 발동하려면
꼭 필요한 조치였다. 백악관이 검토를 마치면(형식적인 절차일
것이라고 여겨졌다) 환경보호청은 그 보고서를 연방공보에
게재하고 이어서 신규 자동차의 온실가스 배출 규제안을
만들어 발표할 예정이었다. 300쪽 분량의 위험성 판단 보고서가
다 작성되어 다음 단계로 넘어갈 준비가 되어 있었다.[39]

그런데 잘 돌아가던 엔진이 갑자기 멎어버렸다. 백악관은
환경보호청의 위험성 판단 보고서를 계속 뭉개고 있었다. 백악관
당국자들이 그 보고서가 들어 있는 이메일을 일부러 열지 않고
있다는 소문까지 돌았다. [열면 읽어야 할 테니] 보고서를
검토해야 하는 법적인 의무가 생기게 될 만한 어떤 상황도 만들지
않기 위해서 말이다. 그래서 환경보호청의 보고서가 몇 개월이나
열리지도 않은 채 (따라서 검토되지 않은 채) 거기에서 잠자고
있었다.

6월이면 백악관의 진행 방해는 공공연한 비밀이었고 6월
25일에 〈뉴욕타임스〉가 이를 기사로 게재했다. 이 기사를 보고
코미디 센트럴Comedy Central의 〈데일리쇼The Daily Show〉는 '기다려
봐: 이거 점점 재미있어지는데? 환경보호청 이메일 말이야'라는
방송을 내보냈다. 이 쇼는 "(매사추세츠 사건에 대한 대법원
판결 내용은 온실가스가) 환경보호청에서 주장하려 했던 것처럼
대기를 섹시하게 해주는 사향 향수가 아니라 대기오염물질이라는
것이었다"고 표현했다.[40]

7월 말에 환경보호청은 "명백한" 기후 변화의 증거들을
유달리 길고 상세하게 설명하면서 온실가스 배출이 공중의 후생을
심각하게 위협한다는 보고서를 펴냈지만, 이것은 공식적으로
환경보호청이 규제를 발동하는 데 필요한 '위험성 판단'에
해당한다고 보기 어려웠다. 존슨은 과학적 증거가 온실가스가
위험하다는 쪽에 무게를 실어주고는 있지만 환경보호청이 '위험성
판단'을 수행한 것은 아니라고 설명했다. 청정대기법이 "낡은

법이어서…… 지구온난화 기체를 규제하는 임무에는 적합하지 않기 때문"이라는 것이었다.[41] 다시 말해, 부시 행정부는 지난 8년 동안과 마찬가지로 임기 마지막 몇 달 동안에도 기후 변화 대응을 흐지부지 뭉개고 싶었던 것이다.

조지 W. 부시가 백악관을 떠난 2009년 1월 무렵 글로벌 온실가스 농도는 350ppm을 훨씬 넘어서 있었다. 350ppm은 과학자들이 '견딜 만할 수준'을 유지할 수 있는 최대 한계치로 보는 수치였다.[42] 미국에서 수십 년간 배출해온 온실가스가 다른 어느 나라의 배출량보다 많았다. 1993년에서 2009년 사이 대기 중 온실가스 농도는 357ppm에서 387ppm으로 증가했고, 이는 그 이전 35년에 비해 엄청난 증가였다.[43] 하지만 그동안 정당을 막론하고 어느 행정부도 미국 내 온실가스 배출 제한을 의무화하지 않았다. 미국이 기후 변화에 실제로 책임이 있는 정도와 그에 대해 책임을 지지 않으려고 하는 정도 사이의 간극은 점점 더 벌어졌고 전 세계 사람들에게 점점 더 분노와 환멸을 일으키고 있었다.

8년 전에 환경보호청장이었던 크리스틴 토드 휘트먼은 부시의 대선 공약대로 온실가스 배출 규제안을 마련하겠다고 선언했다. 휘트먼은 재무장관 폴 오닐, 국무장관 콜린 파월, 국가안보보좌관 콘돌리자 라이스의 지지도 받고 있었다. 이들은 강력하고 적극적인 기후 대응을 지지했다. 하지만 딕 체니 부통령은 에너지 업계를 대변해 부시 대통령을 설득해서 공약을 철회하고 나아가 환경보호청이 (설령 이후의 대통령이 규제를 원한다 해도) 앞으로도 기후 관련 조치를 취할 권한을 가질 수 없게 만들려 했고, 이 정치 게임에서 휘트먼 등은 체니에게 상대가 되지 않았다.

그렇게 해서 2001년 3월에 휘트먼의 정강이를 성공적으로 걷어차긴 했지만, 체니는 환경보호청의 경력 공직자 변호사들에게 조언을 받는 절차를 건너뛰었고 그 비용을 치르게 되었다. 체니는 변호사가 아니었고, 그 바람에 너무 많이 나갔다. 그는 환경보호청이 온실가스 규제 권한을 가져서는 안 된다는 그의 정책적 입장과 환경보호청이 그 권한을 갖고 있는가에 대한 법률적

문제를 헷갈렸다. 체니는 법률적 문제가 부시 대통령에 의해서가
아니라 1970년에 의회를 통과하고 리처드 닉슨 대통령이 서명한
청정대기법의 조항에 의해서 답변되어야 한다는 점을 고려하지
않았다. 체니가 대통령이 몇몇 공화당 의원에게 온실가스가
대기오염물질이 아니라고 못 박는 극단적인 입장을 담은 서한을
보내도록 한 것은 역습을 맞았다. 사실 부시 행정부로서도 클린턴
행정부가 그랬듯이 멘델슨의 청원을 그냥 뭉개고 있는 편이 더
효과적인 전략이었을 것이다.

    '매사추세츠 대 환경보호청' 사건의 대법원 판결은 역사적인
승리였다. 대법원은 기후 변화가 야기한 피해에 대해 연방 법원에
소송을 제기할 권리를 처음으로 인정했다. 기후 관련 사업들에
문이 열렸고 미래에 연방 정부, 주 정부, 지방 정부를 상대로, 또
기후 오염을 일으키는 산업을 상대로 소송이 제기될 수 있는 길이
닦였다. 또한 원고적격 쟁점에서 거둔 승리는 기후 소송의 새로운
파도가 일어날 수 있는 길을 텄다.

    2008년 11월, 대공황 이래 처음 겪는 금융 위기가 닥친 직후에
미국 유권자들은 새로운 대통령과 의원을 선출했다. 대법원의
매사추세츠 판결에 기반해 온실가스 배출 저감이 의무화될지는
이제 새 행정부에 달려 있었다.

20장

역사를 새로 쓰다

2008년 11월 4일 버락 오바마의 대통령 당선은 많은 이유에서
결정적인 순간이라 할 만했다. 가속화하는 기후 변화의 위협을
다루기 위해 그가 과감한 조치를 취할 가능성이 높다는 점도 그런
이유 중 하나였다. 이 점은 그가 당선된 순간부터 명확했다. 지난
10년 동안 기후 문제와 관련해 백악관과 환경보호청에 맞서 싸워온
이산화탄소 전사들은 환호했다. 이제 그들은 할 수 있는 일이라곤
소송밖에 없는 외부인으로 더 이상 밀려나 있지 않을 터였다. 부시
행정부에서 산업계 이해관계자들이 그랬던 것처럼 새 행정부에
지명 공직자로 참여해 권력과 가까운 곳에서 영향력을 행사할 수도
있을 것이었다.

　　선거 다음 날 오바마는 존 포데스타John Podesta를 인수위 공동
위원장으로 임명했다. 포데스타는 워싱턴 정가 밖에서는 대체로
알려지지 않은 사람이었지만 환경 운동가들 사이에서는 널리
알려져 있었다. 특히 도니거, 북바인더, 멘델슨은 그를 잘 알았다.
멘델슨은 이제 미국에서 수위를 다투는 저명한 환경 단체(회원이
약 400만이었다) 전미야생생물연맹National Wildlife Federation에서
정책, 기후, 에너지 담당으로 일하고 있었다. 다세대 주택 방 한
칸에 있었던 국제기술평가센터 '본부'에서 다달이 월급 걱정을
하며 살아가던 때와 비교하면 괄목할 만한 차이였다.

　　포데스타는 능란한 전술가로 잘 알려져 있었고 고결함과
판단력으로도 높은 평판을 가지고 있었다. 그는 클린턴 임기 말의
격동기 동안 백악관 비서실장으로 일했는데 놀랍게도 아무런
치명타도 입지 않았다. 그보다 덜 알려진 사실은 포데스타가
자연자원보호위원회 행동기금 이사회의 이사라는 점이었다.
이곳은 도니거가 속한 자연자원보호위원회의 부설 기관으로,
정치 로비를 담당했다. 오랫동안 환경주의자였던 포데스타는
기후 변화에 긴박하게 대처할 필요가 있다고 굳게 믿고 있었다.

그가 로스쿨을 졸업하고 잡은 첫 직장은 미국 법무부의 환경 담당 변호사 자리였다.[1]

포데스타는 자신의 새로운 직위와 환경 운동가들과의 긴밀한 네트워크를 활용해 행정부 전체에 기후 변화 드림팀을 포진시켰다. 12월 15일에 오바마는 클린턴 시절 환경보호청장이던 캐롤 브라우너를 백악관의 에너지 및 기후 변화 정책 담당 보좌관으로 임명해 기후 문제에 맞설 대통령의 쿼터백으로 삼았다. 브라우너는 오바마 행정부가 기후 변화를 잘 다뤄나갈 수 있도록 모든 정부 기관을 조율하면서 의회와도 긴밀히 일해 나가게 될 것이었다.[2]

또한 오바마는 환경보호청장으로 리사 잭슨Lisa Jackson을, 에너지 장관으로 스티븐 추Steven Chu를 임명했는데 두 사람 모두 연방 정부가 기후 위기를 적극적으로 다뤄야 한다고 생각하는 인사들이었다. 잭슨은 이전에 뉴저지주 환경보호국장으로 있으면서 온실가스 규제를 위해 일한 경력이 있고 매사추세츠주로 옮겨와서 '매사추세츠 대 환경보호청' 사건의 진정인 중 한 명으로 참여하기도 했다.[3] 스티븐 추는 노벨상을 수상한 물리학자로, 상원 청문회에서 그가 말한 두 번째 문장은 다음과 같았다. "기후 변화는 점점 심각해지고 있고 또 절박해지고 있는 문제입니다." 그가 연방 정부 차원에서 긴급히 나설 필요가 있다고 생각한다는 점은 명백했다.[4]

또한 대통령은 포데스타의 추천으로 저명한 기후 과학자이자 하버드 대학 물리학 교수인 존 홀드런John Holdren을 백악관의 과학기술 보좌관으로 임명했고,[5] 산업계의 온실가스 배출 저감에 경제적 인센티브를 활용하는 방법과 관련한 전문가인 피터 오르재그Peter Orszag를 예산실장으로 임명했다.[6] 매사추세츠 사건의 대법원 구두변론을 준비할 때 진정인 측을 도운 적이 있었던 하버드 법대의 조디 프리먼은 브라우너와 함께 백악관의 에너지 및 기후 변화 담당 자문으로 합류했다.[7] 리사 헤인즐링은 조지타운 대학을 휴직하고 잭슨이 청장으로 있는 환경보호청에서 최초의 기후 정책 담당 선임 변호사가 되었고 나중에는 정책국장이 되었다.[8]

민주당은 2008년 총선에서 승리해 상하원 모두에서 다수당이
되었다. 하원에서는 무려 78석을 앞섰고, 상원에서도 (경선에서는
민주당으로 나섰다가 독립적으로 출마한 두 명도 포함해서)
18석이나 앞섰다. 그리고 결과가 다 나온 뒤에는 20석을 앞선
것으로 나타나 상원에서 상대당의 필리버스터를 막을 수 있는 다수
의석을 확보했다.[9]

상원 다수당 원내대표 해리 리드Harry Reid와 하원의장 낸시
펠로시Nancy Pelosi 둘 다 대통령의 온실가스 저감 계획에 동참한다고
일찌감치 밝혔다. [기후 변화와 관련해서] 상원의 환경 및 공공
사업 위원회와 하원의 에너지 및 상업 위원회가 가장 중요한
위원회였다. 전자는 캘리포니아주 출신 상원의원 바버라
복서Barbara Boxer가 이끌었는데 강력한 기후 규제를 지지하는
사람이었다. 그런데 하원은 상황이 좀 어려웠다. 민주당 고참
의원으로 에너지 및 상업 위원회 소속이던 미시간주 출신 존
딩겔John Dingell은 자기 뜻을 밀고 나가는 데 매우 수완 있는 맹렬한
싸움꾼이었고 미시간주의 자동차 업계와 가까운 것으로 악명이
높았다.

이와 관련해, 하원의장 펠로시의 암묵적인 지지를 받아서
캘리포니아주 출신 헨리 왁스만Henry Waxman이 위험한 쿠데타를
시도했다. 그는 위원장 자리를 두고 딩겔에게 맞섰고 그가 이겼다.
딩겔은 자동차 업계에서 너무 두터운 신뢰를 받고 있어서 자동차의
온실가스 배출 규제를 촉진하기 어려웠다. 그는 멘델슨의 청원을
기각한 환경보호청의 결정이 마땅한 일이었다는 보충 서면을
D.C.항소법원에 제출했을 뿐 아니라, 환경보호청이 온실가스를
규제하지 않기로 하면서 밝힌 입장이 충분히 강력하지 않다고
생각해 구두변론 때 발언 시간을 요청하기까지 한 사람이었다.
이렇게 해서, 하원의 가장 막강한 의원 중 한 명이 기후 변화 규제를
지지하는 의원에게 밀려났다.[10]

오바마 대통령의 취임 선서가 있던 2009년 1월 19일이면
모든 조각이 제자리에 맞춰져 있었다. 헤인즐링은 이제 행정부에
있었다. 도니거와 멘델슨과 북바인더는 각각 미국의 가장 영향력

있는 세 환경 단체에서 기후 사안을 이끌고 있었다. 모두 일에
착수할 태세가 되어 있었다.

◊　　파리로 가는 길

새 대통령은 지체 없이 기후 사안을 제기했다. 취임사에서 그는
"우리가 에너지를 사용하는 방식이 우리의 지구를 위협하고
있다"며 "태양과 바람과 땅이 우리의 자동차에 동력을 공급하게
하고 우리의 공장을 돌리게 하겠다"고 약속했다.[11] 일주일 뒤에
대통령은 백악관에서 이 이슈를 직접적으로 꺼냈다. "기후 변화를
제어하지 않으면…… 장기적으로 폭력적이고 파괴적인 분쟁,
끔찍한 폭풍, 해안선 상실, 비가역적인 재앙을 불러올 것"이라고
말이다. 그는 "이것들은 모두 사실"이라고 강조하면서, 온실가스
배출을 제한하기 위한 대담한 어젠다를 선포했다.[12]

　　오바마는 기후 문제에는 본질적으로 글로벌한 속성이
있으므로 산업화된 국가들의 협력이 없다면 기후 변화를 적절히
다루기란 불가능하다고 생각했다. 어느 나라도 이 문제를 혼자서는
풀 수 없었다. 온실가스가 어디에서 배출되는지는 글로벌 온실가스
농도와 상관이 없다. 하지만 미국이 상당한 역할을 해야만 한다는
점 또한 사실이었다.

　　오바마는 미국이 먼저 획기적인 저감을 실천하지 않으면 다른
나라더러 진지하게 저감에 나서라고 설득할 수 없으리라는 사실을
알고 있었다. 이제는 미국이 연간 배출량이 가장 많은 나라는
아니지만(이 불명예스러운 명예는 2005년 이래로 중국이 가지고
있다), 지난 50년간 미국의 기여분은 다른 어느 나라보다도 많았고
'1인당' 배출량은 여전히 미국이 어느 주요 배출국보다 많았다.[13]
오바마는 미국 내 배출을 줄이겠다는 의지가 진지하다는 점을 다른
나라들이 믿게 만들어야 했다. 그리고 시간이 별로 없었다. 글로벌
온실가스 농도는 재앙으로 치달을 수 있는 수준으로 계속 오르고
있었다.

　　백악관은 양동작전을 준비했다. 하나는 입법이었다. 오바마
행정부는 의회를 설득해 자동차, 트럭, 화력발전소, 그리고 미국의

산업계가 에너지 생산을 위해 화석연료를 사용하는 방식을
근본적으로 전환하게 할 포괄적 기후 법안을 통과시키기 위해
모든 노력을 경주했다. 이론적으로 말하자면, 입법을 통한 산업의
전환은 가장 합리적이고 비용 절약적인 방식으로 온실가스를
줄일 수 있는 방법이다. 오바마 행정부의 입법 우선순위에서 기후
법안과 경쟁하는 것은 전 국민 의료보험 법안뿐이었다.

　　하지만 민주당이 상하원 모두에서 다수이긴 했어도 기후
법안을 통과시키는 것은 매우 어려운 일일 터였다. 특히 전 국민
의료보험 법안을 동시에 밀어붙이려 했기 때문에 더욱 그랬다.
금융 위기와 뒤이은 경제 붕괴는 오바마와 민주당이 정권을 잡는
데는 도움이 되었지만 즉각적이고 긴급한 경제적 필요와 관련되지
않은 조치들이 표를 얻는 데는 큰 어려움을 야기하고 있었다.
강력한 산업계 이해관계자들 다수가 기후 법안에 반대하고 있었고,
이들은 기후 변화를 다루면 가뜩이나 취약한 경제가 더욱 약화하게
된다고 주장하면서 양당 모두에서 의원들의 동의와 [기후 법안에
대한] 반대표를 얻을 준비가 되어 있었다.

　　그래서 애초부터 오바마의 백악관은 기후 달걀을 입법
바구니 하나에 모두 담지 않았다. 백악관은 입법을 적극적으로
밀어붙이면서, 동시에 두 번째 작전도 진행했다. 새로운 법이
없어도 환경보호청이 기존의 법을 활용해 규제 권한을 행사할
수 있게 하는 것이었다. 즉 부시 행정부가 매사추세츠 사건에서
패소한 것을 규제를 만들 전례 없는 기회로 활용하기로 했다.

　　두 번째 계획을 같이 진행한 것은 매우 잘한 일이었다.
2009년 6월에 하원에서 기후 법안이 밤늦게 아슬아슬하게
통과되긴 했는데,[14] 멘델슨은 그날 하원 복도에 있다가 공화당
의원들이 민주당 의원들에게 조롱조로 "바이바이"라고 말하는
것을 보았다. 공화당 의원들이, 민주당 의원들이 전에 기후 변화
법안에 찬성표를 던졌다는 사실을 활용해 다음 선거에서 그들을
패배시킬 작정임을 노골적으로 드러낸 것이었다.[15] 상원은 이러한
위협을 심각하게 받아들여서 [기후 변화 법안에] 투표를 하지
않았다. 공화당 의원들이 "바이바이"라고 말한 것은 마치 예언

같았다. 2010년 11월 중간선거에서 하원 다수당 자리가 공화당에
넘어갔다.[16] 그와 함께 기후 법안의 희망도 죽어버렸다.[17]

기후 법안이 무산되면서 환경보호청이 매사추세츠 사건을
효과적으로 사용하는 일은 완전히 새로운 국면에 들어섰다.
온실가스 농도는 놀라운 속도로 증가하고 있었고 오바마의
백악관은 대응을 서둘렀다. 다른 나라들이 온실가스를 저감하게
하려면 미국의 노력이 진짜라고 믿게 할 구체적인 행동이
필요했다.

대통령은 2009년 4월 17일에 공식적인 첫 조치를 취했다.
신규 자동차에서 배출되는 온실가스가 공중의 건강과 복지를
위협한다는 환경보호청의 '위험성 판단' 보고서를 공식 승인한
것이다.[18] 자동차는 미국 온실가스 배출량의 28퍼센트를 차지하고
있었다.[19]

리사 잭슨이 환경보호청장으로 부임한 지는 10주밖에 되지
않았지만 이 보고서를 만드는 일은 어렵지 않았다. 이미 부시
시절에 과학자, 경제학자, 변호사 등 경력 공직자들이 모든 일을
해놓았기 때문이다. 그들은 기쁘게 그 보고서를 다시 가져와서 새
행정부에 제출했고 새 행정부도 그만큼이나 기쁘게 그것을 즉시
공표했다. 이 중요한 첫 단계를 밟은 뒤, 환경보호청은 계속해서
매사추세츠 판결을 인용하면서 경주하듯 내달렸다. 헤인즐링은
이제 환경보호청 대기국에서 환경보호청이 최대한 야심 찬
조치를 추진할 수 있게 환경보호청의 경력 및 지명 공직자들과
긴밀히 협력하며 일하고 있었다. 늘 그랬듯이 미네소타 출신의
'권총'(브레넌 대법관이 부른 헤인즐링의 별명)은 자신의 견해를
공격적으로 밀어붙였고 반대에 대적하는 데도 주저함이 없었다.[20]

환경보호청은 최종 위험성 판단 보고서를 2009년 12월에
발표했다.[21] 이어서 이듬해 5월에 신규 자동차, 트럭 및 기타 모터
기반 운송 기관에 적용되는 미국 최초의 온실가스 배출 규제가
나왔다. 이 규제는 일련의 광범위하고 강력한 규제의 시작이었다.
5월의 규제에 이어 2012년 10월과 2016년 10월에 신규 자동차의
온실가스에 대해 추가적인 규제가 도입되었다.[22] 신규 자동차의

연료 효율성을 2025년까지 두 배로 높이기 위한 새 규제는 60억 톤의 이산화탄소가 대기 중에 배출되는 것을 막고 석유 소비도 120억 배럴이나 줄일 수 있을 것으로 예상되었다.[23]

헤인즐링이 이제는 행정부 내부자로서 매사추세츠 소송 경험을 활용해 새로운 기후 규제를 만들려고 노력하는 동안, 밀키는 삶의 다음 국면으로 넘어갔다. 그는 이 소송에서 자신이 한 일을 자랑스러워했지만 새로운 기회에도 준비되어 있었다. 힘든 소송을 진행하느라 소진된 면도 있었다. 그는 2009년 오바마의 취임식이 있고 얼마 후 매사추세츠주 법무부를 떠나 매사추세츠주 항소법원 판사가 되었다. '매사추세츠 대 환경보호청' 사건은 밀키의 처음이자 마지막 연방 대법원 구두변론 사건이었다. 2009년 3월에 매사추세츠 주지사 더발 패트릭Deval Patrick은 밀키의 판사 지명 발표를 하면서, 많은 이가 역사상 가장 중요한 환경 소송으로 꼽는 '매사추세츠 대 환경보호청' 소송을 성공적으로 이끄는 데 주된 역할을 한 사람이라고 강조했다.[24]

◇   청정에너지 계획

이어서 오바마 행정부는 매사추세츠 사건을 화력발전소에 조치를 취하는 데도 활용했다. 발전소는 당시 미국에서 가장 큰 온실가스 배출원으로, 미국 내 이산화탄소 배출량의 40퍼센트를 차지하고 있었다. 재선에 성공하고 얼마 뒤인 2013년 6월에 오바마 대통령은 화력발전소의 배출을 규제하겠다는 방침을 발표했다. 조지타운 대학에서 한 연설에서 대통령은 매사추세츠 사건의 대법원 판결을 언급했다. 그는 "대법원이 온실가스가 청정대기법상의 오염물질이라고 판결했다"며 "우리의 화력발전소가 오염물질인 이산화탄소를 무제한으로 뿜어내지 못하도록 환경보호청이 신규 및 기존 화력발전소를 규제하게 할 것"이라고 밝혔다.[25]

화력발전소와 화석연료 업계를 상대로 조치를 취하는 것은 자동차 업계를 상대로 했을 때보다 몇 배는 더 어려운 일이 되리라는 것을 백악관은 잘 알고 있었다. 자동차와 트럭의 연료 효율성 강화도 어렵게 이루긴 했지만, 적어도 그때는 많은 이가 중동에서 우호적인 석유 공급원을 확보하기 위해 치른 이라크 전쟁을 너무 비싼 도박이었다고 여기고 있던 때였기에 자동차와 트럭의 연료 효율성 강화가 미국의 해외 석유 의존도를 줄여준다는 면에서 국가 안보와 관련 있다고 주장할 수 있었다.

그리고 오바마 행정부 초기에 자동차 업계는 정치력이 약했다. 경제 위기를 거치면서 '빅 쓰리(제너럴모터스, 크라이슬러, 포드)는 살아남기 위해 연방 정부에 구제금융을 신청해야 했다. 제너럴모터스와 크라이슬러는 거의 파산 직전이었다. 그래서 백악관은 그러한 상황을 신규 자동차의 온실가스를 규제하려는 협상에서 상당히 유리한 지렛대로 활용할 수 있었다. 2009년 3월 말에 구제금융안을 발표하면서 오바마는 자동차 업계가 "연료 효율성이 높은 자동차와 트럭"을 제조하기를 바란다고 말했다.[26] 구제금융과 대통령의 연료 효율성 언급이 관련 있다는 것은 명백했다. 자동차 업계는 온실가스 배출을 제한하기 위한 환경보호청의 첫 규제(2010년 5월 규제)에 반대하지 않기로 했다.[27]

하지만 석탄 화력발전소와의 협상에는 이러한 지렛대가 존재하지 않았다. 전기 업계는 온실가스 배출을 제한하려는 어떤 시도에도 맹렬히 저항할 것으로 보였다. 전기 업계와 석탄 업계는 환경보호청이 어떤 규제라도 도입한다면 수억 명의 미국인이 의존하고 있는 안정적이고 저렴한 전기 공급이 교란될 것이라고 주장했다. 석탄 산업이 중요한 웨스트버지니아 같은 주에서는 도로변 광고판에 오바마 행정부의 '석탄과의 전쟁'을 비난하는 광고가 실리기 시작했다.[28] 하원이 기후 법안을 통과시킨 다음 날 아침, 석탄 업계는 하원에서 통과된 법 때문에 전기 요금이 오르는 것이 불가피해졌다고 비난하는 광고로 방송을 도배했다. 로비스트들은 연락망에 전화를 돌리고 회의를 잡기 시작했다.[29]

이러한 어려움을 잘 알고서, 환경보호청의 새 청장 지나 매카시Gina McCarthy는 환경보호청이 어려운 외줄타기를 해낼 수 있는 방식으로 화력발전소의 온실가스 배출을 규제할 방도를 만들기 위해 막대한 노력을 들였다. 매카시는

연방에너지규제위원회Federal Energy Regulatory Commission 사람을
영입했다. 전국의 발전소에서 소비자에게로 전기를 보내는 송전망
유지관리 분야 전문가였다. 환경보호청은 송전망의 안정성을
훼손하지 않고 전기 요금도 크게 올리지 않으면서 온실가스 배출을
획기적으로 줄일 수 있는 방법을 찾고자 했다. 환경보호청은 환경
단체들과 긴밀히 협력했는데, 이를 두고 상원의 공화당 의원들은
환경보호청이 기후 정책과 관련해 환경 운동 진영과 부적절하게
담합하고 있다고 비난했다. 특히 도니거와 환경보호청 당국자들이
주고받은 이메일이 공개되면서 도니거가 비판의 주요 타깃이
되었다.[30]

　　환경보호청장 매카시는 시간을 오래 끄는 사치 따위는
부릴 수 없음을 잘 알고 있었다. 다른 나라들이 국제 기후 협상에
들어오도록 설득할 수 있는 기회가 조금이라도 있으려면 2015년
가을이 되기 전에 미국이 새로운 규제를 도입해야 했다. 거의
매년 유엔은 국제 기후 변화 회의인 '기후 변화 협약 당사국
회의Conference of the Parties on Climate Change, COP'를 주재한다. 기후에
대한 국제 협정을 마련하는 것이 목표고, 첫 회의는 1995년에
베를린에서 열렸다. 이제껏 COP는 계속 성과가 미미했는데,
미국이 아무것도 하지 않은 상태에서 다른 나라들이 자국만
저감하기를 꺼렸던 것이 큰 이유 중 하나였다. 그래서 오바마 임기
첫해 12월에 열린 코펜하겐 회의(COP15)는 거의 성과를 내지
못하고 대실패로 끝났다.[31] 오바마에게 마지막 남은 기회는 2015년
12월 파리에서 열릴 COP21이었고, 따라서 그 전에 미국이 상당한
온실가스 배출 저감 계획을 도입해야 했다.

　　환경보호청의 어려움은 2014년 6월 화력발전소의 배출
규제를 위해 '청정에너지 계획Clean Power Plan'의 초안을 발표한 뒤
기하급수적으로 가중되었다. 의견 수렴 과정에서 환경보호청에
무려 430만 건이 넘는 의견이 쏟아졌다. 현재의 법에 따르면
환경보호청은 그 수백만 개의 의견 중 중요한 것들을 모두
진지하게 검토하지 않고서는 최종적인 '청정에너지 계획'을 발표할
수 없었다. 그중 어느 하나라도 환경보호청의 규제안에 문제를

제기하는 법적 토대가 될 수 있었다. 어마어마하다는 표현이 전혀 과장이 아닌 일이었다. 하지만 2015년 10월 23일에 환경보호청은 무사히 최종 청정에너지 계획을 발표했다. 모든 중대한 의견을 반영해 상당한 수정을 거친 것이었다. 최종 계획은 1,500쪽이 넘었다.[32]

'청정에너지 계획'은 환경보호청이 추진한 규제 중 가장 야심 찬 규제였다. 이 계획에 따르면 미국의 화력발전소들은 온실가스 배출량을 2030년까지 2005년 대비 32퍼센트 줄여야 하는데, 이는 굉장히 큰 폭의 저감이다. 환경보호청은 그러한 저감의 이득이 비용보다 적어도 260억 달러, 많게는 450억 달러 클 것으로 보았다. 또한 환경보호청은 2030년까지 소비자들의 전기 요금도 크게 줄어들 것으로 내다보았다.[33] '청정에너지 계획'은 '발전원 이동generation-shifting'이라는 전략을 핵심으로 하고 있다. 현재의 석탄 화력발전소에서 생산되는 전기 양을 일부 줄이되 온실가스를 덜 배출하는 시설에서 동일한 양만큼의 전기를 생산할 수 있게 발전원을 '이동'한다는 것이다. 그러한 시설에는 천연가스와 핵연료를 사용하여 전기를 만드는 기존 발전소들과 풍력이나 태양열 등 재생에너지를 사용하는 신규 시설 모두 포함된다. 오바마는 취임하고 일주일 뒤에 기후 변화의 재앙적인 결과를 피하기 위해 중대한 조치들을 취하겠다고 밝혔고 그 약속을 지키기 위해 노력했다. 그리고 대통령 임기가 1년도 안 남은 지금, 다른 나라들도 그렇게 하라고 촉구하려 하고 있었다.

◇ 두 번째 지구는 없다

협상팀이 파리에 도착한 2015년 11월 말, 글로벌 대기 중 이산화탄소 농도는 인류 역사상 처음으로 400ppm을 넘어서 있었다. 10년 전보다 20ppm이 증가했고 1959년보다는 85ppm이 증가했다.[34] 중국과 인도의 많은 배출로 글로벌 배출량 증가가 한층 더 가속화하면서, 국제 협력 없이는 세계 평균 기온이 계속 높아져 재앙적인 결과가 발생하리라는 것이 이제 매우 현실적인 전망이었다. 홍수, 기아, 가뭄, 해수면 상승, 산불, 극심한 폭풍,

생물종 멸종, 감염병 확산 등은 더 이상 종말론자들의 예측이
아니었다. 과학계에서는 기후 변화가 빠르게 통제되지 않는다면
그러한 결과들이 발생할 것이고, 더불어 대양이 이산화탄소를
흡수해 산성화될 것으로 보고 있었다.[35]
오바마 대통령이 일단 미국에서 시도한 조치들 덕분에 파리협정은
이전의 국제 협상들과 달리 성공 가능성이 높았지만, 확실하지는
않았다. 미국 협상팀 대표 토드 스턴Todd Stern은 파리에 도착했을
때 결과를 확신할 만한 상황이 전혀 아님을 잘 알고 있었고, 일주일
뒤에도 불확실하기는 마찬가지였다. 인도와 중국은 미국과 유럽이
오래도록 누려온 경제 성장을 자신들은 누리지 못하게 될지도
모르는 규정들에 합의하기를 꺼렸다. 한편 세계의 가난한 나라들은
마땅하게도 분노했다. 지리적 위치와 자원의 부족 때문에 그들은
부유한 나라들이 유발한 문제의 피해를 현재 가장 크게 입고
있었다.[36]

　　협상 둘째 주 금요일인 12월 11일, 스턴은 각국이 합의에
도달할 수 있는 분위기가 드디어 조성되었다고 느꼈다. 그날
반기문 유엔 사무총장이 이 협상이 깨진다면 "두 번째 지구는
없다"는 섬뜩한 경고를 한 것이다. 인류가 스스로 만든 기후 위기를
막지 못한다면 인류가 생존할 수 있는 또 다른 지구 같은 것은
존재하지 않았다.[37]

　　다음 날, 처음으로 사실상 모든 나라가 배출 증가를
유의미하게 줄이겠다고 선언했다. 물론 '선언'이 기후 문제를
해결해주지는 않는다. 그리고 미국의 주장 때문에 [일부 조항은]
공식적으로 구속력 있는 법적 의무를 발생시키게 되어 있지도
않다. 구속력 있는 조약은 상원에서 비준을 받아야 하는데
비준되지 않으리라는 것을 오바마 행정부가 잘 알고 있었기
때문이다. 하지만 파리협정의 선언은 중요한 첫 걸음이었다.
이 협약은 기온 상승폭을 섭씨 2도 이내에서 막기 위해 필요한
저감의 절반 정도를 달성할 수 있을 것으로 추산된다.[38]
과학자들은 중대한 저감이 이뤄지지 않으면 금세기 말까지 기온
상승폭이 섭씨 5도까지 달할 수 있고, 그러면 환경적, 경제적

재앙이 발생하게 될 것이라고 보고 있다.

미국은 가장 심각한 타격을 입지는 않겠지만 기온이 섭씨 5도 오르면 수도와 전기를 나르는 주요 인프라가 손상되어 둘 다 심각한 공급 부족을 맞을 수 있다. 또한 농업 생산이 크게 줄고 해안 도시와 마을 들이 가라앉을 수 있다. 현재 미국 인구 중 40퍼센트가 해안에 산다. 그리고 수인성 질병이나 곤충을 통해 옮는 질병이 창궐할지 모른다. 또 피닉스 같은 도시는 기온이 화씨 110도[섭씨 약 43도]를 넘는 날이 1년에 많게는 90일에 달할지도 모른다. 이는 1976년보다 10배도 넘게 증가하는 것이다.[39]

이산화탄소 전사 중 파리에 있었던 사람은 도니거가 유일했다. 그는 자연자원보호위원회 대표로 협상에 참여했다. 멘델슨은 이전의 기후 협상인 코펜하겐(2009년), 칸쿤(2010년), 바르샤바(2013년), 리마(2014년)에는 전미야생생물연맹 대표로, 2013년부터는 상원 '환경 및 공공 노동 위원회' 수석 기후 변호사로 참여했지만, 이번에는 몇 달 전에 공직을 떠나 '솔라시티'로 자리를 옮겨서 파리협상에 올 수 없었다. 솔라시티는 미국 최대 태양열 패널 설치 회사로, 나중에 테슬라에 합병된다. 멘델슨은 정책 디렉터이자 자문 변호사로 이 회사에 합류했다. 그는 상원에서 했던 일이 좋았지만 특별히 만족스럽지는 않았다. 그가 주로 한 일은 공화당이 다수인 의회가 환경보호청의 온실가스 규제 권한을 없애는 법안을 스리슬쩍 집어넣으려고 시도하는 것을 막는 일이었다. 이제 민간 영역에서, 멘델슨은 온실가스 배출 저감을 위해 혁신적인 기술을 사용하는 미래 지향적인 기업과 함께 일할 기회를 갖게 되었다.[40]

데이비드 북바인더는 1년 전에 시에라클럽을 그만두고 엑슨모빌 출신 변호사와 함께 민간 컨설팅 회사를 차려 기후 정책에 관심 있는 곳들에 자문을 제공하고 있었다. 특히 잠재적으로 환경 운동 진영과 산업계 모두의 지지를 받을 가능성이 있는 탄소세에 관심을 모으기 위해 노력 중이었다. 그는 탄소세가 오바마 행정부와 많은 환경 단체들이 지지하는 배출권 거래제보다 낫다고 생각했다.[41] 하워드 폭스는 여전히 어스저스티스에서

일하면서 '청정에너지 계획' 관련 소송에 대응하는 데서 주된
역할을 맡고 있었다. 헤인즐링은 환경보호청에서 처음에는 대기국,
다음에는 정책국을 이끌면서 2년간 일한 뒤 조지타운 대학 교수로
돌아왔다.

　　12월 12일 토요일 도니거는 참가자 명찰을 목에 걸고 있었다.
협상이 시작되기 2주 전에 파리 중심가에서 테러 공격이 일어난
뒤, 기후 협상이 열리고 있는 파리 교외의 르부르제 지역은 보안이
크게 강화되어 있었다. 도니거는 밝은 해가 그려진 빨간 넥타이에
선글라스를 끼고 있었다. 협정이 체결되리라는 전망에 기뻤지만
지치기도 했다. 때때로 그는 매사추세츠 사건의 승리가 파리협정을
일구는 데 얼마나 중요한 역할을 했는지, 그리고 10년 전만 해도
이것이 얼마나 불가능한 일로 보였는지를 이해하는 사람이 이 넓은
공간에 자기 혼자뿐이라는 생각이 들었다.[42]

　　도니거는 이 순간을 오래 기다려왔다. 로스쿨을 마치고
자연자원보호위원회에서 일을 시작한 이래 거의 30년 동안
대기오염 문제를 다루었고 자연자원보호위원회와 클린턴 시절의
환경보호청에서 10년 넘게 국제 기후 협정을 위해 노력했다. 그는
협정이 체결되었음을 알리는 망치가 땅땅 울리는 바로 그 순간에
이 소식을 트위터로 세계에 전하려고 했다. 하지만 너무 기뻐서
눈물이 나는 바람에 스크린이 보이지 않았다.[43]

후기

2016년 11월 대통령 선거일에 조 멘델슨은 당선 확정이 발표되는
순간 축배를 들려고 늦게까지 안 자고 개표 방송을 보기로 했다.
매사추세츠 판결로 기후 대응에 청정대기법을 활용할 수 있게
되면서 오바마 대통령 시절에 많은 진전을 이룰 수 있었지만
아직 갈 길이 멀었고 힐러리 클린턴 대통령(이 되리라는 데
멘델슨은 추호의 의심도 없었다)이 이어받아서 해야 할 일이
아주 많았다. 2015년의 파리협정은 중대한 전환점이었지만 첫
걸음일 뿐이었고, 온실가스 배출량을 충분히 줄여서 대기 중
온실가스 농도를 안전한 수준으로 안정시키기까지는 수 년, 수십
년의 노력이 더 필요했다. 힐러리 클린턴 대통령의 인수위에
참여할 기후 활동가들은 선거 다음 날부터 바로 일에 착수할 수
있도록 이미 워싱턴행 비행기표를 예약해놓고 워싱턴에 집까지
구해놓았다. 또한 스칼리아 대법관이 2월에 사망해 공석이 된
자리에 새 대법관도 지명되어야 하는데, [클린턴의 당선 후 진보
성향 대법관이 지명되면] 정부의 온실가스 규제를 저지하기 위해
기업들이 제기한 소송들('청정에너지 계획'에 반대하는 소송이
이미 대법원에 올라와 있었다)에 대해 [온실가스 규제를 관철하는
쪽으로] 대법원에서 안정적으로 다수표를 확보할 수 있을 터였다.

개표 결과가 나오기 직전인 저녁 8시경까지만 해도 멘델슨은
낙관했고 기대에 들떴다. 하지만 정치 전문가들이 힐러리 클린턴의
승리를 장담했던 민주당 '텃밭' 펜실베이니아, 미시간, 위스콘신이
넘어가자 멘델슨은 방송을 꺼버렸다. 재앙이 펼쳐지는 장면을
지켜보고 앉았을 이유가 무엇인가? 그리고 다음 날 아침, 재앙은
현실이 되어 있었다. 이제 도널드 트럼프가 대통령이었다.

트럼프 행정부가 환경 보호 법제에 얼마나 큰 위협인지는
현대사에서 비견할 만한 예를 찾아보기 어려울 정도다. 조지 W.
부시는 당선된 뒤 온실가스를 규제하겠다는 공약을 저버렸지만,
트럼프처럼 기후 변화를 우려하는 주장들이 "미국 제조업의

경쟁력을 약화시키려고 중국이 만든" "가짜"라는 황당한 이야기를
하지는 않았다.[2] 공화당 의원들이 대기와 수질 오염을 방지하기
위한 법과 그 법을 집행하는 정부 기관을 통째로 흔들어버리겠다는
공약을 내걸었을 때 부시는 이를 받아들이지 않았다. 또한 부시
행정부 시절에 온실가스를 규제하지는 않았지만 온실가스의
영향을 연구하는 데 필요한 자금은 지원되었고, 이러한 연구는
이후 오바마 행정부가 규제를 통해 기후 대응에서 진전을 이루는
데 과학적인 토대가 되었다.

2016년 11월은 36년 전 로널드 레이건 선거의 재현도
아니었다. 레이건이 엄청나게 과장된 정치 화법을 사용하긴 했어도
환경법에 대한 그의 공격은 대체로 주변부만 건드렸다. 그리고
레이건 개인은 대중에게 인기가 있었는지 몰라도 [환경법을
없애기 위한] 대대적인 개혁 조치는 의회에서 대기와 수질 오염을
더 강하게 관리하고자 하는 민주당과 공화당 의원 모두에게 번번이
저지당했다. 이와 달리 2016년에는 공화당 의원 다수가 온실가스
배출 규제를 포함해서 환경에 대한 정부 규제를 대폭 없애고자
하는 트럼프와 뜻을 같이하고 있었다.

트럼프는 환경 규제를 무력화하는 데 조금도 시간을 지체하지
않았다. 그는 환경보호청장으로 오클라호마주 법무장관 출신인
스콧 프루잇Scott Pruitt을 임명했다. 프루잇은 그 이전 6년을 오바마
행정부 시절의 환경보호청에 맞서 소송을 제기하는 데 바친
사람이었다. 그중에는 '청정에너지 계획'의 적법성을 문제 삼는
소송도 있었다. (그가 온갖 스캔들로 사임하자 트럼프는 석탄 업계
로비스트 출신을 새 환경보호청장으로 임명했다.)[3] 또한 트럼프는
과거에 에너지부를 없애야 한다고 주장했던 텍사스 주지사 출신 릭
페리Rick Perry를 에너지부 장관에 임명했다.[4]

취임식을 하자마자 트럼프는 대통령 권한으로 할 수 있는
일들에도 당장 착수했다. 취임 두 달째인 2017년 3월에 오바마
행정부의 기후 정책을 모조리 무력화하기 위한 대통령령에
서명했다. 그리고 연방 정부 건물, 군대 등의 운영에서 온실가스
배출을 줄이기 위해 오바마가 발동했던 몇몇 대통령령을 철회했고

환경보호청에 자동차와 발전소의 온실가스 규제의 완화나 철회를
고려하라고 요구했다.[5]

　　취임한 지 6개월 정도밖에 안 된 2017년 8월 4일에 트럼프는
유엔 사무총장에게 파리협정에서 탈퇴하겠다는 의사를
공식적으로 밝혔다. 파리협정은 2020년 11월 4일 이전에는
탈퇴가 효력이 없는데, 이날은 차기 대선 다음 날이었다.[*] 또한
트럼프는 전에 미국이 개도국의 기후 변화 대응을 지원하기 위해
'녹색기후기금Green Climate Fund'에 20억 달러를 내겠다고 했던
약속도 철회했다.[6]

　　트럼프가 지명한 환경보호청 공직자들은 환경 규제를
거둬들이라는 임무를 받았다. 특히 기후 변화 관련 규제들이
주 대상이었다. 트럼프 행정부의 환경보호청은 오바마 시절
환경보호청이 만들었던 조치들을 철회하고 온실가스 규제를
줄이는 제안들을 발표했다. 이를테면 신규 자동차 규제와
관련해서는 2021~2026년식 평균 연료 효율성 기준을 갤런당
37마일로 동결했고 2030년까지 갤런당 50마일을 달성해야
한다고 했던 이전의 의무사항을 없앴다. 또한 환경보호청은
캘리포니아주에서 오랫동안 시행된, 전국 기준보다 엄격한
온실가스 배출 규제를 없애겠다고 했다. 다른 20개 주와 워싱턴도
캘리포니아주의 더 엄격한 기준을 도입했는데, 만약 환경보호청이
캘리포니아주가 더 엄격한 기준을 도입할 권한을 없애는 데
성공한다면 다른 주들과 워싱턴도 더 낮은 수준의 배출 규제를
따라야 한다.[7]

　　비슷한 목적에서, 트럼프 행정부의 환경보호청은 오바마
행정부 시절 석탄 화력발전소의 온실가스를 줄이려고 도입된
'청정에너지 계획'을 철회하기 위한 안을 발표했다. 몇몇 연구에

따르면 '청정에너지 계획'을 대신하게 될 새 안은 석탄에서 나오는 배출량을 늘릴 가능성이 컸다. 환경보호청 스스로가 밝힌 초기 추산으로도, 환경보호청이 제안한 새 안이 도입되면 2030년까지 화력발전소의 배출로 인해 매년 1,400건 이상의 불필요한 죽음과 1만 5,000건 이상의 상기도 질환이 더 발생할 것으로 예상되었다.[8] 또한 트럼프 대통령의 2020년 예산안은 환경보호청의 '글로벌 변화 연구소Global Change Research Office'를 없애 기후 과학 연구 예산을 대폭 줄이도록 되어 있었다.[9] 정부가 지원하는 기후 과학 연구가 트럼프 대통령이 밀고자 하는 규제 완화의 정당성을 잠식할지 모른다는 우려 때문이었을 것이다.

2018년 11월에 정부 과학자들은 트럼프가 없애려고 하는 규제들이 긴급하게 필요하다는 사실을 강조하면서 기후 변화에 대해 정신이 번쩍 드는 보고서를 발표했다. 이 보고서는 20세기가 시작된 이래 연평균 기온의 상승폭이 이미 화씨 1.8도에 달하고 있으며 이 경로가 지속된다면 금세기 중반까지 적어도 화씨 2.3도, 금세기 말까지 화씨 5.4~11도가 추가로 오를 것이라고 예측했다. 연방 정부가 발간한 이 보고서는 이와 같은 증거들이 시사하는 바가 "중대하고 명백하며 긴급하다"고 언급했다. "세계 평균 기온이 현대 문명이 경험한 어느 수준보다도 훨씬 높고 더 빠르게 높아지고 있으며, 그 피해 또한 광범위하고 점점 증가하고 있다"는 것이었다.[10]

이 보고서는 "현재 지구의 기후가 현대 문명의 어느 시점에서보다도 빠르게 변화하고 있다"며 예상되는 결과에 대해 무시무시한 상세 사항들을 제시했다. 감정적이지 않은 경제 용어로, 이 보고서는 기후 변화가 연간 20억 시간의 노동 시간도 포함해 미국 경제에 매년 수천억 달러의 손실을 유발할 것이라고 예측했다.[11] 이에 따르면 해수면 상승으로 인해 미국 해안 지역에서 1조 달러의 인프라, 민간 산업, 민간 재산 피해가 발생할 수 있다. 해안이 아닌 지역에도 재앙적인 가뭄이나 폭우가 강타할 것이다. 기온이 오르면 농업 생산이 급감하고 발전 효율성도 떨어질 것이다(그러면 더 많은 대기오염을 일으킨다). 안전한

식수도 심각하게 줄어들 것이다.[12]

하지만 트럼프가 환경 조치를 철회하기 위해 여러 안을
내고 선언을 했어도 꼭 그렇게 되지는 않았다. 트럼프의 정책
중 몇몇 심각한 것들은 즉각 법원에서 소송으로 도전을 받았다.
2003년에 멘델슨의 청원을 거부한 환경보호청의 결정이 법원에서
살아남지 못했듯이, 트럼프의 환경 규제 철회 조치들도 법원에서
살아남는 데는 어려움이 있을 터였다. 그리고 매사추세츠
진정인들이 환경보호청에 맞서기로 했듯이 많은 주와 환경 단체가
빠르게 연합해 트럼프 행정부의 행동을 저지하는 데 나섰다.
매사추세츠 사건에서 함께 싸웠던 자연자원보호위원회의 도니거,
어스저스티스의 폭스, 환경보호기금의 변호사들, 매사추세츠주,
뉴욕주, 캘리포니아주의 변호사들이 모두 이 싸움에 동참했다.

그리고 이번 도전자들은 2003년의 매사추세츠 진정인들보다
성공 가능성을 낙관할 수 있는 이유가 더 많았다. 오바마 시절과
부시 시절에 환경보호청이 온실가스 규제를 위해 마련한 강력한
과학적, 경제적 토대들은 간단히 무시하고 넘어갈 수 있는 것이
아니기 때문이다. 따라서 오바마 시절에 환경보호청이 도입했던
규제를 철회하려는 트럼프 행정부의 시도는 모두 법원에서
임의적이고 자의적인, 따라서 불법적인 처분이라고 판단될 수
있었다. 매사추세츠 사건은 대통령이라 해도 법의 명령을 따라야
한다는 점을 명확히 보여주었다. 그리고 트럼프 행정부도 몇몇
주요 환경 소송에서 패소했다. 그중에는 자동차와 트럭에서 나오는
온실가스, 그리고 석유와 가스 생산에서 나오는 온실가스를 줄이기
위해 도입되었던 규제를 즉시 중지시키려던 트럼프 행정부의
방침에 제동을 건 소송도 있었다. 자연자원보호위원회에 따르면,
트럼프 행정부는 자연자원보호위원회가 트럼프의 환경 규제
철회에 맞서 임기 첫 3년 동안 제기한 59건의 소송 중 54건에서
패했다.[13]

또한 오바마 행정부 시절에 도입된 온실가스 감축 계획은
트럼프 행정부가 그 계획을 무력화하기 위해 들이는 노력의
성공이나 실패와 별개로 독자적인 삶도 가지고 있다. 환경보호청은

'청정에너지 계획'에서 얻는 이득이 비용을 수백억 달러나 능가할 것이라고 추산한 바 있다.[14] 따라서 '청정에너지 계획'에 포함된 온실가스 저감 계획은 트럼프 행정부가 폐지한다 해도 언젠가는 부활할 것이다. 경제적으로 훨씬 합리적이기 때문이다.

같은 이유에서, 많은 주 정부와 지방 정부 들이 자신의 관할 지역에서 '청정에너지 계획'이 설정한 청사진을 따라 발전소의 온실가스 배출을 줄이겠다고 선언했다. 그들은 석탄 발전소에서 생산되는 전기에 대한 수요를 낮추기 위해 재생에너지를 늘리고 에너지 절약을 촉진하는 식으로 자체적인 조치들도 취하고 있다. 또 주 정부들은 온실가스 배출량을 줄이고 건강에 해가 되는 오염물질도 낮추면서 전기 요금을 크게 올리지 않을 수 있는 방법이 있음도 알게 되었다. 2019년에 뉴욕주는 2040년까지 '배출량 제로인 전기'를 달성하고 2050년까지 모든 배출원에서 1990년 배출 수준 대비 85퍼센트를 저감하기 위한 법을 만들었다.[15]

다른 나라들도 트럼프 행정부의 움직임을 따라가지 않았다. 다른 나라들 거의 모두가 파리협정을 지키겠다는 의사를 확실히 밝혔고 트럼프 행정부의 뒷걸음질에 맞서 더 부단한 노력을 경주하겠다고 했다. 특히 중국은 중국 내 온실가스 배출량의 증가 속도를 줄이고 온실가스 배출량 저감에 나서려는 다른 나라들의 기업과 소비자에게 판매할 수 있는 상품 개발과 마케팅에 나서면서, 미국이 떠난 빈자리를 파고들어 이 사안에서 글로벌 리더 역할을 하고자 한다.[16]

정치인들과 달리 산업계 지도자들은 기후 과학이 말하는 사실에 기초해 의사 결정을 내려야 한다. 상장 기업 경영진들은 다른 기업들과의 치열한 경쟁에 직면해 있고 주주들에 대한 재정적 책무가 있기 때문에, 기온이 오르고 해수면이 상승하는 등 극단적인 기후가 기업의 물리적 자산과 영업 활동을 위협하고 있다는 과학계의 경고와 동떨어지는 행동을 취할 수 없다. 또한 기업들은 미국과 해외 모두에서 온실가스 배출과 기후 변화의 악영향을 줄이고자 하는 소비자들에게 판매할 수 있는 제품과 서비스를 만들 기회도 무시할 수 없다. 산업계

지도자들은 트럼프가 추진하는 자동차의 온실가스 규제 완화를
지지하기는커녕 더 강한 규제를 지지한다는 입장을 거듭 밝혔다.
트럼프의 백악관이 캘리포니아주의 더 강력한 자동차 규제 기준을
철회하겠다고 발표하기 바로 얼마 전에 미국에서 가장 큰 네 개
자동차 회사가 자발적으로 캘리포니아주에서 도입하고 있는
더 강력한 기준을 따르겠다고 선언했다.[17] 또 트럼프 행정부의
환경보호청이 메탄 배출 규제를 완화하겠다고 하자(메탄은
강력한 온실가스다) 규제 대상인 석유 및 가스 업계의 대규모 기업
상당수가 규제 완화에 반대한다는 뜻을 밝혔다.[18]

　　매사추세츠 사건의 대법원 판결이 남긴 유산을 온전히
평가하기에는 아직 너무 이를 것이다. 이 사건은 이제 전국
로스쿨에서 필수적으로 다루는 사건 목록에 포함되어 있다. 하지만
2016년 대선이 그 전해에 파리에서 샴페인을 터트렸던 사람들에게
정신이 번쩍 들게 상기시켜 주었듯이, 매사추세츠 판결이
촉발하고자 했던 근본적인 변화는 법정에서 시작은 될 수 있어도
거기에서 끝나지는 않는다.

　　대법원의 굵직한 판결은 오랫동안 미적거려온 입법 과정을
촉진하는 데 중요한 역할을 한다. 하지만 근본적인 변화는 소송의
승리보다 훨씬 많은 것에 달려 있다. 환경 변호사들은 소송의
승리라는 것이 필연적으로 조건부일 수밖에 없다고 생각한다.
패소한 쪽의 정치적, 경제적 이해관계 집단들이 그저 항복하고
사라지는 것이 아니기 때문이다. 그들은 다시 집단을 이뤄서
새로운 소송을 건다. 또한 그들은 법정 밖으로 나와 그들의
이해관계를 반영하는 법안과 그들이 싫어하는 법원 판결을 뒤집는
법안이 의회에서 통과되도록 의원들에게 로비하기를 주저하지
않는다.

　　그래서 환경적 진보는 장기에 걸쳐 여러 단위에서의 투표를
필요로 한다. 하나의 법정에서 대법관 다섯이 던지는 표만이
아니라 전국, 전 세계의 유권자들이 던지는 표가 필요한 것이다.
이들의 표는 환경 보호를 위해 적극적인 조치를 취하라는
어려운 요구를 기꺼이 받아들이는 미래 지향적인 지도자들, 또

우리에게 꼭 필요한 사회 변화를 위해 사람들이 힘을 모을 수
있도록 영감을 주는 지도자들이 당선될 만큼 충분히 많은 숫자여야
한다.

　　기후 문제에 효과적으로 대응하는 것은 여전히 가능하다.
미국 정치 지형의 변화로 인해 불필요하게 지체되었고 끔찍한
결과에 대한 예측도 많아지고 있지만, 그래도 우리에게는 아직
시간이 있다. 최악의 결과는 아직도 막을 수 있다. 미래의 온실가스
배출을 줄이고 이미 불가피하게 발생하고 있는 기후 변화에
적응하는 데 필요한 기술과 제도는 이미 존재하거나 곧 존재할
것이다. 이러한 새 기술과 제도의 도입을 원천적으로 막는 '극복
불가능한 경제적 장애물' 같은 것은 없다. 가장 큰 경제적 위험은
기후 변화에 대응하는 데서가 아니라 대응에 실패하는 데서 초래될
것이다.

　　하지만 기후 변화에 효과적으로 대응하는 미래는 그런 노력에
반대하는 사람들을 "역사의 잘못된 쪽에 서 있는 사람들on the wrong
side of history"이라고 말하는 것만으로는 오지 않는다. 미국에서
최근에 벌어진 정치적 사건들이 명확히 보여주듯이 역사를 만드는
능력은 이겨서 획득해내야 하는 것이다. 지금은 기후 변화가
유발할 최악의 결과들을 피하기 위해 미국과 세계가 온실가스 배출
저감을 위해 과감하고 전면적인 조치들을 취해야 할 때다. 미국은
미국이 막대하게 기여한 문제에 대응하는 데서 선도적인 역할을
해야 할 책임이 있고 그럴 수 있는 기회도 있다. 하지만 그럴 수
있으려면 정치적으로 적극적인 시민들이 이 문제를 깊이 우려하고
있다는 것을 표로 확실히 보여주어야 한다.

　　대법원에서 다수가 되는 데는 5인이 필요했다. 하지만
매사추세츠 사건 이야기가 보여주었듯이 때로는 헌신적인 한 명이
그 모든 변화를 만들 수 있다.

일러두기

이 책은 방대한 문헌 자료(공적 기록과 사적 기록 모두)와 처음부터
대법원에서 판결이 내려질 때까지 '매사추세츠 대 환경보호청' 사건에
직접 관여한 사람들을 만나 취재한 내용을 토대로 집필되었다.
취재는 소송이 시작되기 전 최초의 청원 단계부터 소송 과정 전체에
이르는 일련의 과정에 관여한 양측의 주요 참여자 모두를 대상으로
했다. 여기에는 클린턴 행정부와 부시 행정부 시절 환경보호청의
'지명 공직자'와 '경력 공직자', 민간 법무법인 변호사, 환경 단체
변호사, 주 정부 법무부 소속 변호사, 고위 공직자, D.C.항소법원과
대법원의 당직자 등이 두루 포함되어 있다. 인터뷰의 상당 부분은
녹취와 인용을 허락받아 녹음했고, 일부는 익명을 전제로, 또 일부는
비공개를 전제로 만나 이야기를 들었다. 항소법원 판사와 대법관의
로클럭들은 그들의 일에 대해 엄격하게 비밀을 준수해야 하므로,
이 사건을 담당했던 전직 로클럭들과는 인터뷰를 하지 않았다.
다만 그들이 보좌한 판사나 대법관이 사전에 공식적으로 승인해준
경우에는 인터뷰를 진행했다.

　　많은 사람이 나를 직접 만나 이야기를 들려주었을 뿐 아니라,
멘델슨의 최초 청원, 그에 대한 환경보호청의 거부 결정, 그리고
이후에 이어진 소송과 관련해 각자가 가지고 있는 기록과 자료
들을 공유해주었다. 이들이 개인적으로 가지고 있는 자료들은
D.C.항소법원과 연방 대법원의 공식 기록(모든 종류의 서면, 증거
자료, 소송 각하 신청, 구두변론 속기록, 그리고 그 밖에 각 당사자들이
제출한 공식 문서 등)에 담겨 있지 않은 세부 내용을 보충하는 데 큰
도움이 되었다.

　　공식 기록 외에도 소송의 이쪽 편, 혹은 저쪽 편에서 의사 결정에
참여한 사람들 사이에 회람된 여러 버전의 초고, 손으로 쓰거나
타자로 친 회의록, 이메일 등도 너무나 귀중한 자료였다. 또 공개된
자료와 당사자들이 자발적으로 공유해준 자료 외에 정보공개법에
의거해 매사추세츠주 법무부와 환경보호청에 청구해 얻은 자료들도
참고했다. 이 모든 자료가 이 책에 귀중하게 쓰였다.

익명을 전제로 대면 인터뷰나 이메일 인터뷰에 응해준 사람들은 주석에 익명으로 처리했다. '전 D.C.항소법원 직원', '매사추세츠 진정인 중 한 명', '전 환경보호청 직원', '전 환경보호청 지명 공직자', '대법원 직원'과 같이 직위만 언급되어 있고 상세한 신원이 드러나지 않은 사람들이 그런 경우다. 신원을 더 특정하지 않아도 그가 해당 내용에 대해 상세한 지식과 정보를 가지고 있는 사람이라는 점은 충분히 드러나리라 믿는다. 여기에는 경력 공직자부터 대법관들까지 다양한 사람들이 포함되어 있다. 대법원장은 공식 인터뷰로도, 익명이나 비공개를 전제한 인터뷰로도 이 책의 집필을 위해 만나서 이야기를 나누지 않았다. 나와 대법원장이 법대 동창이고 친구 사이라는 사실을 알고 있는 독자들이 내가 이 책을 위해 그를 만났을 것이라고 잘못 짐작하지 않도록 여기에 밝혀 둔다.

지난 몇십 년 동안 나는 40여 건의 대법원 소송에 당사자로 참여했고 그중 14건에서는 구두변론을 맡았다. 또 대법원 소송을 진행하고 있는 변호사 수백 명에게 (특히 구두변론 준비와 관련해) 비공식적으로 자문을 해왔다. 이 책에 소개된 대법원의 구조, 운영 방식, 대법원에서의 소송 전략 등에 대한 일반론적인 내용은 상당 부분 나의 개인적인 경험에 기초하고 있다. 나는 매사추세츠 사건에서도 몇몇 단계에서 진정인 측에 자문을 제공했고 특히 구두변론 준비에 도움을 준 적이 있지만, 이 역할은 매우 제한적이었고 이 책에 실린 공식 자료들에 영향을 주지는 않았다.

주석

▷ 1장—조 멘델슨

1. 조 멘델슨이 앤 매딩Ann Madding에게 보낸 이메일. 2017년 6월 11일.

2. Philip Shabecoff, "Global Warming Has Begun, Expert Tells Senate," *New York Times*, June 24, 1988, A1.

3. Albert Gore, *Earth in the Balance: Ecology and the Human Spirit*(Boston: Houghton Mifflin, 1992), 297.

4. Albert Gore, 같은 책, 14, 269.

5. Scott Bronstein, "Is Clinton Cleaner, Greener than Bush? Arkansas Group Balks as Sierrans Back Governor," *Atlanta Journal Constitution*, November 2, 1992, A8; Peter Applebome, "Clinton Record in Leading Arkansas: Successes, but Not without Criticism," *New York Times*, December 22, 1991, 30.

6. Scott Bronstein, 앞의 기사.

7. Scott Bronstein, 같은 기사.

8. Michael Isikoff, "Quayle: Gore Has 'Hysterical' Views on Environment," *Washington Post*, August 29, 1992, A5; Richard L. Berke, "Bush Criticizes Clinton as Hard on Car Industry," *New York Times*, August 26, 1992, A18.

9. Dianne Dumanoski, "Gore and the Environment: Some See Double Edged Sword," *Boston Globe*, July 12, 1992, 10.

10. Adam Nagourney, "For Gore, a Bitter Lesson on the Campaign Trail," *New York Times*, January 27, 2000, A1; R. W. Apple Jr., "The 1992 Campaign: Assessment; Super Tuesday Transforms Campaign," *New York Times*, March 11, 1992, A1.

11. Albert Gore, 앞의 책, 15.

12. Richard L. Berke, "Gore Walks a Political Tightrope at Kyoto Talks," *New York Times*, December 9, 1997, A3.

13. Roberto Suro, "Pulling Punches on the Environment," *New York Times*, October 5, 1992, A17; Timothy Noah, "Gore Treads Softly as Environmental Point Man, Fearing GOP Efforts to Label Him an Extremist," *Wall Street Journal*, September 16, 1992, A18.

14. Curtis Moore, "How Gore Lost His Balance in Kyoto," *Washington Post*, December 14, 1997, C1; Brad Knickerbocker, "Gore Takes Political Heat on Revised Global Warming Position," *Christian Science Monitor*, December 7, 1997, 5; John M. Broder, "Gore to Join U.S. Team at Global Climate Conference in Japan," *New York Times*, December 2, 1997, A10; "Climate Change: Wirth Departure Comes on the Eve of Talks," *Daily Energy Briefing*, November 20, 1997.

15. John M. Broder, "Gore to Join U.S. Team at Global Climate Conference in Japan," *New York Times*, December 2, 1997, A10.

16. Howard Fineman and Karen Breslau, "Gore Feels the Heat," *Newsweek*, October 27, 1997, 24; Gene Gibbons, "Gore Caught in the Middle on Global Warming Issue," *Reuters*, October 22, 1997.

17. Curtis Moore, 앞의 기사.

18. S. Res. 98, 105th Cong(1997).

19. National Oceanic and Atmospheric Administration, "Trends in Atmospheric Carbon Dioxide: Data," https://www.esrl.noaa.gov/gmd/ccgg/trends/data.html.

20. James J. McCarthy, ed., *Climate Change 2001: Impacts, Adaptation and Vulnerability*(Cambridge: Cambridge University Press, 2001), 75–103.

21. Bill McKibben, "Grading the Environmentalists," *Vogue*, January, 1994, 64.

22. Frances Romero, "Energy Czar: Carol

Browner," *Time*, December 2, 2008; David Stout, "7 Utilities Sued by U.S. on Charges of Polluting Air," *New York Times*, November 4, 1999, A1; Oliver Houck, "TMDLs IV: The Final Frontier," *Environmental Law Reporter 29*, no. 8(August 1999): 10469.

23. John H. Cushman Jr., "On Clean Air, Environmental Chief Fought Doggedly, and Won," *New York Times*, July 5, 1997, 8; Joby Warrick and John F. Harris, "Clinton Backs EPA's Tougher Clean Air Rules," *Washington Post*, June 26, 1997, A1; Michael D. Lemonick, "Carol Browner: The Queen of Clean Air," *Time*, July 7, 1997, 32.

24. U.S. EPA, "Regulatory Findings on the Emissions of Hazardous Air Pollutants from Electric Utility Steam Generating Units," 65 Fed. Reg.79825, 79826(December 20, 2000).

25. Michael Kranish, "Political Landscape Changing on Environment," *Boston Globe*, April 21, 1996, 1; James Gerstenzang, "House Rejects Republican Cuts in EPA Budget," *Los Angeles Times*, November 30, 1995, VYA16.

26. 캐롤 M. 브라우너, 나와 한 인터뷰, 2018년 4월 5일.

27. 전 환경보호청 변호사, 나와 한 인터뷰, 2017년 6월 21일.

28. 캐롤 M. 브라우너, 앞의 인터뷰.

29. Departments of Veterans Affairs and Housing and Urban Development, and Independent Agencies, Appropriations for 1999, before the Subcomm. on VA, HUD, and Indep. Agencies of the Comm. On Appropriations, 105th Cong. 58(1998)(환경보호청장 캐롤 M. 브라우너의 증언); 캐롤 M. 브라우너, 앞의 인터뷰.

30. 캐롤 M. 브라우너, 앞의 증언; Patrice Hill, "EPA Not Waiting for Senate to OK Warming Treaty," *Washington Times*, March 7, 1998; Anonymous, "Environmental Provisions in Electricity Restructuring Legislation," internal agency pre-decisional memorandum, 1998.

31. 캐롤 M. 브라우너, 앞의 증언.

32. 캐롤 M. 브라우너, 같은 증언, 200.

33. 전 환경보호청 변호사, 앞의 인터뷰.

34. 캐롤 M. 브라우너, 앞의 증언, 201-206.

35. 전 환경보호청 변호사, 나와 한 인터뷰, 2018년 3월 21일; 전 환경보호청 변호사, 앞의 인터뷰(2017년 6월 21일).

36. Is CO_2 a Pollutant and Does EPA Have the Power to Regulate It?, before the Subcomm. on Nat'l Econ. Growth, Nat. Res. & Regulatory Affairs of the Comm. on Gov't Reform and the Subcomm. on Energy and Env't of the Comm. on Sci., 106th Cong. 13(1999)(환경보호청 법무팀 게리 S. 구지 Gary S. Guzy의 증언).

▷ 2장―평지풍파를 일으키다

1. "IPCC Second Assessment: Climate Change 1995," Intergovernmental Panel on Climate Change(1995), 29-35.

2. 같은 자료, 29.

3. William J. Clinton, "Remarks on Earth Day," April 21, 1993, https://www.presidency.ucsb.edu/documents/remarks-earth-day; "Warming Up to Global Warming," 사설, *New York Times*, November 6, 1993, 22.

4. 조 멘델슨이 앤 매딩에게 보낸 이메일, 2017년 6월 11일; Is CO_2 a Pollutant and Does EPA Have the Power to Regulate It?, before the Subcomm. on Nat'l Econ. Growth, Nat. Res. & Regulatory Affairs of the Comm. on Gov't Reform and the Subcomm. on Energy and Env't of the Comm. on Sci., 106th Cong. 13(1999)(환경보호청 법무팀 게리 S. 구지의 증언).

5. 조 멘델슨, 앞의 이메일.

6. 조 멘델슨, 나와 한 인터뷰, 2015년 3월 25일.

7. 조 멘델슨, 앞의 이메일.

8. 조 멘델슨, 같은 이메일.

9. 조 멘델슨, 같은 이메일; Brad Knickerbocker, "Environmentalism Extends Its Reach," *Christian Science Monitor*, January 12, 1993.

10. U.S. Environmental Protection Agency, EPA 236-R-98-006, "Inventory of U.S. Greenhouse Gas Emissions and Sinks: 1990–1996," ES3, ES5(March 1998).

11. 조 멘델슨, 나에게 보낸 이메일, 2019년 4월 10일.

12. 조 멘델슨, 나와 한 인터뷰, 2018년 7월 30일.

13. Clean Air Act, 42 U.S.C. § 7521.

14. Clean Air Act, 42 U.S.C. § 7602(g); International Center for Technology Assessment, "Petition for Rulemaking and Collateral Relief Seeking the Regulation of Greenhouse Gas Emissions from New Motor Vehicles under § 202 of the Clean Air Act"(October 20, 1999), 10–11.(이후 "ICTA, Petition").

15. ICTA, Petition, 7–8, 10–11.

16. 같은 자료, 7–8.

17. 같은 자료, 13–26.

18. 같은 자료, 31.

19. Clean Air Act, 42 U.S.C. §§ 7407(d)(3), 7412(b)(3)&(4).

20. ICTA, Petition, 1.

21. 같은자료, 34 n.1.

22. 같은 자료, 32.

23. 조 멘델슨이 앤 매딩에게 보낸 이메일, 2017년 6월 11일.

24. William K. Stevens, "Earth Temperature in 1998 Is Reported at Record High," *New York Times*, October 31, 1992, A32.

25. 게리 S. 구지, 앞의 증언.

26. 조 멘델슨, 앞의 이메일.

27. 조 멘델슨, 같은 이메일; 조 멘델슨, 나와 한 인터뷰, 2018년 7월 30일.

28. 조 멘델슨, 앞의 이메일, 2017년 7월 11일; 조 멘델슨, 앤 매딩과 한 인터뷰, 2018년 4월 4일.

29. 환경보호청 서신국 직원과 인터뷰 및

청사 투어, 2018년 4월 9일

30. 같은 자료.

▷ 3장—똥

1. 데이비드 도니거, 나와 한 인터뷰, 2017년 4월 26일.

2. 데이비드 도니거, 같은 인터뷰.

3. 전 환경보호청 직원, 나와 한 인터뷰, 2017년 6월 21일.

4. 데이비드 도니거, 앞의 인터뷰.

5. U.S. EPA, "Regulatory Finding on the Emissions of Hazardous Air Pollutants from Electric Utility Steam Generating Units," 65 Fed. Reg. 79,825, 79,826(December 20, 2000).

6. "Control of Emissions from New and In-Use Highway Vehicles and Engines," 66 Fed. Reg. 7486(proposed January 23, 2001); 데이비드 도니거, 앞의 인터뷰.

7. Richard Lazarus, *The Making of Environmental Law*(Chicago: University of Chicago Press, 2004), 101.

8. Andrew C. Revkin, "Despite Opposition in Party, Bush to Seek Emissions Cuts," *New York Times*, March 10, 2001, A1.

9. James K. Glassman, "Administration in the Balance," *Wall Street Journal*, March 8, 2001, A22.

10. Ron Suskind, *The Price of Loyalty*(New York: Simon and Schuster, 2004), 26.

11. James K. Glassman, 앞의 기사; 폴 오닐, 나와 한 인터뷰, 2015년 6월 4일.

12. Dan Albritton, National Oceanic and Atmospheric Administration, "Global Warming: What We Know & What We Don't," 콜린 파월의 지시로 열린 브리핑, 2001년 1월 29일, 수기.

13. Christine Todd Whitman, *It's My Party Too: The Battle for the Heart of the GOP and the Future of America*(New York: Penguin, 2005), 170.

14. 크리스틴 토드 휘트먼, 나와 한 인터뷰, 2015년 8월 14일.

15. Lisa Belkin, "Keeping to the Center Lane," *New York Times*, May 5, 1996, SM6.

16. B. Drummond Ayres Jr., "Whitman, in California, Fields the Vice Presidency Question," *New York Times*, April 30, 1995, 37.

17. "The GOP Veepstakes," *CBS News*, June 9, 2000, https://www.cbsnews.com/news/the-gop-veepstakes/.

18. David M. Halbfinger, "Two Grades, One Record," *New York Times*, December 26, 2000, A1.

19. New Jersey Department of Environmental Protection, Sustainability Greenhouse Action Plan(December 1999), https://rucore.libraries.rutgers.edu/rutgers-lib/36882/PDF/1/.

20. New Jersey Department of Environmental Protection, "Sustainability Initiatives Underway in New Jersey; Corporate and Environmental Leaders Support State's Plan," 보도자료, April 17, 2000, http://www.state.nj.us/dep/newsrel/releases/00_0030.htm.

21. George W. Bush, "Remarks by the President-Elect Announcing the Nomination of Christie Todd Whitman as Administrator of the Environmental Protection Agency." 연설, December 22, 2000, Washington D.C., https://www.presidency.ucsb.edu/node/284759.

22. "Christine Todd Whitman Discusses the Bush Administration's Environmental Policy." 다음과 한 인터뷰, Robert Novak and Bill Press, *Crossfire*, CNN, February 26, 2001, transcript, http://transcripts.cnn.com/TRANSCRIPTS/0102/26/cf.00.html.

23. 크리스틴 토드 휘트먼, 다음과 한 인터뷰, *Frontline*, PBS, 2007년 1월 9일. https://www.pbs.org/wgbh/pages/frontline/hotpolitics/interviews/whitman.html.

24. Christine Todd Whitman, "Remarks of Governor Christine Todd Whitman, Administrator, United States Environmental Protection Agency, at the G8 Environmental Ministerial Meeting Working Session on Climate Change," 연설, March 3, 2001, Trieste, Italy. https://archive.epa.gov/epapages/newsroom_archive/speeches/ef9a58127adb3b4b8525701a0052e348.html.

25. 부시 대통령이 헤이글, 헬름스, 크레이그, 로버츠 상원의원들에게 보낸 서신, 2001년 3월 13일. https://georgewbush-whitehouse.archives.gov/news/releases/2001/03/20010314.html.

26. Christine Todd Whitman, 앞의 책, 175.

27. 폴 오닐, 앞의 인터뷰.

28. Ron Suskind, 앞의 책, 122.

29. Barton Gellman, *Angler: The Cheney Vice Presidency*(New York: Penguin Press, 2009).

30. National Energy Policy Development Group, *Reliable, Affordable, and Environmentally Sound Energy for America's Future*(Washington, DC: U.S. Government Printing Office, 2001).

31. 같은 자료.

32. 할리 바버가 딕 체니 부통령에게 보낸 메모, 2001년 3월 1일.

33. Ron Suskind, 앞의 책, 118–119.

34. Ron Suskind, 같은 책, 120.

35. Ron Suskind, 같은 책, 120–122; 크리스틴 토드 휘트먼, 앞의 인터뷰(Frontline).

36. Barton Gellman, 앞의 책, 89–90.

37. Ron Suskind, 앞의 책, 123.

38. 크리스틴 토드 휘트먼, 앞의 인터뷰.

39. Ron Suskind, 앞의 책, 125.

40. 부시 대통령, 앞의 서신.

41. Marbury v. Madison, 5 U.S. 137, 177(1803).

42. 할리 바버, 앞의 메모.

▷ 4장—스텝이 꼬여버린 환경보호청

1. 마리안 호린코, 나와 한 인터뷰, 2017년 5월 10일.

2. 조나단 Z. 캐넌Jonathan Z. Cannon이 캐롤 M. 브라우너(환경보호청장)에게 보낸 메모, 1998년 4월 10일; EPA Testimony Statements, before a Joint Hearing of the H. Subcomm. on Nat'l Econ. Growth, Nat. Res., and Regulatory Affairs of the Comm. on Gov't Reform, and the H. Subcomm. on Energy and Env't, Comm. on Sci., 106th Cong(October 6, 1999)(환경보호청 법무팀 게리 S. 구지의 증언).

3. Chevron U.S.A., Inc. v. Nat. Res. Def. Council, Inc., 467 U.S. 837(1984).

4. 전 환경보호청 직원, 나와 한 인터뷰, 2015년 3월 30일.

5. 전 환경보호청 직원, 같은 인터뷰.

6. George Bush, "Appointment of Jeffrey R. Holmstead as an Associate Counsel to the President," October 5, 1990, https://www.presidency.ucsb.edu/node/264945; David L. Hancock, "Utahn Who Wanted to Play Basketball Goes to Court for Bush," Deseret News, August 30, 1991, https://www.deseretnews.com/article/180653/utahn-who-wanted-to-play-basketball-goes-to-court-for-bush.html; 제프리 홈스테드, 나와 한 인터뷰, 2018년 8월 17일.

7. George Bush, 앞의 자료.

8. The White House, "Jeffrey R. Holmstead," https://georgewbush-whitehouse.archives.gov/government/holmstead-bio.html.

9. 제프리 홈스테드, 앞의 인터뷰.

10. Nominations of the 107th Congress, Hearings before the S. Comm. on Env't and Public Works, 107th Cong. 11(May 17, 2001)(환경보호청 대기 및 방사능국 부청장보 제프리 홈스테드[지명 공직자임]의 증언).

11. 제프리 홈스테드, 앞의 인터뷰.

12. 제프리 홈스테드, 같은 인터뷰.

13. Complaint for Declaratory Relief and Writ of Mandamus or Other Order, at 6, International Ctr. for Tech. Assessment v.

14. 5 U.S.C. §§ 555(b), 706(1).

15. 조 멘델슨, 나와 한 인터뷰, 2015년 3월 25일; 조 멘델슨, 나에게 보낸 이메일, 2019년 7월 3일.

16. 조 멘델슨, 앞의 인터뷰.

17. 데이비드 북바인더, 나와 한 인터뷰, 2018년 7월 17일.

18. 데이비드 북바인더, 같은 인터뷰.

19. 조 멘델슨, 앞의 인터뷰.

20. Complaint, International Ctr. for Tech. Assessment v. Whitman.

21. 같은 자료, 1.

22. 조 멘델슨, 같은 인터뷰.

23. 로버트 E. 패브리컨트가 마리안 L. 호린코에게 보낸 메모; "EPA's Authority to Impose Mandatory Controls to Address Global Climate Change under the Clean Air Act," August 28, 2003.

24. "Control of Emissions from New Highway Vehicles and Engines," 68 Fed. Reg. 52,922(September 8, 2003).

25. 데이비드 도니거, 나와 한 인터뷰, 2016년 4월 26일.

26. 조지 W. 부시 대통령이 교토의정서와 관련해 상원의원들에게 보낸 서신, 2001년 3월 13일.

27. 제프리 홈스테드, 앞의 인터뷰.

28. 로버트 패브리컨트, 앞의 메모, 1(강조 표시는 내가 추가한 것이다).

29. 로버트 페브리컨트, 같은 메모.

30. "Standards of Performance for New Stationary Sources and Guidelines for Control of Existing Sources: Municipal Solid Waste Landfills," 61 Fed. Reg. 9905, 9905(Mar. 12, 1996).

31. 로버트 패브리컨트, 앞의 메모, 10.

32. 42 U.S.C. § 7602(g).

33. David Stout, "E.P.A. Chief Whitman Resigns," New York Times, May 21, 2003.

34. "Control of Emissions from New Highway Vehicles and Engines," 68 Fed. Reg. at

Whitman, No. 02-CV-2376(D.D.C. filed Dec. 5, 2002).

52933.

35. 제프리 홈스테드, 앞의 인터뷰.

36. "Control of Emissions from New Highway Vehicles and Engines," 68 Fed. Reg. at 52929.

37. 같은 자료, 52925.

38. 조 멘델슨, 앞의 인터뷰.

39. "Control of Emissions from New Highway Vehicles and Engines," 68 Fed. Reg. at 52929.

40. 같은 자료, 52929–52931.

41. 같은 자료.

42. 제프리 홈스테드가 프루던스 고포스 Prudence Goforth, 빌 웨럼Bill Wehrum, 낸시 케첨 콜윌Nancy Ketcham-Colwill에게 보낸 이메일, 2003년 8월 28일.

43. 전 환경보호청 직원, 나와 한 인터뷰, 2015년 3월 30일; 전 환경보호청 직원, 나와 한 인터뷰, 2015년 7월 22일.

44. "EPA General Counsel Resigns," *Environment New Service*, August 15, 2003; Robert E. Fabricant, General Counsel, Volcano Partners New Jersey LLC, letter to Ms. Amy Legare, Chair, National Remedy Review Board, U.S. EPA, November 14, 2012.

45. 낸시 케첨 콜윌이 리사 재거Lisa Jaeger, 리사 프리드먼Lisa Friedman, 존 해넌John Hannon, 패트리샤 엠브레이Patricia Embrey에게 보낸 이메일, 2003년 8월 28일.

46. 낸시 케첨 콜윌이 환경보호청의 다른 직원들에게 보낸 이메일, 2003년 8월 28일.

▷ 5장—이산화탄소 전사들

1. 조 멘델슨, 나와 한 인터뷰, 2015년 3월 25일.

2. 데이비드 북바인더가 피터 밴 툰Peter Van Tuyn 등 매사추세츠 측 진정인들에게 보낸 이메일, 2003년 11월 6일.

3. 조 멘델슨, "9월 3일 회의록"(미출판 노트, 2003년 9월 3일), 종이 문서; 조 멘델슨이 지구온난화 소송팀에게 보낸 메모, "Re: Coordination of the Legal Challenge on EPA' Greenhouse Gas Petition Ruling," September 8, 2003; 조 멘델슨, "9월 17 일 콘퍼런스 콜 회의록"(미출판 노트, 2003년 9월 17일), 종이 문서; 조 멘델슨, "기후 변화 프로젝트 회의 어젠다"(미출판 노트, 2003년 9월 23일), PDF 파일; 조 멘델슨, "10월 1일 이산화탄소 콘퍼런스 콜 회의록"(미출판 노트, 2003년 10월 1일), 종이 문서; 조 멘델슨, "지구온난화 콘퍼런스 콜 회의록"(미출판 노트, 2003년 10월 8일), 종이 문서; 조 멘델슨, "10월 10일 콘퍼런스 콜 회의록"(미출판 노트, 2003년 10월 10일), 종이 문서; 조 멘델슨, "10월 16일 이산화탄소 콘퍼런스 콜 회의록"(미출판 노트, 2003년 10월 16일), 종이 문서.

4. 데이비드 도니거, 나와 한 인터뷰, 2017년 4월 26일.

5. 데이비드 도니거, 같은 인터뷰.

6. Jeremy P. Jacobs, "Lisa Heinzerling Won't Back Down," *E&E News*, May 27, 2014, https://www.eenews.net/stories/1060000220.

7. Jeremy P. Jacobs, 같은 기사.

8. 전 환경보호청 지명 공직자, 나와 한 인터뷰, 2018년 3월 21일.

9. 짐 밀키, 나와 한 인터뷰, 2015년 2월 18일.

10. 짐 밀키, 같은 인터뷰.

11. 짐 밀키, 같은 인터뷰.

12. Colin Adamson and Patrick Sawer, "The South Gets a 90MPH Battering," *Evening Standard*, October 30, 2000, 2–3.

13. Pardeep Pall et al., "Anthropogenic Greenhouse Gas Contribution to Flood Risk in England and Wales in Autumn 2000," *Nature 470*(February 17, 2011): 382–385; Sid Perkins, "Rising Temperatures Bringing Bigger Floods," *Science*, February 16, 2011.

14. Rob Edwards, "US Greed Leaves the World Not Waving but Drowning," *Sunday Herald*, November 26, 2000, 3; Gary Ralston, "Grave New World," *Daily Record*,

November 15, 2000.

15. Michael Settle, "Bush's Decision to Rat on the Kyoto Treaty Is Grim News…." *Herald*, March 30, 2001, 3.

16. John Ingham, "Heat's on Bush over Warming," *Daily Express*, June 15, 2001, 15; Ian Black, "Street Clashes Greet the 'Toxic Texan,'" *Guardian*, June 15, 2001.

17. 짐 밀키, 앞의 인터뷰.

18. 데이비드 북바인더, 나와 한 인터뷰, 2018년 7월 17일.

19. 데이비드 북바인더, 같은 인터뷰.

▷ 6장—다수의 약점

1. Center for Biological Diversity, "States, Environmental Groups Challenge Bush on Global Warming," news release, October 23, 2003, https://www.biologicaldiversity.org/news/press_releases/warming10-23-03.htm.

2. 데이비드 북바인더, 나와 한 인터뷰, 2018년 7월 17일.

3. 조 멘델슨, "이산화탄소 청원 콘퍼런스 콜 회의록,"(미출판 노트, 2004년 1월 28일) 종이 문서; 짐 밀키가 조 멘델슨 및 매사추세츠 진정인 다수에게 보낸 이메일, 2004년 2월 3일.

4. 42 U.S.C. § 7602(g).

5. Chevron U.S.A., Inc. v. Natural Resources Defense Council, Inc., 467 U.S. 837(1984).

6. Food and Drug Administration v. Brown & Williamson Tobacco Corp., 529 U.S. 120(2000).

7. 짐 밀키가 조 멘델슨에게 보낸 이메일, 2004년 3월 15일.

8. 데이비드 도니거가 짐 밀키에게 보낸 이메일, 2004년 3월 15일; 조 멘델슨이 아론 리빙스톤Aaron Livingston에게 보낸 이메일, 2004년 3월 15일; 마크 멜닉이 빌 파르디Bill Pardee와 매사추세츠 진정인 다수에게 보낸 이메일, 2004년 3월 19일; 데이비드 북바인더가 짐 밀키에게 보낸 이메일, 2004년 3월 23일.

9. 마크 멜닉이 짐 밀키에게 보낸 이메일, 2004년 5월 12일.

10. 짐 밀키가 마크 멜닉과 매사추세츠 진정인 다수에게 보낸 이메일, 2004년 5월 24일.

11. 데이비드 도니거가 짐 밀키와 매사추세츠 진정인 다수에게 보낸 이메일, 2004년 5월 27일.

12. 빌 파르디가 데이비드 도니거에게 보낸 이메일, 2004년 5월 27일.

13. 데이비드 북바인더가 하워드 폭스 및 매사추세츠 진정인 다수에게 보낸 이메일, 2004년 6월 9일.

14. 짐 밀키가 하워드 폭스와 데이비드 도니거에게 보낸 이메일, 2004년 6월 14일.

15. 데이비드 도니거, 나와 한 인터뷰, 2017년 4월 26일.

16. 짐 밀키, 나와 한 인터뷰, 2015년 2월 18일.

17. 조 멘델슨, "1월 9일 회의록"(미출판 노트, 2003년 1월 9일), 종이 문서.

18. 데이비드 도니거, 앞의 인터뷰.

19. 데이비드 북바인더가 짐 밀키와 매사추세츠 진정인 다수에게 보낸 이메일, 2004년 1월 10일; 마크 멜닉이 빌 파르디와 매사추세츠 진정인 다수에게 보낸 이메일, 2004년 1월 12일; 조 멘델슨이 마크 멜닉에게 보낸 이메일, 2004년 1월 12일; 짐 밀키가 조 멘델슨과 매사추세츠 진정인 다수에게 보낸 이메일, 2004년 1월 14일; 데이비드 도니거가 매사추세츠 진정인 다수에게 보낸 이메일, 2004년 1월 14일; 마크 멜닉이 빌 파르디와 매사추세츠 진정인 다수에게 보낸 이메일, 2004년 1월 15일.

20. 하워드 폭스가 데이비드 북바인더와 매사추세츠 진정인 다수에게 보낸 이메일, 2004년 3월 16일.

21. 니콜라스 스턴이 빌 파르디와 매사추세츠 진정인 다수에게 보낸 이메일, 2004년 3월 18일; 짐 밀키가 하워드 폭스에게 보낸 이메일, 2004년 3월 22일; 마크 멜닉이 빌 파르디와 매사추세츠 진정인 다수에게 보낸 이메일, 2004년 4월 2일.

22. 니콜라스 스턴, 앞의 이메일.
23. 마크 멜닉, 앞의 이메일.
24. 데이비드 도니거가 니콜라스 스턴과 매사추세츠 진정인 다수에게 보낸 이메일, 2004년 3월 18일.
25. 니콜라스 스턴, 앞의 이메일.
26. 짐 밀키가 마크 멜닉에게 보낸 이메일, 2004년 5월 12일.
27. 짐 밀키가 하워드 폭스에게 보낸 이메일, 2004년 5월 19일.
28. 매사추세츠 진정인 위원회가 나에게 보낸 이메일, 2018년 12월 7일; 매사추세츠 진정인 위원회, 나와 한 인터뷰, 2019년 1월 16일.
29. 전 연방 항소법원 판사, The Honorable Patricia Wald, "Notes on Massachusetts Petitioners' Draft D.C. Circuit Brief" (미출판 노트, 2004년 5-6월), 종이 문서.

▷ 7장—세 재판관
1. 415 F.3d 44(D.C. Cir. 2005).
2. Federal Judicial Center, "Biographical Directory of Article III Federal Judges, 1789–Present," https://www.fjc.gov/history/judges.
3. Christopher A. Cotropia, "Determining Uniformity within the Federal Circuit by Measuring Dissent and En Banc Review," *Loyola of Los Angeles Law Review 43*, no. 3(2010): 815.
4. Jeffrey Rosen, "The Next Court," *New York Times Magazine*, October 22, 2000, 74.
5. Jeffrey Rosen, 같은 기사; Bernard Weinraub, "Reagan Says He'll Use Vacancies to Discourage Judicial Activism," *New York Times*, October 22, 1985, A1.
6. Canton, North Carolina, "About: Facts and Figures," http://www.cantonnc.com/facts-and-figures/; Ruth Marcus and Sharon LaFraniere, "North Carolina Judge Is Seen as Choice for Appellate Vacancy Here," *Washington Post*, September 27, 1986, A15; Peter Applebome, "Judge in Whitewater Dispute Rewards Faith of His Patron," *New York Times*, August 17, 1994, A1.
7. Judge David S. Tatel, "Portrait Presentation Ceremony: Judge David B. Sentelle"(remarks, April 5, 2013), 18–19, http://dcchs.org/usca/JudgeSentellePortraitTranscript.pdf.
8. David Johnston, "Appointment in Whitewater Turns into a Partisan Battle," *New York Times*, August 13, 1994, A1.
9. Arthur Raymond Randolph Jr., "Oral History Project of the Historical Society of the District of Columbia Circuit," interview by E. Barrett Prettyman Jr.(March 15, April 19, and May 17, 2002, and March 1, 2004): 3–6.
10. Arthur Raymond Randolph Jr., 같은 기사, 11–12.
11. Arthur Raymond Randolph Jr., 같은 기사, 9–11.
12. Arthur Raymond Randolph Jr., 같은 기사, 14, 78–89.
13. Arthur Raymond Randolph Jr., 같은 기사, 32, 60.
14. Linda Greenhouse, "Bork's Nomination Is Rejected, 58–42; Reagan 'Saddened,'" *New York Times*, October 24, 1987, A1.
15. Federal Judicial Center, "Tatel, David S.," https://www.fjc.gov/history/judges/tatel-david-s.
16. 같은 자료; Barbara Slavin, "A Judge of Character: Although He's Blind, David Tatel Skis, Runs and Climbs Mountains. By Summer's End, He May Be a Top Jurist Too," *Los Angeles Times*, July 28, 1994, E1
17. United States Court of Appeals District of Columbia Circuit, "David S. Tatel," https://www.cadc.uscourts.gov/internet/home.nsf/Content/VL+-+Judges+-+DST; Edie Tatel and David Tatel, "Foundation Fighting Blindness Hope & Spirit Award"(biographies, Washington, DC, May 2, 2017).

18. Barbara Slavin, 앞의 기사; Jeffrey Rosen, 앞의 기사.
19. David S. Tatel, 앞의 자료.
20. Jeffrey Rosen, 앞의 기사.
21. Jeffrey Rosen, 같은 기사.

▷ 8장―대체 뭔 소린지 모르겠군요
1. 데이비드 도니거, 나와 한 인터뷰, 2017년 4월 26일; 구두변론 속기록, 3, Massachusetts v. EPA, 415 F.3d 50(D.C. Cir. 2005)(No. 03-1361).
2. 같은 구두변론 속기록, 4.
3. 같은 자료, 8.
4. 전 D.C.항소법원 직원, 나와 한 인터뷰, 2018년 3월 2일.
5. 다음 병합 사건에 대한 진정인의 최종 서면. Massachusetts, 415 F.3d 50(D.C. Cir. 2005), No. 03-1361.
6. 앞의 구두변론 속기록, 12–25.
7. United States v. Krizek, 192 F.3d 1024(D.C. Cir. 1999).
8. 467 U.S. 837(1984).
9. 전 환경보호청 직원, 나와 한 인터뷰, 2015년 3월 30일.
10. 전 환경보호청 지명 공직자, 나와 한 인터뷰, 2017년 6월 1일.
11. 529 U.S. 120(2000).
12. 다음의 서면. Respondent Environmental Protection Agency, Massachusetts, 415 F.3d 50(D.C. Cir. 2005), No. 03-1361.
13. 제프리 홈스테드, 나와 한 인터뷰, 2018년 8월 17일.
14. 전 환경보호청 지명 공직자, 나와 한 인터뷰, 2017년 6월 1일.
15. 앞의 구두변론 속기록, 38.
16. 같은 자료, 39.
17. 같은 자료, 44.
18. 같은 자료, 47.
19. 같은 자료.
20. 같은 자료, 48.

▷ 9장―긴 반대의견
1. Jeffrey Bossert Clark, "Climate Change Litigation, Presentation to the Interagency Working Group on Climate Change Science and Technology, May 18, 2005"(파워포인트 슬라이드).
2. 같은 자료.
3. Lujan v. Defenders of Wildlife, 504 U.S. 555, 560–561(1992).
4. Richard Lazarus, "Restoring What's Environmental about Environmental Law in the Supreme Court," *University of California at Los Angeles Law Review 47*, no. 3(2000): 703, 749–752.
5. Massachusetts, 415 F.3d at 59(센텔, 일부 반대 및 동조의견).
6. Brief of Respondent Environmental Protection Agency, Massachusetts, 415 F.3d 50, No. 03-1361, 15–18.
7. 전 환경보호청 직원, 나와 한 인터뷰, 2015년 7월 22일.
8. 구두변론 속기록, 3. Massachusetts v. EPA, 415 F.3d 50(D.C. Cir. 2005)(No. 03-1361), 18–20.
9. Massachusetts v. EPA, 415 F.3d 44, 53(D.C. Cir. 2005)(opinion of Randolph, J.).
10. 데이비드 S. 테이틀 판사, 나와 한 인터뷰, 2018년 1월 29일.
11. Christopher A. Cotropia, "Determining Uniformity within the Federal Circuit by Measuring Dissent and En Banc Review," *Loyola of Los Angeles Law Review 43*, no. 3(2010): 815.
12. United States v. Phillip Morris USA, Inc., 396 F.2d 1190(D.C. Cir. 2005)(테이틀 판사, 반대의견).
13. 데이비드 테이틀 판사, 앞의 인터뷰.
14. 전 D.C.항소법원 직원, 나와 한 인터뷰, 2018년 3월 2일.
15. 전 D.C.항소법원 직원, 같은 인터뷰.
16. Massachusetts v. EPA, 433 F.3d 66, 67(D.C. Cir. 2005)(mem.)(테이틀, 전원재판부 재심리 불허 결정에 대한 반대의견).
17. 전 D.C.항소법원 직원, 나와 한 인터뷰, 2018년 3월 2일.

18. 전 D.C.항소법원 직원, 같은 인터뷰.

19. 전 D.C.항소법원 직원, 같은 인터뷰.

20. 전 D.C.항소법원 직원, 나와 한 인터뷰, 2018년 3월 6일.

21. 전 D.C.항소법원 직원, 나와 한 인터뷰, 2018년 3월 2일.

22. Sharon Walsh, "D.C. Lawyer Nominated to U.S. Appeals Court," *Washington Post*, June 21, 1994, B1; Jeffrey Rosen, "The Next Court," *New York Times Magazine*, October 22, 2000, 74; Barbara 312 Notes to Pages 103–113 Slavin, "A Judge of Character: Although He's Blind, David Tatel Skis, Runs and Climbs Mountains. By Summer's End, He May Be a Top Jurist Too," *Los Angeles Times*, July 28, 1994, E1.

23. Jeffrey Rosen, 앞의 기사.

24. 전 D.C.항소법원 직원, 앞의 인터뷰 (2018년 3월 2일).

25. Jeffrey Rosen, 앞의 기사.

26. Massachusetts, 415 F.3d, at 50.

27. 같은 자료, 53–59(랜돌프, 의견).

28. 같은 자료, 59–61(센텔, 일부 반대 및 동조의견).

29. 같은 자료, 61, 73–74, 77(테이틀, 반대의견).

30. 조 멘델슨, "7월 20일 회의록"(미출판 노트, 2005년 7월 20일), 종이 문서.

▷ 10장—마지막 시도

1. 프랜시스 베이네크가 톰 라일리 매사추세츠 법무장관에게 보낸 서신, 2005년 8월 25일(전화를 받으면서 손으로 써 넣은 메모가 달려 있음).

2. 프랜시스 베이네크, 같은 서신.

3. 프랜시스 베이네크, 같은 서신.

4. 짐 밀키가 킴벌리 매시코트Kimberly Massicotte와 매사추세츠 진정인 다수에게 보낸 이메일, 2005년 7월 21일.

5. 데이비드 도니거가 짐 밀키에게 보낸 메모, 날짜 미상.

6. Massachusetts v. EPA, 433 F.3d 66, 67(D.C. Cir. 2005)(테이틀, 반대의견).

7. "The Statistics," *Harvard Law Review 131*, no. 1(2017): 410.

8. "New Anthony M. Kennedy Chair at McGeorge School of Law in Sacramento," SCOTUSblog, October 15, 2018, video, 15:15, www.scotusblog.com/media/new-anthony-m-kennedy-chair-at-mcgeorge-school-of-law-in-sacramento.

9. 짐 밀키가 제리 레이드Jerry Reid와 매사추세츠 진정인 다수에게 보낸 이메일, 2005년 12월 23일.

10. 데이비드 도니거, 나와 한 인터뷰, 2017년 4월 26일.

11. 매사추세츠 진정인, "Draft Petition for Writ of Certiorari"(미발표 초고, 2006년 1월 26일), MS워드 문서.

12. 같은 자료, 16.

13. 내가 짐 밀키에게 보낸 이메일, 2006년 2월 1일.

14. 짐 밀키, 이메일, 2006년 2월 16일.

15. 리사 헤인즐링, "Minnesota Wild," *Minnesota Law Review 87*, no. 4(April 2003): 1139.

16. 리사 헤인즐링, 같은 자료.

17. National Oceanic and Atmospheric Administration, "Trends in Atmospheric Carbon Dioxide: Data," https://www.esrl.noaa.gov/gmd/ccgg/trends/data.html.

18. Nathaniel Rich, "Losing Earth: The Decade We Almost Stopped Climate Change," *New York Times Magazine*, August 1, 2018.

19. Jeremy P. Jacobs, "Lisa Heinzerling Won't Back Down," *E&E News*, May 27, 2014, https://www.eenews.net/stories/1060000220.

20. 531 U.S. 457(2001).

21. Richard J. Lazarus, "Advocacy Matters before the Supreme Court," *Georgetown Law Journal 96*, no. 5(June 2008): 1493–1495.

22. Browner v. American Trucking Ass'ns, 529 U.S. 1129(2000).

23. Sierra Club v. Morton, 401 U.S. 907(1971).

24. Sierra Club v. Morton, 405 U.S. 727(1972).
25. Frank Ackerman and Lisa Heinzerling, *Priceless: On Knowing the Price of Everything and the Value of Nothing*(New York: New Press, 2004).
26. 짐 밀키, 같은 이메일, 2006년 2월 16일.
27. Petition for Writ of Certiorari, Massachusetts v. EPA, 549 U.S. 497(2007)(No. 05-1120).
28. 같은 자료, 3-4.
29. 짐 밀키, 앞의 이메일, 2006년 2월 16일.
30. Petition for Writ of Certiorari, at 16.
31. Antonin Scalia and Bryan Garner, *Making Your Case: The Art of Persuading Judges*(St. Paul, MN: Thomson/West, 2008), 112.
32. Petition for Writ of Certiorari, at 12.
33. 같은 자료, 2, 4, 7, 8, 9, 12, 13, 15, 18, 20, 21, 23.
34. 짐 밀키, 나와 한 인터뷰, 2018년 7월 6일; 데이비드 도니거, 앞의 인터뷰.

▷ 11장―하느님, 세상에!
1. Act to Establish the Department of Justice, chap. 150, 16 Stat. 162(1870).
2. Seth P. Waxman, "Twins at Birth: Civil Rights and the Role of the Solicitor General," *Indiana Law Journal 75*, no. 4(Fall 2000): 1300–1315. 314 Notes to Pages 125–133.
3. H. W. Perry Jr., *Deciding to Decide: Agenda Setting in the United States Supreme Court*(Cambridge, MA: Harvard University Press, 1991), 222–245.
4. H. W. Perry Jr., 같은 책.
5. Brief for the Federal Respondent in Opposition, at 10–11, Massachusetts, 549 U.S. 497(No. 05-1120).
6. 같은 자료, 20.
7. Reply Brief of Petitioners, at 3, Massachusetts, 549 U.S. 497(No. 05-1120).
8. 같은 자료, 1.
9. H.W. Perry, 앞의 책, 42–43; Tony Mauro, "Court Watch: Pool Party," *National Law Journal: The Blog of the Legal Times*, September 18, 2006.
10. Adam Liptak, "Gorsuch, in Sign of Independence, Is Out of Supreme Court's Clerical Pool," *New York Times*, May 1, 2017, A22.
11. "Supreme Court Justice Stevens," C-SPAN, June 24, 2009, video, 35:23, https://www.c-span.org/video/?286081-1/supreme-court-justice-stevens.
12. 존 폴 스티븐스 대법관, 나와 한 인터뷰, 2017년 2월 28일.
13. 대법원 직원, 나와 한 인터뷰, 2018년 8월 1일; H. W. Perry, 앞의 책, 43–44.
14. 사설, "Warming at the Court," *Washington Post*, June 14, 2006.
15. 같은 기사.
16. 같은 기사.
17. 익명의 정보원, 나와 한 인터뷰, 2018년 6월 27일; 익명의 정보원, 나와 한 인터뷰, 2018년 7월 2일.
18. 짐 밀키가 빌 파르디와 매사추세츠 진정인 다수에게 보낸 이메일, 2006년 6월 14일.
19. Massachusetts v. EPA, 548 U.S. 903(2006).
20. 조 멘델슨, 나와 한 인터뷰, 2018년 7월 30일; 조 멘델슨이 앤 매딩에게 보낸 이메일, 2017년 6월 20일.
21. 짐 밀키, 나와 한 인터뷰, 2018년 7월 6일.
22. 데이비드 북바인더, 나와 한 인터뷰, 2018년 7월 17일.
23. 짐 밀키, 앞의 인터뷰.
24. 프랜시스 베이네크가 톰 베일리 매사추세츠 법무장관에게 보낸 서신, 2005년 8월 25일(손으로 쓴 서신에 짐 밀키가 적어 넣은 메모가 달려 있음).

▷ 12장―연단의 유혹
1. Supreme Court of the United States, *Rules of the Supreme Court of the United States*, Rule 28, September 12, 2017.
2. Supreme Court of the United States, "Counsel Listings, Opinions," https://

www.supremecourt.gov/opinions/
counsellist.aspx; Adam Feldman,
"Empirical SCOTUS: Supreme Court
All-Stars 2013–2017(Corrected)",
SCOTUSBlog, September 13, 2018,
http://www.scotusblog.com/2018/09/
empirical-scotus-supreme-court-
all-stars-2013-2017/; Adam Feldman,
"Attorneys and Firms for the 2017 Term",
Empirical SCOTUS, May 31, 2018,
https://empiricalscotus.com/2018/05/31/
attorneys-firms-2017/.

3. Tony Mauro, "Glickman v. Wileman
    Brothers and Elliott Inc.: How Oral
    Arguments Led to a Lawsuit", in *A Good
    Quarrel: America's Top Legal Reporters
    Share Stories from Inside the Supreme
    Court*, ed. Timothy R. Johnson and Jerry
    Goldman(Ann Arbor: University of
    Michigan Press, 2009), 78, 92–95.
4. 리사 헤인즐링, 나와 한 인터뷰, 2018년
    8월 9일.
5. 리사 헤인즐링. 같은 인터뷰.
6. Petition for Writ of Certiorari, at 13–24,
    Massachusetts v. EPA, 549 U.S. 497(2007)
    (No. 05-1120).
7. 같은 자료, 22–26.
8. 같은 자료를 다음과 비교해보라. Brief for
    the Petitioners, at I, Massachusetts v. EPA,
    549 U.S. 497(No. 05-1120); 데이비드
    도니거, 나와 한 인터뷰, 2017년 4월 26일.
9. Massachusetts Petitioners, "Draft Brief
    7/28"(미출판 서면, 2006년 7월 28일),
    51–56, MS워드 문서.
10. 조 멘델슨이 리사 헤인즐링 등에게 보낸
    메모, 2006년 8월 1일; 리사 헤인즐링이
    소그룹에게 보낸 메모, 2006년 8월 3일; 짐
    밀키가 리사 헤인즐링에게 보낸 이메일,
    2006년 8월 7일.
11. 리사 헤인즐링이 데이비드 북바인더와
    매사추세츠 진정인 다수에게 보낸
    이메일, 2006년 8월 18일.
12. 리사 헤인즐링이 매사추세츠 진정인

다수에게 보낸 이메일, 2006년 8월 24일.
13. 마크 멜닉이 짐 밀키와 매사추세츠
    진정인 다수에게 보낸 이메일, 2006년
    8월 25일; 짐 밀키가 리사 헤인즐링과
    매사추세츠 진정인 다수에게 보낸
    이메일, 2006년 8월 25일.
14. 데이비드 도니거가 리사 헤인즐링과
    매사추세츠 진정인 다수에게 보낸
    이메일, 2006년 8월 25일.
15. 리사 헤인즐링, 앞의 이메일(2006년 8월
    24일).
16. Massachusetts Petitioners, "Draft Brief
    8/24"(미출판 서면, 2006년 8월 24일), 8,
    32, MS워드 문서.
17. Brief for the Petitioners, at 48.
18. Massachusetts Petitioners, "Draft Brief
    8/28"(미출판 서면, 2006년 8월 28일), 50,
    MS워드 문서.
19. 짐 밀키, 앞의 이메일(2006년 8월 25일).
20. 짐 밀키가 나에게 보낸 이메일, 2018년
    7월 7일.
21. 데이비드 북바인더, 나와 한 인터뷰,
    2018년 7월 17일.
22. 데이비드 도니거, 나와 한 인터뷰, 2017년
    4월 26일.
23. 데이비드 도니거, 같은 인터뷰.
24. 짐 밀키가 피터 레너Peter Lehner에게 보낸
    이메일, 2006년 9월 29일.
25. 짐 밀키, 나와 한 인터뷰, 2015년 2월 18일;
    짐 밀키, 나와 한 인터뷰, 2018년 7월 6일;
    데이비드 북바인더, 앞의 인터뷰; 짐 밀키,
    앞의 이메일(2006년 9월 29일).
26. 짐 밀키, 같은 이메일.
27. 데이비드 북바인더가 짐 밀키에게 보낸
    이메일, 2006년 9월 20일.
28. 짐 밀키가 데이비드 북바인더에게 보낸
    이메일, 2006년 10월 2일.
29. 짐 밀키, 같은 이메일.
30. 짐 밀키, 같은 이메일.
31. 짐 밀키, 같은 이메일.
32. 짐 밀키, 같은 이메일; 짐 밀키, 인터뷰,
    2015년 7월 6일; 데이비드 북바인더, 앞의
    인터뷰.

33. 리사 헤인즐링이 매사추세츠 진정인
다수에게 보낸 이메일, 2006년 10월 4일.

34. 리사 헤인즐링. 같은 이메일.

35. 리사 헤인즐링, 앞의 인터뷰.

36. United States Court of Appeals District
of Columbia Circuit, "Judge Cornelia T.
L. Pillard," https://www.cadc.uscourts.
gov/internet/home.nsf/Content/VL+-
+Judges+-+NP; "Remarks by the President
on the Nominations to the U.S. Court
of Appeals for the District of Columbia
Circuit," C-SPAN, June 4, 2013, 동영상.
https://www.c-span.org/video/?313153-1/
president-obama-judicial-nominations;
Nevada v. Hibbs, 538 U.S. 721(2003).

37. 리사 헤인즐링, 앞의 인터뷰.

38. Brief for the Federal Respondent, at 10–20,
Massachusetts, 549 U.S. 497(No. 05-1120).

39. 같은 자료, 14–18.

40. 같은 자료, 14.

41. 같은 자료, 33–35.

42. 같은 자료, 42.

43. 같은 자료, 20–25.

44. 같은 자료, 8.

45. 같은 자료, 42–43, 45–50.

46. Joint Brief of Industry Intervenor-
Respondents, Massachusetts v. EPA, 415
F.3d 50(D.C. Cir. 2005)(No. 03-1361).

47. Supreme Court of the United States
Docket, No. 05-1120, https://www.
supremecourt.gov/Search.aspx?FileName=/
docketfiles\05-1120.htm.

48. Brief for the Respondent CO2 Litigation
Group, at 6–39, Massachusetts, 549
U.S. 497(No. 05-1120); Brief for the
Respondent States of Michigan, North
Dakota, Utah, South Dakota, Alaska,
Kansas, Nebraska, Texas, and Ohio, at
11–23, Massachusetts, 549 U.S. 497(No.
05-1120).

49. Brief for Respondent Utility Air Regulatory
Group, at 9–25, Massachusetts, 549 U.S.
497(No. 05-1120).

50. Brief for Respondents Alliance of
Automobile Manufacturers, Engine
Manufacturers Association, National
Automobile Dealers Association, Truck
Manufacturers Association, at 43–50,
Massachusetts, 549 U.S. 497(No. 05-1120).

51. Supreme Court of the United States
Docket, No. 05-1120.

52. Supreme Court of the United States, Rules
of the Supreme Court of the United States,
Rule 33, March 14, 2005.

53. Reply, Massachusetts, 549 U.S. 497(No.
05-1120).

54. 같은 자료, 1, 22.

▷ 13장―예행연습

1. 짐 밀키, 나와 한 인터뷰, 2018년 7월 6일;
데이비드 북바인더, 나와 한 인터뷰,
2018년 7월 17일.

2. 짐 밀키, 앞의 인터뷰.

3. 짐 밀키. 같은 인터뷰.

4. Supreme Court of the United States, Guide
for Counsel in Cases to Be Argued before
the Supreme Court of the United States,
November 13, 2017, 6

5. 같은 자료.

6. 구두변론 속기록, 13, Dep't of Health
and Human Servs. v. Florida, 567 U.S.
519(2012)(No. 11-398).

7. Guide for Counsel, 11. 또 다른 사례로는
다음의 구두변론 속기록을 참고하라.
53, Carpenter v. United States, 138 S. Ct.
2206(2018)(No. 16-402).

8. 데이비드 도니거, 나와 한 인터뷰, 2017년
4월 26일.

9. 짐 밀키가 나에게 보낸 이메일, 2015년
2월 20일.

10. 짐 밀키, 앞의 인터뷰; 짐 밀키가 나에게
보낸 이메일, 2019년 7월 17일.

11. 짐 밀키, "Oral Argument Binder"(미출판
바인더, 2006년 11월), MS워드 문서.

12. 짐 밀키. 같은 자료.

13. 짐 밀키. 같은 자료.

14. 짐 밀키, 나와 한 인터뷰, 2015년 2월 18일.
15. 짐 밀키. 같은 인터뷰.
16. 데이비드 도니거, 앞의 인터뷰.
17. 데이비드 노니거. 같은 인터뷰.
18. 데이비드 북바인더, 앞의 인터뷰.
19. 당시에 나는 매사추세츠 사건의 예행연습에 참여했고 "대법원 연구소"의 공동 소장으로 일하고 있었다.
20. 조지타운 법대생, Notes from Georgetown University Law Center Moot(미출판 노트, 2006년 11월 17일), MS워드 문서.
21. 같은 자료.
22. 데이비드 도니거, 앞의 인터뷰.
23. 데이비드 북바인더, 앞의 인터뷰.
24. 데이비드 북바인더, 같은 인터뷰.
25. 짐 밀키, 앞의 인터뷰(2018년 7월 6일; 2015년 2월 18일); 데이비드 북바인더, 같은 인터뷰.
26. 데이비드 북바인더, 같은 인터뷰.
27. 짐 밀키, 앞의 인터뷰(2018년 7월 6일).
28. 짐 밀키. 같은 인터뷰.

▷ 14장—74인치
1. 짐 밀키가 나에게 보낸 이메일, 2018년 3월 8일; 그레고리 가르가 나에게 보낸 이메일, 2018년 3월 9일; Confirmation Hearings on Federal Appointments before the S. Comm. on the Judiciary, Notes to Pages 169–173 319 110th Cong. 623(2008)(송무차관 지명자 그레고리 G. 가르의 진술).
2. 대법원 경비국에서 나에게 보낸 이메일, 2018년 4월 12일.
3. 대법원 경비국, 같은 이메일.
4. Fred J. Maroon and Suzy Maroon, *The Supreme Court of the United States*(New York: Thomasson-Grant and Lickle, 1996), 17–33; Supreme Court Historical Society, "Homes of the Court," https://www. supremecourthistory.org/history-of-the-court/home-of-the-court.
5. Fred Maroon and Suzy Maroon, 앞의 책, 39; Supreme Court Historical Society, 앞의 자료.

6. 대법원 경비국, 나와 한 인터뷰 및 나의 대법원 투어, 2018년 4월 9일.
7. 같은 자료.
8. 같은 자료.
9. 짐 밀키, 나와 한 인터뷰, 2018년 7월 6일.
10. 짐 밀키, 나와 한 인터뷰, 2015년 2월 18일; 구두변론일 아침 대법원에서 내가 직접 목격함, 2006년 11월 29일.
11. 짐 밀키, 나와 한 인터뷰, 2018년 7월 6일.
12. 전 환경보호청 직원이 나에게 보낸 이메일, 2018년 6월 14일.
13. 밀키, 앞의 이메일.
14. 대법원 직원이 나에게 보낸 이메일, 2015년 5월 4일; Fred Maroon and Suzy Maroon, 앞의 책, 134; Supreme Court Historical Society, 앞의 자료; Supreme Court of the United States, "Supreme Court Building— Building History," https://www. supremecourt.gov/about/buildinghistory. aspx.
15. 대법원 직원이 나에게 보낸 이메일, 2019년 3월 29일.
16. Fred Maroon and Suzy Maroon, 앞의 책, 134–152; Office of the Curator of the Supreme Court of the United States, "Courtroom Friezes: South and North Walls, Information Sheet," May 8, 2003, https://www.supremecourt.gov/about/ northandsouthwalls.pdf; Office of the Curator of the Supreme Court of the United States, "Courtroom Friezes: East and West Walls, Information Sheet," October 1, 2010, https://www.supremecourt.gov/about/ eastandwestwalls.pdf.
17. David C. Frederick, "Supreme Court Advocacy in the Early Nineteenth Century," *Journal of Supreme Court History 30*, no. 1(March 2005): 1.
18. "Reed in Collapse; AAA Cases Halted," *New York Times*, December 11, 1935, 1, 9; John G. Roberts Jr., "Oral Advocacy and the Re-Emergence of a Supreme Court Bar," *Journal of Supreme Court History 30*, no.

1(March 2005): 72–73.

19. Supreme Court of the United States, "The Court and Its Traditions," https://www.supremecourt.gov/about/traditions.aspx; Willard L. King, "Melville Weston Fuller: 'The Chief' and the Giants on the Court," *American Bar Association Journal 36*, no. 4 (April 1950): 349.

20. Linda Greenhouse, "David H. Souter: Justice Unbound," *New York Times*, May 2, 2009.

21. Planned Parenthood v. Casey, 505 U.S. 883(1992).

22. Lawrence v. Texas, 539 U.S. 558(2003).

23. Atkins v. Virginia, 536 U.S. 304(2002); Roper v. Simmons, 543 U.S. 551(2005).

24. 대법원 직원, 나에게 보낸 이메일, 2015년 5월 4일.

25. Mark Tushnet, "Themes in Warren Court Biographies," *New York University Law Review 70*, no. 3(June 1995): 763.

▷ 15장―질문 공세

1. 티모시 R. 존슨Timothy R. Johnson이 나에게 보낸 이메일, 2019년 1월 22일; Timothy R. johnson, Ryan C. Black, and Ryan J. Owens, "Justice Scalia and Oral Arguments at the Supreme Court." 다음에 수록됨. *The Conservative Revolution of Antonin Scalia*, ed. David A. Schultz and Howard Schweber(Lanham, MD: Lexington Books, 2018), 253.

2. Paul Clement, "Supreme Court Bar Memorial for Justice Antonin Scalia," C-SPAN, November 4, 2016, 동영상, 39:30–40:10, https://www.c-span.org/video/?417972-1/supreme-court-honors-life-justice-antonin-scalia&start=621; Transcript of Oral Argument, Hodel v. Irving, 481 U.S. 704(1987)(No. 85-637).

3. John Calvin Jeffries, *Justice Lewis F. Powell, Jr.*(New York: Fordham University Press, 2001), 534.

4. Adam Liptak, "Vote Trading Is Not the Court's Way," Week in Review, *New York Times*, May 16, 2010, 1, 14.

5. 안토닌 스칼리아 대법관, 다음과 한 인터뷰. Susan Swain, C-SPAN, June 19, 2009, https://www.c-span.org/video/?286079-1/supreme-court-justice-scalia&start=955.

6. Joan Biskupic, *American Original: The Life and Constitution of Supreme Court Justice Antonin Scalia*(New York: Sarah Crichton Books, Farrar, Straus and Giroux, 2009), 122–29; Evan Thomas, *First-: Sandra Day O'Connor*(New York: Random House, 2019), 302.

7. Chief Justice John Roberts, "The Supreme Court: Home to America's Highest Court," C-SPAN, December 20, 2010, https://www.c-span.org/video/?297213-1/the-supreme-court-home-americas-highest-court-2010-edition&start=2468, at 41:26.

8. Paul Clement, "Arguing before Justice Scalia," *New York Times*, February 17, 2016(다음을 인용함. Morrison v. Olson, 487 U.S. 654, 698(1988)(스칼리아 대법관, 반대의견).

9. 예를 들어 다음을 참고하라. 구두변론 속기록. 14, Missouri v. Jenkins, 515 U.S. 70(1995)(No. 93-1823); 구두변론 속기록, 19, United States v. Mezzanatto, 513 U.S. 196(1995)(No. 93-1340).

10. 구두변론 속기록, 3, Massachusetts v. EPA, 549 U.S. 497(2007)(No. 05-1120).

11. 짐 밀키, "Oral Argument Binder"(미출판 바인더, 2006년 11월), MS워드 문서.

12. Antonin Scalia, "The Doctrine of Standing as an Essential Element of the Separation of Powers," *Suffolk University Law Review 17*, no. 4(1983): 897.

13. 구두변론 속기록(Massachusetts) 4.

14. 같은 자료.

15. 같은 자료, 5

16. 같은 자료.

17. 같은 자료, 6.
18. 같은 자료.
19. 짐 밀키, 앞의 자료(바인더).
20. 앞의 구두변론 속기록(Massachusetts).
21. 같은 자료, 6–7.
22. 같은 자료, 10.
23. 같은 자료, 10–11.
24. 같은 자료, 11–12.
25. 같은 자료, 11–13.
26. 같은 자료, 12–13.
27. 같은 자료, 13.
28. 같은 자료, 14–15.
29. 짐 밀키, 나와 한 인터뷰, 2018년 7월 7일.
30. 앞의 구두변론 속기록(Massachusetts) 16.
31. 짐 밀키, 앞의 인터뷰.
32. 앞의 구두변론 속기록(Massachusetts) 17.
33. 같은 자료, 18.
34. 같은 자료, 19.
35. 같은 자료.
36. 같은 자료, 20.
37. 같은 자료, 20–21.
38. 같은 자료, 22.
39. 같은 자료, 23.
40. 같은 자료, 23–24.
41. 같은 자료, 22.
42. 같은 자료.
43. 조 멘델슨, 나와 한 인터뷰, 2018년 7월 30일.
44. 앞의 구두변론 속기록(Massachusetts) 25.

▷ 16장—시간 종료
1. The United States Department of Justice, "Solicitor General: Gregory G. Garre," 2014년 10월 31일에 업데이트됨, https://www.justice.gov/osg/bio/gregory-g-garre; Linda Greenhouse, "Bush and First Lady Visit Rehnquist's Coffin at Court," *New York Times*, September 7, 2005, A14.
2. John G. Roberts Jr., "In Tribute to William H. Rehnquist," *Columbia Law Review 106*, no. 3(April 2006): 487; Kerri Martin Bartlett, "Memories of a Modest Man: A Tribute to Chief Justice William H.

Rehnquist," *Columbia Law Review 106*, no. 3(April 2006): 490; Michael K. Young, "Croquet, Competition, and the Rules: A More Personal Reflection on the Jurisprudence of Chief Justice William H. Rehnquist," *Columbia Law Review 106*, no. 3(April 2006): 498; Gregory G. Garre, "Commencement Address," *George Washington University Law School*, May 15, 2016.
3. 그레고리 가르, 나와 한 인터뷰, 2015년 6월 3일.
4. Margaret Meriwether Cordray and Richard Cordray, "The Solicitor General's Changing Role in Supreme Court Litigation," *Boston College Law Review 51*, no. 5(November 2010): 1354; Lincoln Caplan, *The Tenth Justice: The Solicitor General and the Rule of Law*(New York: Alfred A. Knopf, 1987), 1.
5. Supreme Court of the United States, "About the Court, Building Features," https://www.supremecourt.gov/about/buildingfeatures.aspx.
6. Debra Cassens Weiss, "SG Dumped Traditional Morning Coat, Wore Pantsuit of Unknown Design," *ABA Journal*, September 11, 2009; Marcia Coyle, "Morning Coats and First Arguments: Female SCOTUS Lawyers on Breaking Barriers," *National Law Journal*, October 6, 2017.
7. 그레고리 가르, 나에게 보낸 이메일, 2018년 3월 9일.
8. 그레고리 가르, 나에게 보낸 이메일, 2019년 7월 18일.
9. 그레고리 가르, 앞의 인터뷰.
10. 그레고리 가르, 같은 인터뷰.
11. 구두변론 속기록, 29–31, 40, Massachusetts v. EPA, 549 U.S. 497(2007)(No. 05-1120); RonNell Andersen Jones and Aaron L. Nieldon, "Clarence Thomas the Questioner," *Northwestern University Law Review Online 111*(2017): 197.

12. 앞의 구두변론 속기록, 25.

13. 같은 자료.

14. 같은 자료, 27.

15. 같은 자료, 28.

16. 같은 자료, 28–29; Oyez, Massachusetts v.
EPA, Oral Argument(November 29, 2006),
https://www.oyez.org/cases/2006/05-1120.

17. 앞의 구두변론 속기록, 28–29,
Massachusetts v. EPA.

18. 같은 자료, 41, 43, 50–51.

19. 같은 자료, 52.

20. 같은 자료.

21. 같은 자료, 51.

22. 같은 자료, 53.

23. 짐 밀키, 나와 한 인터뷰, 2018년 7월 6일.

24. 앞의 구두변론 속기록(Massachusetts) 53.

25. 같은 자료, 56.

26. 짐 밀키, 앞의 인터뷰.

27. 케이티 조 마틴, 나와 한 인터뷰 2019년
2월 11일.

28. 짐 밀키, 나와 한 인터뷰, 2015년 2월 18일;
데이비드 도니거, 나에게 보낸 이메일,
2019년 1월 20일.

29. 짐 밀키, 나와 한 인터뷰, 2018년 7월 6일;
짐 밀키, 나에게 보낸 이메일, 2018년 3월
8일.

▷ 17장―평의

1. Dahlia Lithwick, "Bonus Round: What to
Make of These Astronomical Supreme
Court Signing Bonuses?", *Slate*, March
10, 2007, https://slate.com/news-and-
politics/2007/03/what-to-make-of-
those-astronomical-supreme-court-
signing-bonuses.html.

2. Tony Mauro, "$400K for SCOTUS Clerks:
A Bonus Too Far?," *National Law Journal*,
November 14, 2018.

3. Federal Judicial Center, "Judicial Salaries:
Supreme Court Justices," https://www.
fjc.gov/history/judges/judicial-salaries-
supreme-court-justices.

4. 테드 크루즈Ted Cruz(전 윌리엄 렌퀴스트

대법원장 로클럭)가 이름을 밝히지 않은
대법원 로클럭들에게 보낸 이메일,
1998년, 4월 16일.

5. William H. Rehnquist, *The Supreme
Court*(New York: Alfred A. Knopf, 2001),
240; 전 대법원 직원이 나에게 보낸
이메일, 2019년 1월 23일; 전 대법원
직원이 나에게 보낸 이메일, 2019년 1월
25일.

6. Wikipedia, "List of Law Clerks of the
Supreme Court of the United States,"
https://en.wikipedia.org/wiki/List_of_law_
clerks_of_the_Supreme_Court_of_the_
United_States.

7. Adam Liptak and Emmarie Huetteman,
"Justice Antonin Scalia Honored at
Supreme Court," *New York Times*, February
20, 2016, A12; Lauren Markoe, "Scalia
Mourned by Thousands at Supreme Court,"
Washington Post, February 19, 2016; Robert
Barnes and Cortlynn Stark, "John Paul
Stevens Remembered for 'Deep Devotion'
to Law and Justice," *Washington Post*, July
23, 2019, A3.

8. Stanley Kay, "The Highest Court in the
Land," *Sports Illustrated*, July 30, 2018, 66.

9. William H. Rehnquist, 앞의 책, 253.

10. Fred J. Maroon and Suzy Maroon, *The
Supreme Court of the United States*(New
York: Thomasson-Grant and Lickle,
1996), 77, 89; Supreme Court Historical
Society, "Homes of the Court," https://
supremecourthistory.org/history-of-the-
court/home-of-the-court/.

11. Wikipedia, "List of Justices of the Supreme
Court of the United States by Seat," https://
en.wikipedia.org/wiki/List_of_justices_
of_the_Supreme_Court_of_the_United_
States_by_seat.

12. Chief Justice John G. Roberts, "In Tribute:
Justice Anthony M. Kennedy," *Harvard
Law Review 132*, no. 1(November 2018):
1, 24–27.

13. Adam Liptak, "For a Collegial Court, Justices Lunch Together, and Forbid Talk of Cases," *New York Times*, June 1, 2016; Maria Godoy, "For a Cordial Supreme Court, Keep the Food and Wine Coming," *NPR*, June 3, 2016, https://www.npr.org/sections/thesalt/2016/06/03/480503335/for-a-cordial-supreme-court-keep-the-food-and-wine-coming; Terry Stephan, "A Justice for All," *Northwestern Magazine*, Spring 2009.

14. Jean Edward Smith, *John Marshall: Definer of a Nation*(New York: Henry Holt, 1996), 378.

15. Ronald D. Rotunda, *John Marshall and the Cases That United the States of America*(Northport, NY: Twelve Tables Press, 2018), 297.

16. Maria Godoy, 앞의 기사.

17. Adam Liptak, 앞의 기사; Deborah Simmons, "Antonin Scalia: Foodie, 'Man of Many Appetites,'" *Washington Times*, February 19, 2016; 전 대법원 직원이 나에게 보낸 이메일, 2018년 3월 25일.

18. Justice Clarence Thomas, "The Supreme Court: Home to America's Highest Court," C-SPAN, December 20, 2010, https://www.c-span.org/video/?297213-1/the-supreme-court-home-americas-highest-court-2010-edition&start=2468, at 52:59.

19. 대법원 직원이 나에게 보낸 이메일, 2019년 2월 14일; Fred Maroon and Suzy Maroon, 같은 책, 114–115; 대법원 공보실에서 나에게 보낸 이메일, 2018년 8월 28일; 대법원 공보실, 나와 한 인터뷰, 2018년 7월 24일; "The Supreme Court: Home to America's Highest Court," at 1:01:37.

20. 대법원 공보실, 앞의 인터뷰.

21. Clare Cushman, "Rookie on the Bench: The Role of the Junior Justice," *Journal of Supreme Court History 32*, no. 3(November 2007): 289–290.

22. Dred Scott v. Sandford, 60 U.S.(19 How.) 393, 529(1857)(맥린McLean, 반대의견).

23. Fred Maroon and Suzy Maroon, 같은 책, 114–115, 158–159; 대법원 공보실에서 나에게 보낸 이메일, 2018년 9월 10일.

24. Georgia v. Tennessee Cooper Co., 200 U.S. 230(1907).

25. 대법원 직원, 나와 한 인터뷰, 2018년 8월 1일; "The Supreme Court: Home to America's Highest Court," at 1:01:37.

26. "October Term 2006," *Journal of the Supreme Court*, June, 2007, 392–395, https://www.supremecourt.gov/orders/journal/jnl06.pdf.

27. William H. Rehnquist, 앞의 책, 254–255.

28. John G. Roberts Jr., "Article III Limits on Statutory Standing," *Duke Law Journal 42*, no. 6(April 1993): 1219–1232; Confirmation Hearing on the Nomination of John G. Roberts, Jr. to Be Chief Justice of the United States, 109th Cong. 155–156, 342(2005)(존 G. 로버츠 주니어의 진술).

29. Massachusetts v. EPA, 549 U.S. 497, 535(2007)(문서 내부의 인용 표시는 생략했음).

30. Kelly Lynn Brown and Rebecca Agule, "Scalia Speaks in Ames, Scolds Aggressive Student," *Harvard Law Record*, December 7, 2006, https://archive.li/k1DWn.

31. 대법원 직원, 앞의 인터뷰.

32. 대법원 직원, 나와 한 인터뷰, 2018년 8월 13일.

33. Stephen G. Breyer, *Breaking the Vicious Circle*(Cambridge, MA: Harvard University Press, 1992).

34. Whitman v. American Trucking Assns., Inc., 531 U.S. 457, 490(2001)(브라이어, 부분적 동조의견).

35. Tara Leigh Grove, "Book Review: The Supreme Court's Legitimacy Dilemma," *Harvard Law Review 132*, no. 9(2019): 2243; National Federation of Independent Business v. Sebelius, 567 U.S. 519(2012).

36. 505 U.S. 833(1992); Evans Rowl and Robert Novak, "Justice Kennedy's Flip," *Washington Post*, September 4, 1992.

37. 존 폴 스티븐스 대법관, 나와 한 인터뷰, 2017년 2월 28일.

38. Abe Fortas, "Chief Justice Warren: The Enigma of Leadership," *Yale Law Journal* 84, no. 3(1975): 405.

39. Jeffrey Rosen, "The Agonizer," *New Yorker*, November 11, 1996, 85.

40. 존 폴 스티븐스, 앞의 인터뷰.

41. Civil Rights Act of 1991, Pub. L. No. 102–166, 105 Stat. 1071(1991).

42. Alaska Dep't of Envtl. Conserv. v. EPA, 540 U.S. 461, 502(2004)(케네디, 반대의견); Solid Waste Agency of N. Cook County v. U.S. Army Corps of Eng'rs, 531 U.S. 159(2001).

43. Evan Thomas, *First: Sandra Day O'Connor*(New York: Random House, 2019), 446.

44. David A. Kaplan, *The Most Dangerous Branch*(New York: Crown Publishing, 2018), 158.

45. Massachusetts v. EPA, 549 U.S. 497(2007); Weyerhaeuser Co. v. Ross–Simmons Hardware Lumber Co., 549 U.S. 312(2007); KSR International Co. v. Teleflex Inc., 550 U.S. 398(2007).

46. Gonzales v. Duenas Alvarez, 549 U.S. 183, 192(2007); Rockwell International Corp v. United States, 549 U.S. 457, 479(2007); Watters v. Wachovia Bank, 550 U.S. 1, 22(2007); Bell Atlantic v. Twombly, 550 U.S. 544, 570(2007); Ledbetter v. Goodyear Tire & Rubber Co., Inc., 550 U.S. 618, 643(2007); Parents Involved in Community Schools v. Seattle School District, 551 U.S. 701, 798(2007).

47. Weyerhaeuser, 549 U.S., at 312.

48. KSR International Co., 550 U.S., at 398.

49. Richard J. Lazarus, "Back to 'Business' at the Supreme Court: The 'Administrative Side' of Chief Justice Roberts," *Harvard Law Review Forum 129*, no. 1(November 2015): 63.

▷ 18장—나비넥타이를 맨 제다이 마스터

1. Jeffrey Rosen, "The Dissenter, Justice John Paul Stevens," *New York Times Magazine*, September 23, 2007; Akin Gump Strauss Hauer & Feld, "End of Term Statistics and Analysis—October Term 2005," June 29, 2006, https://www.scotusblog.com/archives/EndofTermAnalysis.pdf.

2. Akin Gump Strauss Hauer & Feld, "End of Term Statistics and Analysis—October Term 2006," June 28, 2007, https://www.scotusblog.com/archives/SuperStatPack.pdf.

3. Gonzales v. Carhart, 550 U.S. 124(2007).

4. Parents Involved in Community Schools v. Seattle School District No. 1, 551 U.S. 701(2007).

5. Oyez, "Parents Involved in Community Schools v. Seattle School District No. 1, Opinion Announcement, June 28, 2007," https://www.oyez.org/cases/2006/05–908.

6. Fred J. Maroon and Suzy Maroon, *The Supreme Court of the United States*(New York: Thomasson–Grant and Lickle, 1996), 112–113.

7. "Supreme Court Justice Stevens," C–SPAN, June 24, 2009, 동영상, https://www.c-span.org/video/?286081-1/supreme-court-justice-stevens; Terry Stephan, "A Justice for All," *Northwestern Magazine*, Spring 2009, 4.

8. Justice John Paul Stevens, *The Making of a Justice: My First 94 Years*(New York: Little Brown, 2019), 10–11; Bill Barnhart and Gene Schlickman, *John Paul Stevens: An Independent Life*(DeKalb: Northern Illinois University Press, 2010), 26–27; Terry Stephan, 앞의 기사, 1.

9. John paul Stevens, 앞의 책, 18; Ed

Sherman, "Did Babe Ruth's Called Shot Happen?," *Chicago Tribune*, March 28, 2014; Jeffrey Rosen, 앞의 기사, 50.

10. Bill Barnhart and Gene Schlickman, 앞의 책, 32–35; Jeffrey Rosen, 앞의 기사; John paul Stevens, 앞의 책, 24–25.

11. John paul Stevens, 같은 책, 527; "Supreme Court Justice Stevens," C-SPAN, 12:38; Bill Barnhart and Gene Schlickman, 같은 책, 135.

12. John M. Ferren, *Salt of the Earth, Conscience of the Court: The Story of Justice Wiley Rutledge* (Chapel Hill: University of North Carolina Press, 2004).

13. "Supreme Court Justice Stevens," C-SPAN, 12:38; 전 대법원 직원, 나에게 보낸 이메일, 2018년 3월 25일.

14. 335 U.S. 188(1948).

15. 542 U.S. 466, 477 & n.7(2004).

16. 548 U.S. 557, 618 & n.46(2005), 다음을 인용함, Yamashita, 327 U.S. 1, 44(1946) (머피Murphy, 러틀리지Rutledge, 반대의견).

17. 전 대법원 직원, 앞의 이메일; Bill Barnhart and Gene Schlickman, 앞의 책, 3–4, 200.

18. Wikipedia, "List of Law Clerks of the Supreme Court of the United States(Seat 4)," https://en.wikipedia.org/wiki/List_of_law_clerks_of_the_Supreme_Court_of_the_United_States_(Seat_4); Jeff Pearlman, "Jamal Greene," July 31, 2017, http://www.jeffpearlman.com/jamal-greene/; Munger Tolles & Olson, "Chad Golder," https://www.mto.com/lawyers/chad-golder; University of Michigan Law School, "Bagley, Nicholas," https://www.law.umich.edu/FacultyBio/Pages/FacultyBio.aspx?FacID=nbagley; Georgia State University College of Law, "Lauren Sudeall," https://law.gsu.edu/profile/lauren-sudeall/.

19. Bill Barnhart and Gene Schlickman, 앞의 책, 3–4.

20. 전 대법원 직원, 앞의 이메일.

21. Pamela Harris, "The Importance of Stevens' Good Manners," SCOTUSblog, April 26, 2010, https://www.scotusblog.com/2010/04/the-importance-of-stevens-good-manners/.

22. Bill Barnhart and Gene Schlickman, 앞의 책, 200–201, 205–206, 229; Jeffrey Rosen, 앞의 기사.

23. Jeffrey Rosen, 같은 기사.

24. Jeffrey Rosen, 같은 기사; "Supreme Court Justice Stevens," C-SPAN, 12:20, 18:50.

25. 같은 자료, 6:38.

26. "Conversation with Justice John Paul Stevens," C-SPAN, July 19, 2007, 동영상, 7:35, 7:43, https://www.c-span.org/video/?200035-2/conversation-justice-john-paul-stevens&start=452.

27. 존 폴 스티븐스 대법관, 나와 한 인터뷰, 2017년 2월 28일.

28. 존 폴 스티븐스. 같은 인터뷰.

29. 존 폴 스티븐스. 같은 인터뷰..

30. 존 폴 스티븐스. 같은 인터뷰..

31. 547 U.S. 715(2006); Richard J. Lazarus, "Back to 'Business' at the Supreme Court: The "Administrative Side' of Chief Justice Roberts," *Harvard Law Review Forum 129*, no. 2(2015): 33, 66.

32. David A. Kaplan, *The Most Dangerous Branch: Inside the Supreme Court's Assault on the Constitution* (New York: Crown, 2018), 158.

33. John paul Stevens, 앞의 책, 464.

34. John F. Manning, "In Memoriam: Justice Antonin Scalia," *Harvard Law Review 130*, no. 1(2016): 14–15; Kannon K. Sanmugam, "Justice Scalia: A Personal Remembrance," *Journal of Supreme Court History 41*, no. 3(2016): 252–253.

35. "Conversation with Justice John Paul Stevens," C-SPAN, 5:07; William H. Rehnquist, *The Supreme Court* (New York: Alfred A. Knopf, 2001), 264.

36. William Rehnquist, 같은 책, 264; 예를 들어 다음을 참고하라. 앤서니 M.

케네디 대법관이 오코너 대법관에게 보낸 메모, 1992년 6월 11일; 앤소니 M. 케네디 대법관이 스칼리아 대법관에게 보낸 메모, 1992년 5월 2일. 둘 다 다음에 소장됨. box 1405, Harry A. Blackmun Papers, Manuscript Division, Library of Congress.

37. 예를 들어 다음을 참고하라. 데이비드 H. 수터 대법관이 대법원장에게 보낸 메모, 1994년 5월 17일; 앤소니 M. 케네디 대법관이 대법원장에게 보낸 메모, 1994년 5월 16일, 다음에 소장됨. boxes 1408 and 1405; Harry A. Blackmun Papers, Manuscript Division, Library of Congress.

38. 대법원 직원, 나와 한 인터뷰, 2018년 8월 13일.

39. 대법원 직원. 같은 인터뷰.

40. 대법원 직원. 같은 인터뷰.

41. 206 U.S. 230(1907); 구두변론 속기록, 14–15, Massachusetts v. EPA, 549 U.S. 497(2007)(No. 05-1120).

42. 짐 밀키, 매사추세츠 진정인 다수에게 보낸 이메일, 2003년 12월 10일; Massachusetts v. EPA, 549 U.S. 497, 539(2007)(로버츠, 반대의견).

43. Massachusetts, 549 U.S. 497, 516–520; Jeffrey Rosen, 앞의 기사.

44. Massachusetts, 549 U.S. 497, 534–535.

45. 대법원 직원, 앞의 인터뷰.

46. Massachusetts, 549 U.S. 497, 534–535.

47. 같은 자료, 520.

48. 같은 자료, 504–505.

49. 존 폴 스티븐스 대법관, 앞의 인터뷰.

50. Massachusetts, 549 U.S. 497, 528, 529, 532.

▷ 19장—두 상자

1. 대법원 직원, 나와 한 인터뷰, 2018년 8월 1일.

2. 대법원 직원. 같은 인터뷰.

3. 로버트 반스Robert Barnes, 나와 한 인터뷰, 2019년 2월 9일.

4. "October Term 2006," *Journal of the Supreme Court*, June 2007, 797, https://

www.supremecourt.gov/orders/journal/jnl06.pdf.

5. 짐 밀키, 나에게 보낸 이메일, 2018년 11월 19일; 짐 밀키, 나에게 보낸 이메일, 2018년 11월 20일.

6. 리사 헤인즐링, 나와한 인터뷰, 2018년 8월 9일.

7. 데이비드 도니거, 나와 한 인터뷰. 2017년 4월 26일.

8. 데이비드 북바인더, 나와 한 인터뷰, 2018년 7월 17일.

9. 조 멘델슨, 나와 한 인터뷰, 2018년 7월 30일.

10. 그레고리 가르, 나와 한 인터뷰, 2019년 7월 22일.

11. "October Term 2006," 810; Oyez, "Environmental Defense v. Duke Energy Corporation: Opinion Announcement, April 02, 2007," https://www.oyez.org/cases/2006/05-848.

12. "October Term 2006," 810; Oyez, "Massachusetts v. Environmental Protection Agency: Opinion Announcement, April 02, 2007," https://apps.oyez.org/player/#/roberts2/opinion_announcement_audio/21938.

13. Oyez, 같은 자료.

14. Gregory G. Garre, "Commencement Address," George Washington University School of Law(May 15, 2016).

15. 대법원 공보실, 나에게 보낸 이메일, 2019년 3월 11일; "The Supreme Court: Home to America's Highest Court," C-SPAN, December 20, 2010, https://www.c-span.org/video/?297213-1/the-supreme-court-home-americas-highest-court-2010-edition&start=2468, at 1:16:40.

16. 짐 밀키, 앞의 이메일(2018년 11월 19일); 짐 밀키, 앞의 이메일(2018년 11월 20일); 짐 밀키, "U.S. Supreme Court Rules in Favor of Massachusetts in Global Warming Case"(미출판 보도자료, 2007년 3월 19

일), MS워드 문서; 짐 밀키, "U.S. Supreme Court Rules EPA Has Authority under Clean Air Act to Regulate Greenhouse Gases"(미출판 보도자료, 2007년 3월 19일), MS워드 문서; 짐 밀키, "U.S. Supreme Court Issues Ruling in Global Warming Case"(미출판 보도자료, 2007년 3월 19일), MS워드 문서.

17. 데이비드 북바인더, 앞의 인터뷰; Tom Pelton, "Justices Rebuke Bush on Climate," *Baltimore Sun*, April 3, 2007.

18. 데이비드 도니거, 앞의 인터뷰.

19. Lisa Heinzerling, "High Court Rebukes Bush on Energy, Environment." 다음과 한 인터뷰. Elizabeth Shogren, All Things Considered, NPR, April 2, 2007, 라디오, 00:57, https://www.npr.org/templates/story/story.php?storyId=9293462.

20. 리사 헤인즐링, 앞의 인터뷰.

21. 조 멘델슨, 앞의 인터뷰.

22. International Center for Technology Assessment, "Supreme Court Finds that Bush Administration EPA Illegally Resisted Efforts to Regulate Global Warming Pollution," 보도자료. April 2, 2007.

23. 조 멘델슨, 나에게 보낸 이메일, 2017년 6월 20일.

24. Linda Greenhouse, "Justices Say E.P.A. Has Power to Act on Harmful Gases: Agency Can't Avoid Its Authority—Rebuke to Administration," *New York Times*, April 3, 2007, A1.

25. Jess Bravin, "Court Rulings Could Hit Utilities, Auto Makers; White House Strategy toward CO2 Emissions Is Faulted by Justices," *Wall Street Journal*, April 3, 2007, A1.

26. 사설. "Jolly Green Justices," *Wall Street Journal*, April 3, 2007, A14.

27. Earthjustice, 광고, *New York Times*, April 5, 2007, A13.

28. 제프리 홈스테드, 나와 한 인터뷰, 2018년 8월 13일.

29. Howard Kohn, "A Law against Greenhouse Gases: How Two Local Attorneys Made History," *Takoma Voice*, May 10, 2010.

30. 347 U.S. 483(1954).

31. 5 U.S.(1 Cranch) 137(1803).

32. "Text of Supreme Court Decision Outlawing Negro Segregation in the Public Schools," *New York Times*, May 18, 1954, 15; "Opinion on D.C. Schools," *Washington Post and Times Herald*, May 18, 1954, A1; "Supreme Court's Decision in U.S. School Segregation Cases," *Chicago Daily Tribune*, May 18, 1954, 8.

33. Brown v. Board, 346 U.S. 483(1955).

34. Massachusetts v. EPA, 549 U.S. 497, 534(2007).

35. President George W. Bush, "President Bush Discusses CAFE and Alternative Fuel Standards," May 14, 2007, https://georgewbush-whitehouse.archives.gov/news/releases/2007/05/20070514-4.html.

36. President George W. Bush, "Briefing by Conference Call on the President's Announcement on CAFE and Alternative Fuel Standards," May 14, 2007, https://georgewbush-whitehouse.archives.gov/news/releases/2007/05/20070514-6.html.

37. Amanda Little, "Bush EPA Nominee Stephen Johnson Garners Praise and Sympathy," *Grist*, March 9, 2005, https://grist.org/article/little-johnson/; President George W. Bush, "President Nominates Steve Johnson as EPA Administrator," March 4, 2005, https://georgewbush-whitehouse.archives.gov/news/releases/2005/03/20050304-2.html.

38. EPA Approval of New Power Plants: Failure to Address Global Warming Pollutants: Hearing before the H. Comm. on Oversight and Government Reform, 110th Cong. 25(2007)(Statement of Stephen L. Johnson, Administrator, Environmental Protection Agency); 다음의 서신. Henry A. Waxman,

Chairman, H. Comm. on Oversight and Government Reform, to Stephen Johnson, Administrator, Environmental Protection Agency(March 12, 2008).

39. 같은 서신(Waxman to Johnson).

40. Felicity Barringer, "White House Refused to Open Pollutants E-Mail," *New York Times*, June 25, 2008, A15; "Be Patient, This Gets Amazing—EPA Email," *The Daily Show with Jon Stewart*, aired June 25, 2008, on Comedy Central, 1:30, http://www.cc.com/video-clips/gp4pch/the-daily-show-with-jon-stewart-be-patient-this-gets-amazing-epa-e-mail.

41. "Regulating Greenhouse Gas Emissions under the Clean Air Act," 73 Fed. Reg. 44,354, 44,396, 44,355(July 30, 2008).

42. James Hansen et al., "Target Atmospheric CO_2: Where Should Humanity Aim?," *Open Atmospheric Science Journal 2*(2008): 217–231.

43. National Oceanic and Atmospheric Administration, "Trends in Atmospheric Carbon Dioxide: Data," https://www.esrl.noaa.gov/gmd/ccgg/trends/data.html.

▷ 20장—역사를 새로 쓰다

1. Charlie Savage, "Shepherd of a Government in Exile," *New York Times*, November 7, 2008, A22; NRDC Action Fund, "Return of Organization Exempt from Income Tax," Internal Revenue Service Form 990(2007)(2007년 7월 1일~2008년 6월 30일 회계연도); "Save the Economy, and the Planet," *New York Times*, November 27, 2008, A38; Georgetown Law, "John Podesta(L '76) Delivers 2017 Graduating Class Lecture," April 18, 2017, https://www.law.georgetown.edu/news/john-podesta-l76-delivers-2017-graduating-class-lecture/.

2. John M. Broder and Andrew C. Revkin, "Hard Task for New Team on Energy and Climate," *New York Times*, December 16, 2008, A24.

3. John M. Broder and Andrew C. Revkin, 같은 기사; "Mr. Obama's Green Team," *New York Times*, December 13, 2008, A20.

4. CQ Transcript Wire, "Steven Chu Confirmation Hearing," January 14, 2009, http://www.washingtonpost.com/wp-dyn/content/article/2009/01/19/AR2009011901107.html.

5. Andrew C. Revkin and Cornelia Dean, "For Science Adviser, Dogged Work against Global Perils," *New York Times*, December 22, 2008, D3.

6. "Save the Economy and the Planet," *New York Times*.

7. Al Kamen, "Moving In," *Washington Post*, January 30, 2009, A17.

8. Steven Mufson, "Will Obama's Revolution Deliver Energy Independence?," *Washington Post*, April 5, 2009, B2.

9. Lorraine C. Miller, "Statistics of the Presidential and Congressional Election of November 4, 2008"(Clerk of the House of Representatives, 2009), 75; Carl Hulse, "What's So Super about a Supermajority?," *New York Times*, July 2, 2009, A13; "Election Results 2008: Senate—Big Board," *New York Times*, December 9, 2008.

10. John M. Broder, "Democrats Oust Longtime Leader of House Panel," *New York Times*, November 20, 2008, A1; Final Amicus Curiae Brief of John Dingell(D-Michigan) in Support of Denial of Petitioners for Review, Massachusetts v. EPA, 415 F.3d 50(D.C. Cir. 2005)(No. 03-1361); Massachusetts v. EPA, Order Denying the Motion of John Dingell to Present Oral Argument(D.C. Cir., March 30, 2005)(No. 03-1361).

11. President Barack Obama, "First Inaugural Address," January 21, 2009, https://obamawhitehouse.archives.gov/

blog/2009/01/21/president-barack-obamas-inaugural-address.

12. President Barack Obama, "Remarks on Achieving Energy Independence," January 26, 2009, transcript, https://insideclimatenews.org/sites/default/files/OBAMA.pdf.

13. United States Energy Information Administration, "International Energy Statistics," https://www.eia.gov/beta/international/data/browser/#/?c=4100000002000060000000000000g000200000000000000001&vs=INTL.44-1-AFRC-QBTU.A&vo=0&v=H&end=2016&showdm=y; International Energy Agency, "Statistics—Atlas of Energy," http://energyatlas.iea.org/#!/tellmap/1378539487; Marcia Rocha et al., "Historical Responsibility for Climate Change—From Countries Emissions to Contributions Temperature Increase"(Climate Analytics, November 2015), 8, https://climateanalytics.org/media/historical_responsibility_report_nov_2015.pdf.

14. John M. Broder, "House Backs Bill, 219–212, to Curb Global Warming," New York Times, June 27, 2009, A1.

15. 조 멘델슨, 나에게 보낸 이메일, 2019년 7월 26일.

16. Jonathan Weisman and Ashley Parker, "Riding Wave of Discontent, G.O.P. Takes Senate," New York Times, November 5, 2014, A1; Jeff Zeleny, "G.O.P. Captures House, but Not Senate," New York Times, November 3, 2010, A1.

17. Ryan Lizza, "As the World Burns," New Yorker, October 11, 2010; Tim Dickinson, "Climate Bill, R.I.P.," Rolling Stone, July 21, 2010.

18. "Proposed Endangerment and Cause or Contribute Findings for Greenhouse Gases under Section 202(a) of the Clean Air Act," 74 Fed. Reg. 18,886(April 24, 2009);

John M. Broder, "E.P.A. Clears Way for Greenhouse Gas Rules," New York Times, April 18, 2009, A15.

19. "Light-Duty Vehicle Greenhouse Gas Emission Standards and Corporate Average Fuel Economy Standards, Final Rule," 75 Fed. Reg. 25,324, 25,326(May 7, 2010).

20. 전 환경보호청 지명 공직자, 나와 한 인터뷰. 2018년 9월 12일.

21. "Endangerment and Cause or Contribute Findings for Greenhouse Gases under Section 202(a) of the Clean Air Act, Final Rule," 74 Fed. Reg. 66,496(December 15, 2009).

22. "2017 and Later Model Year Light-Duty Vehicle Greenhouse Gas Emissions and Corporate Average Fuel Economy Standards," 77 Fed. Reg. 62,624(Oct. 15, 2012); "Greenhouse Gas Emissions and Fuel Efficiency Standards for Medium and Heavy-Duty Engines and Vehicles, Phase 2," 81 Fed. Reg. 73,478(Oct. 25, 2016).

23. 대변인실, "President Obama Announces Historic 54.5 mpg Fuel Efficiency Standard," July 29, 2011, https://obamawhitehouse.archives.gov/the-press-office/2011/07/29/president-obama-announces-historic-545-mpg-fuel-efficiency-standard.

24. Office of the Governor, State of Massachusetts, "Governor Patrick Nominates Esteemed Pair to the Appeals Court," 보도자료, March 6, 2009; Mass.gov, Associate Justice James R. Milkey, https://www.mass.gov/service-details/associate-justice-james-r-milkey; 짐 밀키, 나에게 보낸 이메일, 2018년 10월 23일.

25. President Barack Obama, "Remarks by the President on Climate Change," June 25, 2013, https://obamawhitehouse.archives.gov/the-press-office/2013/06/25/remarks-president-climate-change.

26. President Barack Obama, "Remarks by the

President on the American Automotive Industry," March 30, 2009, https://obamawhitehouse.archives.gov/the-press-office/remarks-president-american-automotive-industry-33009.

27. President Barack Obama, "Remarks by the President on National Fuel Efficiency Standards," May 19, 2009, https://obamawhitehouse.archives.gov/the-press-office/remarks-president-national-fuel-efficiency-standards; Jody Freeman, "The Obama Administration's National Auto Policy: Lessons from the 'Car Deal,'" *Harvard Environmental Law Review 35*, no. 2(2011): 343–373.

28. Coral Davenport, "McConnell Wants States' Help against an Obama 'War on Coal,'" *New York Times*, March 20, 2015, A1; Ken Ward Jr., "Here's Hoping: How Coal Boosters Hold W.Va. Back," Coal Tattoo(블로그), Charleston Gazette-Mail: Coal Tattoo, April 28, 2014, http://blogs.wvgazettemail.com/coaltattoo/2014/04/28/heres-hoping-how-coal-boosters-hold-w-va-back/.

29. Theda Skocpol, "Naming the Problem: What It Will Take to Counter Extremism and Engage Americans in the Fight against Global Warming"(미출판 심포지엄 보고서, 하버드 대학 2013년 1월), 82–93.

30. Bruce Alpert, "Vitter Says Emails Show EPA Is 'Cozy' with Group—Sides Says Contact Was Appropriate," *New Orleans Times Picayune*, October 15, 2014.

31. John M. Broder, "5 Nations Forge Pact on Climate; Goals Go Unmet," *New York Times*, December 19, 2009, A1.

32. "Carbon Pollution Emission Guidelines for Existing Stationary Sources: Electric Utility Generating Units, Proposed Rule," 79 Fed. Reg. 34,830(June 18, 2014); "Carbon Pollution Emission Guidelines for Existing Stationary Sources: Electric Utility Generating Units, Final Rule," 80 Fed. Reg. 64,662, 64,663(October 23, 2015).

33. Environmental Protection Agency, "Regulatory Impact Analysis for the Clean Power Plan," Final Rule(October 23, 2015), ES-8, ES 22 T, ES-9, 3–40.

34. National Oceanic and Atmospheric Administration, "Trends in Atmospheric Carbon Dioxide: Data," https://www.esrl.noaa.gov/gmd/ccgg/trends/data.html.

35. Scott C. Doney, William M. Balch, Victoria J. Fabry, and Richard A. Feely, "Ocean Acidification: A Critical Emerging Problem for the Ocean Sciences," *Oceanography 22*, no. 4(December 2009): 16–25.

36. Brookings Institution, "Unpacking the Paris Climate Conference: A Conversation with Todd Stern," interview by Bruce Jones, December 18, 2015, https://www.bing.com/videos/search?q=todd+stern+paris+climate+accord&&view=detail&mid=46A2B92DE8BD4C07B8D846A2B92DE8BD4C07B8D8&&FORM=VRDGAR.

37. "No 'Plan B' for Climate Action as There Is No 'Planet B,' Says UN Chief," *UN News*, September 21, 2014.

38. Coral Davenport, "Nations Approve Landmark Climate Deal," *New York Times*, December 13, 2015, A1.

39. U.S. Global Change Research Program, "Fourth National Climate Assessment," November 2018, 6, 12–18, 33–38, 40–42, 47–48, 64, 82–83, 94.

40. 조 멘델슨, 나에게 보낸 이메일, 2019년 7월 27일.

41. 데이비드 북바인더, 나에게 보낸 이메일, 2019년 7월 30일.

42. 데이비드 도니거, 나에게 보낸 이메일, 2018년 9월 12일.

43. 데이비드 도니거, 나에게 보낸 이메일, 2018년 9월 11일.

▷ 후기

1. 조 멘델슨, 나에게 보낸 이메일, 2018년 9월 15일.

2. Peter Baker, "No One Will Say if Trump Denies Climate Science," *New York Times*, June 3, 2017, A1; Donald J. Trump, Twitter post, November 6, 2012, 11:15 a.m., https://twitter.com/realDonaldTrump.

3. Lisa Friedman, "Andrew Wheeler, Who Continued Environmental Rollbacks, Is Confirmed to Lead EPA," *New York Times*, March 20, 2019, A19.

4. Coral Davenport and Eric Lipton, "Choice for E.P.A. Has Led Battles to Constrain It," *New York Times*, December 8, 2016, A1; Coral Davenport, "Perry Is Chosen as Energy Chief," *New York Times*, December 14, 2016, A1.

5. "Exec. Order No. 13,789," 82 Fed. Reg. 16093(March 31. 2017).

6. Mike Ives, "Promised Billions for Climate Change, Poor Countries Are Still Waiting," *New York Times*, September 10, 2018, A10; Brad Plumer, "U.S. Won't Actually Be Leaving the Paris Climate Deal Anytime Soon," *New York Times*, June 7, 2017, A20; U.S. Department of State, "Communication Regarding Intent to Withdraw From Paris Agreement," media note, August 4, 2017; Brad Plumer, "What to Expect as U.S. Leaves Paris Climate Accord," *New York Times*, June 1, 2017.

7. Coral Davenport, "Trump to Scrap California's Role on Car Emissions," *New York Times*, September 18, 2019, A1; California Air Resources Board, "California Moves to Ensure Vehicles Meet Existing State Greenhouse Gas Emissions Standards," 보도자료 no. 18-42, August 7, 2018, https://ww2.arb.ca.gov/news/california-moves-ensure-vehicles-meet-existing-state-greenhouse-gas-emissions-standards-0; "The Safer Affordable Fuel-Efficient(SAFE) Vehicles Rule for Model Years 2021–2026 Passenger Cars and Light Trucks," 83 Fed. Reg. 42986, 42989–42999(Aug. 24, 2018); Brad Plumer, "How Much Car Pollution? A Whole Country's Worth," *New York Times*, August 4, 2018, A1.

8. EPA, "Repeal of the Clean Power Plan; Emissions Guidelines for Greenhouse Gas Emissions from Existing Electrical Utility Generating Units; Revisions to Emission Guidelines Implementing Regulations," June 19, 2019; Lisa Friedman, "EPA Finalizes Its Plan to Replace Obama-Era Climate Rules," *New York Times*, June 19, 2019; Lisa Friedman, "Cost of E.P.A.'s Pollution Rules: Up to 1,400 More Deaths a Year," *New York Times*, August 22, 2018, A1.

9. Chris Mooney, "The Energy 202: Trump's Budget Seeks Cuts to Climate Research and Renewable Research Energy Programs," *Washington Post*, March 12, 2019.

10. A. Jay et al., eds., "Overview." 다음에 수록됨. *Impacts, Risks, and Adaptation in the United States: Fourth National Climate Assessment*, vol. 2(Washington, DC: U.S. Global Change Research Program, 2017), 33–36, 39, 43.

11. 같은 자료, 26, 34, 50.

12. 같은 자료, 33–58, 72–102.

13. Clean Air Council v. Pruitt, 862 F.3d 1(D.C. Cir. 2017)(메탄 배출 규제); Natural Resources Defense Council v. National Highway Traffic Administration, 894 F.3d 92(2d Cir. 2018)(연료 효율성 기준); Environmental Defense Fund v. EPA, No. 18-1190(D.C. Cir., July 18, 2018); Natural Resources Defense Council, Inc. v. Perry, No. 17-cv-03404-VC(N.D. Cal., Feb. 15, 2018); Coral Davenport and Lisa Friedman, "In Rush to Kill Obama Rules, Pruitt Puts His Agenda at Risk," *New York*

Times, April 7, 2018, A16; Juliet Eilperin, "Obama's Former EPA Chief Takes Helm of Environmental Group that's Sued Trump Nearly 100 Times," *Washington Post*, November 5, 2019.

14. U.S. Environmental Protection Agency, "Fact Sheet: The Clean Power Plan by the Numbers," August 2015, https://archive.epa.gov/epa/cleanpowerplan/fact-sheet-clean-power-plan-numbers.html#print.

15. Jesse McKinley and Brad Plumer, "New York to Approve One of the World's Most Ambitious Climate Plans," *New York Times*, June 18, 2019.

16. Barbara Finamore, *Will China Save the Planet?*(Cambridge: Polity Press, 2018); Jeffrey Ball, Dan Reicher, Xiaojing Sun, and Caitlin Pollock, "The New Solar System: China's Evolving Solar Industry and Its Implications for Competitive Solar in the United States and the World"(Stanford Steyer-Taylor Center for Energy Policy and Finance, March 2017).

17. Juliet Eilperin and Brady Dennis, "Major Automakers Strike Climate Deal with California, Rebuffing Trump on Proposed Mileage Freeze," *Washington Post*, July 25, 2019; Coral Davenport, "Automakers Plan for Their Worse Nightmare: Regulatory Chaos after Trump's Emissions Rollback," *New York Times*, April 20, 2019.

18. Clifford Krauss, "Trump's Methane Rule Rollback Divides Oil and Gas Industry," *New York Times*, August 29, 2019.

감사의 글

이 책은 이산화탄소 전사들 중 여섯 명의 핵심 인물에게 초점을
맞추고 있다. 이들은 역사적인 대법원 판결을 받아내 '매사추세츠
대 환경보호청' 사건을 승소로 이끈 주역이다. 이 여섯 명이 빼놓을
수 없는 역할을 했지만, 소송의 승리는 주 정부, 시 정부, 환경
단체, 공중보건기관, 기타 공공적 지향을 갖는 곳들에서 일해온
유능하고 헌신적인 변호사들이 합류해준 덕분임을 여섯 명의
핵심 인물이 가장 먼저 인정할 것이다. 예를 들어, 캘리포니아주
법무부의 마크 멜닉과 니콜라스 스턴은 진정인 측 법률팀의 어느
누구 못지않게 많은 시간과 역량을 이 소송에 쏟았다. 둘 다 매우
뛰어난 변호사로, D.C.항소법원 서면의 초안을 잡는 데 크게
기여했고 대법원 소송에서도 매우 중요한 자문 역할을 했다.
진정인 측 문서와 논변은 이들의 기여 덕분에 훨씬 더 나아질 수
있었다. 매사추세츠주의 짐 밀키도 매사추세츠주 법무팀 변호사
빌 파르디와 캐롤 이안쿠에게 큰 도움을 받았다. 이들은 밀키의
구두변론 준비와 서면 초안 작성에 크게 기여했다. 뉴욕시의 스콧
패스터낵Scott Pasternack과 환경보호기금의 짐 트립Jim Tripp도 대법원
소송에서 중요한 자문 역할을 했다.

　　대법원 판결 이후에 환경보호청과 법무부의 경력 공직자
변호사들이 중요한 역할을 했다는 점도 인정받아야 마땅할
것이다. 이들은 매사추세츠 사건에서는 상대측이었지만 대법원
판결 이후에는 그 판결을 실행하는 데 자신의 뛰어난 역량을 십분
발휘했다. 이들은 미국 정부의 척추다.

　　이 책에서도 묘사했듯이, 매사추세츠 사건처럼 어려운 사건에
참여하는 수많은 변호사 사이의 협업은 엄청난 비용을 초래하기도
한다. 많은 사람들로 구성된 법률팀은 내부 갈등을 자주 겪는다.
이길 가능성이 작은 사건일 경우, 어떤 전략이 최선인지가
명확하지 않을 경우, 누가 구두변론을 맡아야 하느냐 혹은 누가
서면 초안을 써야 하느냐를 두고 소송을 잘하기 위한 선의에서

의견 충돌이 있을 경우 등에서 그런 일이 생긴다.

이러한 불일치는 걸려 있는 게 많은 중요한 사건에서는 특히 더 첨예해질 수 있다. 매사추세츠 사건은 사안 자체의 측면에서나 대법원에서 안 좋은 판결이 나올 경우 미치게 될 파급효과의 측면에서나 걸려 있는 것이 실로 막중했다. 기후 변화보다 절박하고 어려운 환경 문제는 없을 것이다. 더구나 대법원에서 패소하게 되면 모든 기후 소송과 규제에 악영향을 미칠 수 있었다. 이러한 상황에서는 참여하고 있는 사람들의 감정이 불가피하게 날카로워진다. 매사추세츠 사건에서도 그랬다. 그래서 한 환경 단체 대표는 밀키가 D.C.항소법원에서 패소한 뒤 재심리를 청구하려고 나섰을 때 "환경 운동의 미래가 [잘못되면] 다 당신 책임"이라고 불길한 경고를 하기도 했다.

다행히도 개인들 사이의 반목이 최종적으로 매우 훌륭한 대법원 서면을 작성하고 탁월한 구두변론을 준비하는 데 해가 되지는 않았다. 그리고 이들은 가장 중요한 대법원 환경 소송에서 승리를 이끌어냈다. 관여한 모든 사람이 이 성공에 기여했다. 이들 모두 미국 전체의 감사를 받아야 마땅하다.

이들 중 많은 사람이 내가 이 책에서 '매사추세츠 대 환경보호청' 사건 이야기를 다루는 데 꼭 필요한 도움을 주었다. 나는 때로는 공개를 전제로, 때로는 익명을 전제로, 때로는 비공개를 전제로, 소송 자체가 시작되기 전인 1990년대부터 이 사건에 관여해온 당사자 거의 모두와 인터뷰를 했다. 상대측 변호사, 전직 환경보호청 지명 공직자와 경력 공직자, 여타 정부 기관 공직자, 법원 직원, 판사, 대법관 등이 여기에 포함되어 있다. 로클럭은 그들의 판사와 대법관이 허락한 경우에만 인터뷰했다. 소송에 관여한 많은 사람이 이메일, 손으로 쓴 메모, 타자로 친 회의록, 서면 초안, 의사 결정과 관련된 그 밖의 여러 문서 등 개인적으로 가지고 있던 수천 쪽 분량의 기록을 공유해주었다. 익명을 전제로 정보를 준 사람들이 많아서, 여기 '감사의 글' 지면에도 실명 공개를 허락해준 사람들만 이름을 밝힐 수 있음을 양해해주시기 바란다. 우선, 존 폴 스티븐스

대법관과 D.C.항소법원의 데이비드 테이틀 판사에게 감사를
전하며 스티븐스 대법관에게 이 책을 헌정한다. 나는 그와 추가
인터뷰 약속을 잡아두었었는데 예정된 인터뷰 날이 되기 2주쯤
전인 2019년 7월 16일에 그가 작고했다. 실명으로 인터뷰를
해준 전 환경보호청장 크리스틴 토드 휘트먼과 캐롤 브라우너,
전 환경보호청장 대행 마리안 호린코, 전 환경보호청 대기 및
방사능국 담당 부청장보 제프리 홈스테드, 전 환경보호청 변호사
앤 클리Ann Klee, 전 환경보호청 기후 담당관이자 선임 변호사 조
고프먼Joe Goffman, 전 재무장관 폴 오닐, 전 송무차관보 및 송무차관
그레고리 가르, 그리고 "이산화탄소 전사들"인 조 멘델슨, 짐
밀키, 데이비드 도니거, 리사 헤인즐링, 데이비드 북바인더,
하워드 폭스에게 감사를 전한다. D.C.항소법원 서기실과 대법원
공보실, 기록실, 경비국 직원들에게도 감사를 전한다. 행정 업무를
탁월하게 수행하고 있는 이곳 직원들은 D.C.항소법원과 대법원의
운영 및 역사와 관련된 많은 질문에 친절히 답해주었다.
　　이 책을 준비하는 데는 수많은 로스쿨 학생들의 도움도 컸다.
하버드 대학 로스쿨 학생 케이티 매카시Katie McCarthy, 호시지마
츠키Hoshijima Tsuki, 존 그레일John Greil, 미셸 멜튼Michelle Melton,
애니 매딩Annie Madding, 데니스 하우이Dennis Howe, 테드 예일Ted
Yale, 대니얼 마크Daniel Mach, 프랭크 스터지스Frank Sturges 모두 몇몇
주제에 대해 몇 년에 걸쳐 배경 자료를 조사해주었다. 하버드 대학
로스쿨 학생 나탈리 살마노비츠Natalie Salmanowitz, 자크 살버그Jacque
Sahlberg, 해리 라슨Harry Larson, 롤리타 드 팔마Lolita De Palma, 줄리아
조나스 데이Julia Jonas-Day, 베스 카터Bess Carter, 차즈 켈시Chaz Kelsh,
미셸 멜튼은 초고를 꼼꼼히 읽고 편집과 관련해 귀한 조언을
해주었다. 하버드 대학 로스쿨 외부에서도 조나단 캐넌Jonathan
Cannon, 조나단 도프먼Jonathan Dorfman, 네드 프리드먼Ned Friedman,
댄 라이허Dan Reicher, 돈 셰어러Don Scherer가 너그럽게 시간을 내서
초고를 읽고 의견을 주었다. 이들 모두의 면밀한 검토와 귀중한
제안 덕분에 책의 구조와 내용이 더 나아질 수 있었다.
　　나의 좋은 친구이자 동료 교수인 하버드 대학 '환경 및

에너지법 프로그램Environmental & Energy Law Program'의 조디 프리먼이
이 책을 위한 연구를 도와주었다. '조지 W. 부시 대통령 도서관'의
아카이브 담당자와 '하버드 법학 도서관' 직원들, 특히 메그
크리블Meg Kribble, 캐서린 비온도Catherine Biondo에게도 감사를
전한다. 또한 여름 연구 자금을 지원해주고 연구년을 허락해주어서
이 책을 쓸 수 있게 해준 전현직 하버드 대학 로스쿨 학장 마사
미노우Martha Minow와 존 매닝John Manning에게 감사를 전한다.
그리고 2018~2019 학년도에 처음에는 케임브리지 대학 지저스
칼리지의 멤버이자 동대학 법학과 '허버트 스미스 프리힐스' 방문
연구자로서, 다음에는 이탈리아 벨라지오의 '록펠러 센터 학술
저술 집필 거주 프로그램' 펠로우로서, 집필에 꼭 필요한 조용한
환경을 누릴 수 있었다.

　　조교 멜린다 이아킨Melinda Eakin은 필적할 사람이 없을 만큼
뛰어난 편집자였다. 크든 작든 곁길로 샜다가는 이아킨의 매의
눈을 피해갈 수 없었다. 이아킨의 빼어난 재능의 도움을 받을 수
있어서 행운이었다.

　　끝으로, 이 책의 에이전트인 '니림 앤 윌리엄스'의 캐서린
플린Katherine Flynn과 하버드 대학 출판부의 뛰어난 편집자 토머스
르비앙Thomas LeBien, 조이 드 메닐Joy de Menil에게 감사를 전한다.
캐서린은 대중서의 집필 및 출판과 관련한 모든 면에서 내게 꼭
필요한 도움을 주었다. 토머스와 조이는 이 책을 마무리할 수 있게
해주었다. 토머스는 초고를 완성하도록 이끌어주었고 조이는 내가
정말로 다했다고 생각했을 때도 아직 절대로 끝난 게 아니라고
다그쳐주었다. 두 사람 모두 단어, 문장, 단락, 장을 하나하나
챙기면서 이야기가 최대한 잘 드러날 수 있게 해주었다. 조이와
토머스의 뛰어난 역량, 면밀한 검토, 그리고 헌신과 격려에 감사를
전한다. 또한 교정·교열에서 오류를 바로잡아 준 하버드 대학
출판부의 루이스 로빈스Louise Robbins와 웨스트체스터 퍼블리싱
서비스의 팀, 특히 셰리 거스타인Sherry Gerstein에게도 감사를
전한다.

찾아보기

지구를 살린 위대한 판결

시대의 전환을 이끌어낸 역사적인
기후 소송이 펼쳐진다!

리처드 J. 라자루스 지음
김승진 옮김

초판 1쇄 2021년 5월 10일 발행

ISBN 979-11-5706-231-7 (03300)

만든 사람들
기획편집   유온누리
편집도움   강경희
디자인   이준한
마케팅   김성현 최재희 김규리
인쇄   한영문화사

이 책의 본문은 친환경미색지에 콩기름 잉크를
사용하여 제작했습니다.

펴낸이   김현종
펴낸곳   (주)메디치미디어
경영지원   전선정 김유라
등록일   2008년 8월 20일 제300-2008-76호
주소   서울시 종로구 사직로 9길 22 2층
전화   02-735-3308
팩스   02-735-3309
이메일   medici@medicimedia.co.kr
페이스북   facebook.com/medicimedia
인스타그램 @medicimedia
홈페이지   www.medicimedia.co.kr